在英国雷丁大学乡村史中心门前（1999年）

在英国农业史学家琼·瑟尔斯克在汤布里奇城堡家中(1999年)

和埃里克·霍布斯鲍姆教授在伦敦雅典俱乐部门前(1985年)

和俄裔农业史学家西奥多·夏宁在剑桥他的住处（2000年）

在印度新德里尼赫鲁大学讲学（2012年）

在西班牙巴塞罗那大学讲学（2009年）

和约翰·波科克教授在美国约翰斯·霍普金斯大学图书馆前（2011年）

欧洲从封建社会向资本主义社会过渡研究

形态学的考察

沈汉　王建娥　著

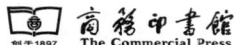

图书在版编目(CIP)数据

欧洲从封建社会向资本主义社会过渡研究：形态学的考察 / 沈汉，王建娥著. — 北京：商务印书馆，2023
（沈汉集）
ISBN 978-7-100-22581-6

Ⅰ.①欧… Ⅱ.①沈… ②王… Ⅲ.①政治制度史－研究－欧洲 Ⅳ.①D750.9

中国国家版本馆CIP数据核字（2023）第102932号

权利保留，侵权必究。

本书由教育部创建"双一流"大学基金
和南京大学人文基金赞助出版

（沈汉集）
欧洲从封建社会向资本主义社会过渡研究：
形态学的考察
沈汉　王建娥　著

商 务 印 书 馆 出 版
（北京王府井大街36号　邮政编码100710）
商 务 印 书 馆 发 行
北京兰星球彩色印刷有限公司印刷
ISBN 978-7-100-22581-6

2023年9月第1版　　开本 850×1168　1/32
2023年9月第1次印刷　印张 16　3/4

定价：98.00元

序 一

〔美〕格奥尔格·伊格尔斯
（国际历史科学委员会史学史和史学理论委员会前主席）

我以极大的兴趣读了收入这本文集的沈汉教授的论文的英文摘要，但是要对他关于英国历史发展，特别是农业领域发展的论文做出评述，我感到踌躇，因为我对关于这个题目的大量论辩的著述只有有限的知识。但是，指导他对英国经济和社会从封建主义向资本主义转变做出分析的理论假定，给我留下了极为深刻的印象。他的研究从马克思主义关于历史过程和经济作用的概念出发，但是随后把它们置于细致的考察和修正之中。诚然，存在着一种朝着近代社会的发展，但是这种发展极为复杂。强调社会和经济的复杂性，是沈汉进行历史洞察的核心。沈汉告诫我们，无法把封建主义视为清晰界定的类型，资本主义也同样如此。二者本质上都是等级制的。封建社会的等级制使得经济身份在构成社会结构时只具有较小的意义，他写道："在封建等级制社会中，社会集团并不是按照经济来划分的。"他指出，相反，"在近代社会的社会分层中，经济起了决定性的作用"，但并不是起着排斥其他一切的作用。其他的事实如文化也起了重要的作用。而且，在封建中世纪和近代资本主义社会二者之间存在着相当的重叠。资本主义从中起源的封建社会的经济结构是多维度的，资本主义社会的经济结构同样也是多维度的。中世纪的经济不完全是封建经济，同样，19世纪英国经济也不完全是资本主义经济。封建主义和资本主义甚至被马克思当作一种类型，当然，在《资本论》中，马克思比许多晚期马克思主义者更了解，还存在着不符合这种类型的其他方面。这样，在工业社会中存在着无产阶级和资产阶级两个阶级的概念就不能不只是相对的了。这样，就假定在19世纪资本主义的英国，在农村从家庭农场主到资本主义农场主之间存在一个谱系；在工业部门，从小作坊主到大工业家之间也存在一个谱系。这样，在历史发展阶段或社会诸阶级之间，并没有一个清晰的界限。如沈汉所说，总是"存在着一个复杂的过渡带"。他的社会和历史的概念接近于 E. P. 汤普森对英国社会的探讨，后者不是把大工人阶级主要看作经济力量所形成的，尽管这起着重要的作用。但是，他们在进入近代工业社会时，深深地植根于过去的意识参与了构造这个世界，而不完全由这个世界来构造。此外，和汤普森一样，沈汉在描绘世界发展时，并不像马克思对社会历史发展阶段的公式化表述，而是在写一部特性化的英国史，而且甚至把这部历史看作是极为复杂的和多维度的。他这样强调，他所说的历史主体"处于特别的时间和地点环境的影响下"。这样，我们必须谨慎地用形态学的手段探讨历史。因此，他在论及历史形态的单个形式时，认为它是以"个性化"的形式表现出来的。沈汉这样就把必要的对社会和经济史的类型学描述与对历史复杂性的了解结合起来，同时注意到了类型学的局限性。我感到遗憾的是，我无法阅读由中文撰写的这些论文。它们也应当为英语读者公众所知。它们提供了如何探讨历史的重要思想。

2012 年

纽约州立大学布法罗分校

序 二

陈崇武

（华东师范大学教授）

商务印书馆决定出版沈汉教授的多卷本史学文集，我认为这不仅对他本人，而且对世界史学界也是一件好事，值得庆贺。

读了沈汉教授的著作，有几点特别值得一谈。

首先，著作等身，成果斐然。

三十余年来，沈汉教授已写出的著作有十七部。其中包括《资本主义史》《世界史的结构和形式》《西方社会结构的演变——从中古到20世纪》《欧洲从封建社会向资本主义社会过渡研究——形态学的考察》《英国土地制度史》《英国宪章运动史》《非资本主义、半资本主义和资本主义农业——资本主义时代农业经济组织的系谱》《资本主义国家制度的兴起》《中西近代思想形成的比较研究——结构发生学的考察》等。此外，他还有译著五部，如《资本主义社会的国家》《宗教和资本主义的兴起》《共有的习惯》《近代国家的形成——社会学导论》等。著译作已有好几百万字。

我是搞世界史教学和研究的过来人，深知在世界史领域能写出一部有学术价值的专著谈何容易。有的学者一辈子能写一两本就算不错了，而像沈汉教授这样著作等身的确实不多，使我十分感叹。

沈汉教授的每本著作都下了很大的功夫。例如为写《英国土地制度史》一书，他曾多次到英国访问研究，尤其在雷丁大学乡村史中心和东盎格利亚大学历史学院做了半年研究，是在搜集和参考了18世纪英国各郡农业调查报告、英国农业渔业部出版的《1866至1966年大不列颠一个世纪的农业统计》等原始资料和数百种研究专著论文的基础上写成。比如写《资本主义史》及《非资本主义、半资本主义和资本主义农业——资本主义时代农业经济组织的系谱》，都引用了数百种外文资料。他的著作资料翔实，内容丰富，质量上乘，给人面目一新的感觉。

其次，善于吸收，锐意进取。

与某些见洋不食、故步自封、孤陋寡闻的史学家不一样，沈汉教授善于引进并吸收外国史学研究的最新成果和方法，融会贯通，成为自己学术研究的新鲜血液。如他对 E. P. 汤普森、布罗代尔、勒高夫、拉布鲁斯、波朗查斯、密里本德等情有独钟。对国外诸多流派，如形态学、结构学、计量学、社会学等的研究成果和方法，加以有舍取的吸收，使其为己所用。他在吸收外来各学派及代表人物的研究成果和方法时，绝不囫囵吞枣、全盘照搬，而是经过自己消化，去伪存真，扬弃其糟粕，吸收其精华。他对某些权威学者的学术观点并非亦步亦趋，而是大胆挑战和质疑。如对诺贝尔经济学奖得主诺斯和托马斯"17世纪英国已经确立了土地绝对产权制度"的观点、勒高夫关于中世纪知识分子的分类方法、马克斯·韦伯对资本主义的定性，甚至马克思主义者关于资本主义起源于农业的论点等都提出了质疑。这是一种很值得赞扬的研究精神和态度。正因为如此，他所写的著作给人以与时俱进、不断创新的印象。

第三，把理论、史料、现实三者融为一体。

在我看来，史学研究中只有把理论、史料、现实三者密切结合，才能写出较好的著作，攀登史学研究的制高点。史学研究如果没有史料就等于是无米之炊；但如果没有理论也等于一个人只有躯壳而没有灵魂；如果没有现实感，史学研究也会失去价值和活力。从沈汉教授的著作来看，他能把三者巧妙地结合起来，犹如一位有经验的交响乐团的指挥，驾驭自如，游刃有余。例如在《资本主义国家制度的兴起》一书中，他在史料研究的基础上，能对马克思主义政治学必须包含的理论范畴做出阐述，这为未来我国政治体制的改革有理论启示，从而把史学研究推向一个有活力的更高阶段。

"宁静致远""淡泊明志"。从沈汉教授著述的内容和学术历程来看，他所走的是一条甘愿坐冷板凳、孜孜于埋头做学问的学术道路。沈汉教授之所以能写出如此多有分量的作品，固然是他的天赋使然，但更重要的是他的勤奋所致。

商务印书馆决定给沈汉教授出版文集，这不仅是对他本人的史学成果的充分肯定，也是对我们世界史学界同仁的莫大鼓舞和鞭策！

2018 年 2 月 25 日

致　谢

　　回首一顾，治史已四十载。教学之余，游走于英、法、德、奥、意、比、美诸国，结交友人，搜集历史资料，借火铸剑。时至今日，涉猎之英国宪章运动、英国议会政治史、西方国家制度史、西方社会结构史、欧洲从封建主义向资本主义过渡研究、英国土地制度史、20世纪60年代西方学生运动史、资本主义史、英国近代知识分子形成、资本主义时代农业经济组织研究、中西近代思想形成比较研究诸题均已完成，此外有译著几种出版，可聊以自慰。

　　新世纪某一年我在意大利都灵逗留时，东比埃蒙特大学埃多阿多·托塔鲁鲁教授（Professor Edoardo Tortaloro）某一日突然问起我为何不著一自传？友人之语醍醐灌顶，自己方才醒悟，埋头笔耕，不觉岁月已经流逝，已到了对自己以往的文字和思想做一整理的时候。遂有了汇编出版著述之替代计划。

　　《沈汉集》的出版得到商务印书馆总编辑陈小文先生的鼎力支持。著名国际史学理论家、国际历史科学委员会史学史和史学理论委员会前主席格奥尔格·伊格尔斯教授（Professor Georg Iggers）为我忘年之交，知我甚深，在90岁高龄时允诺为我的著作集作序，我遂将各书提要寄去，不想他突染沉疴，骤然仙逝。现在只好将格奥尔格之前为我的自选论文集《世界史的结构和形式》题序转印于此，作一替代。华东师范大学历史系前系主任、世界史著名学者陈崇武教授在86岁耄耋之年欣然应邀为《沈汉集》作序。《沈汉集》的出版得到教育部创建"双一流"大学基金和南京大学人文基金的资助。

《沈汉集》出版,实为一介书生之幸事。上下求索间得到众多基金会资助和友人支持,在此一并致谢。

沈 汉
2021 年 7 月

目 录

再版序言 1
初版绪论 3

第一编　经济

第一章　商业和市场 39
第二章　工业 68
第三章　农业 96
第四章　资本主义经济形态形成中的诸维 145

第二编　社会结构

第一章　社会结构研究的术语问题 155

第二章　贵族 171

第三章　早期资产者 189

第四章　过渡型社会集团 208

第五章　掌权集团的社会构成 223

第六章　社会结构范式的演变 240

第三编　国家

第一章　军事组织 250

第二章　国家行政机构（一）................................ 262

第三章　国家行政机构（二）................................ 296

第四章　国家的工商业政策 337

第五章　国家的财政职能 365

第六章　国家的社会和宗教职能 381

第七章　过渡型国家形态及其谱系 399

第四编　文化

第一章　封建法、罗马法和近代法治观念的形成 409

第二章　斯多葛主义的复兴：自然法和社会契约论 424

- **第三章　民族观念的形成** 438
- **第四章　国家理论** 456
- **第五章　自由民主观念的形成** 475
- **第六章　文化演变的结构透视** 498

主要参考书目 500
作者著译作目录 515

再版序言

《欧洲从封建社会向资本主义社会过渡研究——形态学的考察》一书是对国际史学界关于从封建主义向资本主义过渡两次大讨论批评性学术审视的结果。这两次大讨论的情况，国内史学界已经比较熟悉，其局限性在于，在理论上受传统的否认商业可以创造财富的观念的影响，以及受上述理论的影响，设定资本主义起源于农业，在研究中限于从农业领域去探讨欧洲如何从封建主义向资本主义过渡，忽略了这一过渡在国家制度、经济的工业和商业部类、社会结构和文化层面的大量内容，出现了研究观点的片面性。

本书提出，从封建社会向资本主义社会过渡是一个全方位的制度转型和结构演变，它包含着广泛的内容。本书从经济制度、社会结构、国家制度和文化思想范畴四个部分对欧洲从封建社会向资本主义社会过渡中的转型分别做了提纲挈领的概述，提出了过渡型形态的概念。本书对于欧洲从封建主义向资本主义过渡的研究方法提出了不同于西方学者的独立见解。

本书的基本观点我后来在与外国学者的交谈中和国际会议上做过陈述，一些国外学者非常赞同，建议我将此书在国外出版，以使更多的学者了解。

本书初版于1993年，由南京大学出版社出版，这次再版，纠正了原版中的讹误。初版脚注将援引的英文书名译成了中文，这次改回英文原名。第四编第三章"民族观念的形成"为王建娥同志撰写，其余各章均由沈汉撰写。

沈　汉
二〇一七年十月

初版绪论

欧洲和整个世界从封建主义向资本主义过渡的问题，是战后国际史学界讨论的热点问题之一。学界专门以此为题的讨论曾进行了两次，而围绕着封建主义的危机和资本主义兴起等这个时期的有关问题展开的讨论就更多了。关于资本主义兴起问题的研究实际上在20世纪初便已在进行。战后西方史学界关于从封建主义向资本主义过渡的讨论是由一批马克思主义学者的历史和经济研究著作引起的，随后，在马克思主义学者和非马克思主义学者之间展开了争论。当我们今天回过头去看待这些讨论时，似乎已不需要把围绕这一课题的史学讨论全然看作一场马克思主义史学家和非马克思主义史学家之间的论战。因为在对这个过渡时期的研究中所遇到的是纷繁复杂的历史事实，其中有些问题是马克思主义经典作家尚未来得及全面研究的。而且在今天，史学工作者对于马克思主义研究方法的理解比过去要开阔得多。因此，我们有可能在广泛吸收各派学者有价值的严肃的学术成果的基础上，以更为广阔的研究视野并引入一些新的方法重新全面思考这一问题。

这十多年来国内学术界对于马克思主义史学方法的理解有了进一步的深化。人们在坚持经济基础对于上层建筑决定性作用这一历史唯物主义基本观点的同时，开始重视恩格斯晚年写下的关于历史唯物主义的信札中关于上层建筑对于经济基础反作用的论述和上层建筑领域内部发展规律的论述，并把这些观点用于历史研究中。就史学研究领域各分支而论，对政治史、文化史和社会史的研究均有所加强。这对于我们从较高层次上来把握这一课题创造了有利条件。但是，由于历史的原因，目前国内对外国史的书籍资料收藏还很不够，各国较系统的档案资料在国内无法寻觅，基本的外文书籍也有缺门。所以，正如国内一位学者所说，我们实际上是在比较分析各种流派研究著作的基础上来发现问题，提出自己的判断和看法。这样一种研究条件使得我们的研究往往会带有一定的局限性。这只好通过以后不断地研究来弥补目前研究中的不足之处。

国外对于从封建主义向资本主义过渡的系统研究始于第二次世界大战结束后。1946年英国剑桥大学讲师莫里斯·多布出版了《资本主义发展之研究》一书。在多布之前，还没有什么历史学家从历史唯物主义角度系统地把封建主义以及资本主义作为一种社会形态来看待。对于"封建主义"（feudalism）这个概念，多布把它定义为一种生产方式，而不是像过去西方资产阶级历史学家和法学家那样集中描述它所包含的封君和封臣之间的司法关系。多布把封建主义看作一种财产制度，把它等同于农奴制即存在着超经济的高压强制。与此相对应，多布把"资本主义"（capitaltism）定义为以工资雇佣关系反映的生产关系而不是交换关系。多布的《资本主义发展之研究》出版后，引起了一场大讨论。斯威齐是反对多布的观点的代表人物，他侧重从交换关系来定义资本主义。斯威齐在相当程度上受到比利时历史学家皮朗的观点的影响，他把封建主义看作一种为使用而生产的制度，把从封建主义向资本主义过渡看作外力推动的结果，认为领主和农奴的冲突不足以导致向资本主义的过渡。斯威齐强调城市和贸易在推动社会向资本主义过渡中的作用。相应地，斯威齐较为重视和强调马克思的《德意志意识形态》中提出的对于过渡问题的论述。这次讨论的文章集中发表在美国杂志《科学与社会》上，后于1976年由希尔顿编辑成集在伦敦出版。①

在1976年，西方史学界围绕从封建主义向资本主义过渡问题展开了第二次国际学术讨论。讨论的文章集中地发表在英国刊物《过去和现在》上。讨论是由美国加州大学洛杉矶分校历史学家罗伯特·布伦纳1976年2月在该刊发表的文章《前工业欧洲农村的阶级结构和经济发展》引起的。布伦纳最初是在1974年美国史学会年会上提出这篇论文的。布伦纳在文中用比较方法研究了欧洲国家主要是英国和法国农村的阶级结构。他指出，英国和法国农村阶级结构的不同决定了农业生产力发展的不同结果。在英国，农民没有能够确保自己的财产权，这样，有可能把土地集中于资本家和地主手中，"促进了经济发展的开端"；而在法国，农民在确立完全自由方面取得成功，它却成为经济进步的不可克服的障碍，这"意味着贫穷和落后的自我持续的循环"。②布伦纳的文章批评了英国经济学家波斯坦和法国历史学家勒罗拉杜里解释这个时期经济发展时提出的人口决定论的观点。

波斯坦认为，12世纪至15世纪之间人口与经济的运动可以分成两个阶段。第一阶段在12—13世纪，此期间贸易和人口都稳步增长，对粮食的要求造成对未开垦土地的使用，导致粮价上涨，地租上升。第二阶段在14—15世纪，由于生产力下降、饥荒和疾病，需求和供给均下降，农村人口减少，劳动力也减少了，使得农业经济衰落，为此领主放弃了控制农奴的权利，是人口的减少决定了农奴制的崩溃。

---

① Rodney Hilton, ed., *The Transition from Feudalism to Capitalism*, London, 1982.
② 〔美〕罗伯特·布伦纳：《前工业欧洲农村的阶级结构和经济发展》（摘译），《世界历史译丛》1980年第5期，第3页。

而勒罗拉杜里认为这一分析可运用于 16 世纪和 17 世纪。1450—1650 年人口和地租都在上升，中等农民的持有地下降，大地产增强；而 1650—1730 年人口和地租以及生产力均处于下降趋势。波斯坦和勒罗拉杜里均认为人口导致农业发展出现起伏。批评者指责他们是新马尔萨斯人口论。

希尔顿和吉·布瓦这两位马克思主义学者在批评新马尔萨斯人口论的时候，强调要对整个封建主义的结构和中世纪后期周期性的封建主义危机进行研究。希尔顿在《封建主义的危机》一文中指出，中世纪晚期封建主义社会制度经历着一场危机。他继承了多布关于阶级斗争和冲突对于农业从封建主义向资本主义过渡中作用的观点。他特别强调农奴和地主的阶级斗争在形成 14 世纪的欧洲危机中起的作用。但是在另一方面，希尔顿提出了全面定义封建主义和概括封建主义结构的问题。他说，首先要确定这种制度在这个"既定时期的明显的轮廓"，"而且要阐明其基本结构的定义"，"在给予这种结构以定义以后，我们就必须确定它的内部动力是什么"，"如果我们能够确定内部动力的话，那么我们也能够确定这种动力是如何崩溃的"。他认为，对封建主义的结构分析必须从农业基础开始，但是中世纪封建经济并不是单纯的自给自足的"农民经济"，对封建生产方式的解释必须依赖于对封建地制的分析。人口锐减无疑是封建主义危机的表现形式之一，但是封建主义危机的中心特征是封建社会两个主要阶级之间关系的危机。希尔顿较之布伦纳、波斯坦和勒罗拉杜里更强调要广泛地从政治角度来讨论从封建主义向资本主义的过渡。[1] 事实正是这样，

---

[1] Rodney Hilton, "A Crisis of Feudalism", in T. H. Aston and C. H. E. Philipin, eds., *The Brenner Debate: Agrarian Class Structure and Economic Development in Pre-Industrial Europe*, Cambridge U. P., 1987, pp. 120-121.

单纯从农业劳动者人身束缚的解除和农业收益的增减是无法全面地分析和把握宏大的社会形态转变的历史过程的。

吉·布瓦教授概述了作为农业资本主义发生和发展的封建经济形态活动的三方面的特征。第一，在封建制度下，领主的课税率表现出一种下降的趋势，它产生于小规模生产和大土地所有制结构上的矛盾。当经济扩张趋于尾声时，课税率的下降造成领主收入趋于减少，酿成了封建主义的危机。第二，存在着封建经济特有的造成经济增长、停滞和衰退之交替的，并且也是从封建主义结构产生的长期的运动。农产品价格的急剧上升与工业品价格、工资和生产力在上升运动中的相对下降，以及两者相反方向的运动往复地发生。而每一次经济的上升都创造出一些有利经济发展的条件。第三，到 16 世纪上半叶，因为从农民份地所征收的各种不同的租金的水平太低了而且这种情况长期以来一直是这样，已经到了危急关头。这样，数世纪以来力图把农民束缚在份地上的领主阶级这时决定使农民丧失份地来增加雇主自用地并征召雇工。结果便是土地财产积累的进一步增加。吉·布瓦批评了马尔萨斯主义者过分强调人口作用的观点，强调了在"中世纪向近代欧洲发展过程中社会关系的重要性"，揭示了人口论的支持者在分析社会关系时遇到的困难。他同时也指出，布伦纳批评人口决定论者模糊阶级关系的论点是正确的，但是他的论点是从阶级斗争起推动作用这个历史唯物主义现成理论出发，因此研究工作过于机械和简单。布伦纳研究的最大问题是他"剥夺了一切真正实体的历史唯物主义的即生产方式的基本概念"，"放弃了经济实体领域"的研究，"在他的文章里完全看不到封建主义这个概念"。他把农奴制等同于"前工业"社会的特征是不精确的。他指出，需要研究"什么是构成封建主义特征的诸生产方式",需要研究"封建主义的结构"。[①]

从第二次对封建主义向资本主义过渡的讨论发表的文章和著作来看,研究的重点仍然是经济领域而且局限在农业中关于封建主义的瓦解和资本主义生产关系兴起的原因问题,而即使在经济领域本身和农业领域本身,对于在这一历史过渡过程中生产关系的整体模式的结构分析及其如何演变的问题并没有很好地触及,对于从封建主义向资本主义过渡的政治方面和社会方面的问题更没有触及,表现出一种脱离和忽视政治研究的倾向。而在过渡的经济领域研究方面,又有过分强调农业,尤其是英国农业研究的倾向。这种研究视野具有片面性。艾琳·鲍尔给布瓦松纳的著作写的导言似乎是很有预见性地指出了这个问题。她指出,把中世纪英国经济史孤立起来研究是不适当的。因为在西欧从蛮族入侵到文艺复兴的 10 个世纪的大部分时间里,整个中世纪,英国在经济上还是一个落后的地区。而在中世纪,西欧基督教世界的商业中心最初是在拜占庭,后来是意大利、德意志以及法兰西中部和尼德兰各城市,而英格兰离这个主流较远。例如,英国史的研究不能揭示早期资本家、工人、罢工、劳动和资本诸方面的地位和情况。所以,单独研究英国历史,对欧洲经济主要的发展路线只能提供一幅极不完整的图画,做出片面的解释[②]。对欧洲从封建社会向资本主义社会过渡研究的正确方法应当兼顾过渡时期欧洲社会整体的面貌

[①] T. H. Aston and C. H. E. Philpin, eds., *The Brenner Debate: Agrarian Class Structure and Economic Development in Pre-Industrial Europe*, Cambridge U. P., 1987, pp. 111-112. See Guy Bois, *The Crisis of Feudalism: Economy and Society in Eastern Normandy, c.1300-1550*, Cambridge U. P., 1984.

[②] 〔法〕P. 布瓦松纳:《中世纪欧洲生活和劳动(五至十五世纪)》,潘源来译,商务印书馆 1985 年版,"导言",第 1—2 页。

和长时段的研究,切忌以偏概全,同时需要在研究中充分注意各地区在不同时期发展的差异,并包含从不同视角对过渡的探讨。

如果说可以把布伦纳、多布和希尔顿对欧洲从封建社会向资本主义社会过渡的研究归纳为主要是从财产关系即所有权作为出发点进行研究的话,那么沃勒斯坦则不同,他主要是从交换关系即资本的流通来研究资本主义是如何在封建主义条件下起源的。在这一点上,沃勒斯坦同斯威齐有些相似。沃勒斯坦反对把资本主义定义为在民族国家范围内一系列成熟的生产关系,他也不认为资本主义有"成熟的"阶段与前资本主义的"转型期"或"原始积累期"这些"未成熟"的阶段之分。他认为商业、工业和银行业是三种不同的资本主义经营,它们并不存在着一定的时间次第关系。在资本主义形成过程中,成功的大资本家往往能够同时介入三种经营。这样,他们有可能获得大的利润、大量积累资本。从广义上说,原始积累是通过非雇佣关系从他人身上榨取剩余价值,积累和生产同时进行着。他不赞成把商业资本与产业资本截然分开,而把商业资本看作资本主义的异类。[1] 沃勒斯坦教授还认为,工资劳动制只是在资本主义体系的核心地区存在。在其他地方,各种各样"不自由"的劳动力在积累中起作用,如17—19世纪美国和加勒比海地区的种植园奴隶,同一时期东欧的容克和农奴劳动者,无论在上述什么地区,它们都通过国际贸易和生产的专门化对资本主义的世界体系的发展起一种内在的作用。沃勒斯坦把资本主义看作一种以国际分工为基础的扩张的交换关系的体系。相应地,他把封建主义看作一个为使用而生产的体系,一个"人口和生产率都增

---

[1] 柯志明:《资本主义世界体系与社会主义:伊曼纽·华勒斯坦访问录》,《知识分子》(中文版)1986年第4期,第94—104页。

强得非常缓慢的一系列很小的经济结"。沃勒斯坦在解释封建主义向资本主义过渡的时候，认为是外部力量在封建制度内部起作用的结果，例如在贸易城镇与占统治地位的自给自足的农业体系之间，或是领主和农奴之间围绕着分配剩余产品发生的封建社会内部的冲突。沃勒斯坦实际上认为资本主义有其前存在形式，而世界体系的出现把它们整合起来。沃勒斯坦还强调世界体系的出现不仅是市场力量作用的结果，而且有政治内容，这就是在欧洲都市形成了核心国家。[1]

英国马克思主义史学家霍布斯鲍姆在为马克思的《资本主义生产以前各形态》一书作导言时正确地评述说："不过，从封建主义过渡到资本主义是封建社会演变的结果。这首先是从城市开始的。因为城乡的划分是基本的，也是从文明诞生开始直至19世纪形成劳动社会分工的恒定因素和表现。在中世纪再次振兴的城市中，古代不曾流传下来的生产和贸易之间的分工又得到了发展，这就为远地贸易和继之而来的城市分工（生产专业化）提供了基础。自由民要抵御封建主义者以及城市之间的相互作用，就使个别城市的自由民集团发展成为自由民阶级。"[2] 霍布斯鲍姆把对城市经济活动的研究作为对从封建主义向资本主义过渡研究的出发点是很有道理的。

对于欧洲从封建主义向资本主义过渡时期政治领域的研究是在上述两次国际大讨论之外展开的。英国研究都铎王朝的学者埃尔顿1953年在自己的博士论文的基础上出版了《都铎政府革命：亨利八

---

[1] Immanuel Wallerstein, *The Modern World System*, New York, 1974, Vol. I, chapter 3. 沃勒斯坦除《现代世界体系》外，还著有《资本主义世界经济》（剑桥大学出版社1979年）、《历史上的资本主义》（伦敦1983年）等。

[2] 转引自郝镇华编：《外国学者论亚细亚生产方式》上册，中国社会科学出版社1984年版，第7页。

世时期的行政研究》一书。埃尔顿详尽地研究了前期都铎王朝英国国家行政机构的改革和建设,指出在亨利八世时期国家的国务秘书机构、财政税收机构和枢密机构等经历了一场大建设和发展,这个时期发生的变化"如此密集而又发人深省,以致只有用'革命'一词才能刻画出所发生的一切"[1]。埃尔顿的研究敏锐地提出西方国家制度在中世纪和近代所具有的不同特点及其演变的起始点问题,对于从政治制度设置方面来研究欧洲从封建主义向资本主义过渡问题起了重要的开拓作用。固然埃尔顿并非左派学者,但保守派史学家在研究从封建主义向资本主义过渡政治方面取得的成就反过来也显示出西方马克思主义史学家在这方面研究的弱点。他们过于强调经济决定作用这一方面,以至对经济领域以外的问题很少加以注意。英国马克思主义学者佩里·安德逊1974年出版了《绝对主义国家系统》一书。安德逊在该书前言中表述了自己对于马克思主义史学研究方法的见解。他说:"今天,当'自下而上的历史'已成为区别马克思主义者和非马克思主义派别的一个口号,并且在我们理解过去获得很大的进展之时,无论如何这里必须记起历史唯物主义的一个基本的自明之理,阶级之间的现世斗争最终通过社会政治领域的斗争——而不是经济和文化领域——来最终解决。换句话说,只要阶级继续存在,唯有建设国家或破坏国家才能确定生产关系的基本转变。一部'自上而下的历史'——关于阶级统治的复杂机器的历史——一点也不比'自下而上的历史'逊色:没有它,后者最终只是单面的(如果说是较好的一面的话)历史。"[2] 安德逊把绝对主义国家作为"现代世界第一个国际

---

[1] G. R. Elton, *The Tudor Revolution in Governmen: Administrative Changes in the Reign of Henry* Ⅷ, Cambridge U. P., 1972, p. 427.

[2] Perry Anderson, *Lineage of Absolutist State*, London, 1986, p. 11.

性的国家体系"来加以研究。安德逊认为，在14世纪和15世纪之间欧洲经济和社会长期的危机标志着在中世纪的后期具有很大局限性的封建生产方式遇到了困难。这个时期欧洲大陆动乱的直接结果就是绝对主义国家的兴起。"在法国、英国和西班牙出现的中央集权的君主制表示了与中世纪社会构成中等级制和封建君主体系相联系的金字塔状划分的统治权的决定性的决裂"。"绝对主义君主制引入了常备军、常设的官僚、国家赋税、法典化的法律并开始了统一的市场。所有这些特征很明显都是资本主义的。"[①] 安德逊初涉了从封建主义向资本主义过渡时期政治领域的结构变动。他似乎想通过与多布、希尔顿等马克思主义学者不同的研究视角来说明这一历史性的过渡。但是，安德逊仍然把绝对主义国家划为封建主义国家之列。

在此前后，美国社会学家查尔斯·蒂利等一批学者则从政治发展的角度研究了欧洲民族国家的机构和职能的建设过程，于1975年出版了以《西欧民族国家的形成》为题的文集。这反映了对从封建主义向资本主义过渡时期国家机制研究的成果，它得出了与安德逊相仿的结论。

多方位地研究世界从中世纪向近代社会演变的工作和对资本主义起源的研究其实是资产阶级学者热心的课题，他们在这方面做了很多研究，其中有些成果是有价值的可供批判地借鉴的成果。过去我们对这些学者的成果研究较少，往往简单地对其观点持否定态度。现在看来很有必要回过头去重新分析他们的部分研究结论。1902年德国经济学家桑巴特出版了《现代资本主义》一书。桑巴特认为，每一种社会都有与其他社会相区别的心态或一整套对问题所持的态度和旨

---

① Perry Anderson, *Lineage of Absolutist State*, London, 1986, pp. 15, 17.

法。现代资本主义不仅是一种技术或组织形式,它还具有一种资本主义的精神。"资本主义是由欧洲精神的深处发生出来的",这种"产生新国家、新宗教、新科学和新技术的同一精神,又产生新的经济生活"。"这是一种人间的和现世的精神,这种精神具有破坏旧的自然形态、旧的束缚和旧的限制的巨大力量,但也具有重建新的生活形态,及美术化和艺术的目的形态的巨大力量。"他认为资本主义精神包括"新的'企业'精神"和"平民的精神"两个方面。前者表现在支配人的生活的一切方面,在国家中,它的目的是征服,是支配。但它在宗教中、在教会中也是同样活跃的,它在这里从事解放,在科学中则从事阐扬,在技术中则从事发明,在地球上则从事发现。而后者,即市民精神,它在资本主义经济的范围以外有很大活力,并且在城市经济主体——专业商人和手工业者——的下层中已经活动了几百年之久了[①]。桑巴特提出的另一个观点是从发生学的考虑上研究了近代资本主义的历史构造过程。他认为资本主义发生的构造包括近代军队、近代国家机构和职能特点及诸关系,技术的改进和发展,贵金属的生产和铸币的发展,市民财富的积累,以及劳动力形成这几个主要方面。[②]桑巴特这一著作比马克斯·维贝尔的《新教伦理与资本主义精神》问世要早两年,他主要是从一些机构的实际活动中来描述这种资本主义精神。他的研究深入到中世纪中期以后的西方经济社会生活中,认为资本主义精神是在那个时期开始生成和积淀的。桑巴特为说明资本主义的起源,列举了六种"资本主义的从业者",其中包括:海盗、地主、柯尔伯那样的重商主义者、投机商、贸易商、工匠

[①] 〔德〕伟·桑巴特:《现代资本主义》第1卷,李季译,商务印书馆1958年版,第212—215页。桑巴特还著有《奢侈和资本主义》(1912年)等著作。
[②] 〔德〕伟·桑巴特:《现代资本主义》,李季译,第二篇"现代资本主义的历史基础"。

师傅和作坊主。他认为资本主义工商业的主要活动区域不是始于荷兰,而是在佛罗伦萨。罗泊尔支持桑巴特的观点,认为资本主义起源于天主教统治下的意大利,而资本主义的移植应归功于反宗教改革意识,而不是新教伦理。[1]

马克斯·维贝尔在稍迟两年出版的《新教伦理与资本主义精神》(1904—1905年)一书中则从更广泛的角度研究了资本主义的起源及其基本特征。他推敲了资本主义精神的内涵,把这种精神与传统的经济精神做了区别。他认为,资本主义精神涉及一种因其独特的个性而有意义的现象,无法简单地定义,它包括诸如"时间就是金钱""信用就是金钱"和善于聚敛钱财等这样一些功利主义作风。它还包括职业责任这种独特的观念,"它是资本主义文化伦理的最重要的特征"。他认为,资本主义"观念的起源和历史,比许多上层建筑理论家所设想的远为复杂"。"资本主义精神无疑在资本主义秩序出现以前就出现了",应当上溯到资本主义出现以前的一个时代去追溯它的根源。而加尔文和其他清教教派的伦理是与资本主义精神直接关联的。[2] 新教在资本主义精神的最后形成和大规模扩张过程中起了主要的作用。维贝尔指出具有世俗内容的新教禁欲主义强烈反对财产的自发享受,它限制消费,尤其是奢侈品的消费,它肯定履行职业义务,认为把追求财富作为一项获得劳动果实的活动是值得称赞的。对中产阶级的白手起家者表示敬意,认为这是一种"上帝的事业",认为清教"天

---

[1] H. R. Trevor-Roper, *Religion, the Reformation and Social Change and Other Essays*, Macmillan, 1967, pp. 23, 26-27.
[2] 〔德〕马克斯·韦伯:《新教伦理与资本主义精神》,黄晓京、彭强译,四川人民出版社1986年版,第21—23、27—29、66页。

职"的思想本身就体现了资本主义精神。[①] 维贝尔强调,"单凭经济的冲击是无法克服传统的障碍的"。他把现代资本主义所包含的内容概括为六个方面。这就是:理性化的账务、自由市场、理性化的技术工艺、所依赖的法律、自由劳动力和经济生活的商业化。维贝尔还对近代资本主义出现的原因做出了解释,认为它包括六个方面:一是使生产经营从家族和血族关系中解脱出来;二是对于罗马法原则的继承;三是西方城市的发展;四是出现了由官僚治理的理性化的国家行政;五是新教伦理;六是把直接生产者从土地上分离出来,这样创造了自由工资劳动者。[②] 这样,马克斯·维贝尔不仅从前资本主义的宗教伦理上,而且从法律、社会纽带、分工、国家政治等角度来揭示资本主义的起源。

比利时学者亨利·皮朗在《中世纪欧洲经济社会史》中提出了资本主义起源于商业的观点。对于资本主义起源的时间上限,他认为资本主义在社会史上第一个有决定性意义的时期是 11—14 世纪。他把对资本主义起源和发生的研究集中在与自由城市相联系的市场、贸易、商人资本以及有资本主义倾向的工业。他认为中世纪的城市和城市商人是资本主义发展的第一步,伴随着众多城市的兴起,国际贸易发展起来。这样,朝着重商主义的民族国家转变。"从商业资本在 12 世纪发展的气势和相对速度来看,拿它与 19 世纪的工业革命相比拟,毫无夸张之处。"[③] 市民阶级凭着自己的努力,在 12 世纪已经掌握了

---

① 〔德〕马克斯·韦伯:《新教伦理与资本主义精神》,黄晓京、彭强译,四川人民出版社 1986 年版,第 66 页。
② R. J. Holton, *The Transition from Feudalism to Capitalism*, Macmillan, 1985, pp. 130-131.
③ 〔比〕亨利·皮朗:《中世纪欧洲经济社会史》,乐文译,上海人民出版社 1964 年版,第 43—44 页。

一些主要的市政机构。① 皮朗对经济社会史研究的缺点是他对欧洲乡村的新的经济关系较少注意。

麦克法兰也属于通过市场力量来解释从封建主义向资本主义过渡的学者。1978年他出版了《英国个人主义的起源》一书，他认为在中世纪后期13世纪英国土地和商品市场的出现表明，在那个社会中资本主义与封建主义相比已占统治地位。他认为，所有制以个人为基础而不是以家庭为基础，经济行为的商品倾向而不是血族倾向，即个人主义的兴起是资本主义出现的标志，英国从1250年起便是一个资本主义国家了。他反对把资本主义出现与新教、城镇的兴起和世界贸易的出现相联系。麦克法兰的观点和皮朗的观点相似之处是都把资本主义起始时间确定得较早。

当代美国学者诺思和托马斯在研究西方资本主义世界兴起的原因时，强调制度因素对资本主义发展的重要作用。他们认为，成功的经济增长是有效的所有权的发展所决定的，没有制度的保证和供个人经营的刺激，近代工业就发展不起来。他们在《西方世界的兴起》一书中较详细地研究了16—18世纪初年欧洲各绝对主义国家的经济活动，认为由于贸易的发展向国家提出了在更加广大的地区规定、保护和实施所有权的要求，而政府的保护使经济能够在不多增加成本的基础上得到很大的发展，他们说，制度环境的改善会鼓励创新，奖励为具体的发明带来刺激，专利法的发展则提供了对发明这样一种知识财产的保护，这样促进了经济发展。② 作为资产阶级学者，诺思和托马斯对

---

① 〔比〕亨利·皮朗：《中世纪欧洲经济社会史》，乐文译，上海人民出版社1964年版，第48页。
② 〔美〕道格拉斯·诺思、罗伯特·托马斯：《西方世界的兴起》，厉以平等译，华夏出版社1989年版，第104、170页。

马克思主义社会形态理论提出了挑战。他们在书中写道：马克思主义历史学家的"理论遇到了两个世纪的难题。按照他们的原理，封建主义由资本主义替代。问题是西欧封建主义到1500年已经灭亡了，资本主义如现今所知则未诞生，而产业革命则完全是未来两个半世纪的事情"[①]。今天我们在用马克思主义方法来研究欧洲从封建主义向资本主义过渡这一历史性课题时，一个任务就是要丰富和发展马克思主义的社会形态理论，对于社会形态的过渡做更具体、更细致的研究，将理论具体化、完善化。

其他的资产阶级学者还研究了资本主义的文化特征。丹尼尔·贝尔认为，资本主义"这种独特的新式运转模式牵涉到一种独特文化和一种品格构造。在文化上，它的特征是自我实现，即把个人从传统束缚和归属纽带（家庭或血统）中解脱出来，以便按照主观意愿'造就'自我。""商人和制造业主创造了这一新世界。16世纪以后，中产或资产阶级又对社会加以现代化革命，他们扭转了人们对于军事和宗教的关注，把经济活动变成了社会的中心任务。"[②]

一些学者则否认中世纪到近代在生产关系的演变发展中有任何明确的历史阶段的界限，强调历史的连续性。原东德的经济学家豪斯赫尔便是这样的学者。他写道："在经济史中象在公共设施史，即宪法、行政、法律和习惯史中一样，实际上并不存在传统观点所确认的从1500年前后开始的近代。确切地说。至少后几种历史从古代末期到法国革命及其后续时期的发展，是在一条滚滚向前的长河中实现的，

[①] 〔美〕道格拉斯·诺思、罗伯特·托马斯：《西方世界的兴起》，厉以平等译，华夏出版社1989年版，第112页。
[②] 〔美〕丹尼尔·贝尔：《资本主义文化矛盾》，赵一凡等译，生活·读书·新知三联书店1989年版，第25页。

这条长河绝对不是均衡向前流去的,而且有时好象在宽广的平原上被泥沙淤塞,有时又好象越堤奔腾而下,或如旋涡激流。在经济史上有一种类似的彻底的变革,如1789年的政治变革和几乎是同时发生的所谓工业革命……"

"同样,我并不认为,随着地理大发现和大商业公司的建立,某种崭新的东西,如近代或者从经济上说现代资本主义就从1500年前后骤然出现了。相反,我认为,最近几十年来对中世纪的研究令人信服地证明,所有被人认为是近代所特有的东西,都是早已有了充分准备的。"关于资本主义这样一种制度的最后完善,豪斯赫尔说:"大约到1870年,人类劳动的旧形式、地位的隶属关系、农奴制、奴隶制,在欧洲或者更确切地说在欧洲和北美的文化区域内,实际上已被废除,资本主义社会已经建立起来,无产阶级作为其对立面得到了发展。"[①]豪斯赫尔对于资本主义起源的见解和桑巴特很相近。

我国学者对于从封建社会向资本主义社会过渡的研究主要是从70年代末以后展开的。武汉大学在吴于廑先生率领下成立了15世纪和16世纪世界史研究室,率先展开了研究。吴于廑先生用分散的整体的历史来概括这个过渡时期,用世界范围内这个时期历史联系的加强来描述从农本向重商过渡的基本特征。他写道:"亚欧大陆农耕世界东西两端封建国家的农本经济,在这两个世纪中都在发生着明显的变化。耕织结合之趋于分解,生产之转向商品化,经营、生产组织和所有制之探求新的形式或某种改变,以及农村和城市之间的关系等,都按各自的历史条件,多少不等地显示出旧制度统治力的松弛,显示

[①] 〔德〕汉斯·豪斯赫尔:《近代经济史:从十四世纪末至十九世纪下半叶》,王庆余等译,商务印书馆1987年版,第2—3页。

出更新的转折或转折的动向。与这些变化相伴随,在变化较剧烈、较深刻的亚欧大陆西端,航海活动开始越出了沿海和内海的局限,飞跃为跨越大洋的、连接世界新旧大陆的远航。由此,基于农本经济的各地区、各民族之间的互相闭塞的状态,开始出现了决定意义的突破。分散隔绝的世界,逐渐变成了联系为一体的世界。人类'历史也就在愈来愈大的程度上成为全世界的历史'。"[1] 这种研究表现出一种极为宏观、开阔的视野,在方法论上接近沃勒斯坦的世界体系论。更使我们感兴趣的是吴于廑先生所提出的意见,"还应围绕农本与重商这一核心",展开对这个过渡时期的"生产关系、上层建筑和意识形态等变化的研究"。[2] 应当说,作者已经注意到对这一过渡时期诸领域研究中某些薄弱环节。在《初学集》中收入的张云鹤教授的论文《关于地理大发现以前英国资本主义关系产生的两个问题》中,作者敏锐地提出了在英国的手工业和农业中,在16世纪以前便已出现了资本主义生产关系的论点。[3]

封建主义向资本主义过渡问题引起包括西方马克思主义学者在内的学界很大的关注,同时在争论中又难以得出一致的结论。

从迄今为止西方学者的研究成果来看,单凭对经济尤其是对农业的研究,不足以解释欧洲从封建主义向资本主义社会过渡的问题。至于试图非常明晰地揭示这种历史性转变的根本性动因,例如把根本的

---

[1] 吴于廑主编:《十五十六世纪东西方历史初学集》,武汉大学出版社1985年版,第1页。
[2] 吴于廑主编:《十五十六世纪东西方历史初学集》,武汉大学出版社1985年版,第5页。
[3] 吴于廑主编:《十五十六世纪东西方历史初学集》,武汉大学出版社1985年版,第132—138页。

动因归于农民的解放和积极性的发挥,或者归于市场的作用,恐怕都难以自圆其说。因为从这一历史转折中社会诸维各自演变的历史时间表来看,它们几乎是同时发生的,很难有把握说是由于经济领域中生产关系和生产力的变动而引起政治、思想文化领域向近代资本主义形态演变。因此,我们看到,越来越多的学者试图从新的角度来寻找问题的答案。对欧洲从封建社会向资本主义社会过渡的研究范围不可避免地要由对农业的研究扩大到对经济各领域以及对制度、社会结构和文化领域的研究。

研究领域和视角的选择其实是由研究者对那个主题的理解和把握决定的。对以封建主义向资本主义过渡研究的角度选择受到了研究者对前后相继的封建主义社会形态和资本主义社会形态整体的把握所制约。谙熟中世纪历史的学者詹姆斯·W.汤普逊指出"封建制度〔是〕作为一种政府形式、一种社会结构、一种经济制度,甚至作为一种心理状态而盛行于整个中欧和西欧。"[1]"旧欧洲的政治理论和政体形式是封建的,社会制度是封建的,社会结构是封建的,经济条件是封建的,甚至哲学和科学也是封建的。"[2]汤普逊指出,封建主义在西方不仅表现在政治领域,同时在经济领域、社会结构、文化形态这些社会形态的基本方面都有表现,汤普逊教授的见解是准确的。只有在广泛的分领域研究的基础上,才可能进而找出整体过渡的一般特征。澳大利亚学者霍尔顿在从以封建主义向资本主义过渡的历史编纂

---

[1] 〔美〕詹姆斯·W.汤普逊:《中世纪晚期欧洲经济社会史》,徐家玲等译,商务印书馆1992年版,第10页。

[2] 〔美〕詹姆斯·W.汤普逊:《中世纪晚期欧洲经济社会史》,徐家玲等译,商务印书馆1992年版,第1页。

学研究中也感觉到这一点。① 研究中世纪史的马克思主义学者希尔顿在题为《资本主义的含义是什么？》的文章中论述说："仅仅研究资本、工资劳动者和生产单位这些经济侧面是不够的。由于人们创造他们自己的历史，历史学家必须了解各个阶段的政治和社会意识的哪一部分对于资本主义的发展速度起促进或阻碍作用。由于这些阶级的意识不是直接地反映经济活动，历史学家自己就不得不关心法律、艺术和宗教，无论是封建主义还是资本主义都不能简单被理解为经济史的一个阶段，社会及其运动必须从其整体上加以考查。"②

笔者以为，在研究欧洲从封建主义向资本主义过渡的问题时，首先需要对长达数个世纪的历史时期中社会的诸重要领域都做一涉猎，尤其是对过去一些马克思主义学者研究较少的政治领域（包括国家和社会结构）以及文化领域的历史性转变做出研究。其次，需要打开一些作为补充的新思路。例如，我们不仅要把生产关系作为经济基础的构成部分，而且要重视对社会交往的研究，即把生产关系的研究扩大为整个社会关系的研究。再次，我们需要建立对社会形态本身的理论认识方法。过去，我们通常把一种社会形态下的生产关系看作单一的、同质的构成，很少注意到一种社会形态下生产关系的复杂性，而正是由于我们对前后相继的社会形态持简单化的态度，因而无法从理论上概括出这一过渡的基本特征。现在需要改变这种认识方式。欧洲的封建主义经济形态是一种复杂的多元的结构共存体。法国吉·布瓦教授说得很好，"只要拒绝把封建生产方式本身看作一种正当的研究目标，并且拒绝承认它赖以起作用的方式仍有待于充分理解，那么对

---

① R. J. Holton, *The Transition from Feudalism to Capitalism*, Macmillan, 1985, p. 10.
② Rodney Hilton, "What Is the Meaning of Capitalism", in Rodney Hilton, ed., *Transition from Feudalism to Capitalism*, London, 1982, p. 157.

于资本主义起源的奥秘之深入研究就要受到阻碍,而人们的意见也会产生从经验主义到投机令人生厌的摇摆"[1]。波朗查斯认为:"过渡时期的理论并不是一种成分起源论(即创生论),而是一种新结构创始的理论,过渡时期有自己的典型形式,各个环节的一种特殊结合是由于各种生产方式的过渡形态中的复杂共存,以及由于从一种生产方式向另一种生产方式过渡时起统治作用的指标持续不断地(往往是在暗中)转移。"[2] 波朗查斯的理论思路对于研究从封建主义向资本主义过渡很有启发性。

苏联的一些学者在研究社会形态理论时也提出了一些有价值的见解。巴尔格借助结构分析法提出了社会形态的新定义。他说:"我们认为,把社会理解为一种自行运动和自行调节的体系〔即作为多种(结构)成分、联系和属性的结合〕,这就是社会经济形态概念的内容。"巴夫洛夫认为,在社会发展的各个阶段上,在几种相互作用的成分中,每一次都必须找到一个主导成分。他提出了在结构分析中要求明确"主导成分"这个概念。施塔耶尔曼认为,要"确定社会形态属性",有必要拟定"各完整社会的类型学原则"。古列维奇在《关于资本主义以前社会形态的讨论:形态与结构》一文中认为,使用结构分析的方法将是可以提高"社会学分析水平的一种极为重要的手段"。[3] 但是,

---

[1] Guy Bois, "Against the Neo-Malthusian Orthodoxy", in T. H. Aston and C. H. E. Philpin, eds., *The Brenner Debate: Agrarian Class Structure and Economic Development in Pre-Industrial Europe*, Cambridge U. P., 1985, p. 116.

[2] 〔希腊〕尼科斯·波朗查斯:《政治权力和社会阶级》,叶林等译,中国社会科学出版社1982年版,第170页。

[3] 〔苏联〕达尔洛夫:《论历史科学的方法论》,转引自郝镇华编:《外国学者论亚细亚生产方式》上册,中国社会科学出版社1984年版,第319—320、360—361、373页。

他们也提出,在运用结构分析方法时需要注意避免机械主义,仍要从整体上来把握社会形态的特征,因为对作为这一过渡发端的封建主义形态的理解,是研究向资本主义过渡的基础。

对欧洲封建主义社会形态诸维的分析清晰地告诉我们,欧洲封建社会的经济形态、政治形态和文化形态都不是同质的构成,在其中均存在着相当的与占主流的封建成分相迥异的异质成分。乔治·居尔维奇根据马克·布洛赫对封建社会的研究成果,用自己独特的方式发展了布洛赫的结论,对西方封建社会作了一种很好的概述。他认为封建社会是由数世纪的积淀、破坏和萌发作用形成的。因此"封建社会"实际上包含了至少五种"社会",即五种不同的社会制度并肩共存。第一种是非常古老的领主制社会,它把地方上的地主和农民结合在一起。第二种是不那么古老的制度,即起源于罗马帝国以教会体制为核心构成的神权社会,它不仅通过征服,而且通过信仰控制来持续地巩固它。早期欧洲的大量剩余产品落到了教堂、修道院、教会手中。第三种是在上述因素之间开始形成的领地国家,它在卡罗琳帝国后期开始形成,但尚残缺不全。第四种是严格意义上的封建主义,这是一种插入由于国家削弱而造成的上层建筑的裂隙之中的制度,它用一个长长的等级制的链条把封建领主联系在一起,并通过这种等级制控制整个社会。但是教会并没有完全囚禁于这个网络中,国家可以在某一天撕破这个网络,至于农民则总是生活在激烈动荡的边缘。第五种是由城市所代表,它是在 10 世纪或 11 世纪,作为一种与国家、社会、文明、经济相区别的实体出现的,在城市中出现最初的分工、持续地经济流动、贸易和金钱关系的复兴。[1] 居尔维奇的研究从发生学上探讨

---

[1] Fernand Braudel, *Civilization and Capitalism from Fifteenth to Eighteenth Century*, Vol. 2, New York, 1981-1982, pp. 464-465.

了西方封建社会多元化的内在构成,他告诉我们欧洲的封建社会形态从形成之时起就不是铁板一块的同质构成,而是起源不同的异质的政治、社会构成。而在笔者看来,正是这些异质的成分为旧的社会形态在外部因素影响下分崩离析和向资本主义社会过渡提供了基础。在这个问题上,德国学者克里特的看法是正确的。他说,正是由于欧洲封建主义不同于东方封建主义的那种非集中化的特征奠定了欧洲兴起的具有决定性意义的基础。[1]

对欧洲从封建主义向资本主义过渡研究的另一个大问题是欧洲各地区、各国在过渡中特征的比较问题。过去,在坚持资本主义 16 世纪起源说的同时,许多学者把英国作为资本主义经济发展的典型国家,而把法国作为资产阶级政治发展的典型国家。人们往往忽视了一个地区或一个国家在经济发展各阶段上的差异是普遍性的历史现象这个道理。如果说上述结论就 16 世纪以后的欧洲史来说还可以说是正确的话,那么,如果我们把欧洲从封建主义向资本主义过渡研究的起点上移到 12 世纪和 13 世纪文艺复兴时代的意大利,并且注意到随后到来的 14 世纪和 15 世纪中欧工商业的发展,那么我们会接受艾琳·鲍尔所说的,英国在那个时期经济上还不具有领先地位,它的工业和商业甚至还处于很不发达的阶段。而雅克·伯纳德从对整个欧洲的俯瞰中得出了更具有一般性的结论:直到 14 世纪,西欧的商业仍相当落后。[2] 经济中心飘移的现象在历史长时段发展中表现得非常明晰,这是历史发展多样性和不平衡的表现。这样,关于英国资本主

---

[1] Peter Kridte, Peasants, *Landlord and Merchant Capitalists*, Berg Publishers Ltd., 1980, p. 16.
[2] 〔意〕卡洛·M. 奇波拉主编:《欧洲经济史》第 1 卷,徐璇译,商务印书馆 1988 年版,第 239 页。

义发展具有典型性的论点便遇到了难以应付的挑战。我非常赞成爱德华·汤普森研究历史的一个态度，即不把一个国家的发展路线作为一种模式，而拿其他国家与之作比较。[1] 每一个国家的发展在不同时期其社会历史和文化背景以及外部环境都是千差万别的，历史科学的研究是要努力探索各国发展的内在规律，揭示其转变的具体原因。历史科学与一般理论科学的任务不同之处在于，如果说一般理论科学的任务是要从个别概括出一般规律的话，那么历史科学更重要的任务是再从一般上升到个别，作具体的活的历史研究。把一种历史发展路线模式化不利于认识历史发展的复杂性。

本书在对欧洲从封建主义向资本主义过渡的研究中，主要着眼点不是在过渡的"原因"和"推动力"一类迄今为止国内争论得甚为热烈的问题上，而侧重于研究这一过渡的过程及在这种过渡中表现出的种种形态本身。历史过程论的方法是马克思和恩格斯在《共产党宣言》和《德意志意识形态》等重要著作中研讨历史的一个基本方法，他们用历史辩证运动的观点看待历史，似乎较少讨论历史的因果关系。他们曾说过这样的话："历史不外是各个世代的依次交替。每一代都利用从前各代遗留下来的材料、资金和生产力；由于这个缘故，每一代一方面在完全改变了的条件下继续从事先辈的活动，另一方面又通过完全改变了的活动来改变旧的条件。""然而，事情被思辨地颠倒成这样：好象后一个时期的历史乃是前一个时期历史的目的。例如，好象美洲的发现的根本目的就是要引起法国革命。""其实，以往历史的'使命'、'目的'、'萌芽'、'观念'等词所表明的东西，无非是从后来历史中得出的抽象，无非是从先前历史对后来历史发生的

---

[1] E. P. Thompson, *Poverty of Theory & Other Essays*, London: Merlin, 1978, p. 257.

积极影响中得出的抽象。"① 他们强调了环境与人之间的关系是相互影响的。"历史的每一阶段都遇到有一定的物质结果,一定数量的生产力总和,人和自然以及人与人之间在历史上形成的关系,都遇到有前一代传给后一代的大量生产力、资金和环境,尽管一方面这些生产力、资金和环境为新的一代所改变,但另一方面,它们也预先规定新的一代的生活条件,使它得到一定的发展和具有特殊的性质。"② 历史发展进程中客观环境条件、人的主观活动和历史进程本身的关系由于诸种原因,常常相互交替着起作用,"原因"和"结果"之间的关系常常会发生位置的置换,轻率地就历史发展的"动因"做出判断常常会无法自圆其说。在一种有史前历史的、为合力推动的历史运动过程中,最妥当的研究方法是把研究重点放到历史过程本身。

社会形态理论是马克思主义者建立的,但迄今为止,马克思主义社会形态理论在认识上存在着一些分歧。其中主要问题是对于社会形态的理论抽象与活的历史存在之间的关系缺乏科学的全面的认识。马克思本人在谈到这个问题时强调要尊重"历史知识",要注意现实的社会生产关系不断运动变化的特征,他说,"人们在发展其生产力时,即在生活时,也发展着一定的相互关系;这些关系的性质必然随着这些生产力的改变和发展而改变"。他批评蒲鲁东"没有看到:经济范畴只是这些现实关系的抽象,它们仅仅在这些关系存在的时候才是真实的"。③ 根据马克思的论述,笔者认为,在历史研究中,在运用马克思主义社会形态理论时,要充分地研究理论形态与实际历史进程之间表现出的那种一般与个别的辩证关系,承认两者之间总是存在着差

---

① 《马克思恩格斯选集》第 1 卷,人民出版社 1972 年版,第 51 页。
② 《马克思恩格斯选集》第 1 卷,人民出版社 1972 年版,第 43 页。
③ 《马克思恩格斯选集》第 4 卷,人民出版社 1972 年版,第 325 页。

别。理论是对经验的一种抽象，但是在具体的历史中往往难以找到纯粹的理论原型。马克·布洛赫曾告诫历史学家不要脱离具体时代来理解各种社会现象，不要把人类社会抽象化，而应当"在思想上充分领略当时的时代气氛"[①]。这是我们应当时时加以注意的。

在研究欧洲从封建主义向资本主义过渡时期诸特征之先，理应首先对欧洲封建主义社会形态的特征作一简单地叙述，因为这是研究向资本主义过渡的基础。由于东西方学者在使用"封建主义"一词时定义殊异甚大，所以首先需要对"封建主义"一词作一释义学的比较研究。

苏联马克思主义学者和中国的马克思主义学者所使用"封建主义"概念和欧洲历史上使用该词时的含义有较大的区别。

"封建秩序"（feudal order）或"封建主义"（feudalité）的概念在欧洲文献史上是 16 世纪才开始出现，最初是在法学论文中，而后在政治论文中出现。[②] 16 世纪法国法学家迪蒙留、居雅斯和奥特芒认为"封建"的概念系指一种围绕着中世纪封地制度（feudum）而产生的一种法律体系。"封地"一词来自法兰克语中的 feud，该词原来是指牛的主人。12 世纪的作者隆巴尔认为，封建主义是一种关于土地所有和土地从属关系的司法权规定，即陪臣以采邑的形式取得土地，他们必须对地位居于其上的权力掌握者承担军事服役的义务，这种封建制度以财产权的分割为基础。法兰克和其他日耳曼地区军事领袖对土地的所有权到公元 1000 年前后便这样分割了。在这个阶段，"封

---

① 〔法〕马克·布洛赫：《法国农村史》，余中先、张朋浩、车耳译，商务印书馆 1991 年版，第 2 页。
② J. G. A. Pocock, *Ancient Constitution and Feudal Law: A Study of English Historical Thought in the Seventeenth Century*, Cambridge U. P., 1957.

建"这一概念主要是一种司法概念。关于"封建"的立法内涵在法国是 16 世纪产生的,在英国将近 17 世纪才出现。当时,拥有特权的等级和已实际取得霸主支配地位的集团在政治领域发生了冲突,他们都需要在法律上证明自己拥有合法权力。[1] 到 18 世纪,"封建"一词的政治指谓扩展了,在布朗维叶和孟德斯鸠的著作中,"封建主义"一词成为欧洲政治发展的某一阶段特征的概括语。孟德斯鸠对"封建法律"包括的封君封臣关系、采邑制度和农奴制度进行了分析,他基本上是从政治制度角度来定义封建主义的。这种"封建主义"概念内涵扩大的现象到 18 世纪末法国大革命时期有所加强。"封建主义"(feudal)成为旧制度的同义语。法国国民议会 1789 年 8 月 11 日法令中便有"完全取消封建制度"的提法。[2] 正如马克·布洛赫在《封建社会》一书中所说的:"从此,人们便无法否认这是一个值得尽全力去摧毁的制度这样一种现实。"[3] 布洛赫揭示了这种历史概念被后人现代化地改造的现象。他指出,"封建主义"从此便成了"用以指谓一种被错误地定义的有毛病的符号"。以后的西方资产阶级学者给封建主义下的定义各不相同。但在总体上没有超出下列三个方面的内容:第一,认为封建主义之间存在着特殊的封君和封臣的关系;第二,存在着封土制度;第三,分封造成了王权的衰落。[4] 西方资产阶级学者对封建主义的阐释,较接近于该词在历史语言学上原来的含义。他们给封建主义所下的定义,侧重于确定那个社会所有者集团内部各部分的法律身份隶属关系,而基本没有论及土地所有者和农业劳动者之间

---

[1]　R. J. Holton, *Transition from Feudalism to Capitalism*, Macmillan, 1985, pp. 18-19.
[2]　R. J. Holton, *Transition from Feudalism to Capitalism*, Macmillan, 1985, p. 20.
[3]　Marc Bloch, *Feudaliat Society*, Vol. I, London, 1965, p. xviii.
[4]　马克垚:《西欧封建经济形态研究》,人民出版社 1985 年版,第 51—64 页。

的各种经济社会关系。可以把西方资产阶级学者对封建主义下的定义看作他们根据自己的研究方法对封建社会政治法律方面的特征的一种概括。从历史唯物主义观点来看，这并不是一种全面的科学的定义，但也应当承认，它部分地揭示了封建主义在政治上的一些特征，对于我们今天在全面概括封建主义特征时有可供汲取之处。

那么，封建主义作为一种社会形态，它在经济方面和政治方面究竟有哪些最重要的特征呢？

运用历史唯物主义方法进行研究的苏联学者在给封建主义下定义时这样写道：封建主义是"取代奴隶制度（在大多数国家，其中包括南斯拉夫人则是取代原始公社制度）的阶级对抗形态。封建社会的基本阶级是封建主——地主和依附农民。除封建主义所有制外，还有以个人劳动为基础的、占有劳动工具和私人经营产品的农民和手工业者的个体所有制。这种制度使直接生产者关心提高劳动生产率，这样就决定了封建主义比奴隶制度有较为进步的性质。教会是最大的封建地主。封建主义国家多为君主制形式。阶级斗争极端尖锐的表现形式为农民起义和农民战争。随着生产力在封建主义内部的发展，资本主义关系的因素逐渐形成。所谓资本主义的原始积累过程加速了向资本主义过渡的物质条件的准备，再经过资产阶级革命，资本主义得以确立"[①]。苏联学者尽管在字面上没有明确提出，却在叙述中实际提出了封建社会总体的生产关系具有多样性的内涵。

我国出版的《辞海》设有"封建制度"条，而无"封建主义"条。该词条是这样概括的：封建制度是"以封建地主占有土地、剥削农民（或农奴）剩余劳动为基础的社会制度。随着生产力的发展，在

[①] 《苏联百科辞典》，中国大百科全书出版社1986年版，"封建主义"条。

奴隶制度瓦解的基础上产生。在封建制度下，封建地主阶级拥有最大部分的土地。农民（或农奴）完全没有土地或者只有很少的土地。他们被束缚于封建制度下，耕种地主的土地，对地主阶级有不同程度的人身依附，受着地主阶级的剥削和压迫。地主阶级剥削农民的主要方式，是向农民收取地租。与奴隶制比较，农民由于有一定程度的人身自由，有自己的生产工具，收成好坏同本身利益有一定联系，因而对生产有一定的兴趣，促进了生产力的发展。封建社会基本的阶级是地主阶级和农民阶级。封建社会政治上层建筑主要是以等级制为特点的封建国家。封建社会占统治地位的意识形态是地主阶级思想。它以维护封建剥削和等级制，宣扬封建道德为特征。地主对于农民的残酷剥削和压迫，使阶级矛盾日益尖锐。历史上不断起伏的农民起义和农民战争，打击了封建统治，多少推进了生产力的发展。在封建社会后期，随着生产力和商品经济的发展，产生了资本主义经济的萌芽，封建制度经过资产阶级革命而为资本主义制度所代替"[1]。如果和《苏联百科辞典》"封建主义"条的文字相比较，我国学者在释文中较多地反映了我国封建社会的历史经验，而较少注意到欧洲的历史，在认识方法上则明确地把封建主义社会看作存在着单一的生产方式，没有能反映世界历史上封建主义时期出现的生产关系多样性的现象。

如果比较一下苏联学者和西方学者对封建主义定义的方法，可以说，他们从各自的角度出发，也都揭示了封建主义某些方面的特征。苏联学者侧重从生产关系上来定义封建主义，而对封建主义政治方面的特征注意较少。西方资产阶级学者大多按其研究传统，侧重从法律关系和政治统治形式上来把握封建主义的特点，较为忽视封建主义在

---

[1] 《辞海》，上海辞书出版社 1979 年版，"封建主义"条。

生产关系方面的内容。应当说,迄今为止西方资产阶级学者对封建主义的阐释是有严重片面性的。而国内外马克思主义学者在研究中对欧洲历史上的封建主义在政治方面的特征似乎也有重视不够的弱点。

封建制度(或称封建主义)是一个完整的社会系统,它在经济关系和政治制度方面都有其显著的特征,因此,在研究封建主义时需兼顾其两方面的特征。

在欧洲历史上的封建主义时期,其生产关系并非单一,正如在人类社会发展史的其他阶段,生产关系并非单一一样。已故的希腊马克思主义政治理论家波朗查斯对于社会经济形态做了结构主义的研究,提出了一种有参考意义的观点。他指出,生产方式是一种抽象的概括和研究的对象,它在现实中是不存在的。人们在现实中所看到的只是存在于特定历史阶段的社会形态。而一种社会形态又往往是由几种生产方式构成的,它实际上是"几种'纯粹'的生产方式的特殊结合形式或特定的重叠形式",其中必定有一种生产方式支配着构成这种社会形态的其他生产方式,从而使这种处于支配地位的生产方式的性质形成为由这种生产方式构成的整个社会形态的性质。波朗查斯提出了在一种社会形态下生产关系具有多样性,而其中有一种生产关系占据主导地位的思想。波朗查斯的观点对于我们认识欧洲封建社会的生产关系及向资本主义过渡问题极有裨益。事实上,正是一种社会形态下不同的生产方式在发展中此消彼长和新的生产方式在其中滋生或演变构成了从一种社会关系向另一种社会关系过渡的活的内涵。

封建主义社会是介于以人生奴役和人身强制为基础的奴隶社会和以人身自由以及社会关系完全以经济剥削为基础的资本主义社会之间的一个中介社会形态。在欧洲封建社会的很长的阶段中,封建统治者和劳动群众的关系在法律和经济上都具有混沌和混杂的特点,即两者既有经济上剥削与被剥削的关系，在某些方面还保存着人身依附关系的残余。因此，封建主义关系本身便具有多元的色彩。英国史学家梅特兰曾说过："封建主义是一个不幸的字眼，它把我们的注意力引向一个复杂社会中的单只一种成分而又不是最具特色的成分，它把我们的注意力只引向依附关系的流行以及由之而起的土地占有关系。这些虽然在某个时代确实存在，但并不允许把它称为封建时代。""在封建主义这个字眼上不可解决的任务是要创造一个单纯的观念，表示世界上的一大片区域。"① 梅特兰的这段话很清楚地揭示了封建主义时期社会关系和生产关系的多元性，而不认为封建社会只存在一种生产关系和相应的两极社会结构。在欧洲封建主义的鼎盛时期，农业劳动者并非所有皆为农奴，农奴甚至在欧洲农村中不占大多数。在法国和德意志是如此，即使在农奴制一度较发展的英国，13 世纪农奴最多也只占农户的 3/5，占全部人口户数的 1/3 左右。② 在欧洲各国农村中存在着不同身份的农民。封建主义时期欧洲社会并非纯农业文明的社会，商业和工业在各国均有所发展。商人和手工工匠在最初不得不仰仗或屈从主教、贵族封建领主和政府官员的势力，无法取得自由经营的权利。但随着城市发展和商人、手工业者力量的壮大，他们意识到自身的力量，开始作为一个社会集团积极展开活动。他们争取到城市的管理权和一些城市的自治权，并利用城市的权利来保障工商业者的活动。在中世纪城市中形成的商人、银行家、法律业人士、医生、教师和小店主尽管尚未形成新的阶级，他们却是与封建生产方式迥异的

---

① F. W. Maitland, *History of English Law before the Time of Edward I*, Vol. I, Cambridge U. P., 1968, pp. 66-67.
② 〔英〕哈切尔：《英国的农奴制和维兰制》，载《过去和现在》1981 年 2 月，第 7 页。马克垚：《西欧封建经济形态研究》，人民出版社 1985 年版，第 222 页。

新的经济因素的代表和附属成分。事实表明，封建社会的经济关系并非铁板一块即一元的内构，而是具有混杂性质的多元经济内构，这种经济内构为资本主义社会关系的发生和发展提供了内部条件。

第一，和欧洲封建主义时代经济生活方式相一致，欧洲封建主义时期的政治无论在权力关系方面还是在制度设施方面都有若干完全不同于近代社会的特征。恩格斯注意到欧洲封建主义时期政治表征的一些特点，他写道，"封建贵族疯狂的厮杀声响彻了中世纪"，形成了一种"普遍的混乱状态"，"在那纵横捭阖的漫长的世纪中有使诸侯归附中央王权的向心力"，"也有由这种向心力不断地、必然地变成的离心力"。[1] 在欧洲封建社会的初期和中期，国家统一的历史任务并没有得到解决，存在着妨碍中央集权国家形成的地方封建割据势力，这是一种分权力量，它与以王权为代表的中央政府集权化力量处在不断冲突、斗争中，此消彼长。在这种背景下形成的封建国家有着若干形态上的特征，需作一概括。当然，欧洲封建国家首要的特征是国家权力为少数大封建主掌握，这种国家代表了封建贵族地主的利益，它通常采取君主制的政体。第二，由于封建主义时代政治、经济和文化的落后，封建君主的政治统治艺术也较落后，通常是一个贵族家族掌握国家政权，而不是一个阶级或若干社会集团联合实行统治。在政府结构中，王室兼管国王私人和家族事务（包括财产）以及国家事务，公务和私人事务在管理机构上尚没有分离，国库和国王私人的金库没有分开。第三，国家的中央政府实权有限。机构设置亦不健全，其行政和财政职能不完善，许多事务需要与地方贵族和地方行政机构协商才能

---

[1] ［德］恩格斯：《论封建制度的解体及资产阶级的发展》，载《历史问题译丛》第6本，中国人民大学1953年版，第1、7、8页。

解决。第四，封建国家的权力关系没有真正法制化。立法、司法、行政三大权力职能没有明确分开，有些机构兼有几种职能，还存在着机构职能重叠的现象。第五，在欧洲许多地区形成统一的领域国家的任务尚未完成，直到1500年欧洲大约还有500个独立的政治单位。[1] 第六，封建的等级会议机构在各国存在，在国家事务中起着相当的作用，成为中央集权统治的破坏力量。诚然，这些特征虽然并不是整齐地在所有欧洲国家同时表现出来，但却是封建欧洲各国常见的事实。

总之，在欧洲各国封建社会发生严重的危机之前，作为一种社会形态的封建主义社会在欧洲就其政治、经济各个领域来说都具有多元的结构构成，正是这种封建社会中异质的构成为欧洲尤其是西欧向资本主义过渡提供了较之东方封建专制主义国家更为有利的条件。

本书的研究思路是想在厘清基本历史发展线索的基础上对这一过渡时期社会的各个侧面和领域作一种形态历史学的概括。形态历史学这一概念对我国历史学者来说似曾相识，却又不得其详。至今国内外都还没有系统地提出和研究过"形态历史学"这一概念或方法。讲到形态历史学，人们或是把它与马克思主义社会发展史的社会形态五段论联系在一起，更多的是把它与施宾格勒和汤因比在文化学研究中的成果相联系，把他们的文化形态学概念作为形态历史学的本身或全部内容[2]，而对形态学的方法缺少任何规定。"形态学"一词在英文中

---

[1] Charles Tilly, ed., *The Formation of the National States in Western Europe*, Princeton U. P., 1975, p. 15.

[2] 历史形态学"亦称文化形态史观，现代西方资产阶级史学流派。1917年12月德国历史哲学家施本格勒出版其所著的《西方的没落》，首倡文化形态史观。后英国史学家汤因比撰写《历史研究》，更发展了这个学派的观点"（《世界历史辞典》，上海辞书出版社，1985年，第57页"历史形态学"条）。

作 morphology，而不是 form，这是一个来自自然科学和人文科学的概念。《朗曼当代英语辞典》（1978 年版）对该词有两个注解，一是说它是"研究一种语言的词素，以及它们联合起来构词的形式"，二是"研究动物、植物和它们的组成部分形成的科学"。从前引注解中我们不难把握形态学方法的特征，即不论用于哪种学科形态学方法都是一种关于结构研究的方法。形态历史学是一种用结构研究方法来研究历史的方法或以此将历史重新编码的方法。具体地说，形态历史学的研究包括对历史范畴的内部结构以及历史各种内部结构的排列组合关系（它们怎样共同组成一种历史实体的）、各种结构参数变化的研究和对历史上具有类似性质的客体的类型比较研究等。形态历史学所运用的不是僵化的结构研究方法，相反，它把动态概念引入结构的研究中。

在马克思、恩格斯的一些著作中可以看到他们成功地运用形态学方法进行社会研究的范例。在《共产党宣言》中，马克思、恩格斯写道："现代资产阶级本身是一个长期发展过程的产物，是生产方式和交换方式一系列变革的产物。""资产阶级的这种发展的每一个阶段，都有相应的政治上的成就伴随着。它在封建领主统治下是被压迫的等级，在公社里是武装的和自治的团体，在一些地方组成了独立的城市共和国，在另一些地方组成君主国中纳税的第三等级；后来，在工场手工业时期，它是等级制君主国或专制君主国中同贵族相抗衡的势力，甚至是大君主国的主要基础；最后，从大工业和世界市场建立的时候起，它在现代的代议制国家里夺得了独占的政治统治。"[①] 这里不仅勾画出资产阶级在历史上不同时期的表现形态，同时还勾画出资产

---

① 《马克思恩格斯选集》第 1 卷，人民出版社 1972 年版，第 252—253 页。

阶级的政治组织在不同历史时期的表现形态。

而在《德意志意识形态》一书中，马克思和恩格斯以更加洗练的语言做了形态学的论述。书中写道："可以把各种等级和阶级理解为一个普遍概念的一些类别，理解为类的一些亚种，理解为人的一些发展阶段。"[①] 马克思和恩格斯的论述表现了形态历史学的方法。形态历史学的方法以历史过程论为基础，它又是对历史过程论研究取向的一种补充。形态学的研究侧重说明历史运动某一时刻静态的定格状态，而不是着力说明历史运动本身。它可以看作通过截取的历史横断面，借以把历史在某个时期的特征和结构组织呈现得更清楚的一种研究方法。它的现实意义是可以使我们克服简单、僵化地看待历史范畴的观点。

笔者希望借助形态历史学方法来说明这样一个过渡时期历史范畴多样化的存在形式，揭示新的社会形态在创生过程中多种结构因子的来源和它在形成过程中各阶段非典型化的存在形式，以及从一种社会形态向另一种社会形态转变过程中社会范式的演变。

---

① 《马克思恩格斯选集》第1卷，人民出版社1972年版，第83页。

第一编 经济

第一章　商业和市场

对欧洲从封建社会向资本主义社会过渡研究从时序上考虑应当首先讨论商业和工业的发展，然后才是农业，从地域上考虑则应当把注意力置于文艺复兴时期的意大利，然后才是中欧和西欧。

马克思和恩格斯在他们的著作中充分肯定了城市所代表的各种社会关系较之乡村的历史进步性。马克思和恩格斯在《德意志意识形态》中指出："物质劳动和精神劳动的最大的一次分工，就是城市和乡村的分离。城乡之间的对立是随着野蛮向文明的过渡、部落制度向国家的过渡、地方局限性向民族的过渡而开始的，它贯穿着全部文明的历史并一直延续到现在……城市本身表明了人口、生产工具、资本、享乐和需求的集中；而在乡村里所看到的却是完全相反的情况：孤立和分散。"[1] 亨利·列菲弗尔评述说："对马克思来说，封建生产方式的瓦解和向资本主义的转变依附于一个主体，即城市。城市摧毁了中世纪的制度（封建主义）……城市是一个'客体'和一种凝聚力，一种攻击着全球的制度并且摧毁它的局部的制度。"[2] 马克思在19世纪50年代末的关于政治经济学的笔记中把城市和乡村的不同特点

---

[1]　《马克思恩格斯选集》第 1 卷，人民出版社 1972 年版，第 56 页。
[2]　R. J. Holton, *Cities, Capitalism and the Civilization*, Allan & Unwin, 1986, p. 30.

归结为不同的生产方式,他写道:"日耳曼的公社并不集中在城市中;而单是由于这种集中……,公社本身这时便具有同单个人的存在不同的外部存在。……中世纪(日耳曼时代)是从乡村这个历史的舞台出发的,然后,它的进一步发展是在城市和乡村的对立中进行的;现代的历史是乡村城市化,而不象在古代那样,是城市乡村化。"① 城市所代表的经济活动形式则是商业、个体的行会的和工场手工业、金融业。尽管在这些行业中经济活动的组织形式和活动方式都经历了复杂的发展过程,但是就它们是这个时期经济活动较为发达的领域这一点来说,却是毋庸置疑的。斯宾格勒在《西方的没落》中曾非常简练地概括说:"所有高度发达的经济都是城市经济。……无城市的农村经济是属于封建制度。"② 霍尔顿也认为:"城市社会的经济、政治结构和文化实践完全有别于乡村。"③ 这些系就生产关系和社会关系而论。

至于从财富积累即资本积累而论,在前工业化时期商业对于工业和农业来说有着更大的重要性。皮朗论及流动资本形成过程时说:"流动资本决不是由土地产生的,相反,流动资本却是中产阶级赖以购置第一批地产的工具。"他举例说,从13世纪下半叶起,许多商人放弃了贸易,凭借积累的资金,购置了地产,成为以租为生者。④ 布罗代尔做出这样的结论:"在18世纪,一个人可以毫不怀疑地说,在欧洲任

---

① 《马克思恩格斯全集》第46卷上册,人民出版社1979年版,第479—480页。
② 转引自〔美〕詹姆斯·W. 汤普逊:《中世纪晚期欧洲经济社会史》,徐家玲等译,商务印书馆1992年版,第547页。
③ R. J. Holton, *Cities, Capitalism and the Civilization*, Allan & Unwin, 1986, p. 89.
④ 〔比〕亨利·皮朗:《中世纪欧洲经济社会史》,乐文译,上海人民出版社1964年版,第149页。

何地方，大规模商业的利润比大规模工业和农业的利润要高得多。"①

在与城市相联系的经济活动形式中，本章首先着重探讨商业，后一章再专门讨论工业。

马克思在研究资产者这个新的社会关系的主体形成过程时指出："现代资产阶级本身是一个长期发展过程的产物，是生产方式和交换方式的一系列变革的产物。""过去那种地方的和民族的自给自足和闭关自守状态，被各民族的各方面的相互往来和各方面的相互依赖所代替了。"② 随着分工和商业的发展，"最初的地域局限性开始逐渐消失"③。社会交往的发展和国内市场以及世界市场的形成是资本主义社会关系形成的一个表征。因为封建制就其原本的表征来说，便是以地方割据和闭塞性为特征的。④

欧洲历史上在广阔的土地上第一次建立联系的努力是由十字军运动引起的。在 11 世纪以前，欧洲各地区间的联系很少。11 世纪末在朝拜圣地传统的影响和教皇的鼓动下，在关于基督教徒在东方受到土耳其人虐待而遭受痛苦的宣传和传闻的影响下，中世纪冒险的爱好、获得土地的强烈渴望，以及收复圣地耶路撒冷的目的刺激着西欧的基督教徒和成千上万盲信的贫苦劳动群众掀起了向中东进军的十字军运动。诚然，在教皇乌尔班三世 1095 年发表的演说中没有明确地讲到发展商业和贸易的机会，然而这却是十字军运动复杂动机中很重要的一条。因为教皇讲到法国领土时说，它"太狭窄不够容纳它的稠密人

---

① Fernand Braudel, *Capitalism and Civilization from Fifteenth to Eighteenth Century*, Vol. II, N. Y., 1981-1982, p. 429.
② 《马克思恩格斯选集》第 1 卷，人民出版社 1972 年版，第 252—255 页。
③ 《马克思恩格斯选集》第 1 卷，人民出版社 1972 年版，第 59 页。
④ E. F. Heckscher, *Mercantilism*, Vol. I, London, 1935, p. 36.

口；它的财富也不多；连它所生产的食粮也几乎不够供应它的种田的人们"[1]。十字军运动在欧洲经济社会史上是一个重要的运动，它打破了这个时期欧洲社会所处的自然经济的状态。长途跋涉对于物资的需求，使得人们大量筹集货币，出售不动产或抵押财产来换取现款。社会上展开了一个筹措资金、集聚资金的浪潮。这种货币的积累很快带来了商品的大流通。十字军运动较大者先后有八次。1096—1099年为第一次十字军运动，1147—1149年为第二次十字军运动，1189—1192年为第三次十字军运动，1202—1204年为第四次十字军运动，1218—1221年为第五次十字军运动，1228—1229年为第六次十字军运动，1248—1254年为第七次十字军运动，1270年为第八次十字军运动。十字军运动是欧洲各国第一次向欧洲境外扩张，它同时加强了欧洲在地中海地区的密切联系。意大利由于在地理上处于西欧、拜占庭和穆斯林世界的中心地位，它在这个时期的商业发展中占有优先地位。威尼斯加强了同君士坦丁堡、埃及、叙利亚等地的贸易。热那亚和比萨同科西嘉、撒丁尼亚、巴巴利海岸以及法国南部展开了贸易。意大利人成为香槟集市上主要的商人集团，他们在商业中使用了汇票。[2]

在十字军时期，商业活动方式有了很大的发展。拜占庭商人俨然是早期的资本家，他们对于管理资金和商业富有经验。当时高利贷活动已经十分普遍，亚历山大三世在1176年给热那亚城大主教一次训谕中曾谈到禁止高利贷。这个时期银行家出现了。兑换商在设立现

---

[1] 〔美〕詹姆斯·W.汤普逊：《中世纪经济社会史》上册，耿淡如译，商务印书馆1961年版，第471页。
[2] 〔美〕詹姆斯·W.汤普逊：《中世纪经济社会史》下册，耿淡如译，商务印书馆1963年版，第1页。

款存储所以后，经过一段时间的发展便成为银行家。今天我们熟悉的银行营业方法和规程当时已被采用。这些银行家兼营仓库业，代顾客汇划账款，代收钱款。12世纪银行业用汇划票代替货币，用货币的象征转移代替真正的转移，标志着金融业的重要发展。当时佛罗伦萨人和伦巴底人专门从事这种划汇业务，伦巴底人充当了法国国王和英国国王的财政代理人，在法王腓力四世和英王爱德华一世的政府中都可以见到他们的身影。在13世纪银行家开始效仿犹太人，收取利息，经营放款和贴现业务。①

商业和海事活动的法制化是这个时期经济活动理性化的重要标志。在十字军运动带来的经济和商业活动的压力下，各国开始制定和编纂商业法。在这方面，意大利人走在前列。他们在西欧首先编纂管理商业往来的习惯法，以后其他国家追随和仿效意大利人，也制定了商业法规，欧洲各国在编纂商业法律的过程中受到了当时较为先进的拜占庭法律的影响。政府的活动追随着商人，意大利城市共和国派遣了领事在各国管理其臣民和代表本国向驻在国元首进行相关交涉，每个意大利城市都派出它的商务领事。随着国际贸易的展开，逐渐形成了一种国际惯例的体系，以处理公海上的冲突事件以及各国船主、商人和水手间的冲突。海上法成为后来国际法的一个重要来源。最早出现的海上法典有比萨的《习惯法》（1160年）、特拉尼的《法典》（1183年）、蒙特皮列的《习惯法》（1223年）、马赛的《习惯法》、威尼斯的《航海条例》（1255年）。嗣后出现了内容更为完备的巴塞罗那的"惯例"。再以后，到14世纪，北欧制定了最早的商业和航

---

① 〔美〕詹姆斯·W.汤普逊：《中世纪经济社会史》上册，耿淡如译，商务印书馆1961年版，第534—535页。

海法典，如律贝克、不来梅和维斯比的《法典》。这些法律文件都具有公认的权威性，得到承认。为了保护商业，建立了特别的习法制度，在船上有海上领事，在沿海城市有普通领事、海军法庭和海事法庭，并制定海上保险政策来保证航运业的利益，[①] 海上法的制定是海上商业发展到一定规模的明证，正是有了大规模的海上贸易联系，才产生了制定解决相关纠纷的法律规定的要求。

13—14世纪是欧洲经济蓬勃发展的时期。当时大规模的贸易活动集中在两个地区，一是地中海以意大利为中心的地区，一是北欧窄长的区域。这两个地区的经济活动最初是独立发展的，但很快它们之间的商路连接在一起，开始相互补充和促进。[②]

意大利北部的城市威尼斯在10世纪就和许多意大利的城市发展了商业关系，1002年威尼斯征服了亚德里亚海，1082年它获得了在一个世纪中与拜占庭自由贸易的特权证书。十字军东征时期，意大利另一个城市热那亚在1097年派遣一支补给航队去接济安提俄刻的十字军，取得了在圣地沿岸的商业特权。耶路撒冷被攻陷后，热那亚与东地中海地区建立了密切的联系。1104年热那亚在圣女贞德港占领了一块殖民地，占该城的1/3。威尼斯则在泰尔、西顿、圣女贞德城、卡法等地建立了账房。1136年马赛的市民也在圣女贞德城建立了一个殖民区。这样，整个地中海就向西方开放了，建立了从地中

[①] 〔美〕詹姆斯·W.汤普逊：《中世纪经济社会史》，耿淡如译，商务印书馆1961年版，上册第536页、下册第26页。〔法〕P.布瓦松纳：《中世纪欧洲生活和劳动（五至十五世纪）》，潘源来译，商务印书馆1985年版，第177页。

[②] 雅克·伯纳德：《900—1500年 中世纪的贸易与金融》，载〔意〕卡洛·M.奇波拉主编：《欧洲经济史》第1卷，徐璇译，商务印书馆1988年版，第219页。

海这一端到那一端的交通。[①] 13 世纪热那亚在从科西嘉到卡法的地区和俄罗斯平原的边缘上建立了许多国外代理商行，1281 年在拜占庭取得了商业领导地位。在 13 世纪晚期和 14 世纪初期，由于热那亚从东方的港口被逐渐排挤出来，它便转到西欧的法国和佛兰德斯发展自己的商业，它还开始了与布鲁日、伦敦之间的航运业务。尽管这条航线上有海盗、风暴、浅滩和暗礁的危险，却因为运费低廉和免交通行税可获得较高的利润，使航运业欣欣向荣。面对热那亚的成就，威尼斯奋起直追，1317 年威尼斯的第一支船队经直布罗陀海峡到达布鲁日和伦敦，以后威尼斯船队的重要性超过了热那亚的船队。[②] 威尼斯和热那亚在当时航运业活动方式上有显著的区别。在威尼斯，国家在经济活动中是至高无上的，政府对全部商业实行了严格而且细致的管理。在热那亚则相反，城市公社的政府机构掌握在大商人家族之手，热那亚在组织商业公司来经营商业方面取得了成功的经验。这种商业公司较为成熟，它发售股票，分配利润并分担风险，每只商船上带一个管货员或代理人来代表投资人的利益。这种公司被称为"海上协会"，实质上是一种股份公司。这种组织形式是热那亚对于商业史的一个重要贡献。中世纪以后这种组织形式传播到其他地方被采用。[③]

　　随着海运业向法国南部和埃及北部发展，地中海沿岸的商业得到发展。里昂湾沿岸、尼罗河流域、马赛、蒙纳利埃、纳尔滂等港口和

---

① 〔比〕亨利·皮朗:《中世纪欧洲经济社会史》，乐文译，上海人民出版社 1964 年版，第 25 页。
② 〔美〕詹姆斯·W. 汤普逊:《中世纪经济社会史》下册，耿淡如译，商务印书馆 1963 年版，第 33—34 页。
③ 〔美〕詹姆斯·W. 汤普逊:《中世纪经济社会史》下册，耿淡如译，商务印书馆 1963 年版，第 17—18 页。

整个普罗旺斯,以及巴塞罗那和卡塔罗尼亚的贸易都迅速发展起来。贸易的道路在 11 世纪时开始通过亚平宁山隘向北发展。从威尼斯经过勃伦纳河、梭恩河到达德意志地区,又经塞普第麦与圣伯纳德河与莱茵河流域相通,并经过塞尼山到达尼罗河流域。13 世纪在长期不能通航的圣罗达河上横跨山岩架起了悬桥,使之成为一条可行的道路。[①]

与此同时,北海沿岸的经济也复兴了。北欧人在莱茵河、马斯河、斯海尔德河交汇处建立了市场,并把科隆、美因兹联系进这个商业网。提尔则成为当时商人经常来往之处。马斯河把马斯特里赫特、列日、惠伊、迪南、凡尔赛联系起来。而斯海尔德河则把康布雷、瓦郎西、图尔内、根特、安特卫普等城市的商业联系在一起。布鲁日港则成为一个重要的港口,十分繁荣。

海峡以北各国与欧洲大陆之间的贸易联系也加强了。英格兰海岸地区通过卢昂、塞纳河口,逆流而上与巴黎、香槟、勃艮第展开了贸易。[②] 在另一个方面,佛兰德斯的毛织品由海路远销到俄罗斯的诺夫哥罗德。意大利人把香料、丝织品、金器运到佛兰德斯去换取毛织品。佛兰德斯人则把大批当地产的呢绒运到香槟集市去,再由伦巴底和托斯坎尼的商人运至热那亚去,改称法兰西呢绒,从海路运往利凡特地区诸港。13 世纪时热那亚的公证文件提到亚眠、博韦、康布雷、列日、普罗旺斯、图尔内、夏龙、蒙特勒伊和布拉奔都曾把毛织品运销到这里。[③]

---

① 〔比〕亨利·皮朗:《中世纪欧洲经济社会史》,乐文译,上海人民出版社 1964 年版,第 31 页。
② 〔比〕亨利·皮朗:《中世纪欧洲经济社会史》,乐文译,上海人民出版社 1964 年版,第 32—33 页。
③ 〔比〕亨利·皮朗:《中世纪欧洲经济社会史》,乐文译,上海人民出版社 1964 年版,第 34—35 页。

这样，欧洲形成了两条重要的贸易通道。一条经由波河、阿尔卑斯山和多瑙河，把热那亚、威尼斯同维也纳、奥格斯堡、纽伦堡和康斯坦茨连接起来。另一条通道系取道龙河和梭恩河，通过香槟、弗朗斯岛和佛兰德斯的商业中心而把地中海、利凡特、欧洲同欧洲西部连接起来，甚至经由默兹河和摩泽尔河与莱茵各地连接起来。[①] 就经济而论，意大利沿海城市控制着地中海，汉萨同盟控制着北海和波罗的海，两者在布鲁日及其外港的海路上进行接触，两大贸易区控制着中世纪的世界。尽管在13世纪由于交通运输工具的落后，这种商务交往颇费时日，因此这种经济网络仍然是较为松散的，但这种联系毕竟已经初步形成，人类已经开始打破相互间隔绝的状态。商业和市场这个时期的发展刺激了工业和农业生产的发展。[②]

意大利各城市国家通过商业集聚起大量的资金。一部著作提到在佛罗伦萨"新市场"周围有72个交换所，铸币流通量达200万金币。当时财产显赫的美第奇家族在1434—1471年间为慈善事业、公共建筑和捐税付出了不少于663755金币，其中柯西莫一人就负担了40多万金币。[③] 乔万尼·美第奇的财富在死时达到179221块金币，他的儿子洛伦佐死时（1440年）遗留下235137块金币。而他的另一个儿子柯西莫之子皮埃罗在1496年遗留下237982块金币。根据美第奇

[①] 〔法〕P. 布瓦松纳：《中世纪欧洲生活和劳动（五至十五世纪）》，潘源来译，商务印书馆1985年版，第179页。

[②] 〔德〕汉斯·豪斯赫尔：《近代经济史：从十四世纪末至十九世纪下半叶》，王庆余等译，商务印书馆1987年版，第28页。〔法〕P. 布瓦松纳：《中世纪欧洲生活和劳动》，商务印书馆1985年版，第180—181页。

[③] 〔瑞士〕雅各布·布克哈特：《意大利文艺复兴时期的文化》，何新译，商务印书馆1988年版，第77页。

家族的财产目录可知，该家族拥有的珠宝价值为 12205 块金币，指环价值为 1792 块金币，珍珠价值为 3511 块金币。[①] 威尼斯总督温德拉明 1476 年拥有 17 万枚杜卡金币（1 杜卡的价值相当于 11—12 法郎），是一个很富有的富翁。科尔雷俄尼被没收的财产达到 216000 弗罗林金币。1460 年阿奎莱雅镇的族长洛多维科·巴达维诺拥有 20 万枚杜卡金币。在佛罗伦萨，居民的富有往往可以通过一个资料看出来：父母弥留之际在遗嘱中请求政府，如果他们的儿子不务正业就罚款 1000 金币。威尼斯的安托尼奥·格利马尼为儿子当选枢机主教曾付出 3 万枚杜卡，他仅现款就有 10 万杜卡。在佛罗伦萨，对被击败的党派处以罚款数量巨大。例如，从 1430—1453 年有 77 家付出 4875000 枚金币，其中吉安诺佐·曼内蒂一个人就被迫付出了 135000 枚金币的罚款。英格兰国王从佛罗伦萨巴尔第和佩鲁齐家族处借到了巨额的款项，1338 年这两个家族在英格兰国王身上共损失了 1365000 枚金币，这是他们自己与他们的合伙人的钱，但是他们还是从这次损失中恢复过来了。[②] 关于威尼斯的财政活动有些统计数字：在偿还了 400 万金币的战争债务外，国家工债仍有 600 万金币。商业往来大约有 1000 万金币，它从商业中可获利 400 万金币。威尼斯这个国家一年中常规收入为 110 万金币。[③] 显然它们都是来自对外贸易、掠夺和银行业的财富。它们构成了文艺复兴时期社会经济生活中一笔巨大的动产。

---

① 〔瑞士〕雅各布·布克哈特：《意大利文艺复兴时期的文化》，何新译，商务印书馆 1988 年版，第 79—80 页。
② 〔瑞士〕雅各布·布克哈特：《意大利文艺复兴时期的文化》，何新译，商务印书馆 1988 年版，第 75 页。
③ 〔瑞士〕雅各布·布克哈特：《意大利文艺复兴时期的文化》，何新译，商务印书馆 1988 年版，第 69 页。

在 13 世纪，罗马教廷在天主教世界的财政活动和流通中起了很大的作用。罗马教廷当时相当于一个国际大银行。教皇格里高利九世（1227—1241 年）即位后，大量地收取欧洲各地教会的进贡和其他款项，而意大利各城市国家的银行在罗马城和外国如法国、英国和佛兰德斯设立的代理机构就在这一方面充当了教廷聚敛财产的工具。而这些银行相应地也借助教皇的权力来保护自己的营业活动，当银行和商行在国外遭抢劫、勒索或无法收回外国的债款时，教皇就会出面干涉，而当时的意大利城市多对教皇持友好态度，双方形成一种互利关系。

塞亚那在 13 世纪由于处于从布罗温斯到罗马的香客和商人来往频繁的道路上，塞亚那商人在贸易中获得了巨大的利润，所以塞亚那也成为意大利的一个银行业中心。那里最大的银行公司是波塞诺立银行，以它的货币兑换表而闻名。1298 年波塞诺立银行的资本达到 3500 百合花金币，这在当时是一个巨大的数额，它向教皇、皇帝、王侯、城市放款。[①] 塞亚那在与佛罗伦萨的竞争中曾在军事上击败过佛罗伦萨（1260 年），但它随后遭到教皇的压制和打击。以后塞亚那的大批银行倒闭，残存的银行有一些移入佛罗伦萨。[②]

从中世纪中期至 17 世纪，随着各地区经济活动的发展和各地区之间交往的加强，市场在各个国家发展起来，并且在各地区之间交往的基础上逐渐形成了世界市场。国内市场和世界市场的形成既是经济发展的结果，同时又是经济进一步大发展的动力和条件。

"市场"概念作为一种历史术语正是在这个时期伴随着城市的发

[①] 〔美〕詹姆斯·W. 汤普逊：《中世纪经济社会史》下册，耿淡如译，商务印书馆 1963 年版，第 44—45 页。
[②] 〔美〕詹姆斯·W. 汤普逊：《中世纪经济社会史》下册，耿淡如译，商务印书馆 1963 年版，第 45—46 页。

展而发展起来的。"市场"这个词在拉丁语中作 forum，在北欧和低地国家则写作 portus。中古拉丁语 portus 一词具有领主在城市大门口征税的含义，以后该词的征税含义消失在它的商业含义中。[①] 这表明，"市场"概念是从中古的集市概念发展而来的。诚然，今天我们所使用的市场概念远远超过了上述的原始性内涵，是指一定地域范围内形成的对商品的供给和有支付能力的需求的关系和一定范围内形成的普遍的经济联系。欧洲范围内市场的发展是以大的集市之间的联系的发展为基础的。从 15 世纪直至 18 世纪工业革命的前夜，欧洲这种市场商业联系很难找到一个发展的突变点。而新航路的打开则主要在欧洲与美洲新开发地区之间建立了密切的联系。

布罗代尔指出，大规模的集市贸易本质上是一些大商号之间的贸易，在这些贸易中信贷制度起了很大的作用，在集市上可以即时解决支付结算问题。里昂的结算在票据交换所里进行。16 世纪著名的集市皮亚琴察一年举行 4 次，同时召开金融会议，交易的货物不到集市，人们也不携带现金到集市来，而是通过票据交换来贸易，每次交换的总额有 3000 万—4000 万埃居。[②] 15—18 世纪，分散在欧洲各地的单个的集市之间建立了联系，形成了一个集市的网络。直到阿姆斯特丹取代安特卫普成为金融中心后，欧洲集市的作用仍然没有立即衰落，一直持续到 18 世纪。[③] 在集市贸易兴起的同时，欧洲各地都出

[①] 〔美〕詹姆斯·W. 汤普逊：《中世纪经济社会史》下册，耿淡如译，商务印书馆 1963 年版，第 418 页。
[②] Fernand Braudel, *Civilization and Capitalism from Fifteenth to Eighteenth Century*, Vol.2, New York, 1981-1982, p. 91.
[③] Fernand Braudel, *Civilization and Capitalism from Fifteenth to Eighteenth Century*, Vol.2, New York, 1981-1982, pp. 92-93.

现了交易所。布鲁日的交易所在 1409 年成立，安特卫普的交易所在 1460 年成立，里昂的交昂所在 1462 年成立，图卢兹的交易所在 1469 年成立，阿姆斯特丹的交易所在 1530 年成立，伦敦交易所在 1554 年成立，汉堡的交易所在 1558 年成立，巴黎的交易所在 1563 年成立，但泽的交易所在 1593 年成立，柏林的交易所在 1716 年成立，维也纳的交易所则成立于 1771 年。[①]

市场发展另一方面也体现在国内中心城市作为农副产品的市场得到迅速发展。这一点可以以伦敦食品市场的发展为个案加以说明。随着伦敦城市规模的扩大，它对于周围英格兰南部农业产品的运入提出了越来越大的要求，在伦敦进行的农产品交易的规模越来越大，它对于农村的影响也越来越大。从英格兰沿海海路运入伦敦的谷物从 16 世纪 70 年代末到 17 世纪 30 年代末迅速增长。林肯郡运入伦敦的谷物在 1579—1580 年为 293 夸脱，1585—1586 年为 1238 夸脱；诺福克郡运入伦敦的谷物 1579—1580 年为 550 夸脱，1585—1586 年为 12439 夸脱，1638 年为 19550 夸脱。埃塞克斯郡运入伦敦的谷物 1579—1580 年为 1797 夸脱，1585—1586 年为 2732 夸脱，1587—1588 年为 4463 夸脱，1615 年为 10386 夸脱，1624 年为 12765 夸脱；苏塞克斯郡运入伦敦的谷物 1585—1586 年为 258 夸脱，1615 年为 7604 夸脱。从东北海岸运入伦敦的谷物 1579—1580 年为 345 夸脱，1585—1586 年为 914 夸脱，1638 年为 4840 夸脱。各地运入伦敦的谷物总数 1579—1580 年为 173801 夸脱，1585—1586 年为 48401 夸脱，1615 年为 68596 夸脱，1638 年为 95714 夸脱。从近海运入伦敦的奶制品也迅速增加。从东北

[①] Fernand Braudel, *Civilization and Capitalism from Fifteenth to Eighteenth Century*, Vol. 2, New York, 1981-1982, p. 99.

沿海运入伦敦的黄油 1579—1580 年为 6 桶，1615 年为 102 桶，1624 年为 1394 桶，1638 年为 4132 桶。从林肯郡运入伦敦的黄油 1579—1580 年为 16 桶，1616 年为 65 桶，1638 年为 500 桶。从诺福克郡运入伦敦的黄油 1579—1580 年为 68 桶，1587—1588 年为 235 桶，1624 年为 547 桶。到了 17 世纪初期，伦敦市场对谷物的需求越来越大，但从国外供应的谷物并没有增加，需求的谷物主要是由国内乡村供应的。[①]

在 15—16 世纪甚至更早，威尼斯人就在进行三角贸易。例如，米基尔·德·莱塞的文件表明，他驾驶帆船向北非伊斯兰国家行驶，在突尼斯换取金粉，到瓦伦西亚将金粉送去冶炼然后在城市的铸币厂制成金币，把金币带回威尼斯或用它换回呢绒。他还在亚历山大港买下丁香，在伦敦出售，从伦敦把毛织品送到利凡特地区去出售。英国商人从泰晤士河出海，船上装载铅、铜和咸鱼，以供给意大利的里窝那。它也同样从事三角贸易，在意大利港口装上硬币，去利凡特、塞浦路斯、赞特、的黎波里，购回无核葡萄干、原棉、香料、大捆的丝绸，甚至希腊的醇香葡萄酒。法国的商船则从马赛港出发，在意大利的几个港口停靠，然后去利凡特，从那里回马赛。荷兰东印度公司的船队在东印度的帝汶岛获得贵重的檀香木，拿它在中国作为交换的通货，因为它极其值钱，购回许多货物运回印度的苏拉特，在那里交换丝绸、棉花和银币；在科罗曼德尔买进许多编织物，用它换取摩鹿加和日本的绸；在暹罗湾出售从科罗曼德尔运来的大量织物，换取日本极其需要的鹿皮、锡铅合金，在印度和欧洲出售谋取利润。[②] 这种多角贸易活

---

① F. J. Fisher, "The Development of the London Food Market 1540-1640", in F. M. Carus-Wilson, *Essays in Economic History*, I, London, 1960, pp. 136-139, 151.

② Fernand Braudel, *Civilization and Capitalism from Fifteenth to Eighteenth Century*, Vol. 2, New York, 1981-1982, pp. 141-142.

动表明商业水平已相当发达，各地区之间的交往已十分频繁。

到了16世纪，商业在整个欧洲有了进一步发展，陆路和海路商道跨越了巴尔干、地中海、大西洋沿岸和中欧，同时新开辟了与亚洲和美洲的商业贸易。欧洲市场的扩大加速了世界市场的形成。通过海峡地带的船只1497年是795艘，1557—1558年这个数字上升为2251艘，1591—1600年间每年通过海峡的船只是5554艘。1607—1608年有1407艘船停靠在佛罗伦萨城的港口里窝那，一年后这个数目上升至2454艘。航行去远东的船只在1491—1492年到1501—1502年间从21艘增加到1591—1592年到1600—1601年间的114艘。在1506—1510年间到1596—1600年间从萨维尔到西属美洲殖民地的船只从45艘增加到181艘，总吨位从4430吨增加到36140吨。[①]

从1590—1600年间各地输入欧洲的各种商品的年平均量来看，从巴尔干地区输入欧洲的是谷物，年平均为126109.4吨。根据阿姆斯特丹市场的价格，每吨为87.5银币。从亚洲输入欧洲的是香料，每年平均输入2712吨，根据安特卫普市场的价格，每吨为136.8银币。从美洲输入欧洲的是贵金属，年平均287.7吨，每吨价格为309.4银币。从贸易总金额来看，欧洲从巴尔干输入的谷物只占从远东来的香料价值的64%，占美洲来的贵金属价值的28%。这些只是中欧与远东、大西洋、美洲和巴尔干的贸易。此外，中欧还从东欧输入大量谷物、家畜和胡椒，从欧洲大陆西部输入纺织品和金属产品，从西南欧输入盐。波兰输出产品的90%是谷物、家畜和皮毛，匈牙利输出品中家畜和胡椒占大多数。纺织品仍在进出口中占重要地位，

---

① Peter Kriedte, *Peasants, Landlords and Merchant Capitalists*, Berg Publishers Ltd., 1980, p. 40.

1565—1585 年波兰进口的商品中 48% 是纺织品。1542 年匈牙利进口的商品 68.7% 是纺织品。[①]

奥格斯堡著名的弗格斯家族在 16 世纪初期积极从事银、铜和由亚麻和棉线混合织成的粗斜纹布的贸易，它控制了对安特卫普上述物品的贸易。经但泽和什切青向安特卫普输出的铜占它输出的铜的百分比在 1497—1503 年为 12.9%，1507—1509 年为 49.3%，1501—1518 年为 55.8%。1527—1539 年为 53.9%。[②] 从中欧向西欧以及南欧输出大量开采出的贵金属铜和银，最终增加了欧洲各国铸币的数量。这种运动在美洲的金银输入欧洲前便已造成了欧洲物价的普遍上涨，开始了欧洲的价格革命。这一点是以往人们很少注意到的。

大宗的贵金属是从美洲输入欧洲大陆的。1594 年从美洲运到西班牙的商品 95.6% 是贵金属，到 1609 年这个比例为 84%。在葡萄牙从东印度洋地区输入的商品中香料占有类似的比重。从西班牙大量输往美洲的商品主要是葡萄酒、亚麻布、呢绒和油类。西班牙在与美洲殖民地的贸易中获得了高额的利润。到 16 世纪 70 年代初，有一半输往西班牙的白银是用西班牙输出到美洲去的商品支付的。在 16 世纪末，胡椒的价格比最初欧洲的买入价上涨了 6—7 倍，利润为最终零售价的 1/3。香料和贵金属的市场特点有力地促进了商人资本的积累。

对贵金属的狂热压倒和抛弃了一切道德的考虑。殖民者为了解决对贵金属的渴求，大量使用本地劳动力，使得本地人口因劳动者的被摧残而大大减少。安提列斯群岛的居民在几十年中灭绝了，墨西哥人

[①] Peter Kriedte, *Peasants, Landlords and Merchant Capitalists*, Berg Publishers Ltd., 1980, pp. 41-42.

[②] Peter Kriedte, *Peasants, Landlords and Merchant Capitalists*, Berg Publishers Ltd., 1980, pp. 32-33.

口在 1519 年时有 2530 万人，而到 1600 年时只剩下 100 万人。秘鲁的人口也发生了类似的下降，它的矿山坐落在高山上，在那里工作的劳动者在生理上是无法忍受的，中南美洲的银矿吞噬了数百万工人的性命。

贵金属从美洲流向欧洲大陆的情况可以从运入西班牙的数量窥见一斑。据统计，1503—1510 年间流入西班牙的黄金为 496 公斤，1511—1520 年为 9153 公斤。1521—1530 年运入西班牙的白银为 149 公斤，黄金为 4889 公斤。1531—1540 年运入西班牙的白银为 86194 公斤，黄金为 14466 公斤。1541—1550 年运入西班牙的白银为 177573 公斤，黄金为 24957 公斤。1551—1560 年运入西班牙的白银为 303121 公斤，黄金为 42620 公斤。1581—1590 年运入西班牙的白银为 2103028 公斤，黄金为 12102 公斤。1591—1600 年运入西班牙的白银为 2707627 公斤，黄金为 194511 公斤。1601—1610 年运入西班牙的白银为 2213631 公斤，黄金为 11764 公斤。[1] 贵金属大量流进欧洲，增加了欧洲殖民国家的财富，同时加剧了中欧贵金属流入西欧造成的价格革命趋势。它促进了欧洲经济发展和工商业繁荣。

随着殖民主义扩张和世界市场的形成，同时形成了世界各地区之间不平等的劳动分工，欧洲大城市所在的核心地区垄断了最终制成品的生产，附属地区即殖民地则为前者生产基本的食物、奢侈消费品和贵金属。这两种体制中劳动关系也不同，前者采取工资制度，使用自由劳动力，而后者使用奴隶和农奴作为劳动力，形成了鲜明的对照。不发达地区和殖民地成为欧洲商品的销售地，这种现象随时间推移

---

[1] Earl J. Hamilton, *American Treasure and the Price Revolution in Spain, 1501-1650*, Harvard U. P., 1934, p. 42.

越来越突出。在 1699—1701 年间,所有美国生产的供出口的商品只有 15% 是送往亚洲和美洲的。但到 1772—1777 年间,这个比例上升为 49.7%。美洲,尤其是北美洲成为比亚洲更为重要的吸收英国商品的市场。①

欧洲从封建主义向资本主义过渡时期商业经济发展的一个重要特点是非连续性。它表现在欧洲地区经济发展中,商业中心不断发生转移。意大利在文艺复兴初期是欧洲商业的中心,随后是德意志,而安特卫普在 16 世纪成为欧洲最重要的贸易中心。安特卫普在欧洲的经济重要性依赖于英国和中欧来的呢绒、从海外来的银和铜以及奢侈品。对外贸易是安特卫普经济的动力。随着德意志商人资本的出现和对外贸易的发展,在 16 世纪初 20 年间形成了以香料和金属产品贸易为基础的葡萄牙和德意志的商业同盟。到了 16 世纪 20 年代和 30 年代,由于西班牙从美洲殖民地运来的白银的竞争和葡萄牙在香料贸易中的衰落,这个联盟削弱了。但安特卫普通过与西班牙、法国、英国及意大利的贸易,并通过在尼德兰输出工业品,为自己奠定了新基础。1543—1545 年,有 74% 的荷兰出口商品经过安特卫普。到 1560 年,来自尼德兰的工业品占整个出口额的 72%,其中 29% 是复出口商品。16 世纪 60 年代末政治、宗教的动乱使安特卫普衰落下去,而阿姆斯特丹以及伦敦、汉堡等地在商业活动中的地位提高了。

阿姆斯特丹的重要性在于它是英国、中欧和其他海外殖民地商业的中继点。它依靠来自巴尔干和大西洋沿岸的商品、来自巴尔干海南岸国家的谷物和木材、来自瑞典的铁和钢、来自葡萄牙和比斯开

---

① Peter Kriedte, *Peasants, Landlords and Merchant Capitalists*, Berg Publishers Ltd., 1908, p. 125.

湾的盐和来自北海的腓鱼的贸易致富。阿姆斯特丹取代由于种种原因衰落的伊比利亚半岛和意大利而成为欧洲最大的谷物中心。巴尔干地区到阿姆斯特丹的船只占那里到所有其他地方船只的比例,从1557—1560年的56%上升到1611—1620年的79%,而出口吨位所占的比例则高达85%。到1570年阿姆斯特丹城拥有的商船队的吨位达至232000吨,当时汉萨同盟船队的吨位为11000吨,前者为后者的2倍。而在一个世纪以前,荷兰同汉萨同盟的船队吨位还是大致相等的。①

直至18世纪阿姆斯特丹衰落时为止,与巴尔干地区的商业交往仍然是阿姆斯特丹的经济基础。1670年时荷兰船队有568000吨的运载能力,其中36.4%的吨位是用于巴尔干半岛国家的贸易,而与热那亚、西印度和东印度的贸易只有与巴尔干贸易额的一半。但17世纪的危机对巴尔干的贸易也有影响。危机带来的第一次打击发生在1618—1630年间,到17世纪50年代又发生了长期的萧条。1641—1650年在总共3597艘荷兰船只中有2139艘通过了海峡地带,而在1711—1720年间总共1755艘荷兰船只中只有880艘通过海峡地带。②

欧洲在16世纪商业活动的组织程度发生了飞跃,最初在意大利的贸易活动中,私人创办的公司占主导地位。到了16世纪下半叶,商人开始创立合股公司。1555年创立了俄国公司,1581年创立了利凡特公司,1600年创立了东印度公司。这种合股公司不像以前的"冒险商人公司"和"东陆公司"那样松散。当时这些公司的职员处

---

① Peter Kriedte, *Peasants, Landlords and Merchant Capitalists*, Berg Publishers Ltd., 1908, pp. 44-45.
② Peter Kriedte, *Peasants, Landlords and Merchant Capitalists*, Berg Publishers Ltd., 1908, p. 28.

理商务的收益归自己。合股公司的资本是用股票形式向商人和冒险家征集的。1595年荷兰的一些公司也采取了类似的制度。合股公司的兴起是因为大规模的长途海外贸易需要大宗资本,这远远超出了一个家族商号的能力,同时它也可以让众多的参与者共同承担冒险中可能发生的损失。正如马克斯·维贝尔所说,这样一种新的商业组织形式的发展表现出很多的理性化的成分。[1]

英国的对外贸易在过渡时期的后一阶段有很大发展。1700—1745年英国外贸平均年增长率为0.5%,而到1745—1771年,上升为2.8%,1779—1809年年增长率为4.9%。1690—1701年英国工业品只有16.4%向美洲输出,而1772—1774年则达到55%。[2] 1695—1799年间英国毛纺织业出口额在总产值中的比例从40%增加到67%,西雷丁的毛织品有72.3%供出口。1770年时爱尔兰亚麻产品60%供出口,1784年为56%。波希米亚亚麻织品1796年有51%出口,1797年为43%。[3] 法国的外贸增长幅度比英国更大。从1716—1720年到1784—1788年,法国的外贸增加了2/3。1716—1748年法国年平均外贸增长率为4.1%。欧洲国家的外贸中通常与殖民地地区的贸易占很大比重。例如法国在1716年时有17.1%的贸易是与殖民地之间进行的,1787年大约33.3%的贸易是在与殖民地之间进行的。法国与它在加勒比海殖民地的贸易在1716—1720年至1787—1789年间增长了

---

[1] Peter Kriedte, *Peasants, Landlords and Merchant Capitalists*, Berg Publishers Ltd., 1980, pp. 45-46.

[2] Peter Kriedte, *Peasants, Landlords and Merchant Capitalists*, Berg Publishers Ltd., 1980, p. 126.

[3] Peter Kriedte, Hans Medick and Juergen Schlumbohm, eds., *Industriallization before Industrialization*, Cambridge U. P., 1981, p. 36.

1350%。英国与殖民地的贸易在 1691—1701 年间为 23.3%，1772—1774 年间为 44.4%。两国的外贸都发展很快，但它们有一个重大的差别。例如在 1787 年法国出口商品中只有 34.2% 是工业品，而早在 1772—1774 年英国的工业品就占到出口的 54%。[①] 这主要是由于法国的工业品有不少是在中世纪以南欧市场为目标的纺织业的基础之上发展起来的，所以较为落后。

从 17 世纪后期到 18 世纪，英国的对外贸易额增长很快。伦敦各种制造业产品在 1663—1669 年输往西非、美国和东方的总出口额为 86000 镑，1699—1701 年时增长到 259000 镑。[②] 估计英国 1662—1669 年时出口额为 4100000 镑，进口额为 4400000 镑，进出口总额为 8500000 镑。1699—1701 年出口额为 6419000 镑，进口额为 5849000 镑，进出口总额为 12268000 镑。[③] 殖民地和东方产品的复出口占出口总额的 30%，1700 年烟、亚麻、印花布和糖占复出口商品的 2/3，出口的烟草为 420000 镑，亚麻布和印花布为 522000 镑，糖为 287000 镑。[④] 18 世纪英国的出口额进一步增长。1710 年出口额为 6300000 镑，1720 年为 691000 镑，1730 年为 8550000 镑，1750 年为 12700000 镑，1760 年为 14700000 镑，1790 年为 18900000 镑，1800 年为 40810000 镑。18 世纪英国的进口额也在增长，1700 年为 5970000 镑，1720 年

[①] Peter Kriedte, Peasants, *Landlords and Merchant Capitalists*, Berg Publishers Ltd., 1980, p. 127.

[②] Ralph Davis, "Enlish Foreign Trade, 1660-1700", in E. M, Carus-Wilson, ed., *Essays in Economic History*, Vol. Ⅱ, London, 1966, p. 261.

[③] Ralph Davis, "Enlish Foreign Trade, 1660-1700", in E. M. Carus-Wilson, ed., *Essays in Economic History*, Vol. Ⅱ, London, 1966, p. 267.

[④] Peter Mathias, *The First Industrial Nation: An Economic History of Britain 1700-1914*, London, 1980.

为 6090000 镑，1730 年为 7780000 镑，1760 年为 9830000 镑，1770 年为 12220000 镑，1790 年为 17440000 镑，1800 年为 28360000 镑。① 英国工业为出口进行的生产增长极快。如果 1700 年时相关工业指数为 100，到 1800 年出口工业已达到 544，国内工业为 152。②

欧洲国家从海外贸易中获得很大利润。1703 年英国合股公司的资本据估计已达 800 万镑。17 世纪英国东印度公司的利率达到 100%。瓦斯科·达伽马 1499 年返回里斯本时，他运回的船货的价值是航行开支的 6 倍。③1691 年法国东印度公司带回了价值 487000 锂的东方货物，在法国出售获得 1700000 锂。荷兰东印度公司购买东方出产的胡椒花费的费用仅相当于在荷兰出售时价格的 1/10。④

在从封建主义向资本主义过渡时期，没有连续性前史的经济活动是奴隶贸易和殖民掠夺。这两种活动极大地促进了母国财富的增强和工业的发展。马克思曾论述说："殖民制度大大促进了贸易和航运的发展。'垄断公司'是资本积累的强有力的手段。殖民地为迅速产生的工场手工业保证了销售市场，保证了通过对市场的垄断而加速的积累。在欧洲以外直接靠掠夺、奴役和杀人越货而得到的财宝，源源流入宗主国，在这里转化为资本。"⑤

1492 年哥伦布发现北美新大陆以后，欧洲的主要国家为争夺殖民地展开了激烈的争夺和冲突。西班牙和葡萄牙都声称新大陆是属于

---

① Peter Mathias, *The First Industrial Nation: An Economic History of Britain 1700-1914*, London, 1980, p. 96, Table 3.
② P. Deane and W. A. Cole, *British Economic Growth, 1688-1959*, Cambridge U. P., 1962, p. 78, Table 19.
③ Maurice Dobbin, *Studies of the Development of Capitalism*, London, 1946, p. 192.
④ Maurice Dobbin, *Studies of the Development of Capitalism*, London, 1946, p. 208.
⑤ 马克思：《资本论》第 1 卷，人民出版社 1975 年版，第 822 页。

它的，由于两国都是基督教国家，所以争端提到教皇面前。罗马教皇在研究了两国的申诉后，于1493年连续发布几道诏谕，划定了两国殖民地的分界线，东半球归葡萄牙，西半球归西班牙。以后葡西双方又签订了托德拉土条约，但这一协定对其他国家并不具有约束力。英国对葡萄牙和西班牙分割殖民地首先做出了反应，1497年喀波特航行到了北美。法国国王弗朗索瓦一世和丹麦国王均发表了抗议声明。1580年英国政府提出了"实际占领决定主权"这一针锋相对的原则。随后殖民掠夺愈演愈烈。

在殖民地开发过程中，开始使用奴隶作为劳动力。这样，奴隶买卖和奴隶贸易很快发展起来。1518年小西班牙岛上一位官员坚持要求"准予引进黑奴以取代当地的土著居民，因为黑奴身强力壮，适宜田间劳动；而印第安人瘦弱无力，只能干些轻便的工作"。[1] 以后，先是使用贫穷的白人苦工代替印第安人，然后则靠黑奴劳动。这些服苦役的白人中一些被称"契约奴"，因犯罪等原因受法律处罚订下合同来殖民地，在一个规定的时间内服劳役，期满后仍为自由人，可以回国。另一些贫穷白人被称"赎身者"，他们把服苦役作为偿还来美洲的船钱的手段，充当奴隶的时间较前者为短，这些人把殖民地视为可使之发迹的美好之地。从1654年到1685年，仅英国布里斯托尔一地就输出了10000名契约奴，前往地区主要是西印度群岛和弗吉尼亚。到1685年，弗吉尼亚人口中白奴占了1/6。18世纪在宾夕法尼亚的移民中，有2/3是白奴，在北美殖民地时期，有25万以上属于

---

[1] 〔特立尼达和多巴哥〕艾里克·威廉斯：《资本主义与奴隶制度》，陆志宝等译，北京师范大学出版社1982年版，第8页。

白奴[①]。1640—1740年100年间，在英国国内政治动荡中有大批非国教徒、爱尔兰囚犯、苏格兰民族主义者，以及失败的詹姆士党人被流放到殖民地。英国在1661年成立了殖民局，负责契约白奴的买卖事宜。[②] 然而，白奴作为一种劳动力，本身具有时间性即不稳定性，他们在充当奴隶几年后将获得自由，那时主人便无法奴虐他们。而使用黑奴比使用白奴更为经济，而且，由于黑奴没有人身自由，对黑奴可以世世代代长期加以奴虐。所以黑奴制度很快就付诸实施，随即展开了奴隶贸易。

英国的奴隶贸易在斯图亚特王朝时期为垄断专利所限制。斯图亚特王室把从事奴隶贸易的权利授予王家非洲贸易探险公司，这是一家在1663年建立的垄断公司。以后于1672年建立了王家非洲公司这个新的贸易公司。17世纪后期英国发生的"光荣革命"和詹姆斯二世被驱逐，促使自由贸易的原则被英国政府所接受。1698年英国王家非洲公司的垄断特权被取消，这样，奴隶贸易实现了自由，而王家非洲公司趋于破产，从1731年起不再经营奴隶贸易。而英国的奴隶贸易大规模地开展起来。在1680年时，英国王家非洲公司每年平均输送5000名奴隶。但自由贸易开放后仅9年，布里斯托尔一地就为甘蔗种植园运去了160950名黑奴。1760年，由英国港口开往非洲的贩奴船有146艘，运载了36000名奴隶，1771年贩奴船增加到190艘，运载的奴隶增加到47000人。1700—1786年贩运到牙买加去的奴隶为61000人。据估计，从1680—1786年运入西印度英属殖民地的奴

---

① 〔特立尼达和多巴哥〕艾里克·威廉斯：《资本主义与奴隶制度》，陆志宝等译，北京师范大学出版社1982年版，第10页。
② 〔特立尼达和多巴哥〕艾里克·威廉斯：《资本主义与奴隶制度》，陆志宝等译，北京师范大学出版社1982年版，第13页。

隶总数超过了200万。[1] 在七年战争期间，英国曾占领古巴9个月。在这期间它输入了10700名奴隶，这个数目相当于1512—1763年古巴运入的奴隶总数的1/6，相当于1763—1789年古巴运入的奴隶总数的1/3。七年战争期间，英国在3年内向瓜德洛普输送了40000名黑奴。根据1788年英国枢密院的资料，英国每年从非洲运出的大批奴隶中，有2/3卖给了其他国家。根据布莱恩·爱德华兹援引的资料，在整个18世纪，英国的贩奴商人为法国和西班牙的甘蔗种植园提供了50万名黑奴。[2]

至于从奴隶贸易中究竟获得多少利润，只有估计的资料。据估计，1730年前从布里斯托尔开出一艘装载约270名奴隶的货船，如果航行顺利，一次可获利7000—8000英镑，其中还不包括返航时贩卖象牙的利润。这一年有一艘普通货船返航时并未载货，但获得的利润仍然超过5700英镑。在利物浦，贩奴船获取100%的利润并不稀罕，有时一次出航净利可达300%。18世纪的一个作者估计，1783—1793年利物浦有878艘货船共运载了303737名奴隶，获得价值共达1500万英镑以上，扣除了佣金、杂费、船上设备和维持奴隶生活的费用后，每年的利润平均在30%以上。1802年"中彩号"从每个奴隶身上获得36英镑，"企业号"从每个奴隶身上获得16英镑。估计在整个80年代，单单利物浦市每年从奴隶贸易中获得的净利共达30万英镑。[3] 利物浦的奴隶贸易商人威廉·达文波特和他的同伙拥有

---

[1] 〔特立尼达和多巴哥〕艾里克·威廉斯：《资本主义与奴隶制度》，陆志宝等译，北京师范大学出版社1982年版，第30—31页。
[2] 〔特立尼达和多巴哥〕艾里克·威廉斯：《资本主义与奴隶制度》，陆志宝等译，北京师范大学出版社1982年版，第32页。
[3] 〔特立尼达和多巴哥〕艾里克·威廉斯：《资本主义与奴隶制度》，陆志宝等译，北京师范大学出版社1982年版，第34—35页。

一艘名为"霍克"的贩奴船。1779—1780年它首次贩奴航行获得净利73.6%,下一年它进行了第二次贩奴,这次获得的净利为147.1%,但第三次贩奴航行失败了。不过总的说来这艘贩奴船共为主人获得13841镑的利润,利率为66.4%。达文波特和他的同伙在1757—1784年间共进行了74次交易,利润率总计为10.8%。这个数字表明贩奴带有一定的冒险性,一次与另一次之间利润率相差较大。[1]

利物浦是英国最初的贩奴基地之一,奴隶贸易的发展史也是利物浦的发展史。利物浦的第一艘贩奴船是1709年开往非洲的。1730年时利物浦有15艘贩奴船。到1771年利物浦的贩奴船增加了6倍。作为一个英国南部重要的海港,1730年时贩奴船占该港口拥有的全部船只的1/10,而1763年时这一比例上升为1/4,到1773年,贩奴船占全港拥有船只的1/3。奴隶贸易在利物浦对外贸易中占有相当的比重。1795年利物浦的奴隶贸易额占英国全部奴隶贸易的5/8,为全欧洲奴隶贸易总额的3/7。[2] 利物浦海员中有一半人参与了奴隶贸易。利物浦成立了非洲贸易商会,它的财产与奴隶贸易密切相关。利物浦的资本积累主要来源于奴隶贸易。当时人们普遍认为,利物浦的几条大街是用镣铐开辟出来的,楼房的墙壁是用非洲奴隶的鲜血砌起来的。那里有一条街就叫作黑人街。红砖砌的海关大楼刻着许多黑人的头像。据说有一个故事:利物浦有个男演员因酗酒常常喝得酩酊大醉而遭群众喝倒彩,但有时他在醉意中居然进入一个被贩卖的奴隶角色而厉声怒斥围观者说:"我到这里来不是为了让你们这帮小人

---

[1] Peter Kridte, *Peasants, Landlord and Merchant Capitalists*, Berg Publishers Ltd., 1980, pp. 118-119.
[2] 〔特立尼达和多巴哥〕艾里克·威廉斯:《资本主义与奴隶制度》,陆志宝等译,北京师范大学出版社1982年版,第33页。

侮辱的，你们的城市是座地狱，城里的每块砖头都凝结着非洲人的鲜血。"利物浦一位作家说："我们的港口是靠非洲奴隶贸易积累起来的资本建成的，是以活人的血肉为代价奠定我们事业的基础。"利物浦的一个文书也认为，倘若没有奴隶贸易，这个港口的发迹即使不受到其他损害，可能也要大大推迟。据1790年的估计，从利物浦开往非洲的138艘商船，其资本总额相当于100万英镑以上。以后利物浦因废除奴隶贸易而遭到的损失，估计可能超过750万英镑。[①] 奴隶贸易给西方国家带来很大的利益。利物浦的一个奴隶贩子曾说："这个事业对我们王国来说太重要了，奴隶贸易一旦取消，我国海军的重要性也随之消失，我国的国旗也就不能在各大洋乘风破浪地前进了。"

奴隶贸易和种植园贸易推动了英国海运业和船舶制造业的发展。1678年英国海关委员会提出报告说，发展与种植园地区的贸易是推进海运的最好办法。而这正是英国对外贸易中最重要的部分。而在这类贸易中，与蔗糖殖民地的贸易额又超过了与谷物殖民地的贸易。开往蔗糖殖民地的船只多于英国开往所有美洲大陆殖民地的船只。1690年蔗糖殖民地租用114艘船，总吨位为13600吨，船员为1203人。而美洲大陆殖民地租用了111艘船，总吨位为14320吨，船员为1271人。1710—1740年间开往西印度群岛的英国船只总吨位为122000吨，而开往美洲大陆的船只总吨位只有112000吨。在1709—1787年间，从事外贸的英国海船增加了4倍，其中开往非洲的船只增加了12倍，其吨位增加了11倍。三角贸易直接推动了英国的船舶制造，一些适用于奴隶贸易的特种型号的货船造出来，它装载较多又

---

① 〔特立尼达和多巴哥〕艾里克·威廉斯：《资本主义与奴隶制度》，陆志宝等译，北京师范大学出版社1982年版，第51—60页。

能快速航行，以减少奴隶的死亡率。[①]

西班牙和葡萄牙是最早进行殖民活动的国家。在16—17世纪的经济变动中，西班牙和葡萄牙的殖民体制也经历了较大的动荡，亚洲和美洲的殖民地、半殖民地开始从母国控制下解放出来，西属美洲在粮食供给方面摆脱了母国的控制。这样，在17世纪巴西和西印度群岛以奴隶劳动为基础的种植园成为新的因素。巴西的第一个糖业种植园在16世纪中叶以前便建立起来，1576年已达40个，到17世纪末增加到180个。1576年时开工的糖厂不到60个，但到1629年已有346家糖厂开业，1710年糖厂上升为528个，糖产量由1570年的2050吨增加到100年后的22700吨。这些种植园从17世纪初期越来越多地使用来自非洲的奴隶。[②] 贩奴为西班牙谋得很大的利润，马德里和托莱多的宫廷要塞就是西班牙国王出售运奴许可证得来的金钱建造成的。法国路易十四十分重视奴隶贸易对法国大都市和海外省所起的作用。普鲁士选侯的对外扩张计划就包括了非洲奴隶贸易这一项。[③]

关于1451—1807年间输入美洲的奴隶数目，历史学家有一个估计。输入英属北美殖民地的奴隶数目，在1701—1810年间为476000人，1811—1870年间为51000人。输入美洲西班牙殖民地的奴隶1451—1600年为75000人，1601—1700年为292500人，1710—1810年估计为623100人，1811—1870年为606000人，这样总数为1596600人。

---

① 〔特立尼达和多巴哥〕艾里克·威廉斯：《资本主义与奴隶制度》，陆志宝等译，北京师范大学出版社1982年版，第54—55页。
② Peter Kridte, *Peasants, Landlord and Merchant Capitalists*, Berg Publishers Ltd., 1980, p. 29.
③ 〔特立尼达和多巴哥〕艾里克·威廉斯：《资本主义与奴隶制度》，陆志宝等译，北京师范大学出版社1982年版，第37页。

输往英国在加勒比地区殖民地的奴隶 1601—1700 年为 2637000 人，1701—1810 年间为 15135 人，到 1870 年上升为 15966000 人。输往法国在加勒比殖民地的奴隶 1601—1700 年为 155800 人，1701—1810 年为 1448900 人，1811—1870 年为 96000 人，总数为 1700700 人。输往荷兰在加勒比殖民地的奴隶 1601—1700 年间为 40000 人，1701—1810 年为 380000 人，总数为 42000 人。输往丹麦在加勒比殖民地的奴隶 1601—1700 年为 4000 人，1701—1810 年为 24000 人，总数为 28000 人。输往巴西的奴隶 1451—1600 年为 50000 人，1601—1700 年为 56000 人，1701—1810 年为 1909700 人，1811—1870 年间为 1145400 人，总数为 3665100 人。加上其他一些，1451—1870 年间输往美洲殖民地的奴隶共 9909600 人。[1] 在这种大规模奴隶贩运中，许多国家的殖民者赢得了暴利。最初奴隶贸易为葡萄牙所垄断。17 世纪中期以后葡萄牙商人遇到了一系列竞争，荷兰成为仅次于葡萄牙的第二个奴隶贸易大国，1675 年前后英国成为第三个殖民国家，到 17 世纪末法国取得了第四个殖民大国的地位。[2]

---

[1] Peter Kridte, *Peasants, Landlord and Merchant Capitalists*, Berg Publishers Ltd., 1980, p. 81. Carlo M. Cipolla, *Before the Industrial Revolution: European Society and Economy 1000-1700*, London, 1978, p. 221, Table.
[2] Peter Kridte, *Peasants, Landlord and Merchant Capitalists*, Berg Publishers Ltd., 1980, p. 82.

第二章 工业

从中古向资本主义过渡时期，工业领域是一个值得加以认真考虑的重要经济领域。早在中世纪封建主义社会形态中，与城市相联系的工业经营始终是一种与封建经济关系相迥异的经济成分。最初以个体经营为特征的手工业，是一种自由的劳动，作为一种生产关系，它不存在着什么人身隶属关系。它通过对原料和半成品的加工和再加工，并出售这些产品，从中获得利润。中世纪早期的手工业营业规模较小，多属个体手工劳动者或是一家一户的作坊。但是在经营中纯粹的个体手工业和使用雇佣劳动力的规模扩大了的手工业生产之间很难划出一道绝对的界限。法国、德意志一些地区手工业的统计资料使人难以相信那里的工业是纯粹的个体生产。关于 13 世纪法国巴黎手工业者的状况，根据 1292 年的人头税登记表，一个毡帽制造者有 19000 法郎的收入，一个织布者有 9000 法郎的收入，另有 6 名手工业者收入在 5000 法郎以上，100 个以上的手工业者收入在 1000—5000 法郎之间，但大多数手工业者收入少于 250 法郎。[①] 但是我们从这个登记表中很难确知 1292 年巴黎收入 9000 法郎的织布者和有收

---

① 〔德〕伟·桑巴特：《现代资本主义》第 1 卷，李季译，商务印书馆 1958 年版，第 169—170 页。

入 19000 法郎收入的制毡帽的手工业者这样一些积累了相当大的资本的生产者是靠本人及家庭成员的劳作获得这些收入的呢，还是靠扩大的简单生产即雇佣一批工人获得这些收入的。逻辑的推断是，这些手工业者中有许多已经超过了个体生产的范围，这可以用当时巴黎的行会法规来作佐证。当时的条规写明：凡是手工业老板和每个未婚的儿子、一个侄子和一个兄弟在家中生产经营，其配置织机的最大限度是每个人两台宽织机和一台狭织机。所以一所屋子中最多配置 15—20 架织机。1395 年西英格兰织布者生产出供量布师检验的布，一个人有狭布 1080 匹，另一个人有狭布 1005 匹，其他 9 人共有狭布 1600 匹。如果说这是一年中生产出的产品，那么我们可以判定，其中产布最多的织布老板手下的劳动者达到 30 人。[①] 这种生产实际上是扩大的简单再生产，看来生产中已经包含着雇工劳动，这种手工业生产中已包含有资本主义雇佣关系。

表 1-1　1292 年的人头税登记表

收入（法郎）	手工业者人数
10000 以上	1
5000—10000	6
1000—5000	121
250—1000	375
50—250	821

随着生产规模的扩大，行东开始使用帮工或雇工，但当时帮工

---

① 〔德〕伟·桑巴特：《现代资本主义》第 1 卷，李季译，商务印书馆 1958 年版，第 170—172 页。

的工资与行东所得相差不太多。例如，在伦敦，瓦匠行东依照季节每天赚 4.6—6 便士，而帮工每天得到 3—3.5 便士。在法国，13 世纪泥水匠或石匠一天得到 2 法郎，而他们的助手为 50 生丁。在斯特拉斯堡，木工行东在夏季赚到 2 法郎 60 生丁，而学徒和女工的工资要比行东少 2/3[①]。这种劳动者和主人的关系可以用拉斯莱特教授对 17 世纪伦敦面包师傅家庭的描述来说明：这种面包师傅的家庭通常由十三四人组成，包括面包师、他的妻子、他们的三四个孩子、4 个雇工（通常是满师的学徒）、2 个学徒和 2 个女仆。他们在一起工作、进餐，并且除了雇工外他们在一所房屋里就寝。[②] 换言之，行东与帮工之间的关系披上一层温情脉脉的外衣，暂时把剥削与被剥削的关系掩盖起来。

在中世纪工业中，其社会关系除了业主与徒工之间那种准家属关系外，有记载表明当时已经存在工资制度，计件工资、按天计算、按星期计算和按年计算的工资制都发展起来。在中世纪的采矿业、冶金业和诸金属装配业中，在除石工以外的所有建筑工程中，在磨坊、制盐业、农村纺织业和皮革业、多种城镇工业中，形成了完全以工资差别促进技术发展和技术酬劳高低不同的制度。工业中工资制度的出现，经过了不同的历史阶段，其中包含着质的演变。在手工业的工资制中，师傅和行东本人还参加该行业的生产活动，他们既是生产者，又是雇工劳动所创造财富的剥削者。他们的所得，既包括了他们本人生产的价值，又包括了剥削雇工的剩余价值，具有二重性。这表明这个时期的雇佣劳动制度还没有发展到典型的形态，资本主义剥削关系

[①] 〔法〕P. 布瓦松纳：《中世纪欧洲生活和劳动（五至十五世纪）》，潘源来译，商务印书馆 1985 年版，第 224 页。

[②] Peter Laslett, *The World We Have Lost*, London, 1965, pp. 1-2.

只处于最初的不纯粹的形态。既然工资制度已经流行，从某种意义上说，就会有一个劳动力市场经常存在。工资的上涨与下跌与供求关系相联系，也与雇主与雇工双方谁能组织得更好以维护自身的利益相联系。这样，就已具备资本主义生产关系的某些特征。[1]

意大利的佛罗伦萨是早期资本主义手工业发展的典型城市。佛罗伦萨在11世纪时经济上尚十分落后，物质文明也很落后。1115年以后德意志帝国在佛罗伦萨建立了巩固的统治。以后在十字军时期，佛罗伦萨的城市资本侵入农村，破坏了封建占有制度。佛罗伦萨的经济发展主要靠它的呢绒制造业。它的呢绒业精度很高。佛罗伦萨周围的村庄和寺院则成为牧羊场。在13世纪30年代末以前，在佛罗伦萨组成了7个工业行会。毛织业行会用本地产的和进口的羊毛来织造呢绒，呢绒加工业则在佛兰德斯等国外市场上采购粗坯和次等羊毛织物来加工精细的高级呢绒产品。佛罗伦萨的羊毛染色在全欧洲居领先地位，在刷毛、梳毛、修剪方面水平也很高。1215年以后佛罗伦萨的控制权落到富商、大行会和收款者组成的集团手中。工业发展促使了佛罗伦萨财政的发展。1250年佛罗伦萨开始百合花金币的铸造。这个时期佛罗伦萨开始征收所得税。[2] 在佛罗伦萨的手工业中，实行了工资制度。据记载："大雇主狡猾地以贬值的银币来支付工资而保存了黄金。1296年当铸币跌到它原价的1/6时，这种办法遂激起了暴动。"[3] 根据商人焦万尼·维拉尼对14世纪佛罗伦萨的描述："据估计

---

[1] 雪尔维娅·L.思拉普：《1000—1500年中世纪的工业》，载〔意〕卡洛·M.奇波拉主编：《欧洲经济史》第1卷，徐璇译，商务印书馆1988年版，第212—213页。
[2] 〔美〕詹姆斯·W.汤普逊：《中世纪经济社会史》下册，耿淡如译，商务印书馆1963年版，第38、40页。
[3] 〔美〕詹姆斯·W.汤普逊：《中世纪经济社会史》下册，耿淡如译，商务印书馆1963年版，第44页。

在佛罗伦萨大约有 9 万人口","羊毛行会和毛织商人的作坊有 200 家或者还要多。这些作坊织出呢布 7 万—8 万匹,总价值超过 120 万金弗罗林。其中足有 1/3 留在本国付工资,还没有计算企业主的利润。有 3 万多人依此而生"。①

在欧洲行会手工业时期和手工工场初期,工业活动的一个特点表现在商业资本哺育和推动手工业。在行会生产开始的阶段,商人对行会生产的支配性很强。因为很多行会师傅并不拥有从事大批生产的资本,同时难以应付市场的波动,所以他们向商人赊购原料。包买商把原料或半成品提供给工人,工人以后把自己的产品提供给包买商。在发生长期的销售危机和价格低廉时,手工业者被迫把自己的工具例如织布机抵押给包买商,或者在提供产品之前由包买商预付给他们生活费。包买商利用手工业者这种不妙的经济处境使他们依附于自己,而他们自己则越来越脱离直接劳动,在 13 世纪时,整个生产或生产的很大一部分在发达地区都处于商人资本控制之下,在佛罗伦萨和佛兰德尔都是这样。在佛兰德尔,布匹商人进口羊毛,开办自己的工场。他们雇人在工场中梳理羊毛,然后把羊毛分送到乡下去纺线,最后再把纺好的线送回城里,由城里的织工用来织布,并雇人对织成的布匹整理和染色,以便销售或输出。在佛兰德尔和布拉邦特,由大商人和城市贵族维持个人作坊的活动,他和他的行会不直接参加纺织生产。② 在佛罗伦萨,这种组织更为普遍。这里已经发展成为包买商的

---

① 〔意〕卡洛·M. 奇波拉主编:《欧洲经济史》第 1 卷,徐璇译,商务印书馆 1988 年版,第 13 页。Maurice Dobb, *Studies of the Development of Capitalism*, London, 1954, p. 157.
② 〔法〕P. 布瓦松纳:《中世纪欧洲生活和劳动(五至十五世纪)》,潘源来译,商务印书馆 1985 年版,第 186 页。

布匹商人或职工师傅从英国或西班牙进口原料，雇人在自己的工场里对这些原料进行加工，纺纱是在监督下分散进行的，然后由城里的手工业者织成布，其中实行计件工资，织布工通常使用包买商的织布机进行工作，织布工依附于包买商。[1] 在伊普雷，140 个布商使得整个工业区活跃起来。在亚眠和莱茵河各城镇，棉布工业中的副业企业家与大商人并存。在上述佛兰德尔、布拉邦特和佛罗伦萨以及亚眠和莱茵河各城镇同时出现的规模较大的工业企业和小工业有所差别，商人企业家在房屋内建立他们的办公室，有少数职员、男雇工和信差帮忙，并有原料和制成品的堆栈，但在这种大工业的尝试中，资本和劳动已经明显地分离，商人企业家是原料的唯一所有者，他准备工具并安排定货，他是制成品的唯一买主和售主。他支付给劳工以工资，指挥和调度这些工人，随意令其加速工作或停止工作。[2]

关于早期工业中资本主义关系的典型个案，有一些记载保存下来，布瓦纳布罗克的活动便是一例。布瓦纳布罗克是佛兰德尔地区的一个呢绒商，又在杜埃城雇佣织工织造呢绒，他还是杜埃城最富有的大地主之一。他拥有一个养羊场，但他仍然和大多数同行一样从英国坎伯兰郡的霍尔姆库尔彻、林肯郡的奈博特、诺桑伯兰郡的纽明斯特等地大批购买原料，他经常在纽卡斯尔和泰恩茅斯装货。布瓦纳布罗克本人拥有的一间作坊就在他屋子后面。他也雇佣其他染坊主在城里为他工作，这些人大部分是雇有一名学徒或帮工的小业主。布瓦纳布罗克向他们提供羊毛、明矾和染料，然后收回他们加工的产品。他自

---

[1] 〔德〕汉斯·豪斯赫尔：《近代经济史：从十四世纪末至十九世纪下半叶》，王庆余等译，商务印书馆 1987 年版，第 22—23 页。

[2] 〔法〕P. 布瓦松纳：《中世纪欧洲生活和劳动（五至十五世纪）》，潘源来译，商务印书馆 1985 年版，第 186 页。

己又是茜草染料的生产者。他本人还拥有一间纺毛作坊，在那里完成羊毛的纺织、缩绒和剪毛。布瓦纳布罗克从工业和商业活动中积聚了大量钱财，随后进行金融活动，把钱借给佛兰德尔伯爵、英国人及其佛兰德尔人。布瓦纳布罗克作为一个初期的资产者，持传统的财产观念，他认为不动产才是最保险的财富，所以他用手中的资金去购置土地和房产。他在亚眠城及其他地方有多处房产，他还有乡间别墅，在普雷圣母修道院附近有大片地产，在埃莱姆斯村买下一座带耕地的庄园，后送给了他的儿子。他还出租房屋，收取房租。布瓦纳布罗克留下的账本中有 41 名列出姓名的工人，其中女工为 20 人，男工为 21 人。[1] 这些人都是他所雇佣的工人，这笔支出是给他们在 13 世纪 90 年代所做零活的报酬。[2] 从当时制定的法令来看，雇主与雇工的矛盾已经发生。一份 1277 年的法令中，巴黎市长对老板和缩绒工之间的争端做出了仲裁，禁止工人在晚间工作。若违反规定将对老板处以罚款。在 1244 年制定的另一项法令对轻革矾鞣工的工作时间做了同样的限制。[3] 布瓦纳布罗克多次实行实物工资制，强迫债权人和工人接受用实物支付的工资或债务。例如，他用小麦支付打毛工的工资。他曾担任过市政长官，在任期间，亲手镇压了 1280 年小纺织业主的暴乱。他控制了城市的司法财政机构，很善于利用自己的权势压榨工人。他在杜埃城形成了一个布瓦纳布罗克家族，这是一个很富有的早

---

[1] 〔法〕雷吉娜·佩尔努：《法国资产阶级史》上册，康新文等译，上海译文出版社 1991 年版，第 61 页。
[2] 〔意〕卡洛·M. 奇波拉主编：《欧洲经济史》第 1 卷，徐璇译，商务印书馆 1988 年版，第 213—214 页。
[3] 〔法〕雷吉娜·佩尔努：《法国资产阶级史》上册，康新文等译，上海译文出版社 1991 年版，第 67 页。

期资产者家族。①

　　商业的发展带动了工业的发展。13—14世纪在必需品和奢侈品生产发展的同时，采矿业和金属制造业也缓慢地开始发展。在这个时期，从地中海沿岸到北欧、东欧以及近东的贸易已经蓬勃展开。而意大利只能用薄布和油料来换取欧洲所需要的奢侈品和香料这些东方昂贵的产品。这样，东西方贸易发生逆差，欧洲在贸易中亏欠的数额不得不用贵金属铜和银来补偿。这样，欧洲的采矿业不仅为生产金属器皿和铸造货币所需，而且用来补偿贸易决算中对东方的亏欠数额。这样，矿业的发展就在一个地区的工商业活动中具有举足轻重的地位，因此它得到极大的重视。②从13世纪开始，采矿业和制造业在欧洲各地都开始发展。工人在阿尔卑斯山、色芬山和比利牛斯山河流的砂子中，特别是龙河、莱茵河和波河的砂子中筛选金沙。上意大利、托斯卡纳、撒丁尼亚、卡拉布里亚、上阿拉贡、多菲内、萨伏依、奥涅弗、维内斯、阿尔萨斯、德比郡的银矿、铝矿和含银的铜矿得到开采。但是，在这个时期，在德意志的哈尔茨山脉、威斯特伐利亚和施蒂里亚、英格兰的苏塞克斯、低地国家的那慕那斯，法兰西的上香槟、诺曼底、多菲内、贝里、上普瓦图，西班牙的比斯开，意大利的贝尔加莫、喀拉里亚、西西里等地开始开采铁矿。英格兰德比郡的铅和康沃尔的锡是欧洲需求的主要供应者。③到15世纪后期，在欧洲的

---

① 〔法〕雷吉娜·佩尔努：《法国资产阶级史》上册，康新文等译，上海译文出版社1991年版，第132—139页。
② 〔德〕汉斯·豪斯赫尔：《近代经济史：从十四世纪末至十九世纪下半叶》，王庆余等译，商务印书馆1987年版，第43页。
③ 〔法〕P.布瓦松纳：《中世纪欧洲生活和劳动（五至十五世纪）》，潘源来译，商务印书馆1985年版，第187页。

资本市场上，意大利人在竞争中失去了具有决定性意义的地位，而与意大利进行贸易的德国人的地位上升了。从地理上说，奥格斯堡和纽伦堡是当时重要的工业中心。[1]

这个时期德意志南部地区的矿业和冶炼业最为发达，引人注目。从历史上说，德意志和匈牙利南部从中世纪早期起就是欧洲银和铜的集中生产地。到了 13 世纪，这里的银矿和铜矿已相当繁荣。当时银和铜是在矿石中一齐开采出来，然后借助铝来熔化矿石。它集中在哈尔茨山区、曼斯菲尔德地区、蒂罗尔和萨尔茨堡、波希米亚的库滕贝尔格、弗赖堡附近等处。13 世纪在矿业中废除了领主制关系，为使用自由雇佣工人从事经营提供了可能性。从事采矿和对矿石进行冶炼的矿工和焙铸工组成了合资采矿公司。这种公司定期分配利润，如果遭受损失和扩大经营需要，参加者须承担增加资金的义务。由于合资采矿公司需要较多的资金，而生产者本身资金往往过于单薄，因此，合资采矿公司发行股票时不得不把股票全部或部分出售给那些并不直接参加矿山生产的金属商人。在 14—15 世纪同时存在着采矿手工业者合作的旧式合资采矿组织和资本所有者团体的新的合资采矿组织。但随后就发生了资本侵入旧的合资采矿组织的现象。合资采矿企业的股票往往转变成为有价证券，被称为矿业股票。豪斯赫尔经过研究指出，矿业股票这个词 1476 年以后在弗赖堡出现，当时蒂罗尔也称之为矿业股票。1500 年前不久，矿业股票充分发展起来，每一个有合资采矿权的合资采矿组织都分成 128 个股份，在少数情况下它们仍掌握在真正的合资采矿组织之手，但在大多数情况下已属于资本所有

---

[1] 〔德〕汉斯·豪斯赫尔：《近代经济史：从十四世纪末至十九世纪下半叶》，王庆余等译，商务印书馆 1987 年版，第 67 页。

者。1470年以后由于扩建旧的采矿点和创建新的开采地，银和铜的生产迅速增长了。[1] 在德意志和匈牙利的采矿业中心都出现了矿业公司。而在欧洲手工业和制造业的地区性转移中，努连堡和奥格斯堡成为仅次于上意大利、中意大利以及尼德兰的制造业中心。[2]

蒂罗尔地区铜矿最重要的开采地是法尔肯施泰因。这里是1400年以后不久开始采掘的，到16世纪中叶已经很繁荣。根据统计数字，1480—1490年间的产量与1470—1480年间相比，几乎增长了1.5倍。在法尔肯施泰因铜产量逐渐下降后，在基茨尔开发了新矿井。以后，在蒂罗尔和匈牙利建立了富格尔铜业公司。富格尔公司的奠基人是汉斯·富格尔，他1380年在奥格斯堡的小规模经营中站稳脚跟，以后逐渐发展成16世纪金融巨头的鼻祖。[3] 最初，汉斯的后代经营的这个公司不得不与奥格斯堡的其他公司共同经营。15世纪后期，富格尔公司由富格尔家族三兄弟领导，三兄弟中最年轻的但最有经营能力的是亚科布·富格尔（1459—1525年）。他在1480年成年后先做牧师，1480—1482年作为商人去了威尼斯。他作为股东加入公司后，尽管在1492年的协定中用他长兄的名字把公司称为"乌里希·富格尔公司"，但亚科布是真正的决策者。他领导公司通过银钱交易走上金属贸易和金属生产的道路，1487年以后他成为西吉蒙德大公爵银行的股东。亚科布在他的兄长相继去世后，接受其侄儿们为股东，每6年

---

[1] 〔德〕汉斯·豪斯赫尔：《近代经济史：从十四世纪末至十九世纪下半叶》，王庆余等译，商务印书馆1987年版，第44—45页。
[2] Peter Kriete, *Peasants, Landlords and Merchant Capitalists*, Berg Publishers Ltd., 1980, p. 32.
[3] 〔意〕卡洛·M.奇波拉主编：《欧洲经济史》第1卷，徐璇译，商务印书馆1988年版，第239页。

公司和股东们签订一次合同。亚科布·富格尔通过对卡尔五世提供贷款，获得了对开采哈布斯堡地区矿藏的书面许诺。他依靠君主的支持制服了蒂罗尔冶炼者的反抗，并得到蒂罗尔政府的支持。①

富格尔家族在开采蒂罗尔银矿中获得了很大的利润，因为贵金属银作为铸币材料，其真实价值远不止市场上作为矿产品的银的价格。在 1500 年前夕，1 马克银可值 1 盾多。而 1495 年富格尔公司签订的蒂罗尔银的协定规定，金属商人按 5 盾 1 马克银的价格向合资采矿者和熔炼者购买银，此外还要向蒂罗尔同业分会支付 1 盾 32 克朗。这样购买 1 马克银需付出 6 盾 32 克朗，富格尔公司获利甚大。②

15 世纪 90 年代，亚科布·富格尔开始投资于匈牙利的金属贸易。他同在那里活动的图尔佐家族结成联盟，并同他们一起建立匈牙利联合贸易所。亚科布·富格尔以诺伊佐尔为矿石开采中心建立规模巨大的销售机构，把银和铜向南运往地中海，向北由奥得河下行运往施特汀和由魏克塞尔河下行运往但泽，由那里装船运往安特卫普。这样，在波罗的海打破了汉萨同盟的独占地位。

在 1498 年，亚科布·富格尔的竞争者戈桑布罗特、黑尔瓦特和保姆加特纳在哈布斯堡王朝的马克西米利安和地方政府的支持下，迫使亚科布·富格尔签署了一项协定。协定规定，参加者有义务把蒂罗尔的铜运往威尼斯，一起交由富格尔公司的经理人按一定的价格出售。但亚科布·富格尔不愿受协定约束，他通过图尔佐家族把匈牙利的铜运往威尼斯，并让他的辛迪加伙伴压价出售，打击了他的竞争者

---

① 〔德〕汉斯·豪斯赫尔：《近代经济史：从十四世纪末至十九世纪下半叶》，王庆余等译，商务印书馆 1987 年版，第 27 页。
② 〔德〕汉斯·豪斯赫尔：《近代经济史：从十四世纪末至十九世纪下半叶》，王庆余等译，商务印书馆 1987 年版，第 48 页。

们，迫使他的对手同意铜可以自由出售。但是，由于匈牙利贵族的反对，国王路德维希封闭了富格尔在匈牙利的矿井。亚科布的后继者后来于1546年撤销了匈牙利联合贸易所。16世纪初年富格尔公司通过蒂罗尔地区和匈牙利向威尼斯和安特卫普供应银和铜。它的大规模汇兑贸易遍及了整个欧洲，无人能与之竞争。[①]1527年亚科布去世后富格尔公司的资产清册表明，公司的资产总额为280万盾，其中未收回的债款为165万盾。1546年富格尔公司造的资产清册中的资产达到了700万盾，资本财产为500万盾以上。[②]富格尔公司可以说是一个典型的资本主义性质的矿业公司。

马丁·路德宗教改革前夜，富格尔公司介入了赦罪活动。在此前后，富格尔公司投资53万盾给哈布斯堡王朝用于争夺德意志神圣罗马帝国帝位的开支。皇帝欠下富格尔家族20万盾未偿还的债务。1525年亚科布·富格尔去世后，他的侄儿安东继承了公司的经营权。由于西班牙欠该公司的债务很多，使得富格尔公司无法从困难中解脱出来。富格尔公司到16世纪地位迅速下降，安东做出了解散公司的决定，并在1550年完成了财产的安置。[③]

以上是德意志富格尔公司简略的兴衰史。然而，当时具有资本主义性质的矿业公司并非富格尔公司一家。在萨克森的埃尔茨山脉，当弗赖堡附近的老矿区衰落以后，施内贝格矿区于15世纪中叶投入

[①]〔德〕汉斯·豪斯赫尔：《近代经济史：从十四世纪末至十九世纪下半叶》，王庆余等译，商务印书馆1987年版，第72—73页。
[②]〔德〕汉斯·豪斯赫尔：《近代经济史：从十四世纪末至十九世纪下半叶》，王庆余等译，商务印书馆1987年版，第69页。
[③]〔德〕汉斯·豪斯赫尔：《近代经济史：从十四世纪末至十九世纪下半叶》，王庆余等译，商务印书馆1987年版，第75—76、78页。

了生产，它在 1476—1485 年间达到它最高的产量水平。在上哈尔茨山地区，曼斯菲尔德的老矿区的产量于 1450 年以后迅速增长，在 1521—1537 年间达到该矿生产的顶点。在曼斯菲尔德和萨克森出现了纽伦堡维尔兹铜业公司，1470 年以后在施内贝尔格矿区活动的公司有：骑士矿业公司、商人矿业公司、伙伴矿业公司、矿工矿业公司、屠夫矿业公司。在安纳贝格矿区的公司有面包师矿业公司、隐士领主公司。在南德和匈牙利地区矿业最初的发展中，尽管大的合资采矿组织起控制作用，但许多小人物也可以在资本主义生产中找到上升的机会。著名的宗教改革活动家马丁·路德的父亲就是这样一个例子。他在儿子出生后，作为普通采矿者来到曼斯菲尔德定居。1491 年他作为公司中的合资采矿者同其他人一同开采一个矿井，并同时租用几个熔铁炉，他和他的同伴可能是从某个铜商那里借来了资本。1511 年他至少参加了六个矿井和两个熔炼工场的投资。作为一个农民出身的人，他显然是靠自己极度的俭省才发展起了这样的事业。1534 年汉斯·路德至少留下了 1250 盾的遗产，他全部实际财产可能不止这些。[1]

15 世纪 20 年代，法国布尔日的商人雅克·科尔（1395—1456 年）在蒙彼利埃建立了印染工厂，他用红色染料印染呢绒，产品闻名于东方各国。他在布尔日建立了一家造纸厂，在佛罗伦萨创办了一个丝织厂。[2] 雅克·科尔在博若莱、里昂和舍西开发了银、铅、铜三个

---

[1] 〔德〕汉斯·豪斯赫尔：《近代经济史：从十四世纪末至十九世纪下半叶》，王庆余等译，商务印书馆 1987 年版，第 72—73 页。

[2] 〔法〕雷吉娜·佩尔努：《法国资产阶级史》上册，康新文等译，上海译文出版社 1991 年版，第 267—269 页。〔美〕詹姆斯·W. 汤普逊：《中世纪晚期欧洲经济社会史》，徐家玲等译，商务印书馆 1992 年版，第 442 页。

矿床。这三个矿床在 1455 年以后曾被政府没收。生产总监让·多维为这些矿山制定的规章被保存下来。工人们在矿山过着集体生活，饮食住宿由矿山当局供给，对工人制定了严格的纪律，工人必须发誓他们将"忠于职守，辛勤劳动……并按规章办事"。他们必须按时就寝，按时就餐，禁止伤害他人。矿工的报酬据说不错，过着较舒适的生活，食物较丰富。但规章第 53 条规定，任何受雇于矿山者，不得娶妻成家，在每个采矿团体中配备有警官。让·多维制定的矿山规章俨然是一部用于中古的近代式的工厂法，它的基础和维护的是纯粹的雇佣关系。[1]

在从封建主义向资本主义过渡时期，工业生产组织一种普遍存在的形式是家庭工业。[2] 家庭工业的生产过程是由作为商人和外放业主的承包人组织的。家庭工业对于近代初期的经济发展具有很大的意义。那些收入不足以维持生活的农民家庭由于拥有的土地不足或土地不够肥沃，他们会采取以下两种办法。一是为了保证他们最低的生存

---

[1] 〔美〕詹姆斯·W. 汤普逊：《中世纪晚期欧洲经济社会史》，徐家玲等译，商务印书馆 1992 年版，第 442—443 页。
[2] 德国学者施穆勒认为："家庭手工业是从 14—18 世纪为大市场进行的工业生产中占支配地位的形式。它在那个时期的发展和成长最初表明了连续性的经济成长和繁荣。"如果说施穆勒对家庭手工业的评价还带有某种保留的话，桑巴特则把施穆勒已经进行的研究探讨推进得较远。桑巴特不认为家庭工业是新旧因素的混合物，他认为各式各样的生产关系只是在程度上有所差别，包买制度和外包制只是在程度上有所不同。他认为家庭手工业是"一种近代资本主义生产方式的表现"，是一种本质特征属于"工人依赖于资本主义企业家的资本主义企业形式"。桑巴特坚持说，资本主义企业家并不是通过对一切物质资料的控制，而是通过市场来控制家庭工业。"家庭手工业的历史是资本主义的历史……披着家庭工业的外衣，资本主义似乎偷偷地进入了经济学领域。因此在经济史上最初是家庭工业占统治地位的时期。"(Peter Kriedte, Hans Medick and Juergen Schlumbohm, eds., *Industrialization before Industrialization*, Cambridge U. P., 1981, pp. 3-4.)

条件，他们对土地实行精耕细作，但是这些措施对非常小的土地所有者则收效不大。他们只得采取第二种办法，即通过手工业的收入来弥补农业收入的不足，通过非农业劳动的收入来弥补农业劳动的收入。[1]

家庭手工业的生产形式在欧洲不同时期不同地区都有表现。它不仅出现在城市，以后也出现在乡村。外包制度早在 13 世纪便已形成，当时的行会便采取了外包制度。大多数中等地位的行会业主只使用一两个徒工，他们不和更多的雇工签合同。当他们有大批订货需要完成时，便雇佣额外的工人，按日或按周付酬。更普遍的办法是把订货连同使用的材料发给行会以外的人，按件支付费用。巴黎的商人和比萨的制帽商人都采取过这种做法。[2] 在佛兰德斯和法国东北部附近地区，在波河流域的佛罗伦萨还有西班牙的一些城镇，在制造高级布匹时，商人也实行了外包制度，按制成品计件付款来解决全部生产任务。生产分散在几百个工场中进行，一些技术要求较高的工作在合格的师傅指导下进行。技术高超的师傅用自己的钱来装备自己的工场，并把商人雇主对每周产品的付款支付给他们自己的雇工。有的城市派出具有官员地位的检查员来监督业主的技术和生产质量。生产没有达到技术标准的布匹的人要被课以罚款。在 13 世纪初期，法国杜埃的 150 个布商大概每人都雇用了 100 个左右的工人。[3] 佛莱芒的纺织业把处理羊毛的许多工序分离开来，把一些工序的工作单独分发出去给妇女

---

[1] Petcr Kriedte, Hans Medick and Juergen Schlumbohm, eds., *Industrialization before Industrialization*, Cambridge U. P., 1981, p. 16.
[2] 雪尔维娅·L. 思拉普：《1000—1500 年中世纪的工业》，载〔意〕卡洛·M. 奇波拉主编：《欧洲经济史》第 1 卷，徐璇译，商务印书馆 1988 年版，第 196 页。
[3] 〔意〕卡洛·M. 奇波拉主编：《欧洲经济史》第 1 卷，徐璇译，商务印书馆 1988 年版，第 197 页。

做，或者让她们和孩子们一起在城市某处或在附近乡村里去做。这些工作包括洗、梳、纺和对纺好的毛线上胶等。①

16世纪初，在德意志形成了新的亚麻工业中心，它们集中在东中部和西里西亚。商业资本家从上德意志和鲁连堡迁来这里，他们通过与地方的行会签订集体协定来控制生产。1610—1620年间有4400个师傅被这种协定控制了。②鲁连堡的手工业非常发达。在16世纪时，欧洲其他地区如英格兰的密德兰地区、亚琛、列日和科隆以东地区的工业在其重要性方面都比不上鲁连堡。鲁连堡的铁器和青铜器运销世界各地，它是德意志神圣罗马帝国的兵器中心。在反对土耳其人的战争期间，这个城市的铸剑匠据说1557年一周之内就打制了90000—100000把剑。当时商人资本家和雇主采取了计件工资制的办法生产出了如此多的兵器。③但是，在德意志各地区的纺织业生产中，分散的手工工场即家庭手工业仍是重要的生产组织形式。家庭手工业的生产组织形式一直延续到18世纪和19世纪。

米拉波的在《弗里德里希大帝时代的普鲁士君主制度》一书中记叙说，在普鲁士的大部分省里，弗里德里希二世第一次保证了农民的所有权。他占领西里西亚以后，强迫地主重建农舍、仓库等，供给农户牲畜和农具。在农村中发展起了亚麻家庭手工业。"亚麻是德国北部农民的最大财富之一。但可惜，对于人类来说，这只是防止贫困

---

① 〔意〕卡洛·M. 奇波拉主编：《欧洲经济史》第1卷，徐璇译，商务印书馆1988年版，第199页。

② Peter Kriedte, *Peasants, Landlords and Merchant Capitalists*, Berg Publishers Ltd., 1980, p. 35.

③ Peter Kriedte, *Peasants, Landlords and Merchant Capitalists*, Berg Publishers Ltd., 1980, p. 39.

的手段，而不是走向幸福生活的途径。直接税、徭役以及各种强制性服役使德国农民破产，此外他们还要为他们所买的一切东西交纳间接税……如果不纺纱，他们就无法到期交纳直接税；纺纱成了他们补助的来源，因为这可以使他们的妻子、儿女、男女仆人甚至他们自己从事有利的工作。但是，即使有了这种补助来源，生活还是可怜极了！夏天，他们像犯人一样从事耕作和收获的劳动，9点睡觉，2点就要起床，这样才能把活干完；冬天，他们本来需要有较长期的休息来恢复体力，但是，如果他们为了交纳税款而出售产品，他们就缺少谷物来做面包和种子了。因此，只得以纺纱来填补这种不足……而且要十分勤奋地纺。因此，农民在冬天要到半夜或1点才睡觉，而早晨5点或6点就要起床，或者在晚上9点睡觉，2点起床；除了星期日，他们一辈子天天都是这样。这种过度的不眠和劳动使人憔悴；因此农村里的男女比城市里的男女要衰老得快。"[1]

米拉波的敏锐地强调了这样一种生产组织形式的重要性和代表性。他说："人们只注意有几百人在一个厂长指挥下进行劳动的，通常叫做联合手工工场的大手工工场，而对人数众多的工人分散地独立经营的手工工场，几乎不屑一顾，把这些手工工场完全摆到次要的地位。这是一个很大的错误，因为只有它们才是国民财富的真正重要的组成部分……在分散的工场中没有人发财致富，但许多工人过着优裕的生活……通常同小农经济结合在一起的单个分散的手工工场，才是自由的手工工场。"[2] 米拉波的对于家庭手工业的过度褒奖恐怕今天我们无法认同，但这种生产制度却需要从理论上去加以分析。依农

---

[1] 转引自马克思：《资本论》第1卷，人民出版社1975年版，第801页。
[2] 马克思：《资本论》第1卷，人民出版社1975年版，第815页。

业中生产关系在东、西欧发展的程度的不同,农村中家庭手工业的性质应当说也有差别。但其相似的特征是它属性有混杂性。今天认识这一点已不十分困难,但它在历史上曾引起一些历史学家的困惑。德国经济学家布伦塔诺在评述一部描写西里西亚亚麻工业的专著〔阿尔弗雷德·齐美尔曼的《西里西亚亚麻业的兴衰》(1885年)〕时曾写道:"每当我读这本书时,普通织工的工业组织的他们的状况对我说来仍然是难以理解的,直到我产生了这样的想法,即在解开至今对我来说是神秘的东西,即西里西亚的农村亚麻工业是以封建秩序为基础的。"① 布伦塔诺的困惑之处在于他把社会的生产关系看作单一的,而德意志农奴制残存条件下发展起来的乡村纺织业则表现出两种生产关系的混杂。

亚麻工业在佛兰德尔很大程度上是一种乡村工业。18世纪,在根特、布鲁日、里尔等城市亚麻工业衰落的同时,乡村腹地的亚麻工业却在发展。在乡村维克斯堡,织机的数目1730—1792年从4976台增加到8868台。在根特城,1792年只有39家亚麻工场,但从1700—1780年送到根特市场上的亚麻织物匹数增加了1倍。根据1792年的资料折算,乡村工业的织工大约每年要从事纺织业工作140—200天。1800年东佛兰德尔的60万居民中,有10万以上的城市人和无数的儿童投身于亚麻布纺纱业中,而另外有22000名成年人投身于亚麻布织布业。他们大多数是部分时间工作。②

---

① Herbert Kisch, "The Textile Industries in Silesia and the Rhineland: A Comparative Study in Industrialization (with a Postscriptum)", in Peter Kriedte, Hans Medick and Juergenn Schlumbohm, eds., *Industrialization before Industrialization*, Cambridge U. P., 1981, p. 179.
② Peter Kriedte, Hans Medick and Juergen Schlumbohm, eds., *Industrialization before Industrialization*, Cambridge U. P., 1981, pp. 161, 165.

农村分散的手工业在英国很早就出现了。在亨利四世统治时期斯特劳河谷已是著名的呢绒缩绒、染色、修整中心。这里的朗福德、查尔福德、瓦尔布里奇有许多手工工场。这些工场有许多工作是委托别人完成的,有时是为居住在庄园外的呢绒商业生产的。14 世纪在库姆堡建立了毛织生产业,当地许多从事呢绒生产的劳动者没有土地。每年每人交纳 2 便士人头费税便可以允许留在庄园中。1450 年时当地这种劳动者有 70 人。库姆堡的人把呢绒产品运到伦敦在布莱克韦尔大厦呢绒市场向英国和外国的买主出售。1490 年以后这里建立的 50 所房屋大部分是织造呢绒的租户建造的。[1] 17 世纪英国的乡村工业进一步发展。在属于沼泽地区的林肯郡,许多农家业余时间纺织亚麻、羊毛和大麻为地方市场的需要服务,并以此弥补农民的收入。在约克郡的登特达尔和加斯达尔,由于人口增长过快,发展起了羊毛编织业和奶制品业,登特达尔成为英国著名的手工编织业基地。[2] 萨摩塞特郡大部分是林地和不毛之地,因此这个郡大部分农民一直从事毛织品制造业、棉织精纺业、编织业。[3]

英国的工业发展尤其是纺织业的发展完全是以家庭经济为基础发展起来的,这是它与荷兰的不同之处。这一特点对于英国工业发展非常重要,因为它有利于使英国工业资本摆脱商业资本的支配。根据格里高里·金 1688 年的估计,有大约 70%—80% 的英国人从事农业生产,但农业产值不过占国民生产总值的 56%,仅次于农业收入的纺织

---

[1] E. M. Carlus-Wilson, ed., *Essays in Economic History*, II, London, 1966, pp. 156-157, 161, 162.

[2] E. M. Carlus-Wilson, ed., *Essays in Economic History*, II, London, 1966, pp. 217, 222, 225, 229-230.

[3] Joan Thirsk, ed., *The Rural Economy of England: Collected Essays*, London, 1984, p. 232.

业在国民生产总值的工业部分做出了最大的贡献。英格兰毛纺织业产品在欧洲厚呢绒市场上具有重要地位。在 16 世纪最初 50 年间，出口额上升了 96%。在其最兴盛的年代 1549—1550 年，英格兰农村输出了 147160 件织物，在 1606—1614 年输出毛织品每年达 179000 件。[①]

外包制和家庭手工业在欧洲乡村中发展起来不是偶然的现象。在这个时期，欧洲人口在继续增长。由于人口的增长，多达 40% 的农民只剩下一小块土地，不足以支持一个家庭的生活。因此，农村的农民开始从事其他工作以此弥补农田收入的不足。经济学家雪尔维娅·思拉普告诉我们，如果农民的土地减少到 5 英亩以下，那就无法支持家庭生活，就必须采取其他补救的办法。一种做法是把成年的多余子女推出去另立门户，另一种做法是通过妇女的工作弥补家庭经济收入的不足。城市中也通过这种方式来弥补家庭收入的不足。一般说来，乡村工业只是在那些村庄和乡村领主不再有权力强制性地把农村居民聚合在一起的地区才能发展起来。也就是说乡村的生产关系直接决定着乡村工业能否发展起来。从中欧来看，在 18 世纪乡村封建赋税等剥削已占农民的净收入的 38%—46%。这个时期的农民在扣除了封建性的各种负担以后，有 70%—80% 的农民很难凭这点收入保证全家人的生计。这样，不少农民便兼而从事家庭工业。[②] 一些农民家庭在从事家庭工业生产之时，继续从事农业生产，手工技术生产只是其维持生计的劳动形式的一部分，农业生产仍然是其生活的基础，而家庭手工生产被普遍认为是一种"充填时间"的劳动，通常由妇女和

[①] Peter Kriedte, Peasants, *Landlords and Merchant Capitalists*, Berg Publishers, 1980, pp. 33, 77.

[②] Peter Kriedte, Hans Medick, Juergenn Schlumbohm, eds., *Industrialization before Industrialization*, Cambridge U. P., 1981, p. 18.

儿童在农活不那么繁忙的季节进行。

商人资本把手工业移植到乡村去有多种原因。城镇中工资水平一般来说具有向上运动的倾向，而把工业转移到乡间去，只需支付较低的工资。例如，佛罗伦萨的丝绸企业家通过分散的手工工场可获得 8% 的利润，而集中生产的作坊只能得到 6% 的利润。[①] 在亚眠附近地区工资率比在城镇中要低 50%—73%。这种工资的差异是由这样的原因引起的：乡村的小生产者不善于防范商人们强行签订的协议，他们没有行会作后盾和保护他们，由于他们的力量分散只能接受商人强加给他们的条件。从事家庭工业的乡村农家能够忍受较低的工资是因为他们都有一块土地，至少土地能为他们提供食物，并且可以依靠家人共渡难关。正如一个叫康斯布鲁赫的比勒菲尔德城镇书记官写到 1794 年拉文斯堡地区的亚麻布织工时说："他们中绝大多数都依靠他们自己的生产为生，由于在乡村生活开支很低，这使得他们制作非常精致的货物，并以比城镇织工低的价格出售。这也是为什么城里人能够被劝说接受纺织品，以及为什么这种技术能够极端有利地在乡村散布和发展。"在新的经济制度尚未普遍建立起来以前，商业资本从事这种生产能够得到差额利润。手工业向乡村转移的原因还在于：城市的手工业生产由于灵活性不够，无法满足需求，城市的手工业行会采取的那种保守和审慎的政策使得供给非常有限，结果使得城镇工业的发展不能赶上需求日益增长的步伐。这种情况特别发生在国际市场和殖民地开始形成以后，它们对于欧洲手工业品的需求增加了。此外，城市手工业很难逃避战争的破坏，所以商人资本家觉得把手工业

---

① 〔意〕卡洛·M. 奇波拉主编：《欧洲经济史》第 1 卷，徐璇译，商务印书馆 1988 年版，第 208—209 页。

迁到乡村去有更大的利益。例如在西里西亚，1618年以后在三十年战争中，城镇织工的织机比乡村织工的织机被破坏的要多得多。到1648年，西里西亚所有的织布机中有81%置放在农村。沿着法国的西海岸，乡村亚麻工业步步发展。在1686年加的斯城得到了价值3750000锂的亚麻布，它们是在布列塔尼的圣马罗西南地区生产的。这些亚麻布中有90%销售到美洲市场。[1]

总的来说，从封建主义向资本主义过渡时期，乡村家庭工业在工业中占有相当的比重。组织在集中化的工场中的工人人数与组织在外放制度中的家庭工业生产中的人数相比，后者的人数要多些。例如，在1768年克雷费尔德的丝厂有12%的雇工是直接从工资单上付薪的，他们属于集中的手工工场的工人。18世纪80年代在靠近亚琛的维尔维埃的呢绒工业中这个比例达到25%。而在1788年蒙绍一个非常重要的呢绒制造业工厂沙贝勒父子工厂的工资单上只有5.8%是集中在手工工场的工人。这些企业的大部分工人属于外放工人。[2] 在法国巴黎北部的皮卡迪，1785年前后所有织机中有73%是在乡村区域中工作，地方人口中大约有30%受雇于纺织工业。在英格兰的西密德兰地区，1660—1710年有1/3的成年男性的职业属于金属工业各个部门。德国的乌培河谷是欧洲著名的手工业中心，根据1773年弗里德里希·亨利希·雅各比给选侯政府的报告，当时各地有100个漂白业作坊、2000架毛织机、3500架阔幅地毯织机，他估计乌培河谷工业的出口价值为3267664塔勒尔。这个地区手工业的特点是没有为

---

[1] Peter Kriedte, *Peasants, Landlords and Merchant Capitalists*, Berg Publishers Ltd., 1980, pp. 12-13.
[2] Peter Kriedte, *Peasants, Landlords and Merchant Capitalists*, Berg Publishers Ltd., 1980, p. 139.

行会所控制。①

俄国的工业是在农奴制存在的条件下发展起来的。根据巴拉诺夫斯基1898年提供的数字，1725年彼得一世去世时俄国有233家工厂。1762年叶卡捷琳娜继位时有3160家工厂。但一些苏联学者认为上述数字有所夸大，他们认为彼得一世晚期工厂为80—200家，18世纪60年代为650—700家，19世纪末有工厂2000家左右。②到了18世纪后期，随着乌克兰成为大工业区，俄国的工业能力有很大发展，1800年俄国生产了162427吨生铁。1804年俄国有2400家工厂，工人为95200人。1825年有5261家工厂，工人人数在522000—565000人之间。1860年俄国有棉纺织厂1200家，拥有工人152236人；此外有706家毛纺织厂，有工人120025人；有467家糖厂，拥有工人64763人。③但是这些工业企业中有相当一部分是领主企业。彼得一世在位时期有8%的工厂属于领主工厂。1810—1814年根据官方的报告，有64%的矿山、78%的毛纺织业工厂、60%的造纸厂、66%的水晶和玻璃制造厂，以及80%的钾碱工厂为贵族所有。④

俄国18世纪前后大工业的发展缺乏西欧工业那种自由劳动力的基础，可使用的劳动力只有农奴。彼得一世1721年1月18日的敕令授予商人工业家购买农奴在其工厂从事生产的权利，以此向新兴工

---

① Peter Kriedte, *Peasants, Landlords and Merchant Capitalists*, Berg Publishers Ltd., 1980, p. 135.

② Jerome Blum, *Lords and Peasants in Russia: from Nineth to Nineteenth Century*, Princeton U. P., 1971, pp. 293-294.

③ Jerome Blum, *Lords and Peasants in Russia, from Nineth to Nineteenth Century*, Princeton U. P., 1961, p. 295.

④ Jerome Blum, *Lords and Peasants in Russia, from Nineth to Nineteenth Century*, Princeton U. P., 1961, pp. 297-298.

业提供大量廉价的劳动力资源。1734年的敕令规定了把农奴分配给企业的一般原则。任何人建立炼铁厂，将按每座鼓风炉100—150户国有农民的标准分配农奴劳动力。每座锻铁炉则分派30名户主，炼铜厂每生产1000普特精炼钢则派给50名户主或200名男农民。[①] 根据俄国的土地法，那些得到逃亡农奴的工厂主在农奴的主人追查时需送还他们的农奴。由于乌拉尔地区工业的主要劳动力是逃亡农奴，所以，沙皇政府为发展工业在1722年、1725年和1736年颁布了一系列法令，允许工厂主在向农奴主做出补偿之后留下这些逃亡农奴。在18世纪的工业制度中，分派给工厂的农奴工人的实际工资与自由雇佣工人差别甚大。1743年沃罗涅什的农奴工人抱怨说，他们的工资不到雇佣工人工资的一半，有时只有后者工资的1/3。根据1760年官方统计资料，农奴工人的工资只有自由雇佣劳动力的1/6—1/5。[②]

关于帝俄时期俄国工厂中自由雇佣工人以及农奴工人的比例，晚近的历史学家有做出统计（见表1-2）。这个统计表说明：在农奴制废除以前俄国工人中农奴占的比例相当的高，较长时间里在50%以上。这表明从彼得一世改革到1861年废除农奴制，俄国的工业制度从生产关系上说呈混合性形态，资本主义工业在某种程度上是接种在农奴制的土壤上的。随着商品货币关系在俄国的发展，农奴得到领主的允许离开村庄去从事雇佣生产，他们用挣得的工资向领主支付代役租，而领主则可以因此增加自己的收入，同时还有去购置土地供农奴劳作的费用，而政府也明智地允许一些人口拥挤、土地不那么肥沃的

[①] Jerome Blum, *Lords and Peasants in Russia, from Nineth to Nineteenth Century*, Princeton U. P., 1961, p. 309.

[②] Jerome Blum, *Lords and Peasants in Russia, from Nineth to Nineteenth Century*, Princeton U. P., 1961, p. 312.

省份的国有农民离开土地去工业部门工作。然而,在这和以农奴为主要劳动力的工业中更明显地表现出农奴制关系妨碍了工人的劳动积极性,阻得了资本主义关系的顺利发展。[1]

表 1-2 帝俄时期俄国工厂中自由雇佣工人以及农奴工人的比例[2]

年代	工人总数	雇佣工人人数	占工人总数的比例	农奴工人人数	占工人总数的比例
1776	199300	18700	9%	108600	91%
1804	224882	61600	27%	163282	73%
1825	340568	114515	34%	226053	66%
1860	862000	479000	56%	383000	44%

这个时期俄国的土地所有者利用自己的政治经济特权也朝着经营工厂方向努力。他们要求自己的农奴到他们开办的企业中去做工。这个时期有的农民和农奴也办起了企业,农奴工厂的所有者不仅雇佣其他农奴为他们工作,同时也雇佣自由人,这些被雇佣者有的还拥有农奴。[3]有相当数量农民所有的工厂集中在弗拉基米尔省的伊万诺沃、巴甫洛沃和沃尔斯马三个地区。其中伊万诺沃又是最重要的工业区,它是俄罗斯棉织工业的中心。早在 16 世纪,伊万诺沃的居民就从工业和贸易中谋生。到 18 世纪,这里的乡村开始成为重要的工业中心,在村庄中建立了若干工厂,农民被雇佣做工。一些农民成为技

---

[1] Jerome Blum, *Lords and Peasants in Russia, from Nineth to Nineteenth Century*, Princeton U. P., 1961, pp. 323-324.

[2] Jerome Blum, *Lords and Peasants in Russia, from Nineth to Nineteenth Century*, Princeton U. P., 1961, pp. 323-324.

[3] Jerome Blum, *Lords and Peasants in Russia, from Nineth to Nineteenth Century*, Princeton U. P., 1961, pp. 228-229.

工，一些农民则自己开办了工厂。到1803年，在伊万诺沃周围共开设了49家工厂，总产值为426300卢布。到1840年，那里有130个棉织物印染厂，其中63个属于农奴，而几乎所有工厂主人的前身都是农奴，他们由于事业顺遂花钱赎买了人身自由。1844年这个地区产值近8000000卢布，雇用了50000名工人。当然，像伊万诺沃这样的农奴所有的工厂在俄国大工业企业中占的比例很小。[1]

尼基塔·底米多夫（1656—1725年）是农奴工业家的一个例子。他是土拉的国有农奴，从事枪炮制造业，因为为沙皇造了6支枪，赢得了彼得一世的青睐，拥有一家极大的工业联合企业。他善于经营，雇用了上千名工人，1725年个人收入达100000卢布。此外，还有农奴工业家萨瓦·莫罗卓夫在1829年以17000卢布向地主留明赎身。19世纪二三十年代有几十个农奴工业家用巨资赎取自由人身份。[2] 这些都说明确实有一批农奴卷入了资本主义生产，成为工业资本家。

从封建主义向资本主义过渡时期的经济发展情况，一般来说各国都缺乏系统的统计资料，只有在偶然场合才能得到较整齐的资料。法国保存下来1692—1693年城市工业的调查报告，可以看出当时法国制造业的一些情况。奥尔良是个重要的制造业集中的城市，它每年生产2000匹粗哔叽，那里有50名制哔叽呢师傅，5个漂呢作坊和16个染色师傅。奥尔良一年还生产50000打长袜，一年要用掉原料羊毛80000磅。雷姆斯是繁荣的纺织业中心，每年生产50419匹呢绒，一年生产15000顶帽子。色当是一个纺织业中心，每年生产3534匹

---

[1] Jerome Blum, *Lords and Peasants in Russia, from Nineth to Nineteenth Century*, Princeton U. P., 1961, p. 301.
[2] 〔苏联〕涅奇金娜主编：《苏联史》第2卷第2分册，关其侗等译，生活·读书·新知三联书店1959年版，第8—9页。

呢绒，此外色当每年还生产 4 种类型的哔叽呢共 9194 匹，生产礼帽 9600 顶。亚眠是生产哔叽呢的重要基地，每年生产出 5 种哔叽呢共 11100 匹。亚眠还专门生产一种毛羽纱，每年产量 40000 匹，其他毛织物 39400 匹，它们是由 1500 架织机生产的。[①]

法国商业委员会在 1692—1787 年间留下了不完整的杂乱的文件，其中有旧有的手工工场为获得某种特权或更新特权的要求，也有建立新的手工工场的要求。这些文件提到了各地的工业分布状况。例如，1692 年图尼尔和查斯蒂荣的织花企业；1695 年波蒙-恩-费列雷的锡业；1698 年里昂生产具有利凡特式样的上等摩洛哥皮革和英国式样的小羊皮；1701 年圣克卢的瓷器和陶器业；1708 年圣弗洛伦坦的粗哔叽业和图尔的淀粉业；1714 年蓬德拉什的呢绒业；1715 年阿布维尔的机制割绒地毯业，夏龙的呢绒业；1719 年圣尼古拉的陶器业；1723 年马赛的呢绒业、塞特的制肥皂业和炼糖；1756 年勒普伊图维雷的丝织业；1762 年福盖的制金属线和大镰刀业；1772 年埃松附近的吉拉工厂的铜业；1779 年塞尔古的制纸业；1780 年马赛的煤业，比恰的制纸业；1782 年纳维尔的天鹅绒和棉被单制造业；1788 年圣维罗的印花棉布业，1786 年图尔的制手帕业；等等。[②] 这些资料说明，在 17 和 18 世纪，法国的工业资本主义关系已相当发达。

法国的呢绒产量从 1700—1704 年到 1785—1787 年增加了 126%，产值增加了 265%。英国的呢绒业产量从 1695 年到 1772 年间增长了一倍以上。约克郡的毛织品 1700 年时占英国出口总额的 20% 稍少，

---

① C. W. Cole, *Colbert and A Century of French Mercantilism*, Vol.2, London, 1939, pp. 573-578, Index 3.

② Fernand Braudel, *Civilization and Capitalism from Fifteenth to Eighteennth Century*, Vol. 2, N. Y., 1981-1982, pp. 333-334.

1770 年则达到英国出口总额的 50% 左右。德国西里西亚的朗德舒特在 1763—1765 年至 1786—1790 年间亚麻出口增加了 2.5 倍。[1]

在欧洲从封建主义向资本主义过渡时期，欧洲各国工业领域中资本主义关系已有相当的发展，但这个时期工业的经济效益并不高。布罗代尔指出，任何过高地估计这个时期经济利润的看法都是冒险的。当时商业控制着市场，它具有强大的力量。与商业利润相比，工业利润要小得多。例如，位于克拉科夫城外隶属于克拉科夫主教的钢铁厂在 1746 年曾获得 150% 的利润率，然而在下一年利润率下降到 25%。法国米卢兹的一家印花布工厂 1770 年的利润率为 23%—25%，在 1800 年前夕多数年份利润率低于 10%。1769—1781 年间奥格斯堡棉织业大王冯·舒勒每年取得的利润率为 15.4%。法国诺曼底的利特里煤矿在 1748—1791 年间利润率在 23%—27.9% 之间波动。一般说来，专制主义时期的手工工场业的利润一般在 10% 左右，超过 10% 将被认为是非常好的效益。[2]

---

[1] Peter Kridte, *Peasants, Landlords and Merchant Capitalists*, Berg Publishers Ltd., 1980, pp. 130-131.
[2] Fernand Braudel, *Civilization and Capitalism from Fifieenth to Eighteennth Century*, Vol. 2, N. Y., 1981-1982, pp. 343-344.

第三章 农业

研究欧洲的农业制度向资本主义过渡的一个前提是需要对中古封建主义时期欧洲土地制度形态的整体状况有一个基本的客观估计和结构分析。在中世纪欧洲土地所有权方面，先后以农奴制和领主制为主要特征的封建关系并没有渗透到各国乡村的角角落落。从卢瓦河以北的法国、英国的大部分、德意志的几乎全部地区，一直到波兰和俄罗斯，很普遍地存在着土地公有制度，封建土地关系的建立并没有完全触动这种土地公有制度。土地公有制度因而与封建领主制度处于一种长期并存的状况。[1] 和东方国家相比，欧洲中世纪的封建关系总的来说表现为一种弱的形态。克拉潘指出："13世纪的英格兰对于区分'农奴'和'自由农'的那条界线显然是既狭窄而又模糊不清的，这种情况为当时的法学家所承认。""在自由农和维兰人人数不多并混合住在一起的地方，这种分界线模糊不清的情况最为显著。"维兰的儿子只要交一只或两只鸡即只要付出一小笔钱就可以获准离开庄园到外地去工作。[2] 封建领主在农奴劳役帮助下开发庄园的做法在1300—

---

[1] 〔法〕马克·布洛赫：《法国农村史》，余中先、张朋浩、车耳译，商务印书馆1991年版，第63页。
[2] 〔英〕约翰·克拉潘：《简明不列颠经济史》，范定九、王祖廉译，上海译文出版社1980年版，第140、141页。

1400年欧洲农业极度萧条时期受到了极大的冲击。在14世纪的农业萧条时期，人口的死亡率很高，它影响到一切农业部门。封建领主遇到缺乏劳动力的困境，靠土地维生致富极其困难，而这个时期城镇各行业的高工资吸引着居民离开乡村进入城镇。在这种情况下，庄园领主被迫向农业劳动者提供较好的生活条件，否则只好眼看自己的维兰从土地上流失。这样的因素使得一些地方农民的劳役最后结束了。当时的庄园主或他们的管事有这样的习惯，他们会为农奴在庄园劳动时提供食物和饮料。

在尼德兰北部，庄园制度从来没有真正建立。在尼德兰西部的省区，维兰起的作用很小。早在12世纪和13世纪，维兰已经在佛兰德尔、布拉奔等地消失。而在上艾塞尔和格兰登兰，庄园维兰则一直残存到19世纪初，然而维兰的状况却较租地农场主为好，他们较为富有，每年交纳的税金比通常的地租要少。[1] 在德意志，维兰制因地而异。在奥斯特伐利亚，庄园租给地方行政官员，农民获得了自由，但他们也失去了土地，在那里常常是把4块或更多的庄园合并成一个大农场，把它租给地方行政官员，新的无地农民成为贫农，他们迁至城镇中或向东部迁移。在威斯特伐利亚，当庄园租给地方行政官以后，尽管农民与庄园的联系中断了，但他们没有完全获得自由，如同东尼德兰一样，农奴制的残余长期存在。在莱茵河和摩塞尔地区的大地产上，农奴的义务固定下来。在南德意志，庄园地产一般规模不大，农民被世袭的封建义务束缚。在德意志中部的图林根，12世纪和13世纪时劳役便已废除，农民只要为此付出很少一

---

[1] Van Bath, B. H. Slicher, *The Agrarian History of Western Europe, A. D. 500-1850*, London: Edward Arnold, 1963, p. 147.

点钱,便可获得自由。在巴伐利亚,劳役可用支付现金来代替。总的来说,到 15 世纪,在欧洲尚存在庄园农奴制的地区,对农民的人身奴虐在逐渐削弱。

随着农奴人身义务的解除,农奴转化为不同种类的租佃农民,货币地租逐渐发展起来。这些租佃农民已没有人身义务,地主只是在土地租佃期限、租佃面积和租佃条件上要挟和束缚他们。自由度较大的农民拥有世袭的租地权,他们的承租期为农民一代人或若干年;地租租额固定,或采用分成制。维兰演变成租地农民后,其实际状况发生了两方面的变化。一方面,农民在法律上获得较大的自由,这是他们作为农奴时所无法享有的;但另一方面,农民在经济收入上也有所失,当他们还是维兰的时候,他们能够在较优越的条件下世袭地耕种自己的租地农场;而现在这种优越条件没有了,他们的土地租佃权处于飘摇中。[1] 然而这种动荡是市场经济打击领主经济的必然结果,是一种进步的革命的历史现象。

在法国,乡村共同体在封建社会中一直存在,它成为乡村生活中的普遍现象。在敞地制地区有着各种约束,包括保护公共牧场,强制耕作和禁止圈地,这些规则都属习惯规定,乡村共同体承认这些习惯规定。当一个新的地区被垦殖时,就在那里实行一系列轮作制度,共同体通过习惯和公共舆论来维护自己的利益。居民们共同拥有公共自由地,在这些集体中形成了内在的很有力量的联系。18 世纪末一个叫雷蒂夫·德·拉·布列格的人写道:"萨西的小教堂由于拥有公社,

---

[1] Van Bath, B. H. Slicher, *The Agrarian History of Western Europe, A. D. 500-1850*, London: Edward Arnold, 1963, p. 148.

像大家庭那样进行管理"，这便是对公地制度的真实描写。[①] 在封建等级君主制时期，领主开始试图占有公地。在共同经营的土地上，各种法律和等级化的制度经常纠缠在一起，有领主的法律，也有农民自身的法律，其界限极不清晰。到了 16 世纪，随着封建主义危机的发生，新兴领主经济活动积极性大增，他们积极地抢占土地，围绕公地，冲突便发生了，并且在一些地区很激烈。对公地的割占和公地的独立化现象均发生了，富裕的农民用很低的价格买下部分公地，许多领主则要求得到公地的 1/3。公地大部分落到领主和富人手中是非常普遍的现象。个体农民则起来反对这个潮流。从 16 世纪中叶以后，法国政府曾公布过一般性的和地区性的禁令，禁止土地转让，取消土地出售，组织对共同体权益被侵害问题的研究。1560 年奥尔良的法令剥夺了领主在公有地产诉讼中的"最高裁判权"。[②] 换言之，在欧洲等级君主制时期，法国土地所有制中还存在素朴的原始的土地公有制形式，它起了减缓封建剥削的作用，是封建农村经济中的异质因素。

从公地向前发展有两个趋势，一是封建领主经济的侵蚀，一是个体农民经济的发展。后一条道路在法国普罗旺斯地区表现得非常突出。普罗旺斯地区处于丘陵山区，田块耕地分布零散，土壤性质不佳使普罗旺斯地区的垦殖不能很快发展。此外，普罗旺斯地区在 15 世纪深受罗马法的影响，罗马法被正式认为是当地法律的准则，它允许并保护私有财产。罗马法的影响有利于保护小农，当地小农很容易就

[①] 〔法〕马克·布洛赫：《法国农村史》，余中先、张朋浩、车耳译，商务印书馆1991 年版，第 199—203 页。
[②] 〔法〕马克·布洛赫：《法国农村史》，余中先、张朋浩、车耳译，商务印书馆1991 年版，第 10—211 页。

脱离了公共放牧制，圈占部分土地，勇敢地反对领主。在普罗旺斯，摧毁旧的公共牧场制度与小生产者反对资本家的斗争同步展开了。其结果是普罗旺斯在不触动旧的土地制度框架的情况下悄悄地过渡到农业的个体经营。[1] 在法国广大实行敞地制的农村，即使实施了个人的圈占土地制度，但通常仍然保留着广阔的牧场和存有大量的休闲地，仍然维持着共有权。譬如在布列塔尼，牧场和休闲地对全体居民的牲畜开放，只有耕地属于农民自己。所以，法国个体农民的存在是在于人口稀少和存在着广阔的作为土地使用润滑剂的敞地和休闲地、牧场。这样，土地的竞争没有像英国16世纪以后那样发展到尖锐冲突的程度，土地集中化和农民分化的进程在法国也就不十分明显。[2] 法国个体农民存在的另一个原因是农民的个人土地所有权很早就为领主的习惯法承认，以后又得到法国王室的某种承认。1469年普罗旺斯公爵勒内在批准普罗旺斯地区三级会议的一项申请时写道："鉴于提案公正无私，人人都应有权占有并支配自己的财产"，肯定了小农所有制。[3] 正因为在法国对小农权利的承认，所以1789年香槟、阿图瓦和曼恩出席三级会议的代表在携去的《陈情书》中抱怨农民的领主每周要他们干3—5天活儿，并要农民携带牲畜参加耕种和收获，使农民在那个紧张时节无法照料自己的庄稼。[4] 法国农民公社和农民所有权的力量甚至在17世纪末仍在增长，45%—50%耕地仍为农民所

---

[1] 〔法〕马克·布洛赫：《法国农村史》，余中先、张朋浩、车耳译，商务印书馆1991年版，第225—227页。

[2] 〔法〕马克·布洛赫：《法国农村史》，余中先、张朋浩、车耳译，商务印书馆1991年版，第72—73页。

[3] 〔法〕马克·布洛赫：《法国农村史》，余中先、张朋浩、车耳译，商务印书馆1991年版，第220—221页。

[4] Jerome Blum, *The End of Old Order in Rural Europe*, Princeton U. P., 1978, pp. 52-53.

有，通常分散在敞地之中。[①]

在 16 世纪价格革命和社会变动的背景下发生的地租贬值打击了封建领主的经济势力，面对这种困境，法国的领主努力扩大其领地和权力。由于在法国，国家的司法权发展较迟，它只是在零星案件上插足于地方审判，没有大量地干涉封建领主的事务，所以庄园领主仍把封建等级制度强加在农民身上。[②] 领主通过剥夺公有土地、无主财产和土地，以及购买及交换等途径创建了大的领地，但是在中世纪法国，除南部地区以外，领主尽管生活在乡间，他们却不关心自己的田地耕植，领主只关心地租收入、审理诉讼、督促建筑，以及战争、政治、狩猎。另一方面，领主拥有的土地通常非常多而且又非常分散，使得他们不可亲自经营，于是许多领主都采取租佃办法。当时存在着两种租佃制度，一种是把土地分散成几个小的经营单位，分别出租给不同的租户；另一种是把全部土地租给一个承租人，按照 13 世纪以来通常的做法，这位土地出租人通常也就是租地佃农的年贡和各种负担的包税人。如果再次承租土地的小租户即农民，那么他们承租这块土地只需要付出数量不大的预付金，因而他们的财产和现金本来就不多，挣钱能力也不大。而那些承租土地的拥有较大流动资金的大包租人，则常常拥有大住宅院落，在当地是有势力的人物，他们还会指派代理人来管理承租的庄园。例如，在 1641—1758 年奥杜努瓦地区托米雷领主庄园和农庄的包租人中，共有商人 21 人，肉店老板 1 人，

[①] Robert Brenner, "Agrarian Class Structure and Economic Development in Pre-Industria Europe", in T. H. Aston and Philpin, eds., *The Brenner Debate: Agrarian Class Structure and Economic Development in Pre-Industria Europe*, Cambridge U. P., 1987, p. 61.

[②] 〔法〕马克·布洛赫：《法国农村史》，余中先、张朋浩、车耳译，商务印书馆 1991 年版，第 147 页。

公证人1人，律师1人，1人是托雷米附近小城市的一般"商民即资产者"，只有1家是当地的耕农，但很富有，同商业家族有姻亲联系。大承租人不仅为领主同时也是为自己经营承租的土地。法国研究财政史的学者阿弗内卢写道："土地从此成了用于投机的资本：它需要同时养活两个主人，而不是一个，此外，它还要养活那些直接耕种这些土地的农民。"而大土地承租者事实上从来就不是耕种人，反而更像是一个个生意人。① 马克·布洛赫说："承租者不仅掌握着一个庞大的家庭，并同时受人之托，管理着庄园本身。他在自己的范围内是个权势显赫的人物，从他的职能来看，他是一个资本家。如果从他的生活方式和精神状态来看，他往往又是一个资产者。"② 商人在当代人的眼中看起来地位比农民要优越，但土地的收益却较高。许多商人得自地产的收益占自己收入的大部分，他们甚至自己动手耕作务农。然而，大土地承租人在法律上和名义上并没有掌握土地所有权，在一般情况下他们也没有实际拥有土地所有权。③ 这样，在法国革命前的农村中也发生了所有权与经营权相分离的现象。此外，在18世纪末经济变动中，法国一批资产阶级还把资金用于购买土地。在佛兰德尔滨海地区，资产者独占了一半土地，在图卢兹附近，掌握城市行政权和商业权利的贵族掌握有最大量的土地。④

---

① 〔法〕雷吉娜·佩尔努：《法国资产阶级史》下册，康新文等译，上海译文出版社1991年版，第105页。
② 〔法〕雷吉娜·佩尔努：《法国资产阶级史》下册，康新文等译，上海译文出版社1991年版，第105页。
③ 〔法〕马克·布洛赫：《法国农村史》，余中先、张朋浩、车耳译，商务印书馆1991年版，第163—166页。
④ 〔法〕马克·布洛赫：《法国农村史》，余中先、张朋浩、车耳译，商务印书馆1991年版，第160—163页。

到法国大革命前夜，法国土地只有 1/3 掌握在农民手中，贵族拥有 20%—75% 的土地，教会拥有 6%—10% 的土地，资产阶级拥有 30% 的土地。在大多数情况下法国农民是土地的"占用人"。在 18 世纪中期领主制对农民的进攻中，法国农民基本上成功地保卫了他们对土地的占用，抵制了从他们手中夺走土地的企图。地主则通过夺取公地来扩大自己的土地，同时他们更倾向于通过大农场主对农民进行出租和剥削。从表面上看，法国采取了与英国相仿的向租地农场制转化的路线，但绝不能把法国的这种做法对于农业生产近代化的作用估计过高，相反，它只有较小的意义。因为法国的地租常常与具有典型封建特征的献金相结合。租地人并不直接用现金支付地租，而是根据一种特殊的土地收益分成制的办法用实物支付地租。只有大约 20% 的地租是用现金支付的。由于这些原因，法国的土地制度不能起到促进农业生产向资本主义转变的作用。[1]

农业中资本主义关系是否能顺利发展，与地产是否能顺利地形成资本主义的生产资本，即土地能否较顺利地转到新兴地主和资产阶级之手并用于资本主义经营直接有关，与土地市场是否大规模形成有关。在英国，由于都铎王朝和斯图亚特王朝在财政困难的情况下采取了出售地产的政策，使得封建地产迅速资本化和流动，有利于资本主义农场经营形式的发展。但是在法国，由于封建统治在专制主义末年仍较严密，王朝用高额赋税的办法杜绝了地产的转手和资本主义化的过程。1789 年以前的法国，对土地所有权转让征收很高的赋税，在诺曼底的纳布尔赋税高达 16%—20%。地主不仅征收高额的地租，还

---

[1] Peter Kridte, *Peasanta, Landlords and Merchant Capitalists*, Berg Publisher Ltd., 1980, p. 111.

拥有大批林地或未开垦的荒地和沼泽地。在纳布尔，伯爵收入的54%来自林地。至于未开垦的土地，如果部分已经清理了，他们会交给农民耕种，收取香巴尔地租（一种什一税），至于另一些未清理的土地，领主可以招标出售。领主拥有先买权，还有权对他领地上的市场、集市和通过税卡征税。在18世纪所有新近设立的税卡都是地主独断地设立的。农民获得了人身自由，他们却仍然处于封建领主的控制之下，国家、教会和封建主都要向他们征税，法国博韦地方农民在17世纪收入的30%—40%交作赋税，各地大致都是如此。法国农村中资本主义发展遭到了重重障碍。[1]

对法国农业向资本主义过渡的讨论需要稍稍论及法国大革命以后的土地经营方式。1789年开始的法国大革命在政治上较为彻底地摧毁了封建土地所有制。1792年8月10日以后立法议会采取一系列措施"使农村居民与大革命休戚相关"，国民公会通过颁布许可令，取消了旧的领地制。到了雅各宾专政时期，山岳党人通过国民大会制定了三项法令。6月3日法令宣布把亡命贵族的地产分成小块出售，贫穷的购买者可于10年内付清买地的款项。6月10日法令规定了公有土地按居民人数平均分配的原则，处理了价值共6亿锂的800万亚盘土地，7月17日法令规定废除原始的封建契约文件，以防止旧业主回来夺取已分给农民的土地。[2] 到了拿破仑帝国时期，上述土地政策和土地变动的结果得到承认。法国大革命时期革命政府土地处理的实

---

[1] Fernard Braudel, *Civilization and Capitalism from Fifteenth to Nineteenth Century*, Vol. 2, N. Y., 1981-1982, pp. 261-262.

[2] 〔法〕马迪厄：《法国革命史》，杨人楩译，商务印书馆1973年版，第406—407页。〔法〕马克·布洛赫：《法国农村史》，余中先、张朋浩、车耳译，商务印书馆1991年版，第264—265页。

质是在废除封建土地权并把土地所有权的相当一部分交给农民的同时继续了中世纪和旧制度时期分散的小土地经营形式，所以，不是所有制而是传统的小土地经营形式严重地妨碍了大土地产业的形成和资本主义大农场经营方式的形成。数代相继的保护小农的政策以后又得到高利贷资本的参与和支持，它使法国在经济上向资本主义过渡遇到了很大困难。

在中世纪的英国，领主绝对的土地所有权的概念是与普通法完全不相容的。在理论上国王拥有绝对的土地所有权，人们通常根据某些租佃条件从领主那里租得土地，有时也直接从王室租得土地。早在1290年英国议会通过了旨在保护领主的封建权利和义务的《购买者条例》，规定在土地出售时，禁止分赐采邑，即禁止对中间领主实施服役。在这个条例实施过程中，增加直接从国王处领有土地的人数，有助于摧毁封建领有制。这样，造成了大批土地落入王室之手、中层封建领主的人数减少的结果。[①]

到都铎王朝开始后，庄园仍是英国土地的基本占有形式。庄园由领主自己占有领地以及各种类型的租用土地如自由持有地、习惯持有地、租借地和根据领主同意的租用地构成。庄园还拥有对于林地、荒地和渔场的残存的所有权。领主还拥有庄园法庭以及对于市场和集市方面的领主权，以及开采矿山、建立工厂和捕捉迷途家畜的领主权、对农奴和租户的个人所有权。大领主不仅拥有一处庄园，甚至拥有若干处庄园，他们往往是贵族。16世纪初期在约克郡西雷丁区，有60个这样的大领主，其中10人拥有国王的兰开斯特公爵领地的土地，

[①] Youings, *Sixteenth-Century England*, Penguin Books, 1984, p. 47. S. H. Steinberg and I. H. Evans, eds., *Steinberg's Dictionary of British History*, Edward Arnold, 1970, p. 310.

12个拥有修道院的土地，因此这些领主拥有极大的政治权力和社会特权。除了僧俗贵族拥有大量的庄园外，一些骑士和乡绅也拥有一些庄园。相当一部分庄园领主住在庄园进行管理。但是在庄园中，领主和租户之间由特别的相互依存的纽带相联系，甚至那些支付固定地租的自由持有农也定期参加庄园法庭的开庭。[①]

15世纪中叶以后，英国的庄园缺乏生气。就领主和农民的关系而论，领主的统治权力明显衰竭。这种统治权力的衰竭，部分是农民人口缩减的结果，部分是由于农民流动性加强造成的，部分则是由于社会分化造成的。富裕农民现在成为领主自用地上的农场主和牧场主，他们多半按定期租地保有权持有土地。这样，领主通过庄园法庭行使个人的强制权力的做法日渐减少，出现了各郡地主集体任命他们中一些最活跃的成员担任治安法官来治理地方行政事务。[②] 英国庄园的衰落的再一个原因是1381年农民起义的影响，从法律上废除维兰制度是大部分起义者的要求。1381年以后不愿履行每周对庄园主的劳役义务的农民增多了，更多的农民情愿冒险不经许可离开庄园。因为当时黑死病以后英国人口下降，城乡劳动力紧缺，各地的领主都需要劳动力，所以寻找工作非常容易。在农民的反抗的冲击和劳动力供求关系影响下，劳役制度消失了，庄园中的劳役最终改成了折租的办法。[③] 以靠近英格兰诺威奇的福恩塞特庄园为例，在1400—1575年间庄园的维兰人数急速下降，一些维兰没有男性后代，另一些维兰则

---

① Youings, *Sixteenth-Century England*, Penguin Books, 1984, p. 48.
② Rodney Hilton, "The Crisis of Feudalism", in T. H. Aston and C. H. E. Philpin, eds., *The Brenner Debate: Agrarian Class Structure and Economic Development in Pre-Industrial Europe*, Cambridge U. P., p. 135.
③ 〔英〕约翰·克拉潘：《简明不列颠经济史》，范定九、王祖廉译，上海译文出版社1980年版，第169—170页。

迁离了庄园。通常第一代维兰还向领主交纳人头税，到第三代就不再有人这样做。这表明，在庄园的生产关系中属于封建人身依附的残余逐渐地在淡化和最终消失，维兰摆脱领主束缚而迁离庄园在福恩塞特也很明显。在此期间，有 67 人迁到离福恩塞特 10 英里以内的其他地方。有 382 人迁至离庄园 10—20 英里的地方，其中有 22 人迁至离庄园 12 英里的诺威奇。此外还有 21 人迁至离福恩塞特 21 英里以外的地方去，其中有 14 人迁到了雅芳斯、萨莫顿等城镇，前农奴有的当了裁缝、织工、制革工人、鞋匠、木匠等，有的仍在农场上做工和做家内仆役。[①]

在农奴制废除以后，英国存在着根据不同的租种条件使用土地的农民。这些农民中有一些是中世纪初期农奴（维兰）的后代。他们使用庄园保有地并不是自由的。例如庄园可以任意驱逐他们而无须给予任何补偿。在他们本人死后，其子若希望继续持有这块土地，则需要向庄园主提出贡献物例如一头最好的牲畜，他们需忠诚地履行庄园沿习而来的所有惯例。他们中一些人取得了庄园法庭关于他们的租佃权文件的副本，关于庄园的惯例，他们应服的劳役以及租种保有地的期限都记载在这份文件上。到都铎王朝初期"公簿持有农"这个名称出现了，用来指谓上述按照惯例租种庄园土地的农民，都铎王朝初期公簿持有农的法律地位加强了。从 1439 年起，英国的衡平法院宣布这种租佃权应受到尊重。1467 年起高等法院开始保护这种租佃权。公簿持有农除了向领主交纳地租外，有时还要交纳附带的费用，这是一种用以代替古代沿袭下来的劳役的现金，在理论上领主可以向公簿持

[①] Van Bath, B. H. Slicher, *The Agrarian History of Western Europe, A. D. 500-1850*, London: Edward Arnold, 1963, p. 147.

有农征收这种费用，但实际上他们很少这样做。①

再一类农民称租地农，他们仅仅根据契约规定的条件承租土地。他们和地主谈判订立契约。契约一式两份，承租时间可以为数年，英格兰西部属于教会的土地承租期限一般较长，通常到承租的几个人去世时为止。在实际实施中，许多佃农在契约期满时往往希望重新租佃这块土地，而地主通常是答应佃农的要求的。中世纪后期人口的下降使得一些租地空出来，它们逐渐被其他租地农重新占有，许多村庄逐渐出现了租地贵族。他们拥有100英亩或更多的可耕地。例如剑桥郡东北部奇普纳姆的托马斯·鲍尔斯不仅以46年的期限租了庄园农场，同时租种了其他480英亩土地和草地，在敞地上放牧；他还租了300英亩荒地归他自己用，并在公用荒地上养了2000只羊。②

在研究16世纪英国农业变革时一个重要的问题是公簿持有农所享有的土地使用权受到保护的程度。公簿持有农对土地的租用是有期限的，在1540年以前这种租用期限很长，为40年或60年，甚至可以长达99年。但1540年以后公簿持有农的租用土地的期限变短了，在英格兰东部为期7年、14年或21年，每7年更换一次租约；在英格兰西部为一代人、两代人或三代人，在一代人去世后要更换租约。③围绕着租佃权问题，16世纪确实不断发生领主和佃户之间的争端，但通常这些争端的责任在庄园领主方面，司法审判官员在审理这

---

① 〔英〕约翰·克拉潘：《简明不列颠经济史》，范定九、王祖廉译，上海译文出版社1980年版，第156—159页。Youings, *Sixteenth-Century England*, Penguin Books, 1984, pp. 49-50. Eric Kerridge, *Agrarian Problems in the Sixteenth Century and After*, London, 1969, p. 138.

② Youings, *Sixteenth-Century England*, Penguin Books, 1984, p. 51.

③ Eric Kerridge, *Agrarian Problems in the Sixteenth Century and After*, London, 1969, p. 47.

类争端时常会根据租地契约支持习惯佃户。所以一般说来，公簿持有农的租地使用权是受到保护的，甚至他们无须借助法律来为自己辩护。因为在现实的农业经济生活中如果说租地农场主无法确保他们对租地的长期的稳定的使用权，他们就很难采取任何有效的改进土地的措施，一个农户绝不会冒着某一天突然被领主收回土地的危险而向土地大量投资。这样，尽管说这种土地租佃制度是以封建所有权的原则为基础的，但是地产经营的实际处理办法即习惯做法适应了资本主义农场主和他们的地主双方的需要，而确保稳定的土地租佃制对其双方都是有利的。这种排除无限地突然剥夺土地租佃权即使用权的习惯规定是适应了资本主义最初发展需要的。[①] 由于租地农场主的租佃权得到法律和习惯的保障，租地者就有可能在尚未最终废除封建土地关系的背景下采取改进农业和发展商品生产的措施，使得农业能为城市和工业提供源源不断的农产品和原料。所以汤普逊教授说得很对："16世纪的土地所有制结构是与市场对农产品要求的压力相适应的，它具有一种离开自耕自给的农场并向着更加商业化的农场发展的趋向，而这一点对农民方面有所影响；它不仅造成了许多庄园领主在利用他们法律规定的权力时达到了顶点，同时也向幸运的奋发的约曼提供了致富的机会。"[②]

在17世纪英国革命期间，长期议会于1646年2月发布了取消监护法庭的法令，宣布取消国家对贵族地产的监护和转让权，所有行封建臣从宣誓礼领有土地者，所有通过罚款、特许、查封、赦免进行土地转让者，均取消一切附加费用。过去对国王尽骑士义务而领有土

[①] Eric Kerridge, *Agrarian Problems in the Sixteenth Century and After*, London, 1969, p. 93.

[②] F. M. L. Thompson, "The Social Distribution of Landed Property in England Since the Sixteenth Century", in *Economic History Review*, 2nd., Series. XIX. 3 (1966).

地者，现在变为土地所有者。该法令废除了地主对国王的封建臣属关系和义务。革命以后的18世纪，英国农村土地经营中所有权和经营权的关系有了进一步的发展，一方面表现为土地所有者对终身佃户土地经营的控制加强了，另一方面，土地所有者和经营者围绕着发展农业生产在两者之间发展起了温情主义的关系，土地所有者为了取得发展农业的资金，常常出售一些未经改善的地产，用这部分资金促使剩下的地产更加迅速地发展。土地生产者的资金是与土地所有者的资金截然分开的，但也有这样的例子，土地所有者会向租地农场主提供生产资本以充实他们的农场。当经营大农场进行施肥、建立排水系统或建设新建筑时，土地所有者会承认某些开支，并且在随后一年或几年内减轻租地农场主的地租，或者由土地所有者来支付这些开支，而由租地农场主增加年地租的5%来抵偿部分土地所有者的开支。[1] 在农业经营中这种所有权和经营权既相区别又相联系的关系以及其中表现的灵活性和相互调整的融洽关系，有利于英国农业经济的发展。

在15—16世纪的英国，伴随着国内市场的形成，加之宗教改革在英国对于经济生活的冲击，英国乡村的土地开始流动，土地市场开始形成，它使得农民的分化较为明显，习惯租户中拥有土地的数量彼此相差很大。陶尼曾对1600年52个庄园内租地农的土地占有情况进行了调查，做出了一张统计表（见表1-3）。

从这份统计表中的数字来看，在诺森伯兰郡租地农拥有的土地比较一致，与南方各郡相比这是该郡的一个突出的特点。该郡有60户

---

[1] G. E. Mingay, *English Landed Society in the Eighteenth Century*, London, 1964, pp. 177-178.

即 2/3 的租户拥有的土地在 30—50 英亩之间，而只有 6 户拥有的土地在 50 英亩以上，在小农户中尽管有 10 户拥有土地均在 2.5 英亩以下，但总的说来拥有土地少于 25 英亩的农户极少。在 16 世纪初曾有规定，每户拥有土地的标准是 30—45 英亩。但到统计这个资料时说明，土地变动不大。与北部的诺森伯兰郡相比，在英格兰南部和东部，例如在兰开郡，存在着大土地所有者，同时也存在着较多的占有土地在 15 英亩以下的小农户，后者在 168 户中占 125 户，同时还存在着占地 120 英亩以上的大租地农场主。一般说来，在缺乏工商业的北部，土地分布具有平均主义倾向，每一类租地农民拥有标准的土地的现象较明显，庄园领主也在长时期内坚持租户平等地拥有土地。而在工业较为发达的东部和南部，过去那种庄园土地为租地农民平均拥有的情况已经消失。因为在这些地区，农村同国内外市场的联系非常密切，威尔特郡有织布业，诺福克和索福克与欧洲大陆有密切的商业联系，所以土地转手再占有的现象在庄园租地农中已十分明显。[1] 这种现象可以用典型的个案来说明。例如在雅特利，一个公簿持有农拥有多到 20 个附属于他的租地农，这在 16 世纪并不是罕见的现象。到了 16 世纪初，较为平均地使用土地的现象迅速消失，乡村不再是由一些拥有同样多土地、交纳同样多地租和具有同样经济地位的人组成。[2] 把一些租地农的土地剥夺转入到另一个人的手中，这是农业经济中重要的现象。这表明在 16 世纪圈地运动开展以前，农业经济的自然运动已经在摧毁乡村旧社会关系，开始了大土地所有者和小土地所有者的分化。[3]

---

[1] R. H. Tawney, *Agrarian Problem in the Sixteenth Century*, Longman, 1912, p. 66.
[2] R. H. Tawney, *Agrarian Problem in the Sixteenth Century*, Longman, 1912, pp. 70-71.
[3] R. H. Tawney, *Agrarian Problem in the Sixteenth Century*, Longman, 1912, pp. 72-73.

表 1-3 1600 年 52 个庄园中租地农土地占有情况（单位：英亩）[1]

	租户总数	仅有或没有莱园	土地在2.5英亩以下	土地在2.5—5英亩	土地在5—10英亩	土地在10—15英亩	土地在15—20英亩	土地在20—25英亩	土地在25—30英亩	土地在30—35英亩	土地在35—40英亩	土地在40—45英亩	土地在45—50英亩	土地在50—55英亩	土地在55—60英亩	土地在60—65英亩	土地在65—70英亩	土地在70—75英亩	土地在75—80英亩	土地在80—85英亩	土地在85—90英亩	土地在90—95英亩	土地在95—100英亩	土地在100—105英亩	土地在105—110英亩	土地在110—115英亩	土地在115—120英亩	土地在120英亩以上	不确切者
诺森伯兰10个庄园	96		10	1	2	1	3	1	12	27	13	10					1	2	1		1								
兰开郡4个庄园	168	38	14	19	29	35	7	4	7	7	2						1											1	2
斯塔福德3个庄园	103	8	21	16	14	6	10	11	3	1	2	2		2		1											1	1	2
北安普顿2个庄园	255	30	53	24	22	22	13	22	5	10	2	2	2	2			1	2	2	2				2				4	14
莱斯特郡3个庄园	129	13	17	6	6	8	3	3	3	1	3	7	8	5	7	6	2	4	2	1	2	1	2					1	7
萨福克郡5个庄园和诺福克郡8个庄园	391	52	77	40	69	28	26	19	14	5	9	4	2	4	7	3	3	1	1	1	1	1	1		2	1			
怀特郡7个庄园和萨摩特郡1个庄园	156	3	5	7	12	8	7	27	16	14	10	12	5	7	2	4	3	4	1	2	1	2						4	17
英格兰南部9个其他的庄园	366	23	58	27	52	29	31	16	22	12	11	13	3	3	6	7	6	3	5	4	4	1	2	4	4	1		7	9
总数	1664	167	255	140	206	137	100	103	84	77	60	52	142	28	26	29	18	17	11	11	8	2	7	4	4	2	2	18	55

[1] 转引自 P. H. Taoney, *Agrariam Problem in the Sixteenth Century*, Longman, 1912, pp. 64-65。

英国的地租在13—16世纪将近300年间虽有增长,但增长幅度极小。陶尼对英格兰诸郡27个庄园档案进行了研究。他指出,在林肯郡的因戈梅尔斯庄园,1347年的地租为61镑9先令4便士,1421年地租为71镑10先令3便士,1485年地租为72镑6先令8便士,1628年地租为73镑17先令2便士;在威尔特郡的南牛顿庄园,1295—1308年间地租为13镑19先令3.5便士,1568年地租为14镑4先令8便士;汉普郡的康达尔庄园,1287年地租为53镑7先令,1567年地租为103镑2先令8.75便士;汉普郡的萨顿-瓦布林顿庄园,1351年地租为5镑17先令4.75便士,1567年地租为8镑10先令4便士。[①] 苏塞克斯郡的阿普尔林姆庄园在1321年地租为7镑11便士,亨利四世时期地租为10镑11先令9便士,1460年地租为13镑14先令10.5便士。明钦汉普顿庄园1357年时地租为41镑14先令4便士,1501年地租为41镑19先令9便士。塞里郡的库廷顿庄园在爱德华三世时期年地租为12镑8先令5.5便士,15世纪地租为15镑16先令7便士,詹姆士一世时期地租为9镑19先令8.75便士。从以上陶尼所开列的庄园个案来看,全部27个庄园中总的说来数百年间地租相对稳定,提高不多。[②] 这样,随着16世纪货币贬值,物价上涨,按照传统形式收取固定货币地租的地主便无利可寻。他们必然地要适应商业和市场的发展和需求,转而生产市场所需要的产品。英国的地主开始把出租的土地收回,同时圈占荒地驱赶租种土地或居住在公地上的农民,在大片圈占的土地上建立牧羊农场,生产羊毛,谋取厚利。

　　16世纪以前,英格兰有不少地方土地利用率并不高,在埃塞克

---

① R. H. Tawney, *Agrarian Problem in the Sixteenth Century*, Longman, 1912, p. 115, Table Ⅵ; pp. 429-430.

② R. H. Tawney, *Agrarian Problem in the Sixteenth Century*, Longman, 1912, p. 117.

斯、萨里、苏塞克斯和索福克这些东部的郡，以及德文、康沃尔这些西南部的郡，1500年时在公地上建立农场的现象还很少见到。英格兰中部和北部广大地区，在16世纪仍然存在有相当多的公地和公有荒地。①而此时密德兰地区人口已经非常稠密了。例如在伍斯特郡，除了夏恩伍德森林，已没有荒地留下了。人口和土地的增长要求更好地、更有效地利用土地，为此进行了圈地。但由于各地的人口、土质、经济状况不同，圈地并非在一切地区都以同样的规模展开。②英国圈地运动有关规模的准确资料主要来自都铎王朝先后建立的几个圈地调查委员会的报告。1517—1519年王室调查委员会调查了23个郡，调查结果表明，1485—1517年间这些郡中有0.5%的土地被圈占，有6931人迁居。以后王室调查委员会又在1548—1566年和1607年分别对4个郡和6个郡作了调查。调查表明，1578—1607年间圈地面积为69758英亩，有2232人迁居。从总的情况看，1455—1607年圈地波及24个郡面积的2.76%，影响到3万—5万农民的生活。③在圈地影响最大的北安普顿郡，根据王室委员会调查，在1488—1517年间有14000英亩被圈占，1405人被迁居；在1578—1607年间又有27333英亩土地被圈占，1444人被迁居。④1450—1607年莱斯特郡被圈占的耕地面积为10%左右，大规模的圈地是在17世纪和18世纪进行的（见表1-4）。

---

① Joan Thirsk, "Tudor Enclosure", in Joan Thirsk, *The Rural Economy of England*, The Hambledon Press, 1984, pp. 66-67.
② Joan Thirsk, "Tudor Enclosure", in Joan Thirsk, *The Rural Economy of England*, The Hambledon Press, 1984, pp. 75-76.
③ R. H. Tawney, *Agrarian Problem in the Sixteenth Century*, Longman, 1912, pp. 261-262.
④ W. G. Hoskins, *Midland Peasant*, London, 1957, p. 179. Joan Thirsk, ed., *Agrarian History of England and Wales*, Vol.Ⅳ, Cambridge U. P., 1967, pp. 241-242.

表 1-4 莱斯特郡圈占的土地，1450—1850 年 [1]

时期	圈地占耕地面积的百分比
1450—1607	10
1608—1727	52
1730—1850	38
共计	100

从英格兰圈地运动总体分布和影响来看，大规模的圈地运动主要在敞地制占统治地位的地区产生特别大的影响，如英格兰南部、密德兰和东北部地区。[2]

关于密德兰地区的圈地运动，根据晚近的重新核算，做出了如下统计表（见表 1-5）。根据这一统计，密德兰地区耕地面积为 3334000 英亩，圈地面积为 715000 英亩，圈占土地占总耕地面积的 21.1%。[3]

表 1-5

郡别	郡的面积（英亩）	耕地面积（英亩）	重新估算的圈地面积（按千英亩约数）	圈地占可耕地面积的百分比
北安普顿郡	636000	382000	166000	43.4
贝德福德郡	301000	181000	57000	31.3
伯金汉郡	477000	286000	68000	23.8
沃里克郡	576000	346000	60000	17.4
莱斯特郡	530000	318000	40000	12.6
林肯郡	1691000	800000	81000	10.1
亨廷顿郡	233000	140000	61000	43.9
牛津郡	478000	287000	95000	33.0
伯克郡	459000	275000	51000	18.6
诺丁汉郡	531000	319000	36000	11.2
共计	5912000	3334000	715000	21.2

---

[1] Peter Kriedte, *Peasants, Landlords and Merchant Capilists*, Berg Publishers Ltd., 1980, p. 23.

[2] John E. Martin, *Feudalism to Capitalism: Peasant and Landlord in English Agrarian Development*, Macmillan, 1986, p. 132.

[3] John E. Martin, *Feudalism to Capitalism: Peasant and Landlord in English Agrarian Development*, Macmillan, 1986, p. 132.

除了圈地运动外，促使英国农业朝着大农场经营发展的另一个重要因素是 16 世纪英国宗教改革运动。在这个运动中没收了大批天主教修道院的土地并把它们加以出售，在英国形成了大规模的资本主义的土地市场。[1] 16 世纪 30 年代英国进行了宗教改革，在把英国的天主教会改造成为国教会归英国国王管辖的同时，颁布法令解散了英国的天主教修道院。先是在 1536 年解散了年收入 200 镑以上的大修道院 376 所，[2] 然后议会又在 1539 年通过法令封闭了 200 所小修道院，[3] 并规定没收的土地财产"永远归我们尊敬的国王、王后和继承者所有"。解散大修道院后国王的土地收入增加了 18355 镑，解散小修道院后国王的收入又增加了 10000 镑。没收的土地在英国国王手中没有停留多久，出于各种需要，国王或滥加赏赐，或大肆抛售，大批地产流入市场。据统计，亨利八世赏赐给教会的有年收入 20000 镑的 55 份土地，赏赐给贵族的有年收入 16000 镑的 124 份土地，赏赐或出售给宫廷人士的有年收入 7000 镑的 183 份土地，出售给小官吏和臣仆的有年收入 14000 镑的 301 份土地，出售给律师的有年收入 1500 镑的 42 份土地，出售给医生、会计、自耕农的有年收入 2500 镑的 72 份土地，出售给工商业者的有年收入 6000 镑的 140 份土地，出售给乡绅的有年收入 23500 镑的 693 份土地。[4] 在购得土地的贵族官员中有不少人是新兴的资产者。例如呢绒商理查·格拉善一次就付出

---

[1] Joyee Youings, *Sixteenth Century England*, Penguin Books, 1984, p. 155.
[2] G. R. Elton, ed., *Tudor Constitution: Documents and Commentary*, Cambridge U. P., 1968, pp. 374-378.
[3] G. R. Elton, ed., *Tudor Constitution: Documents and Commentary*, Cambridge U. P., 1968, pp. 380-392.
[4] Fisher, *Political History of England, 1485-1547*, p. 499.

1173 镑，购得约克郡 3 座修道院的土地。呢绒工场主威廉·施顿普抢购了位于麦克斯伯里和欧斯内的修道院，把它们改建成呢绒手工工场。随着大批土地从天主教会手中转到世俗土地所有者手中，很快在这些大片地产上建立了资本主义方式经营的农场。

陶尼提供了 16 个庄园的地产情况，见表 1-6。[①]

表 1-6

庄园	土地总面积（英亩）	领地农场主占有的土地面积（英亩）
当宁顿	1523.5	418
萨尔福德	856	295
埃斯托维顿和菲菲尔德	1160	484.75
维顿·韦斯顿	715	301
南牛顿	1365	632
瓦西纳	1249	707
克尼顿	452	268
比肖普顿	1280	805
加姆林盖·默顿	283.5	199.75
温特波恩·巴塞特	708.5	532
比林福德	666	507
加姆林盖·阿维内斯	531.75	420.25
多默阿姆	960.5	824.5
埃瓦勒	473	428
布尔东斯巴尔	190	190
瓦德波罗	469	469

在上述 16 个庄园中，有 8 个庄园均有 2／3 以上的土地辟作农场，剩下有 7 个庄园的 1／3 以上的土地被辟为农场。这表明在 16 世

[①] R. H. Tawney, *Agrarian Problem in the Sixteenth Century*, Longman, 1912, p. 259.

纪租地农场经营方式在英国乡村中已成为一种占相当大的比例的经营方式。值得注意的是，英国 16 世纪的农场规模一般较大。对于诺福克郡、威尔特郡和其他诸郡的农场有一张统计表（见表 1-7）可说明这一特征。①

表 1-7

面积（英亩）	地区及农场数			
	诺福克16个庄园上的18个农场	怀特郡23个庄园上的31个农场	其余诸郡13个庄园上的18个农场	合计
50以下		4	2	6
50—99	2	2	3	7
100—149	2	4	3	9
150—199	3	4	1	8
200—249	1	3	3	7
250—299		4	2	9
300—349	3	3	1	7
350—399	1			1
400—449		2		2
450—499	2	1	3	6
500—549	3	1		6
550—599				
600—649				
650—699				
700—749	1			1
750—799				
800—849		1		1
850—900		2		2

---

① R. H. Tawnet, *Agrarian Problems in the Sixteenth Century*, Longman, 1912, p. 212.

从表 1-7 来看，列入表格的 52 个庄园的 67 个农场中，有 37 个农场即一半以上面积超过了 200 英亩，有 17 个农场面积超过了 350 英亩。陶尼还告诉我们，统计中有过低估算农场面积的实际情况，公地的使用通常不列入农场的面积中。①

关于英国大农场中使用雇佣劳动的具体情况缺乏系统的统计资料和记载。彼特·鲍登对这一问题做了一项一般性的研究，他估算说，一个农户之家凭借自己的力量最大限度是耕种面积 30 英亩的农场，如果经营规模再大些的农场则必须雇佣劳动力。② 也就是说：像陶尼在上表中提出的那些面积在 30 英亩以上的农场必定要利用资本主义雇佣劳动力来从事生产，这些大农场实际上是资本主义农场。

继 16 世纪圈地和宗教改革没收修道院地产之后，英国 17 世纪资产阶级革命中再一次发生了地产的大流动。在反封建的革命中，长期议会颁布了一系列法令没收了封建贵族和王党分子的土地。1643 年 9 月通过了扣押国王、王后和王子收入的法令，规定王室领地上的收入由议会支配。③ 1642 年 10 月议会决定没收"拿起武器帮助国王的罪犯"的收入。1643 年 3 月议会通过立法扣押声名狼藉的王党分子的土地，一切支持国王的人，其地产除留五分之一为其家庭谋生外均予以没收。1649 年 7 月长期议会颁布出售属于国王、王后和王子的领地、庄园和土地的法令。④ 1650 年 6 月以后议会又数次制定出售未

---

① R. H. Tawnet, *Agrarian Problems in the Sixteenth Century*, Longman, 1912, p. 213.
② Joan Thirsk, ed., *Agrarian History of England and Wales*, Vol. Ⅳ, Cambridge U. P., 1967, p. 652.
③ C. H. Firth and Rait, eds., *Acts and Ordinances of the Interregnum 1642-1660*, Ⅰ, London, 1911, p. 299.
④ C. H. Firth and Rait, eds., *Acts and Ordinances of the Interregnum 1642-1660*, Ⅱ, London, 1911, p. 168.

交纳罚款的王党分子的领地的法令。迫使王党分子再次大规模出售土地。此外，1647年7月下院决定没收11个主教的土地。1646年10月没收了大主教的领地，1646年11月通过了出售大主教和主教领地的法令。1649年4月长期议会又取消教长、牧师会成员和受俸牧师的职务和土地所有权。总之，英国革命时期通过立法没收和出售了价值550万英镑以上的土地。[①] 通过没收和出售大宗封建地产和采取针对王党分子的严厉的财政措施，一方面使得他们的财富通过国家支持的契约方式流入商人和国家之手；另一方面在土地转手过程中实施了圈地，榨取地租以降低在这些土地上工作的农民的消费水平，或者把他们赶走，增加了土地的集中和资本的积累。许多商人对于没收后出售的地产很有兴趣，他们不仅把土地作为直接的资本，而且长期经营土地，扩大为市场服务的农业生产。[②] 根据瑟尔斯克对于英国革命时期出售没收土地情况的研究，在259例地产出售中，出售的土地由议会党官员买得者为18例，由伦敦商人购买的为79例，由地方乡绅购买的为13例，由伦敦乡绅购买的为7例，由地方约曼和技工购买的为41例，由律师购买的为4例，由王党的代理人购买的为20例，身份不明者购买的有9例。在获得出售王党封建地产的各个社会集团中，伦敦商人买得土地最多，为31%，其中包括价格在100英镑以下的地产5块，100—200英镑、200—300英镑、500—1000英镑、1000—2000英镑、3000—5000英镑、5000英镑以上的地产各1块。[③]

---

① Christopher Hill, *From Reformation to Industrial Revolution: A Social and Economic History of Britain 1530-1780*, London, 1967, p. 116.

② Christopher Hill, "English Agrarian Legislature", in Christopher Hill, ed., *Puritanism and Revolution*, London, 1958, pp. 154-156.

③ Joan Thirsk, "The Sale of Royaistl Estates during Interregnum", in Joan Thirsk, *The Rural Economy of England*, The Hambledon Press, 1984, pp. 106, 108, Table Ⅰ, Ⅲ.

经过都铎王朝出售修道院的地产、革命时期出售王室和王党的地产和持续的圈地运动，英国土地世俗化和集中化的趋势非常明显。17世纪末和18世纪在英国形成了一批拥有相当多土地的大地主。根据格里高里·金的统计，在1688年年收入在450英镑以上的有乡绅4400家，贵族286家。① 根据马西1759—1760年对于英国社会结构和收入的估计，英国有30户年收入在10000英镑以上，有1240户年收入在1000—10000英镑之间，② 其中相当一部分是大土地所有者。研究18—19世纪英国农村史的著名学者明格分析，在18世纪90年代恐怕有700—800户乡绅年收入在3000—4000英镑，有3000—4000户乡绅年收入在1000—3000英镑，有10000—20000户乡绅收入在300—1000英镑。③

在欧洲，追随着16世纪的价格革命而来的是17世纪的危机，它成为欧洲经济社会史的一个重要转折点。这个时期，16世纪人口的增长在欧洲突然地结束了，人口停滞不前或者说有些轻微的下降。在这种现象背后隐藏着众多的危机内容。三十年战争的发生在德国带来了灾难，估计德国城镇人口在三十年战争期间减少了33%，乡村人口则减少了40%。勃兰登堡、萨克森和巴伐利亚失去了一半的人口，德意志北部则保持了原来的人口数量。而波美拉尼亚、黑森、符腾堡则失去了人口的2/3或更多些，波希米亚人口从1618年的170万下降至1654年的93万。波兰和瑞典的战争使波兰和马索维亚的人口从1653年时的383万下降到1660年的250万。北方战争又使人口

---

① "Gregory King on the State of England in 1695", in Joan Thirsk and J. P. Cooper, eds., *17th Century Economic Documents*, Oxford: Clarendon Press, 1972, pp. 780-781.

② Roy Poter, *English Society in the Eighteenth Century*, Penguin Books, 1984, pp. 386-387.

③ G. E. Mingay, *English Landed Society in the Eighteenth Century*, London, 1964, p. 23.

从 1700 年的 325 万下降到 1720 年的 285 万。意大利的人口从 1600 年的 1330 万人下降到 1650 年的 1150 万。除了战争外，传染病和饥饿都是造成人口减少的重要原因。在人口急剧衰落的地区，经济也出现了衰退。[①] 在波兰，如果把 1580 年谷物生产指数定为 100，那么在 75 年以后下降至 87。波瑞战争使这个指数进一步下降，最终在 1660 年谷物生产指数降到了 43。1600 年东普鲁士用于农业生产的庄园占庄园总数 57.8%，而至 1683 年下降至 32.4%。大主教格耐森的地产中荒芜土地占可耕地的比例在 1685 年为 34%，1739 年增加到 65%。[②] 但是正如霍布斯鲍姆所说，危机同时也造成了经济发展的条件。它改变了农村的社会结构，引出了新的生产组织形式，这就是较之以前规模更大的新的集约化的生产方式，欧洲农业社会的财产权利发生了重大变化。[③] 在中欧和东欧，反映在建立和扩大了领土庄园，在庄园中强化了农奴制，把自由农民改变为农奴。

表 1-8　十七世纪欧洲人口增长的指数[④]

地区	1600年	1700年
北欧和西北欧	100	128
中欧、西欧和南欧	100	105
合计	100	109

[①] Peter Kreidte, *Peasants, Landlords and Merchant Capitalists*, Berg Publishers Ltd., 1980, pp.61-65.

[②] Peter Kreidte, *Peasants, Landlords and Merchant Capitalists*, Berg Publishers Ltd., 1980, p.65.

[③] Peter Kreidte, *Peasants, Landlords and Merchant Capitalists*, Berg Publishers Ltd., 1980, p.97.

[④] Peter Kreidte, *Peasants, Landlords and Merchant Capitalists*, Berg Publishers Ltd., 1980, p.62.

在 16 世纪东欧和中欧从以封建制为基础的旧农业制度转变为以农奴劳动为基础的庄园的过程中，地主把更多的土地改由自己来经营，并增加了农民的劳役。波兰农民占有的土地和地主占有土地的比例在 1500—1550 年间为 2.1∶1，至 1551—1580 年间下降为 1.3∶1；而至 1606—1630 年间为 0.9∶1。在中世纪盛期波兰农民的劳役每年仅有数日，至 1500—1550 年间平均为每周 1.7 天。1519 年和 1520 年波兰的法规规定劳役为每周 1 天，而到 1550 年前后增加到每周 3 天，1600 年增加到每周 6 天。[1] 在 1550—1580 年间，波兰庄园农场上的劳动者 63% 是由农奴提供的。波兰地主从农奴制获得很大的利益，一位波兰经济学家估计说，如果把农奴的劳作完全换成工资劳动者来工作的话，地主的收入将会降低到使用农奴劳动力时的 1／3。

在使用农奴劳动力的同时，波兰的农业经济的模式还发生了潜在的变化。早在 16 世纪 30 年代，驻但泽的佛兰德尔公使就注意到波兰经济模式的变化。他写道："从前大地主们不知道如何处理他们的谷物，因此常常不收割地里的庄稼。……然而近 25 年来，他们发现可以将谷物运往河流下游的但泽，然后在那里卖掉，这样一来，波兰王国和那些大地主们都发了大财。"在 16 世纪但泽是巴尔干最重要的谷物出口地区。谷物出口的趋势在 16 世纪后几十年发展得越来越明显，至 17 世纪初，每年从但泽运往西方的黑麦多达 7 万吨，波兰谷物出口量在 18 世纪初相当于 15 世纪末的 10 倍，从开始时的每年出口 10000 拉斯特（Last）增加至 100000 拉斯特。波兰贵族沿维斯杜拉河把谷物

---

[1] Fernand Braudel, *Civilization and Capitalism from Fifieenth to Eighteenth Century*, Ⅱ, New York, 1981-1982, p. 267. Peter Kreidte, *Peasants, Landlords and Merchant Capitalists*, Berg Publishers Ltd., 1980, p. 28.

运到那里出售。但泽出现了极其繁荣的时期。[1] 从这条路线输出的谷物占 16—18 世纪巴尔干谷物输出额的 70%。波兰谷物出口在三十年战争前后达到了顶峰，这时输出小麦和裸麦每年为 200000 吨。[2]

但是，波兰农业的扩展不是通过扩大的再生产取得的，而是通过简单地扩大农业耕作面积得到的，特别是在东南部边境地区这种情况很突出。国外和国内对农产品的需求在另一方面促使地主增加农民的劳役义务。[3]

在波兰，和东中欧其他地区一样，庄园经济一直持续到 18 世纪以后，但作为庄园活动基础的劳动关系却慢慢地发生变化。向新的土地耕作形式的转变要求在大地产上有更多的劳动者。这绝不是农奴劳役制可能解决的，必须用工资劳动者来补充农奴劳动力。而地主本身也开始自己经营他们的地产，而不希望运用更多的劳役，这样农业资本主义的出现不可避免。

在易北河以东的德意志地区，中世纪时期那里的农民比西欧农民往往享有更多的自由。[4] 从 12 世纪以后独立的村社就在这些地区出现了。地主和领主对村社农民的经济和司法事务的干涉非常有限，各村

---

[1] Peter Kreidte, *Peasants, Landlords and Merchant Capitalists*, Berg Publishers Ltd., 1980, pp. 28-29. 〔意〕卡洛·M. 奇波拉主编：《欧洲经济史》第 2 卷，贝昱、张菁译，商务印书馆 1988 年版，第 332 页。

[2] Topolski, "The Origins of the Early Modern Manorial Economy in Europe", in Jaroslaw Petenaski, ed., *State and Society in Europe from the Fifteenth to the Eighteenth Century*, Warsaw U. P., 1985, p. 225.

[3] Peter Kreidte, *Peasants, Landlords and Merchant Capitalists*, Berg Publishers Ltd., 1980, p. 70.

[4] 斯里彻·范·巴斯、韦直宁根：《生命革命中的农业》，载〔英〕E. E. 里奇、〔英〕C. H. 威尔逊主编：《剑桥欧洲经济史》第五卷，经济科学出版社 2002 年版，第 109 页。

庄有村长，他是农民利益的代言人，但村长拥有的土地比一般农民要多，并且免交领主税。[1] 所有德国农民取得了长期的甚至是世袭的土地使用权。14—18世纪，在条顿骑士团的领土上建立了使用农奴的庄园农场，但农奴义务不那么沉重。[2] 价格革命中货币地租发生了贬值，使得地主收入在土地收入中占的份额下降了，这就使地主寻找新的方式来榨取农民。最初他们利用农民的劳动力来开发林地和湖泊，以后当领主庄园扩大时，开始使用强制性的农民劳役。到了17世纪中期，易北河以东许多地方榨取剩余价值的形式已从货币地租转变为强制性的劳役。这些地区的农民丧失了其经济资源和财政上的独立性，他们只拥有劳动力。农民经济降格为使用劳役的领主经济。[3] 1653年，大选侯与勃兰登堡国等级会议达成妥协后，容克地主拥有很大的地方权力，这就加速了农民的农奴化。在一系列德意志的领土上，农民被认为没有继承土地或财产的权利，贵族可以随意夺走他们的土地。麦克伦堡的律师戴维·道维尤斯曾说，在17世纪中叶时，"把农奴像马匹和牛那样对待和买卖几乎是普遍的做法"，庄园领主甚至试图强迫农民子女为他们劳动。[4] 到了18世纪，德意志东北部的许多

---

[1] Heide Wunder, "Peasant Organization and Class Conflict in Eastern and Western Germany", in T. H. Aston and C. H. E. Philpin, eds., *The Brenner Debate: Agrarian Class Structure and Economic Development in Pre-Industrial Europe*, Cambridge U. P., 1987, pp. 92-93.

[2] 斯里彻·范·巴斯、韦直宁根：《生命革命中的农业》，载〔英〕E. E. 里奇、〔英〕C. H. 威尔逊主编：《剑桥欧洲经济史》第五卷，经济科学出版社2002年版，第113页。

[3] Heide Wunder, "Peasant Organization and Class Conflict in Eastern and Western Germany", in T. H. Aston and C. H. E. Philpin, eds., *The Brenner Debate: Agrarian Class Structure and Economic Development in Pre-Industrial Europe*, Cambridge U. P., 1987, p. 98.

[4] Peter Kreidte, *Peasants, Landlords and Merchant Capitalists*, Berg Publishers Ltd., 1980, p. 69.

经营大规模农场的土地所有者迫使农民每年服 104 天劳役，在少数地方甚至一年要农民带上牲口拉的车服 156 天劳役，相当每周服 2—3 天劳役。在汉诺威东北的吕内堡的一些庄园，拥有土地的农民要每年带上牲畜拉的车服劳役 156 天，或者不带牲畜服 300—312 天劳役，即每周服 6 天劳役。[①] 在东普鲁士，领主要求每户农奴每周出两个劳动力和 4 匹马服劳役 6 天。在靠近柯尼斯堡的艾梅兰德区，私人地产上的农民每户每周要出两个人和 4 匹马为地主服劳役。王室领土上的农民承担的劳役则要少些，一年在 9—60 天之间。在麦克伦堡，领主要求每户农民每周有 3 个劳动力和 6 头牲畜为领主服 6 天劳役。在勃兰登堡劳役义务要稍轻一些，农民带上牲畜拉的车一周要服 3 天劳役。在下西里西亚农民每周只要带上用牲畜拉的车服劳役 1—2 天。在萨克森，农奴的劳役为一年 30—80 天。[②] 一般来说德意志各地区农民劳役轻重程度是与当地的经济发展水平成反比的。正如 1802 年普鲁士大臣弗里德里希·冯·施罗特所说："农奴制与真正的工业完全是矛盾的，农奴制在任何一个农业和制造业繁荣的国家和省份都不再存在。而在任何它所存在的地方，具有创造性的勤奋精神完全被扼杀了。"然而，对于农奴制的改革姗姗来迟。18 世纪末普鲁士当局只是决定在王家庄园实行某种程度的改革，从 1799 年起用劳动者支付现金取代了劳役制，农民的立法权在一些地区得到改善。在奥地利，约瑟夫二世 1789 年颁布敕令，在哈布斯堡帝国取消了农奴制，并且从 18 世纪 70 年代中叶起就在王家庄园取消了农奴制。

在中欧的波希米亚，三十年战争成为经济生活重要的转折点。在

---

① Jerome Blum, *End of Old Order of Rural Europe*, Princeton U. P., 1978, p. 53.

② Jerome Blum, *End of Old Order of Rural Europe*, Princeton U. P., 1978, pp. 53-54.

三十年战争中，波希米亚人口从战前的 170 万人下降到战后的 95 万人，减少了 40% 以上。这对于经济的影响很大，大批农业土地被放弃和荒芜。无地农民经领主同意，可以占有和耕种空闲的土地，真正的无地农民实际上已经消失了。领主在此同时也占领荒芜的土地，或是扩大现有的庄园，或是建立新的庄园。由于战争造成劳动力缺乏，所以使用劳动力非常昂贵，在这样的背景下，波希米亚的领主不是利用雇佣劳动力从事庄园生产，而是通过把农民农奴化这种强化压迫的方式来进行庄园经营。1627 年波希米亚通过了修订的土地条例，它规定乡村和附属的城镇居民没有得到领主同意不得移居他处，在收获季节农民可以出去干活，但收割季节结束就得回来，加强了对农民的束缚，把农民变成了农奴。当时领主拥有的对政治和法律事务的权力也有助于他们用强力束缚农奴。17 世纪中叶以后，波希米亚的庄园数目极大地增长。例如东波希米亚和托米什尔区，特劳特曼斯多夫家族原有 2 个庄园，到 1650—1680 年间又新建了 11 个庄园。在波希米亚北佛鲁德兰家族地产上 1631 年仅有 3 个庄园，1650—1680 年间则有 18 个庄园，这些庄园仅有 1700 亩熟地，其余是森林和湖泊，并有啤酒厂、砖瓦厂等工业企业，出现了资本主义关系。[1] 波希米亚随后于 1680 年颁布的封建劳役敕令规定，一个农奴有义务为他的领主庄园每周提供 3 天劳役，但在最繁忙的季节特别是收获和捕鱼时节，劳

---

[1] Arnost Klima, "Agrarian Class Structure and Economic Development in Pre-Industrial Europe", in T. H. Aston and C. H. E. Philpin, eds., *The Brenner Debate: Agrarian Class Structure and Economic Development in Pre-Industrial Europe*, Cambridge U. P., 1987, pp. 192-195. Robert Brenner, "Agrarian Class Structure and Economic Development in Pre-Industrial Europe", in T. H. Aston and C. H. E. Philpin, eds., *The Brenner Debate: Agrarian Class Structure and Economic Development in Pre-Industrial Europe*, Cambridge U. P., 1987, pp. 26-27.

役的日数可以随领主意愿而增加。在 18 世纪波希米亚有许多例子表明，领主甚至要求农奴每周服 6 天劳役。[①] 根据 1738 年的封建劳役敕令，不论农奴是否有土地，他们都要为领主服劳役。在实施中，居住在庄园上或就近的农奴在领主庄园上服劳役。而居住得较远的农奴则通过交纳货币来替代劳役。[②] 1775 年制定的劳役敕令具体地规定了农奴服劳役日的时间长度。规定从 10 月 1 日至次年 3 月 31 日，每个劳役日为 8 小时，其间可以休息 1 小时；从 4 月 1 日至 9 月 30 日每个劳役日的时间为 12 小时，其间可休息 2 小时，这个敕令延长了收获季节劳役工作日时间。1775 年劳役敕令的另一个重要特点是把服劳役的农奴分成 11 个等级，最低一等即无地农奴要求每年向领主服劳役 13 天；拥有茅舍的农奴要求每年服劳役 26 天；拥有较多土地的农奴要求每周服劳役 3 天。它增加了较为富有的农奴的劳役负担，而较大地减轻了小土地所有者、茅舍农和无地农奴的劳役负担。克里马认为其中一个重要原因是国家急切地希望使乡村一些劳动力获得自由，使他们参加家庭手工业和工场手工业的生产活动。[③] 从实施情况来看，

[①] Arnost Klima, "Agrarian Class Structure and Economic Development in Pre-Industrial Bohemia", in T. H. Aston and C. H. E. Philpin, eds., *The Brenner Debate: Agrarian Class Structure and Economic Development in Pre-Industrial Europe*, Cambridge U. P., 1987, p. 196.

[②] Arnost Klima, "Agrarian Class Structure and Economic Development in Pre-Industrial Europe", in T. H. Aston and C. H. E. Philpin, eds., *The Brenner Debate: Agrarian Class Structure and Economic Development in Pre-Industrial Europe*, Cambridge U. P., 1987, p. 198.

[③] Arnost Klima, "Agrarian Class Structure and Economic Development in Pre-Industrial Bohemia", in T. H. Aston and C. H. E. Philpin, eds., *The Brenner Debate: Agrarian Class Structure and Economic Development in Pre-Industrial Europe*, Cambridge U. P., 1987, pp. 198-199.

拥有较多地产的农民境遇较好。他们通常有劳动者为其工作，因此他们并不自己去服劳役，而是自己留在土地上耕作，派出他们的劳动力替他们服劳役。1775 年的敕令还规定，当农奴未完成每周 3 天的劳役时，可以用现金抵付劳役。其比率在 10 月 1 日至次年 2 月 28 日期间 1 天劳役需抵付 7 克娄泽，3 月 1 日至 6 月 30 日期间 1 天需抵付 10 克娄泽，7 月 1 日至 9 月 30 日期间 1 天为 15 克娄泽。[①] 1775 年敕令说明，经济发展已把商品货币关系带进农奴制度中，实行了代役租，这时的农奴制已不十分稳定。

17 世纪和 18 世纪波希米亚农业还有另一方面的特征，这就是实施农奴制的庄园农业生产也和市场发生密切联系。领主和农民生产出的大多数谷物是在地方市场上出售的。在 18 世纪初期，庄园收入构成波希米亚领主收入的 69%，其中 1/3 来自出售谷物、1/3 来自出售啤酒，1/6 来自饲养家畜，18 世纪中叶领主从啤酒酿造中取得的收入占整个收入的 43.1% 以上。由于波希米亚国内经济发展水平很低，国内市场购买力较差，它生产的谷物一部分是供应国外市场的，例如输往奥地利、蒂罗尔、萨尔斯堡、上帕拉丁、努连堡、梅森、上卢萨提亚和汉堡。不仅领主，而且农奴也向市场甚至向国外通过商人销售自己的多余产品。[②] 但是在波希米亚参与向市场尤其向国外市场销售农产品的只占人口的很小一部分。据估计，在 18 世纪

---

① Arnost Klima, "Agrarian Class Structure and Economic Development in Pre-Industrial Bohemia", in T. H. Aston and C. H. E. Philpin, eds., *The Brenner Debate: Agrarian Class Structure and Economic Development in Pre-Industrial Europe*, Cambridge U. P., 1987, pp. 198-199.

② "在农奴制完全占统治地位时也是这样。" Witold Kula, *An Economic Theory of Feudal System, Toward a Model of the Polish Economy 1500-1800*, London, NLB, 1976.

以前只有不到 1% 的谷物是销往国外市场的。但此时发达地区进口农产品的比例也不大。例如较多进口谷物的低地国家的进口量也只占全部粮食消费量的 13%—14%。对波希米亚谷物出口水准应放到当时历史条件下来评价。①

波希米亚农民向国内市场销售谷物的量比销往国际市场要多。农奴向市场出售产品，一方面是为了购买自己不能生产的商品，另一方面是为了向国家纳税和向领主交纳封建税。易北河和埃格尔河谷较富裕的农民能够向市场出售 1/3 的产品，18 世纪上半叶较好的年景出售谷物可达总产量的 45%。② 在 18 世纪中叶领主有的把自己的庄园土地分租给农奴，收取货币地租。这给领主带来较好的收益。例如易北河畔布兰底的一处地产原先收入为 28626 盾，而把地产分割给农民耕种后，租金达到 18763 盾，抵偿劳役租等收入为 17507 盾，合计年收入为 36270 盾，比先前的收入增加 26%。此外，把农场的房屋和设备出售给农民又收入 20000 盾。显然，这比旧经营方式增加了收入。③

在欧洲从封建主义向资本主义过渡时期，东欧农奴制强化的现象

---

① Arnost Klima, "Agrarian Class Structure and Economic Development in Pre-Industrial Bohemia", in T. H. Aston and C. H. E. Philpin, eds., *The Brenner Debate: Agrarian Class Structure and Economic Development in Pre-Industrial Europe*, Cambridge U. P., 1987, pp. 204-205.

② Arnost Klima, "Agrarian Class Structure and Economic Development in Pre-Industrial Bohemia", in T. H. Aston and C. H. E. Philpin, eds., *The Brenner Debate: Agrarian Class Structure and Economic Development in Pre-Industrial Europe*, Cambridge U. P., 1987, p. 208.

③ Arnost Klima, "Agrarian Class Structure and Economic Development in Pre-Industrial Bohemia", in T. H. Aston and C. H. E. Philpin, eds., *The Brenner Debate: Agrarian Class Structure and Economic Development in Pre-Industrial Europe*, Cambridge U. P., 1987, pp. 209-210.

以俄国最为典型。

一般学者公认，东斯拉夫人在基辅时期以前很久就已摆脱了部落组织形式，只是在边缘地区部落组织一直存在到11世纪，部落分裂成为自由的公社。最初的公社是一个大的家族单位，属于不同世代的上千人生活和劳作在一起。在较迟可以找到的大的俄罗斯村庄中可以看到这种制度痕迹，但直接的制度资料已荡然无存了。[1] 一种假说认为，根据基辅罗斯时代有限的资料，随着领主随员和官僚的出现，特别是随着上等阶级和人士所有制的出现，造成了自由农民身份的转化。在《雅罗斯拉夫法典》中规定对未加以复仇的仇杀自由人付予40格里文的赎杀金，尽管自由农民这个词在基辅时代的编年史中偶然出现，但农民村庄的这种或那种形式在数世纪中长期保存下来，影响到俄国社会后来的发展。[2] 从基辅罗斯时代到15世纪，俄国农民没有任何契约和合同束缚，他们可以到自己愿意去的地方，可以加入任何一个公社，他们不隶属于任何一个领主。[3] 从14世纪末开始，俄国开始用一系列立法来规定允许农民离开其主人的日期，例如1396年和1467年的《普斯科夫宪章》便是这样的文件。一个条款规定，每年11月14日即圣菲利普日开始时为农民土地租借期的结束，那时农民可以离开其主人。15世纪中叶瓦西里二世于1455年和1462年在圣三一修道院颁布两道宪章，一道宪章是授权修道院的修道士把从修

---

[1] Jerome Blum, *Lord and Peasant in Russia: From Nineth to Nineteenth Century*, Princeton U. P., 1961, pp. 22-24.

[2] Jerome Blum, *Lord and Peasant in Russia: From Nineth to Nineteenth Century*, Princeton U. P., 1961, p. 29.

[3] Jerome Blum, *Lord and Peasant in Russia: From Nineth to Nineteenth Century*, Princeton U. P., 1961, p. 106.

道院土地上逃走或逃到瓦西里自己和他的波雅尔的土地上去的农民捕回，规定任何生活在修道院土地上的农民不得离开。在 15 世纪，俄国农民流动的权利已被严重地剥夺。1497 年伊凡三世颁布《法典》，限制了农民离开领主的权利，只有每年秋天犹里日前后各一个星期才允许农民离开领主。而且规定，离开领主的农民必须向领主支付昂贵的外出费，作为在租佃期他和他的家属租用房屋的补偿金，补偿金数目与农民居住在哪一类土地上以及居住时间长短有关。[1] 这种补偿费的规定其目的是阻止农民离开领主。但此时在表面上仍承认农民自古以来享有的离去的自由，农民有权投诉政府要求保护其在指定时间离去的自由。除了犹里日以外，有时在其他节日也允许农民离开其主人。例如大斋期前后共 18 天、忏悔节前后 17 天、复活节前后 6 天、圣诞节前后 5 天、耶稣显现节前后共 3 天、圣彼得日前后 2 天、冬季圣尼古拉日和圣菲利普日允许农民离去。[2] 1550 年颁布的法典对 1497 年的条款做了补充，把农民的离去费提高到 4 戈比。在这个时期，农民已很难离开地主，因为除了法律限制外，地主还想出各种方法来阻止农民离去。例如农民离去时必须给地主一个正式的通知，否则在将来他们希望再回到原先领主土地上来时就会遭到拒绝。这便是一种地主常用的手段。[3] 1649 年阿历克塞·米海依诺维奇颁布《会典》，规定农民及其子女都属于地主所有，农民没有自由，不准随意迁徙，这

---

[1] Jerome Blum, *Lord and Peasant in Russia: From Nineth to Nineteenth Century*, Princeton U. P., 1961, pp. 110-111, 247.

[2] Jerome Blum, *Lord and Peasant in Russia: From Nineth to Nineteenth Century*, Princeton U. P., 1961, p. 248.

[3] Jerome Blum, *Lord and Peasant in Russia: From Nineth to Nineteenth Century*, Princeton U. P., 1961, p. 249.

标志着农奴制在俄国最后确立。到了彼得一世后继者统治时期，进一步加强了农奴制，把成百万尚属自由的农民转变为国有农民，即属于国家的农奴。①

俄国的农奴有不同类别，他们的束缚程度也有所差别。国有农民要和其他贵族一样付人头税，还要向国家交免役地租。国家为了征收免役地租，宣布所有土地不是个人所有的，国家对居住在土地上的居民拥有领主权。但国有农民承担的代役租比大多数农奴支付的费用要少得多。彼得一世把国有农民的代役租确定为 40 戈比，这是一个很小的数目。1746 国有农民的代役租上升为 65 戈比，1761 年上升到 1 卢布，1769 年上升到 2 卢布，1783 年上升到 3 卢布。1798 年国有农民的代役租继续上升，这时根据经济发展富裕程度不同把俄罗斯帝国的省分成 4 类，各类地区国有农民承担的免役地租分别为 5 卢布、4.5 卢布、4 卢布和 3.5 卢布。以后，国有农民的代役租在 1810 年和 1812 年有所上升，上升到 10 卢布、9 卢布、8 卢布和 7.5 卢布（纸币）。在 1839 年卢布纸币和银卢布的比率为 3.5∶1 时，4 个地区的代役租分别改为 2 卢布 86 戈比、2 卢布 58 戈比、2 卢布 29 戈比、2 卢布 15 戈比。此外，国有农民还要支付 9 银戈比的道路税、25 纸戈比到 1.5 卢布的地方政府税等。总的说来俄国国有农民的负担并不重。② 国有农民拥有一定的权利。1832 年法典把国有农民称为"自由的乡村居民"则过高地估计了国有农民的人身自由程度。在 18 世纪专制主义时期，沙皇政府出于财政和行政的需要，剥夺了国有农民

---

① Jerome Blum, *Lord and Peasant in Russia: From Nineth to Nineteenth Century*, Princeton U. P., 1961, p. 277.

② Jerome Blum, *Lord and Peasant in Russia: From Nineth to Nineteenth Century*, Princeton U. P., 1961, pp. 485-487.

先前所有的一系列自由。他们离开居住地要领取道行证，女孩离开出生的村庄到外地去或结婚需要交纳一笔费用。国有农民不允许开工厂和车间以及接受交换单据。他们被分成不同的单位，分别承担不同的义务，政府官员负责监视他们。但到了 18 世纪后期和 19 世纪初期，一些限制削弱了，阻碍他们从事工商业和借贷的禁令逐渐解除。19 世纪 20—30 年代国有农民很容易迁入城镇，成为城镇阶级的成员。国有农民还有了拥有自己土地的权利。① 总之，国有农民承担的义务较小，自由度较大，他们与其他农奴相比经济地位较为优越。②

居住在沙皇宫廷地产上的农奴称宫廷农民，18 世纪 20 年代属于宫廷农民的有 35 万男性农民。1797 年 4 月 15 日沙皇保罗颁布《帝国家庭基本法》，新设置属地部管理这批农奴。宫廷农民又称采邑农民，从 1797 年以后宫廷农民改称属地农民，这时有 47 万人。他们在 18 世纪是沙皇及其亲属的私人财产。早期采邑农民的负担与私人农奴相近，但其承担的义务比私人农奴要稍微轻一点。1732 年他们的免役税为 40 戈比现金。1783 年采邑农民的免役税与国有农民一样为 3 卢布。这个时期宫廷的庄园财产逐渐消失，采邑农民的劳役也逐渐消失。这样，采邑农民的义务仅剩下代役租、人头税、军事义务和其他的国家对所有农民征收的租费。经过这一系列的变化，到 18 世纪末采邑农民的地位已十分接近国有农民。但是到 19 世纪，采邑农民的状况恶化了，他们的代役租自 1829 年起取消，改为征收土地税，后者是根据农民总收入征收的税，土地税的数额一般大于代役租和其

---

① Jerome Blum, *Lord and Peasant in Russia: From Nineth to Nineteenth Century*, Princeton U. P., 1961, p. 490.

② Jerome Blum, *Lord and Peasant in Russia: From Nineth to Nineteenth Century*, Princeton U. P., 1961, p. 491.

他交纳的赋税。①

俄国农奴中数量最大的一类是私人农奴。俄国和东欧其他国家不同，从来没有对地主和农奴的关系做出明确的规定，只是要求领主不要使农奴"遭到灭亡"。私人农奴的义务因地而异，有所差别。1780年一批圣彼得堡的地主提出的一份报告中说，习惯做法是"一年中农民和他的妻子一半为主人一半为自己干活"。18世纪私人农民的劳役义务通常是每周2天，但到1850年改为一般每周3天。1797年4月5日沙皇保罗的命令指出，农奴主不应当在星期天安排劳役，其余每周6天农民应当分成均等的两部分，一半为领主干活，一半为自己干活，因为每周3天已足以应付生产的需要。1832年斯贝兰斯基在编纂的法典第1版第9卷中写道："农民有义务每周3天为他们的领主劳动。"随着俄国商品经济的发展，农奴越来越多地用代役租来代替劳役。1708年谢尔缅捷夫地方的农奴每人每年交纳的代役租是63戈比。1765年时上升了3倍，达到2卢布7戈比，18世纪90年代末上升到5卢布。19世纪中叶，估计每个男农奴的代役租为7.5银卢布。②

由于对自由民实施束缚和农奴家庭人口的自然增长，俄国农奴总数增长很快。俄国男性农奴人数在1724年为320万人，1743—1745年为340万人，1782—1783年为670万人，1796年为870万人，到1858年仍有农奴1070万人，占男性居民人口的50%上下。③这个数

---

① Jerome Blum, *Lord and Peasant in Russia: From Nineth to Nineteenth Century*, Princeton U. P., 1961, pp. 495-497.

② Jerome Blum, *Lord and Peasant in Russia: From Nineth to Nineteenth Century*, Princeton U. P., 1961, pp. 449-451.

③ Jerome Blum, *Lord and Peasant in Russia: From Nineth to Nineteenth Century*, Princeton U. P., 1961, p. 420.

字不包括农奴的子女。

如果说把实施代役租看作在农奴制存在的条件下较之直接劳役义务较为灵活和进步的形式的话,我们可以看出,在经济较为发达的乡村地区,代役租形式已占优势地位。工业和商业较为发达的省份一部分农奴有可能参加非农业劳动换现金来替代沉重的劳役。在18世纪最后30年中,俄国西部13个非黑土省份中,55%的农奴(共1228133人)交纳代役租,而45%的农奴(共1009226人)服劳役。在较为落后的中亚地区7个黑土省份中,只有26%的农奴交纳代役租,而74%的农奴仍然直接服劳役。这个地区农民在1858年承担劳役的为73.1%,承担货币地租的为26.9%;而在俄国近代工业的中心地区,40.8%的农民服劳役,而59.2%的农民交纳货币地租。1858年时工业地区农民32.5%负担劳役,67.5%承担货币地租。在工业化非常密集的雅罗斯拉夫省,1765年时有64.1%的农民交代役租,1858年这一数字上升到87.4%。[1] 但是,尽管说相当一部分俄国农奴用代役租代替了劳役,农奴的自由有所扩大,但人身奴虐问题并没有解决。

俄国农业的发展完全是在农奴制的框架下进行的。市场谷物价格的上扬诱使贵族扩大其地产,但他们偏爱使用农奴作为劳动力而不是使用租地农民。18世纪后期,俄国谷物向西欧输出对所有制和土地关系没有任何积极影响。俄国输出的农产品主要来自里窝尼亚、立陶宛、比洛路西亚和第聂伯河以西的乌克兰。但在此同时,俄国加强了对农奴的束缚,俄国的农奴制发展到欧洲各国所未及的程度。在

---

[1] Jerome Blum, *Lord and Peasant in Russia: From Nineth to Nineteenth Century*, Princeton U. P., 1961, pp. 394, 396.

俄罗斯西北部，1765—1767 年使用的农奴在农业劳动力中占 66.2%，1858 年这个比例上升到 66.5%。在斯摩棱斯克地区，农奴占农业劳动力的比例 1765—1767 年为 66.5%，1858 年上升到 73%。中伏尔加河地区农奴占农业劳动力的比例在 1765—1767 年为 66.2%，1858 年达到 77.2%。[1]

但是，在农奴制强化的俄国，生产方式的交错和复杂多元性仍是很明显的，农奴制在农村的存在并不意味着商品货币关系和资本主义关系未出现。在俄国，领主领地上的生产是为了出售产品而进行已是历史久远的事情。到 18 世纪和 19 世纪上半叶，领主领地是市场需求的主要供应者，而代役租农民和国有农民的生产对市场的作用则要小得多。18 世纪 20 年代和 30 年代俄国国内关税资料表明，运到莫斯科供应需用的谷物主要是由周围和邻省的乡村生产的。1723 年有 1/4 供给城市的谷物主要是由周围和邻省的乡村生产的。到 16 世纪中期，农民生产的亚麻、大麻和马铃薯已经取代了领主的相应产品供应国内和国外市场。[2] 这时地主供应市场的谷物占 90%，而农民的供应只占市场所需的 10%。所以领主生产在当时社会生活中仍占毋庸置疑的重要地位。领主向市场出售的部分产品来自他的农奴向他交纳的实物，但大部分来自领主自己的庄园农场。[3] 这些资料说明，残存农奴制的俄国乡村经济包括领主经济已深深地卷入市场商品生产之中。

---

[1] Peter Kriedte, *Peasants, Landlords and Merchant Capitalists*, Berg Publishers Ltd., 1980, p. 20.

[2] Jerome Blum, *Lord and Peasant in Russia: From Nineth to Nineteenth Century*, Princeton U. P., 1961, p. 391.

[3] Jerome Blum, *Lord and Peasant in Russia: From Nineth to Nineteenth Century*, Princeton U. P., 1961, p. 392.

作为后过渡国家的俄国，除了普遍存在着农奴制外，其农业发展中另一个不可忽视的特征是由于历史的原因和国家的政策，俄国保持了具有中古特征的农村村社组织，并存在着小农土地平均主义的倾向。这些因素使得俄国农民分化和资本主义化的过程迟迟未能进行，严重地阻碍了农业资本的积聚和国内农村商品市场的顺利形成，它严重地影响了资本主义在俄国的发展，这种现象一直持续到20世纪初年斯托雷平改革才告结束。

俄国的农村公社到19世纪非常普遍地存在着。关于农村公社在俄国的起源，在19世纪中叶以来的俄国和苏联的历史编纂学中有过激烈的争论。但史料表明，农村公社在俄国久有历史是无可怀疑的。关于基辅罗斯以前和基辅罗斯时期公社存在的状况今天已知之甚少。基辅罗斯以后数世纪中存在着领地公社，它的功能与近代村社很相近，例如管理公共森林、渔场、荒地，控制未使用土地的分配和使用，在其成员中分摊赋税并承担征税责任等，但是它并没有周期性地在其成员中重新平分土地。相反，它用控制的方法来管理其成员对土地的占有。大概从15世纪后期和16世纪初期直到17世纪，随着领主权力的扩大，公社和农民个人的自主权遭到削弱，公社及其官员成为有财产者的代理人，农民的权利受到很大限制。同时在公社中出现了领主控制下的土地再分配活动。如16世纪初期西蒙大主教就命令弗拉基米尔的圣康斯坦丁修道院将其土地平分给农民。1580年特维尔有关于农民平分他们已拥有的土地、森林、草原，以避免争吵和争斗的记载。[①] 到了开明专制主义时期，尤其是到了18世纪末叶和19

---

① Jerome Blum, *Lord and Peasant in Russia: From Nineth to Nineteenth Century*, Princeton U. P., 1961, pp. 510-511.

世纪中叶,重新平分土地的做法在俄国较为普遍,对私人财产、国有农民的公社,对农奴和非领主农民都有采取平均再分配土地的做法。这样在俄国形成了新的农村公社制度。

由国家政权强制实施土地的平等再分配的做法是由于1724年开征灵魂税开始的。这种税对所有成年农奴都一样征收,为此形成了新的征税单位"佳格罗",每个佳格罗包括两个成年男子和两个成年女子,有时则人多些或少些。每个佳格罗须付出同样的赋税和劳役。这导致了农民拥有地产的平均再分配。[①] 这种做法先是在农奴中推行,以后也在非领主农民中推行。沙皇政府推行这种平分地产的政策的主要考虑是增加财政收入。各地都采取了相应的措施。1785年阿尔汉格尔和奥罗涅什的官员命令,应当没收农民购买的土地,在那些更需要土地的公社成员中分配。如果土地不够分配,允许公社清理新的土地。1785年在沃罗涅什、1790年在阿尔汉格尔没收了城镇居民拥有的乡村农民的土地,将其转交给农村公社在其贫困成员中分配。1765年在沃洛格达开始重新平均分配土地。1797年沙皇政府确立了一个标准,黑土地上有体力的农民应当有15俄亩的土地。到18世纪,在北方黑土地居民中普遍实行了平分土地的做法。18世纪这种平分土地的做法在俄国很普遍。到了1826年财政大臣命令,所有黑土耕地的农民要根据每个宅地的人口来平分宅地,这项工作开始于1830—1831年。[②] 到19世纪50年代政府在顿河哥萨克地区和西伯利亚移民地区也实施了土地平分政策。西伯利亚移民中早先便已存在的公社,

---

[①] Jerome Blum, *Lord and Peasant in Russia: From Nineth to Nineteenth Century*, Princeton U. P., 1961, pp. 512-514.

[②] Jerome Blum, *Lord and Peasant in Russia: From Nineth to Nineteenth Century*, Princeton U. P., 1961, pp. 516-517.

其职能只是包括财政和行政方面的内容，例如解决成员中的争端。这里土地较多，每个家庭可以根据需要任意占有土地。以后西伯利亚人口增长，增加了对土地的需求，使人们开始关注土地占有不平等的问题，贫苦农民开始对富裕农民占有较多土地进行批评，这时公社便出面承担平分土地的职责。从俄国总体来看，18—19世纪平均占有土地的公社制度已经在大部分地区出现，只是在切尔尼戈夫、波尔塔瓦和哈尔科夫诸省没有实行这种制度。①

俄国各地存在的农村公社有各种类型，相互间差别较大，但就其一般特性而论，在功能和组织上有这样一些共同的特点。在公社中，土地分成许多条块由不同的家庭耕种。但公社耕种的时间是统一的，每个人在同一时间从事同一种农事活动。公社有自己的财务管理机构，管理出售公社产品的收入，用于老人、病人和穷人，以及租进或购买土地以敷成员需要。在国有土地上，19世纪初也制定了一系列公社活动的规则。土地归公共所有，公社需照顾它的成员，定期再平均分配土地是公社非常重要的职能。②

19世纪初期，鉴于存在着土地占有不均衡的现象，沙皇政府为了在更多的非领主农民中推行平分土地的政策，采取了移民政策。从1839—1850年沙皇政府的国内事务大臣把619852俄亩的土地分给只有小块土地的农民，并且把131657名男性农民从人口过于拥挤的国有土地上移到人口较少的地区，以分给他们较多的土地。③

---

① Jerome Blum, *Lord and Peasant in Russia: From Nineth to Nineteenth Century*, Princeton U. P., 1961, pp. 520-522.

② Jerome Blum, *Lord and Peasant in Russia: From Nineth to Nineteenth Century*, Princeton U. P., 1961, pp. 524-526.

③ Jerome Blum, *Lord and Peasant in Russia:From Nineth to Nineteenth Century*, Princeton U. P., 1961, p. 533.

普遍的农民制存在，在自由农民中实施的平均土地政策造成的小耕作制度，以及具有中世纪残余的乡村公社组织的存在，是抑制农民分化和农村资本主义发展的三大枷锁。

1861年2月沙皇亚历山大二世签署了《农民法令》和改革诏书，在俄国废除了农奴制，给予农民人身自由，并决定在俄国对农民进行土地分配，农民分得的份地各地大小有所差别，从2.75—12俄亩不等。同时规定了农民赎买份地的条件。农民赎买份地的价格相当高，等于土地实际价格的2—3倍，所以这是对农民一次严重的盘剥。改革先是实施于地主农民，然后推行到采邑农民和国有农民，共有2100万农奴得到了解放。非黑土省份农民付出的赎金为34200万卢布，黑土省份农民付出的赎金为34300万卢布，西方省份农民付出的赎金为18300万卢布。[①] 这成为沙皇政府资本原始积累的一种手段。在此同时，各级设立了行政管理和农民的管理机构。各村设立连环保，责令每个成员按时完成国家赋役、地方徭役和村赋役。连环保把农民束缚在土地上。[②] 农奴制废除后，俄国农民事实上不能脱离公社，农民只有完全清偿自己份地的赎金后才能离开村社。而且根据1893年的法律，不得到村社同意，农民不得离开所在地。[③] 所以，从农业经营方式而论，沙皇政府在1861年废除农奴制过程中实行的仍是把原农奴改变为小土地所有者，并阻碍这些小土地所有者流动和分化的政策，

---

① 〔苏联〕涅奇金娜主编：《苏联史》第2卷第2分册，关其侗等译，生活·读书·新知三联书店1959年版，第63页。
② 〔苏联〕涅奇金娜主编：《苏联史》第2卷第2分册，关其侗等译，生活·读书·新知三联书店1959年版，第53—64页。
③ 〔苏联〕涅奇金娜主编：《苏联史》第2卷第2分册，关其侗等译，生活·读书·新知三联书店1959年版，第159—160页。

后者正是沙皇政府长期以来奉行的政策的一种继续。从某种意义上可以说，1861年以后俄国又回到中古那种落后的小农——公社土地所有制去了。直到 1908—1912 年斯托雷平土地改革才开始触动这种落后的土地经营形式。这样，俄国在从封建主义向资本主义过渡时期，农业资本主义发展得非常缓慢，广大俄国的乡村无法为近代工业提供大量自由劳动力，也未能为工业资本主义发展提供一个广阔的有购买力的农村市场，这些因素使俄国向资本主义过渡遇到了极大的困难。

易北河以东的中欧、东欧地区农业发展在 17 世纪以后有一致之处，这就是它与西欧成为反比，在这个地区出现了强化农奴制的现象，这一点已为人们所共知。但是作为后过渡地区的国家，东欧实行农奴制的庄园是在欧洲资本主义发展的历史背景下经营着的，它不可避免地深深地卷入市场商品经济，农奴的产品生产和资本主义市场联系在一起，这使得东欧的农奴制不再是那么单纯的制度，它与资本主义发生了质的掺杂。这一点是人们在研究中不那么重视的。再一点需指出的是，东欧、中欧各地农业有着一些差别，这就是在土地经营方式上，一些地区大多数农民组织在庄园中，个体农民较少，而另一些地区则推行了和原始公社相联系的农民小土地所有制。这种与土地所有制相分离的经营形式，极大地影响了 19 世纪后期到 20 世纪初期东欧各国的农业经济发展程度。正如克里特所指出的，村社的集体主义进而成为欧洲大陆农业生产进一步发展和扩张的决定性的障碍，导致农业发展停滞和倒退，农民特别是农民中的低阶层者，固执地依恋着村社和它的经济势力，而这种倾向阻碍了农业体制的演变。[1]

---

[1] Peter Kriedte, *Peasants, Landlords and Merchant Capitalists*, Berg Publishers Ltd., 1980, pp. 114-115.

对于在 15 世纪以后为什么在中欧和东欧出现强化农奴制的趋势，各派历史学家对此争论甚大。布罗代尔认为，东欧国家出现再版农奴制有国际和国内的原因。从外部说来，西欧国家随着工业革命的发展和人口的增长需要食物和原材料，因此强烈地需要进口；从内部原因来说，贵族在与国家和城市的斗争中取得支配地位，城市和城市周围市场的削弱致使劳动相应地被贵族吸收，强制劳动成为从属于等级所有制的一种巨大的机制，它有别于传统的封建地主所有制。[1] 其他学者则从经济、人口、政治和制度等各方面举出了各种理由来解释这一现象。德国和波兰的学者始终强调向西欧输出谷物对东欧农业的巨大影响，而英国和荷兰则在进口低价谷物中从东欧经济落后的国家那里获得了利益。这种解释适用于德国东部和波兰，但对波希米亚则不那么适合，像俄国、匈牙利和波希米亚这些地区并没有向外出口谷物，但在这些地区同样实行了农奴制。一些史学家认为市场本身与物价相比对影响农奴制的形成地位不那么重要，他们认为庄园农场的发展与货币贬值有直接联系。另一些史学家对市场和物价变动的作用不那么重视，他们强调劳动力的作用，认为战争和流行疾病使得人口锐减，造成了从事农业生产的劳动力缺乏，这使得地主增加农奴的劳役，并进而把农奴束缚在土地上。这种解释适用于 13 世纪至 1550 年以后的俄罗斯、1526 年以后的匈牙利、三十年战争以后的东德意志、17 世纪末的伊斯托利亚和 18 世纪初黑死病以后的东普鲁士。不少历史学家把易北河以东农奴制的加强归于战争，不可否认一些战争如三十年战争和 1655—1660 年波兰反对瑞典的战争带来可怕的余殃，一些较

---

[1] Fernand Braudel, *Civilization and Capitalism from Fifteenth to Eighteenth Century*, Vol. 2, New York, 1981-1982, p. 269.

小的战争对农奴制的形成也起了推动作用。此外，另一些学者认为制度的变化和国内政策的变化，以及贵族司法等权力和商业意识的增强也是农奴制发展的原因，在波兰、匈牙利、麦克伦堡、上卢沙提亚、瑞典和波美拉尼亚贵族权力的增强是与中央政府的衰落相伴出现的。鲁特科韦斯指出，庄园农奴制兴起是由于谷物出口的有利形势和贵族在国家和社会中权力的增强，它使地主有可能对农奴行使强力。这些解释都有一定的根据，但也都可以找到反驳的证据。[1] 迄今为止学者们尚未对东欧农奴制强化的原因取得一致意见。

---

[1] *Cambridge European Economic History*, Vol. 5, pp. 120-121. Terzy Topolski, "The Origins of the Early Modern Manorial Economy in Europe", in Jaroslaw Pelenski, ed., *State and Society in Europe from the Fifteenth to the Eighteenth Century*, Warsaw U. P., 1985, p. 221.

第四章　资本主义经济形态形成中的诸维

马克思曾指出资本主义是一种非常复杂的经济制度。他在《1857—1858年经济学手稿》中写道："资产阶级社会是历史上最发达和最复杂的生产组织。因此，那些表现它的各种关系和范畴以及对它的结构的理解，同时也能促使我们透视一切已经覆灭的社会形式的结构和生产关系。资产阶级社会借这种社会形式的残片和因素建立起来，其中一部分还是未克服的遗物继续在这里存留着，一部分原先只是征兆的东西，发展到具有充分意义。"[①] 在迄今为止存在的对于资本主义的讨论中，我认为讨论的出发点不应当是简单选定的定义和概念，而应当从经济历史的研究出发，并通过与封建主义经济制度的比较来得出结论。从当今研究的状况来看，仅仅把资本主义等同于工业雇佣关系已经缺乏概括力，对于资本主义经济形态形成的概括需要兼顾其历史形成的诸维。

资本主义这一概念术语学的历史可以给我们很大启示。布罗代尔对此作了详细研究，他在《文明化和资本主义》一书中告诉我们，"资本"一词在历史上的出现远早于"资本主义"的出现。"资本"这个词是12—13世纪在晚期拉丁语中出现的，写作 capitale，来源于拉丁

---

① 《马克思恩格斯选集》第2卷，人民出版社1972年版，第108页。

语 caput。它意指资金、商业的本钱、金钱的数目和可以谋利的金钱。这说明"资本"一词最初的定义并不那么严格，当时它主要用在利益和高利贷方面。从 1283 年起，capital 这个词用来指谓贸易商号的财产。而到 14 世纪，到处都可以发现"资本"一词的运用，它的含义接近于一个商号或商人的货币资本这样一种意思。可能该词出自于意大利，然后传播到德意志和尼德兰，最后传播到法国。在法国有了 caput 衍生出来的其他词汇，如 chatel，chetal，cabal。在 capital 这个词出现之时，在英语和法语中都存在着一组含义与之相近的词汇，如 wealth，money，funds，goods，prinicipal，assert，property，patrimony。它们当时都是常用词，而"资本"一词此时在使用中对后者取得优势，但后来上述这一组词汇慢慢地受到侵蚀，米歇尔·福柯称之为"在认识论上的崩溃"。随着资产阶级古典政治经济学的兴起，这批经济学家开始广泛地使用"财富"（wealth）一词，1828 年 J. B. 萨伊指出，在他那个时期，"财产"（richesse）一词的定义还是很混沌的，但他坚持使用这个词。西斯蒙第则毫不犹豫地使用了"领地财产"（意指真正的财产），谈到了国民财富与商业财富。在这个时期，"资本"一词的地位逐渐接近了与之竞争的上述一组词汇。18 世纪中期福尔波那用了"生产资本"一词，而弗朗索瓦·魁奈讲到"所有的资本都是生产的手段"。当 1798 年拿破仑发动对意大利的战争时，一位俄国的参谋谈到，法国进行这场战争"靠他们的资本"，在这里他用"资本"一词指谓国家世袭的财产和财富。这时"资本"一词不再像传统意义那样指谓一笔金钱、借贷的总量或商人的资金。这时不止一部辞典的条目注解都说明这一点。1764 年莫尔莱在使用时对"备用资本"和"流动资本"开始加以区别。杜尔哥也不只是用"资本"指谓金钱。到了马克思时代关于"资本"的概念最后完成了，马克思认为

"资本"是"生产资料"。①

"资本家"（capitalist, capitalists）这个词开始使用是在17世纪中叶。1633年和1654年荷兰人曾使用过这个词。1699年法国的一个文件记载，联合省的等级会议在征收一种新税时对"资本家"和其他人作了区别，"资本家"需支付3个弗罗林，其他的人支付30个苏。1759年卢梭在给他一个朋友的信中说："我不是一个大地主，也不是一个资本家；我很穷但很幸福。"但在当时的《百科全书》中，"资本家"这个词只是一个形容词，当时还有许多其他的用以指谓富人的词汇。例如安妮女王时代的英国把富有的辉格党人称为"有钱的人"。1775年法国人马洛把"企业家"（entrpreneurs）和"资本家"（capitalists）二词加以区别，认为前者是试图通过殖民把现款引出的人，他们为欧洲资本家提供了资金；而后者是运用钱财进行投资的人。②

"资本主义"（capitalism）这个词是我们今天再熟悉不过的一个词语了。但它的出现比"资本"和"资本家"这两个词都要晚。西方史学家和词汇学家持续不断地对这个词进行了研究，根据多札的研究，"资本主义"一词是在1753年的《百科全书》中最早出现的，但它在当时有特定的含义，指"一个富人"。1842年这个词出现在里夏尔编写的《法语大全》中，路易·勃朗在1850年给了这个词以新含义。他写道："我所说的'资本主义'是指由排他的一些人对资本的擅取。"但当时这个词用得非常少。普鲁东曾经比较正确地使用过"资本主义"一词，他说："土地仍然是资本主义的堡垒"，"作为收

---

① Fernand Braudel, *Civilization and Capitalism from Fifteenth to Eighteenth Century*, Vol. 2, New York, 1981-1982, pp. 232-234.

② Fernand Braudel, *Civilization and Capitalism from Fifteenth to Eighteenth Century*, Vol. 2, New York, 1981-1982, p. 236.

入源泉的资本一般说来不属于那些通过他们使经济和社会制度运行的人。"普鲁东写下这段话6年以后,马克思的《资本论》第1卷出版,但是马克思在书中并没有使用"资本主义"(capitalism)这个词。20世纪初,德国资产阶级经济学家桑巴特在《现代资本主义》一书中首先开始使用"资本主义"这个词。从此,"资本主义"一词才作为和"社会主义"性质相对立的词汇在辩论中使用。① 布罗代尔的研究告诉我们,在人类历史上先是有了"资本"的概念,然后才出现"资本家"和"资本主义"这两个概念。

马克思在对资本主义的历史研究中有两个思想值得我们注意研究。一是在《资本论》中,马克思是按照资本的形成这个思想来研究资本主义的;二是马克思把资本主义时代的开始定在16世纪,但他认为资本主义生产的最初尝试早熟地在中世纪意大利城市国家中便已出现了。马克思在《资本论》中写道,尽管"资本主义时代是从16世纪才开始的",但是,"……在14和15世纪,在地中海沿岸的某些城市已经稀疏地出现了资本主义生产的最初萌芽"。②

马克思进一步分析了资本主义生产方式的形成,他写道:"工业资本家不是象租地农场主那样逐渐地产生的。毫无疑问,有些小行会师傅和更多的独立小生产者,甚至雇佣工人,变成了小资本家,并且由于逐渐扩大对雇佣劳动的剥削和相应的积累,成为不折不扣的资本家。在中世纪城市的幼年时期,逃跑的农奴中谁成为主人,谁成为仆人的问题,多半取决于他们逃出来的日期的先后,在资本主义生产的

---

① Fernand Braudel, *Civilization and Capitalism from Fifteenth to Eighteenth Century*, Vol. 2, New York, 1981-1982, pp. 237-238.〔德〕伟·桑巴特:《现代资本主义》第1卷,李季译,商务印书馆1958年版。

② 马克思:《资本论》第1卷下册,人民出版社1975年版,第784页。

幼年时期，情况往往也是这样。但是这种方法的蜗牛爬行的速度，无论如何也不能适应十五世纪末各种大发现所造成的新的世界市场的贸易需求。而中世纪已经留下两种不同形式的资本，它们是在极不相同的社会形态中成熟的，而且在资本主义生产方式时期到来以前，就被当作资本了，这就是高利贷资本和商人资本。"[1] 马克思还谈到，在中世纪意大利城市国家，除了资本主义的直接剥削形式外，各种作为原始积累的形式也发现起来，"没落的威尼斯以巨款货币贷给荷兰，威尼斯的抢劫制度的卑鄙行径就成为荷兰资本财富的这种隐蔽的基础"。马克思指出最初的国际信用制度是一些国家原始积累的源泉之一。[2] 马克思在这段话中谈到"资本主义生产方式时期"和"资本主义生产的幼年时期"的差别，这对于我们分析资本主义在形成史中出现的各种形态有启发意义。

从经济史的发展来看，资本主义经济关系在其形成中先后或者说同时纳入了资本及其积累、自由劳动力和雇佣关系、市场条件这样几个重要的维度。[3] 资本主义关系的发展是这上述几个因素相互联系共同作用的结果，而资本主义的诸维都经过了自己独立的发展过程，在时间顺序上不是同时出现的。见之于工业生产中的资本主义关系，人们比较容易理解也早已熟悉，但历史上的资本主义关系不仅表现在生产领域，而且也表现在流通领域。过去国内甚至国外一些学者在资本

---

[1] 马克思：《资本论》第1卷下册，人民出版社1975年版，第818页。
[2] 马克思：《资本论》第1卷下册，人民出版社1975年版，第824页。
[3] 一些历史学家注意到从中世纪向近代经济转变的结构特征。费希尔认为，从中世纪向近代经济制度的转变一般来说有三个较突出的方面，即积聚资本、改进技术和扩大市场规模。F. J. Fisher, "Development of London Food Market 1540-1640", in E. M. Carus-Wilson, *Essays in Economic History*, Ⅰ, pp.135, 167-168. 但他没有提及雇佣劳动制度。

主义起源研究中那种仅仅把工业资本主义视为纯粹的资本主义关系的见解现在看来是片面的，也不符合马克思的思路。马克思写道："资本在历史上起初到处是以货币形式，作为货币财产，作为商人资本和高利贷资本，与地产相对立。"社会关系中"以人身的奴役关系和统治关系为基础的地产权力和非人身的货币权力之间的对立"，[①] 便是封建主义关系与资本主义关系的根本对立。过去我们根据劳动创造的价值与劳动者必要劳动时间有关的政治经济学法则来研究经济活动过程，否认商业即流通也是增殖财富的一种手段。经济生活的事实早已否定了这种观念。商业活动创造财富并非全然由劳动时间来决定，往往可以由异地商品出售的差额和使用需求的涨落来决定，简单的商业就可以创造财富、积累资本。其次，正如沃勒斯坦所指出，在经济分析中把商业和工业分开是研究早期资本主义发展中纯理论的做法，是脱离实际生活的。早期资产者往往同时从事商业、手工业生产和剥削雇佣劳动者，甚至与地产经营同时进行。这样，商业利润与商业的再扩大、与工场手工业和金融资本形成有着千丝万缕的直接联系，无法把商业和工业完全分开，往往是纯粹商品市场的活动和经过劳动市场生产出来的商品的销售都在增加利润。如果借用马克思《资本论》中的公式，[②] 可以说表示简单商品直接销售的流通过程即 $G—W—G'$ 和生产过渡到流通的过程即 $G—W\cdots\cdots P\cdots\cdots W'—G'$ 同样在增殖资本。因此，商业活动在以封建主义向资本主义过渡时期是资本主义经济关系的一个重要的维度。诚然，从根本上说，商业特别是大规模商业在很大程度上要依靠工业，因此商业资本主义在资本主义形态中

---

① 马克思：《资本论》第 1 卷，人民出版社 1975 年版，第 167—168 页。
② 马克思：《资本论》第 2 卷，人民出版社 1975 年版，第 31 页。

具有依附性，居于次要地位。至于说市场（国内市场和世界市场）的形成则是资本主义活动必不可少的条件，同时也是社会交往发展的重要标志，是资本主义的时代特征。因此同样是资本主义关系的维度。

欧洲资本主义发生和发展从 13 世纪开始的历史总体上具有连续性，但又包含着一个地区资本主义发展的不连续性，这表现在经济活动重心逐渐从意大利经过中欧向西欧大西洋沿岸转移。这种资本主义重心的地区性转移伴随着资本主义关系浓度的增大，仿佛从一个星云密度较小的外缘向密度很大的中心进军，但是这种发展并非是均匀的即线性的，而是一种无序的运动。[1]

在从封建关系向资本主义关系演变中研究得较少的是过渡中的经济制度或经济组织活动方式，沃勒斯坦曾经写过一篇文章，题目叫作"历史上的制度是复杂的制度"[2]，这个提法很好。作为一位和年鉴学派关系密切的学者，他和布罗代尔一样极为重视经济活动的形式方面。经济制度和经济活动的方式是一种生产关系的表现形式。如本编各章中所述，在从封建主义向资本主义过渡时期，新的经济制度和经济活动方式往往不是以纯粹的形态出现，为市场服务的商品性农业在东欧与身份农奴制混淆在一起是其中一例，俄国由农奴充当工厂劳动制的雇佣工人又是一例。在这里，资本主义生产关系常以非典型化的制度形式表现出来，它还表现在农村家庭手工业制度中。即使在典型的资本主义发展国家——英国，过渡时期资本主义农业发展也是以所有权与经营权相分离为其特征的。如果我们忽视了这些制度形式中

---

[1] 沈汉：《欧洲资本主义的起源》，载《现代文明的起源与演进》（论文集），南京大学出版社 1991 年版，第 56—57 页。

[2] Immanuel Wallerstein, "Historical Systems as Complex System", in *European Journal of Operational Research*, 30 (1987), pp. 203-207.

表现的复杂性，我们对于资本主义关系的描述就会显得抽象。

总之，欧洲经济在以封建主义向资本主义过渡时期有很多复杂的问题值得我们进一步认真思考研究。

第二编　社会结构

第一章　社会结构研究的术语问题

在考察前工业化历史时期的社会结构时，首先需要对阶级分析的方法作一点讨论。笔者觉得，迄今为止国内学者运用马克思主义阶级分析方法来研究历史的过程时，停留在对一个阶级的质的研究，通常不加辨析地把这个阶级的存在作为确定的事实。而对于某个历史时期一个阶级是否存在，以及区别这个阶级和那个阶级的界限，还有这段历史整个社会结构的总体图示缺少研究。这种历史研究的方法可以说不是真正历史学的方法，而是简单的理论研究方法。全面地研究社会结构，需要通过一般上升到个别的方法来加以解决。这种研究需要说明在这个历史阶段若干主要的阶级以何种形态出现，需要分析这个时期整体的社会结构系统的图示，需要研究作为社会结构基础的社会内部联系的纽带，说明社会是以怎样的形式以多大的聚合性连接在一起，等等。

关于阶级的定义，国内通常是根据列宁的一段论述做出的，这就是："所谓阶级，就是这样一些大的集团，这些集团在历史上一定社会生产体系中所处的地位不同，对生产资料的关系（这种关系大部分是在法律上明文规定的）不同，在社会劳动组织中所起的作用不同，因而领得自己所支配的那份社会财富的方式和多寡也不同。所谓阶级，就是这样一些集团，由于它们在一定的社会结构中所处的地位不同，其中一个集团能够占有另一个集团的劳动。"[1]列宁在这里所下的定义主要是根据社会经济地位来规定阶级。这个特征表现在列宁的另一段论述中："阶级差别的基本标志，就是他们在社会生产中所处的地位，因而也就是他们对生产资料的关系。占有这部分或那部分社会生产资料，把它们用于私人的经济，用于出卖产品的经济，——这是现代社会中一个阶级（资产阶级）同没有生产资料，出卖自己劳动力的无产阶级的基本不同点。"[2]列宁的定义偏重对阶级的质的描述。受到列宁研究方法的影响，国内对不同社会历史时期阶级的分析，偏重于强调和描述社会中的对立的基本阶级，而很少论及社会整体的结构以及一种社会结构是怎样为下一种社会结构所取代等问题。

然而，马克思主义的阶级分析方法内容不限于此。马克思和恩格斯把辩证运动的观念引入理论研究、充分地注意到阶级形态多样化的特征和社会阶级结构不断运动变化的存在形式，提出了一些极为重要的论断和研究方法，值得我们在研究历史中注意。

在1848年的《共产党宣言》中，马克思和恩格斯认为在一些社会历史时期，社会由"多级的阶梯"构成。在古代社会"有贵族、骑士、平民、奴隶"多个阶层；在封建社会有"封建领主、陪臣、行会师傅、帮工、农奴，而且在几乎每一个阶级内部又有各种独特的等第"。尽管在这部著作中提出了"整个社会日益分裂成为两大敌对的阵营，分裂成为两大相互直接对立的阶级：资产阶级和无产阶级"[3]，但是在马克思后来写作的《资本论》中，对后一结论又做了重要的修

---

[1] 《列宁选集》第2卷，人民出版社1972年版，第10页。
[2] 《列宁全集》第6卷，人民出版社1965年版，第233页。
[3] 《马克思恩格斯选集》第1卷，人民出版社1972年版，第251页。

正。他指出:"在英国,现代社会的经济结构无疑已经有了最高度、最典型的发展,但甚至在这里,这种阶级结构也还没有以纯粹的形式表现出来。在这里,也还有若干中间的和过渡的阶段到处使得界限规定模糊起来(虽然这种情况在农村比在城市少得多)。"①《共产党宣言》和《资本论》属于马克思著作中最有代表性的最重要的著作之列,也是公认的马克思主义政治学著作。他在其中表述的关于社会结构多层化、社会的阶级结构划分往往具有非典型化的特点或模糊性的思想,也是马克思主义阶级分析理论的重要内容。而马克思主义的这些思想,后来历史学家却没有加以注意。

马克思和恩格斯把历史过程论方法引入具体的社会阶级的研究,欧洲历史上的资产阶级便是他们研究的一个范例。他们指出:"现代资产阶级是一个长期发展过程的产物,是生产方式和交换方式的一系列变革的产物。""资产阶级这种发展的每一个阶段,都有相应的政治上的成就伴随着。它在封建主统治下是被压迫等级,在公社里是武装的和自治的团体,在一些地方组成了独立的城市共和国,在另一些地方组成君主国中的纳税的第三等级;后来在工场手工业时期,它是等级君主国或专制君主国中同贵族相抗衡的势力,甚至是大君主国的主要基础;最后,从大工业和世界市场建立的时候起,它在现代的代议制国家里夺得了独立的政治统治。"② 由于一个阶级在历史上最初出现时并非已有完备的形式,而是经过一个很长的历史过程才逐渐成长起来的,我们可以把这个阶级在某个时期出现的形态视为过渡型的形态。事实上,在人类历史上的很多转折时期,都出现过这种过渡性的

---

① 马克思:《资本论》第3卷下册,人民出版社1975年版,第1000页。
② 《马克思恩格斯选集》第1卷,人民出版社1972年版,第252—253页。

形态。它们是社会结构史中一种具有普遍性的结构类型。

一般说来,分析社会结构时确定一个阶级的性质较为容易,而判定这个时期社会中是否存在某个阶级即"大的集团"及其内涵在早期则较为困难。这种困难首先在于历史资料显得不足,尤其在社会史方面缺乏详尽的资料。今天的历史研究者只能主要靠记载下来的文字资料研究过去的社会史。因而,对历史术语作语言学和释义学的研究就成为必不可少的研究方法。

语言以及词汇的发展和人类社会的发展不可分离地联系在一起。新的事物和新的社会关系出现后,到了一定的时间总有相应的用以指谓的新词语出现。一种新的词语的出现是对现实存在的客体的概括和摹写。一般说来词语和现实存在有对应关系。但从发生的时间表来说,指谓词语的出现滞后于现实生活中对应的客体的出现。

在欧洲文献史中,"阶级"(class)一词的出现和广泛运用于社会结构分析远远迟于近代"国家"(state)概念的产生。在"阶级"一词出现以前,欧洲人在划分社会结构各部分时使用的是诸如"等级""层次"一类的概念。[①]16—17世纪,英国的社会史文献中常使用"等级""类别"的分类概念。1577年埃塞克斯教区牧师威廉·哈里逊在著名的报告书《英国纪实》中把英国的居民分作4个"类别"(sorts),即绅士、公民和自治市民、约曼(yeoman)、工匠和工人。[②]在确定英国资产阶级革命成果的1688年政变的下一个10年中,格里戈里·金根据灶税纳税资料写出了《关于英国状况和条件的自然和社会观察》和若干笔记,他第一次对英国社会进行了系统的计量

---

① J. R. Tanner, ed., *The Cambridge Medieval History*, Cambridge U. P., 1932, pp. 656-715.
② *Harrison's Description of England*, Connell U. P., 1968, p. 94.

分析，他按照"等级"（ranks）、"阶层"（degree）、"头衔"（title）和"资格"（qualification）来进行社会分类。[①] 到了 18 世纪中叶，随着社会演进，社会术语的词汇扩大了，出现了相当多的新词。正是在这样一种词语学发展的背景下，"阶级"这个词不知不觉地进入社会语言中。[②] 在运用中它和一些旧词汇同时存在，它们经过了一个相互可以替代的时期。以后，"阶级"（class）这个词无论在含义上还是概念上都与"等级""层次"等概念发生了歧义。以后，"阶级"的概念在运用时，常常冠之以若干限定性的形容词，如"上等"（阶级）、"中等"（阶级）、"工人"（阶级）等。1749 年乔赛亚·塔克提到了"社会的阶级"，并承认存在着"人民中的下等阶级"。1753 年伦敦药剂师詹姆士·纳尔逊使用了"阶级"一词，认为英国存在着 5 个阶级，即贵族、乡绅、商人或经营者、工匠和农民。1756 年约瑟夫·梅西写了《对当前每个等级、层次或阶级的家庭每年支付赋税的估计》一文，提出了下等和中等阶级。但梅西使用的社会概念变化较多，他同时使用了"等级""层次"和"阶级"三种社会分类名称，而在他制作的表格中分列了 30 个收入不同的家庭，将它们分属 4 个职业群。[③] 梅西的描述和格里戈里·金相似，没有说明当时社会已结合成若干阶级。[④]

[①] "Gregory King on the State of England in 1695", in Joan Thirsk and J. P. Cooper, eds., *17th Century Economic Documents*, Oxford: Clarendon Press, pp. 780-781.

[②] "阶级"一词直到 1656 年才出现在布朗特的《注解书》中。在该书中出现了一个英语化的拉丁语"classis"。当时指"长老监督会"或纳税集团，也包含有"根据他们的各种地位决定人民的等级分布"之含义（科菲尔德：《18 世纪英国阶级的称谓和数目》，载（英国）《历史》杂志第 72 卷第 234 期，1987 年 2 月）。

[③] 科菲尔德：《18 世纪英国阶级的称谓和数目》，载（英国）《历史》杂志第 72 卷第 234 期，1987 年 2 月。

[④] Royal Porter, *English Society in the Eighteenth Century*, Penguin Books, 1984, pp. 386-387, Table 5.

近代的"阶级"概念是和"工人阶级"以及"中等阶级"的概念同时出现的。18 世纪 50 年代和 60 年代以后,"较高的""中等的"和"较低的""阶级"这类定语含糊的概念逐渐被"上层""中层"和"勤勉的""阶级"这些提法所代替。之后,"劳动等级""工人等级"等概念便很少使用。1752 年的《月刊评论》写道:"一个阶级的所有成员对于所有的人来说都极为重要和有用,然而却被极端的忽视和看不起;我们指的便是人民中的劳动者那部分。"1763 年诺威奇自治团体的一份请愿书中提到了"工人阶级"。1767 年约翰·斯图尔特爵士提到了"诸工业阶级"。约翰·戈德汶在 1766 年提到了"有益和勤劳的阶级"。威廉·赫顿在 1781 年谈到了"劳动阶级"。约翰·西尔瓦尔则在 1796 年用了"诸劳动阶级"一语。1797 年《月刊杂志》的一封通信中提到了"劳动阶级"。弗里德里希·埃顿撰写的《穷人的状况》一书便是以《劳动者阶级的历史》作为副标题。1789 年苏格兰作家约翰·格雷最早使用了"工人阶级"一语。1795 年约翰·艾金在叙述到兰开郡的访问时仿效了格雷的用语。

对"阶级"加以理论定义在时间表上要稍迟一些。18 世纪苏格兰历史学派首先做了这方面的工作。[①] 这一学派的主要代表人物是亚当·弗格森、戴维·休谟、詹姆斯·斯图尔特、亚当·斯密和约翰·密勒等。[②] 他们在研究社会史时在社会存在方式和政治结构之

---

① 马克思在 1852 年 3 月给约·魏德迈的信中说:"至于讲到我,无论是发现现代社会中有阶级存在或发现各阶级间的斗争,都不是我的功劳。在我以前很久,资产阶级的历史学家就已叙述过阶级斗争的历史发展,资产阶级的经济学家也已对各个阶级作过经济上的分析。"(《马克思恩格斯选集》第 4 卷,人民出版社 1972 年版,第 332—333 页)马克思在这里提到的资产阶级历史学家便包括苏格兰历史学派在内。

② Harold Perkin, *The Origin of Modern English Society*, London, 1969, p. 26.

间建立了联系,开创了从经济角度解释历史的研究方向。例如,约翰·密勒写道:"整个国家的财产和它所有居民的生计……有的来自土地和水面的租金,有的来自股金和资本的利润,有的来自劳动的工资;按照这种区别,可以把贫民划分为地主、资本家和工人。"[1] 密勒分析社会结构的方法和亚当·斯密几乎是一致的,他们抛弃了重农学派把社会分成生产者阶级、不生产者阶级和土地占有者阶级的方法,根据对生产资料的占有和取得收入的方式来划分社会阶级,认为工资、利润和地租这三种收入构成了全部国民收入,依收入方式不同社会划分成工人阶级、资本家阶级和地主阶级,"一切其他阶级的收入,归根到底,都来自这三大阶级的收入"[2]。这样,在资产阶级古典政治经济学派出现时,阶级的概念成熟了,并且具有明确的经济规定性。在此稍后,乔伊斯·汉韦使用了"人民中的下等阶级"的提法(1772年),吉斯本使用了"上等和中等阶级"的概念(1794年),查尔斯则提出了"农业阶级"的概念(1801年)。[3] 正如科菲尔德所指出的,研究"社会阶级"的性质和数目是在"阶级"的称谓被人们广泛接受以后才开始的,即在工业化初步完成后才开始的。可以认为,马克思主义经典作家对于阶级的定性论述,是对以经济关系作为联系纽带的近代社会中的阶级为参照系进行研究得出的结论。

如果我们注意一下马克思和恩格斯的有关论及历史的重要著作,我们会发现他们在使用"阶级"这个类的概念来指谓社会结构中一些

---

[1] Harold Perkin, *The Origin of Modern English Society*, London, 1969, p. 27.

[2] 〔英〕亚当·斯密:《国民财富的性质和原因的研究》上卷,郭大力、王亚南译,商务印书馆 1977 年版,第 240—241 页。

[3] Asa Briggs, "The Language of 'Class' in Early-Nineteenth Century Britain", in Asa Briggs and John Saville, eds., *Essays in Labour History*, Ⅰ, Macmillan, 1960, pp. 43-47.

集团时极其谨慎。通常他只是在论及近代社会某些大的集团时才使用"阶级"这一分类概念,而在谈到资本主义关系确立以前中世纪和古代的社会政治集团时,他们明确地称之为"等级"。他们认为人类社会结构的历史划分方式经过了一个由划分为"等级"到划分为"阶级"的发展或转变。他们极为强调社会结构的分类方法和历史发展进程有直接的联系。他们认为,贵族和平民只是属于不同的等级,市民也是属于一种等级,逃亡的农奴也"没有越出等级制度的范围,而只是构成了一个新的等级","他们不是作为一个阶级解放出来"。只有在一些人的生存条件"无法加以控制","而且也没有任何社会组织能够使他们加以控制"的情况下,即人完全自由了的情况下,才出现"阶级"。[①] 这个例子便是资产阶级。"资产阶级已不再是一个等级,而是一个阶级了。"马克思、恩格斯强调,被称为阶级的社会集团"必须在全国范围内而不是在一个地区内组织起来,并且必须使自己通常的利益具有一种普遍的形式"[②]。恩格斯在另一篇文章中则更明确地表明这一观点,他写道,"资产阶级在社会上成了第一个阶级","在政治上也是第一个阶级"。[③] 在《共产党宣言》专门分析社会结构的历史演变的章节中是这样论述的:"在过去的各个历史时代,我们几乎到处都可以看到社会完全划分为各个不同的等级",在论及资产阶级的历史形成过程时,书中特别说明:"它在封建领主统治下是被压迫的等级。"[④]

---

① 马克思、恩格斯:《德意志意识形态》,载《马克思恩格斯选集》第 1 卷,人民出版社 1972 年版,第 84—85 页。
② 马克思、恩格斯:《德意志意识形态》,载《马克思恩格斯选集》第 1 卷,人民出版社 1972 年版,第 69 页。
③ 《马克思恩格斯选集》第 1 卷,人民出版社 1972 年版,第 215 页。
④ 《马克思恩格斯选集》第 1 卷,人民出版社 1972 年版,第 251、252 页。

"阶级"和"等级"这两种社会结构分类的概念的根本差别在于,"等级"是说明一个社会集团法律身份的概念,而"阶级"是以经济联系(生产关系)为主要参数的类别概念,"阶级"概念排除了任何人的身份规定性。只有在一些人的生存条件"无法加以控制"的情况下,即人完全自由了的情况下,才出现"阶级"。[①] 在对待资本主义社会以前的社会结构时,马克思和西方资产阶级历史学家使用的类别称谓差异的根本原因,正是在于两种社会结构内在联系的纽带的根本差异。

马克思和恩格斯把某些特定纽带的存在作为阶级存在的条件。这一思想在他的一些重要著作中均有表述。例如,他在《德意志意识形态》中论述说,市民阶级产生的历史,是"城市彼此发生联系","最初的地域性开始逐渐消失"的结果,是"脱离了封建联系"的结果。[②] 他在《路易·波拿巴的雾月十八日》一书中阐述了这样一个思想,即一个社会集团是由于它和其他阶级在生活方式、利益和教育程度不相同和处于敌对状态而表明其作为一个阶级存在;但这个集团形成一个阶级的标志是这个团体的成员间"全国性的联系"和"共同关系"。马克思依据这种观点来评价法国历史上的农民。他说:"由于各个小农彼此间只存在有地域的联系,由于他们利益的同一性并不使他们彼此间形成任何的共同关系,形成任何的全国性联系,形成任何一种政治组织,所以他们就没有形成一个阶级。因此,他们不能以自己的名义来保护自己的阶级利益。"马克思打了一个比喻,说他们"好象一袋马铃薯是由袋中的一个个马铃薯所集成的那样",他们是

---

① 《马克思恩格斯选集》第 1 卷,人民出版社 1972 年版,第 84—85 页。
② 《马克思恩格斯选集》第 1 卷,人民出版社 1972 年版,第 59—60 页。

"一些同名数相加"。[①] 根据马克思的这些思想，仅仅根据相同的经济地位并不能确认一些人已构成了一个阶级。

列维-斯特劳斯说过，"社会关系"是结构的"原料"。根据马克思和恩格斯前述的思路，研究任何一个社会的结构，从认识的逻辑思路来说，应当首先从研究该社会的联系纽带着手。社会联系纽带既是社会集团活动方式的一种表现，也是社会中各部分人们间结合程度的一种表现。社会纽带是一种历史范畴，人类社会不同历史阶段的社会纽带不尽相同。人类各个不同的历史时期其社会联系纽带是由这个社会的经济水平、交往关系、文化状况等因素来决定，它并没有一个共同的范式，而是随着社会向现代发展而逐渐变化。

在前工业化时期的欧洲各国，中世纪社会经济地理上的特征并未最后消除，交通很不发达，地方割据和关卡林立持续存在到 17 世纪和 18 世纪，严重地阻碍了国内统一市场和社会交往的发展。地方间的隔绝和闭塞妨碍了政治文化的发展。处在这种条件下的人们无论在经济上还是政治上都没有充分地聚合成为阶级。

在中欧，莱茵河是德意志地区最重要的贸易通路。在 12 世纪末，莱茵河上有 19 道征收过境税的关卡，到 13 世纪增加了 25 道关卡，到 14 世纪增加了大约 20 道关卡，关卡共达 64 个。16 世纪后半叶，巴塞尔商人安德烈斯·赖夫在他的旅游日记中记叙道，从巴塞尔到科隆这一段要付过境税 31 次，平均每 15 公里就要过一次税卡。17 世纪末，克利夫斯大公爵记载，在莱茵河上平均每 12 公里就要收一次过境税，陆路上也有大量的税关。在横断北巴伐利亚的领地上的重要道路上共有 29 道关卡，还建立了各种城堡。这种关卡林立的状况主要是由于

[①] 《马克思恩格斯选集》第 1 卷，人民出版社 1972 年版，第 693 页。

德意志帝国分裂造成的。①18世纪初，一位描写商业生活的作者马帕格记叙说，货船从德雷斯顿开往汉堡，如果没有关卡的阻碍，它本可以在8天走完全程，可是它走了4个星期。在大选侯时期无法取道水路把谷物运到低地国家去，只能经汉堡走陆路转道不伦瑞克和策勒去不来梅，走几乎相反的方向辗转运输。三十年战争结束后在易北河上航行，在波希米亚有9道关卡，其中5道是地方上设立的，3道是城市设立的，1道是贵族设立的。在萨克森选侯领地范围内有11道关卡，在安哈有3道关卡，在马格德堡大主教区有4道关卡，在布伦斯威克-鲁连堡有3道关卡，最后在汉堡城还有3道关卡，总共有48道关卡。只有在勃兰登堡-普鲁士，16世纪成功地统一了过境税，消除了内部的税关②。

在法国，税关林立的情况和德意志没有本质差别，甚至法国的分散性比德国有过之而无不及。但法国和德国不同之处在于，法国所有的采邑领主都是国王的陪臣，所有的关卡税和关税都归王室所有，而不是为封建领主所有。法国的卢瓦尔河是和德意志的莱茵河地位相仿的重要河流。根据科尔伯书信档案，14世纪卢瓦河上罗昂到南特大约600公里的航程，设有74道税关，平均每8公里有一道税卡。14世纪末，整个卢瓦河上共有130道税关，到1567年时仍有税关120道③。在亨利四世时代，把价值25埃居的盐从南特运到内韦尔，却要付关税100埃居。科尔伯执政时期曾致力克服关卡林立的状况，但成效不大。在路易十四死后到法国资产阶级革命爆发的3/4世纪中，关卡林立的状况也没有改变。在1752年出版的一个手册中记叙说，

---

① E. F. Heckscher, *Mercantism*, Vol.1, London, 1935, pp. 57-58.
② E. F. Heckscher, *Mercantism*, Vol.1, London, 1935, pp. 69-71.
③ E. F. Heckscher, *Mercantism*, Vol.1, London, 1935, pp. 78-80.

在罗伯河 150 公里的航程上有 36 道关卡。1775 年，据巴黎的一个警官调查，从卢昂把葡萄酒运到巴黎，要在 20 个不同地点交纳关税。从格雷到阿尔 600 公里的河道上，要过 6 道国家的关卡和另外 28 道税关。这种关卡林立使全国经济联系分裂的情况在法国一直持续到法国大革命前夜。[①]

英国与法国和德国不同之处在于，英国是一个较早实现国家统一的欧洲国家。它没有法国和德国那样多的国内关卡壁垒，但是由于交通困难，使英国各地长期处于彼此隔绝的状态。英格兰的大道不少，但大多数难以通行，最好的道路是古罗马时代遗留下来的铺有石板的大路。这些路常年失修，非常狭窄，连两匹马也几乎不能相交通过。道路压成车辙，遇到雨季便成为一条沟渠，积满泥水。旅客们宁可避开这种道路改从田野中走，一辆车子走 10 英里要花 5 小时。商人则宁可用驮马而不用车辆运货。[②] 直到安妮女王时期，英国各地仍局限于狭隘的地方性生活范围之内，除伦敦外，没有一个城市同王国其余各地保持经常的交易关系。至于乡村的贸易范围则很少超过邻近的城市，交往方式在四五百年间没有多少改变。居民只是通过集市和小贩发生联系。[③]

在这种闭塞和各地隔绝的情况下，欧洲各国国内从整体上说社会联系极其松散，城乡经济发展极不平衡，城乡的社会发展差距比中世纪更大了。在农业革命和工业革命以前，城乡的阶级分化尚未充分展

[①] E. F. Heckscher, *Mercantism*, Vol.1, London, 1935, pp. 84-86.
[②] 〔法〕保尔·芒图：《十八世纪产业革命》，杨人楩等译，商务印书馆 1983 年版，第 88—89 页。
[③] 〔法〕保尔·芒图：《十八世纪产业革命》，杨人楩等译，商务印书馆 1983 年版，第 84—86 页。

开，社会主要靠若干非经济性的纽带维系着。这就是上层政治和中央与地方关系中以恩宠关系为基础的服从关系，包括亲朋好友关系在内的血族纽带以及地方团体的联系。[1]

在这个时期欧洲君主国的上层政治和地方精英政治中，地主贵族依靠血缘纽带发展自己势力的现象极明显。在尚未建立近代政党组织的情况下，血缘纽带和恩赐保护关系是贵族统治者和他们的支持者联系的一个重要渠道。在17世纪英国资产阶级革命发生前的议会下院中，尽管反对斯图亚特王朝的革命派力量逐渐壮大，但议员的活动突出地表现出地方性和分散性。下院议员一年中大部分时间生活在自己所在的地区，受周围小范围发生的事件影响很深，在议会中他们关心的主要是与自己有关的事务和利益。议员在很大程度上不是以个人身份在活动[2]。在政治活动分子中，家族血缘纽带的存在是一个明显的特征。长期议会下院500多名议员中，只有不到1/4的议员在议会中没有亲戚。据统计，议员中有22对父子关系、22对兄弟关系、5个叔侄关系，等等。在这种血缘纽带的基础之上，形成了若干地区性的议员集团，如北方诸郡集团、湖畔集团、北威尔士和边境地区集团等。[3] 这种家族血缘纽带持续地存在。佩勒姆家族便是一个典型的例子。佩勒姆家族是苏塞克斯一个富有的家族，拥有320个庄园及其他的地产，并从事木材、生铁生产，兼营农场。这个家族的托马斯·佩勒姆在1621年被选入下院，以后进入短期议会和长期议会，并与长期议会议员亨利·文爵士的女儿结婚。他的亲戚，霍尔的佩里格林、佩勒姆、托马斯·沃尔星罕爵士也是议员。18世纪初，亨利·佩勒

---

[1] Keith Wrightson, *English Society, 1580-1680*, London: Hutchinson, 1982, Chapter 2.

[2] C. Russall, *Parliament and English Politics, 1621-1629*, Oxford U. P., 1979, p. 3.

[3] M. F. Keeler, *The Long Parliament, 1640-1641*, Philadelphia, 1954, p. 30.

姆先是由苏塞克斯选为下院议员，1721年进入沃尔波尔内阁任要职，后于1743年任首席财政大臣，1746—1754年主持内阁为首相。他的长兄纽卡斯尔公爵托马斯·佩勒姆-霍利斯是乔治二世时期的重臣，从1724—1754年任国务大臣长达30年之久，其间只中断了很短时间。他与亨利·佩勒姆一同左右着政局。1754年亨利·佩勒姆去世后，纽卡斯尔公爵任第一财政大臣主持内阁，并在50年代末老庇特内阁中任职。亨利·佩勒姆的长子托马斯1749—1754年为莱伊的议员，后为苏塞克斯议员，直至1768年。在18世纪50—90年代议会下院中，佩勒姆家族的议员还有梯弗顿的亨利·佩勒姆、刘易斯的亨利·佩勒姆、斯坦莫尔的托马斯·佩勒姆、诺丁汉的斯林顿·佩勒姆等。[1] 血族纽带在层次较低的地方政治中同样存在。例如约克郡和肯特郡等地的乡绅各自通过血族联系联合起来争取自身的政治利益，加强乡绅在地方上的势力。一些乡绅靠这种血族联系在伦敦和北美殖民地扩展自己的商业利益，并建立了城乡间的专门联系。[2] 血族关系也是授封新的贵族的一个重要潜在因素。英国从1700—1799年授封的贵族不下于229人，但他们中只有23人和英国原有的贵族没有血缘或婚姻关系。在18世纪，授封贵族不过是原有贵族队伍外延的扩大，并没有把很多新的社会集团的成员带进贵族队伍。[3] 正如恩格斯论述的，"以血族团体为基础"，始终只是人类历史上"旧社会"的特

---

[1] Sir Lewis Namier and John Brooke, eds., *The History of Parliament: The House of Commons, 1754-1790*, Vol.3, London, 1964, pp. 258-259.
[2] David Cressy, "Kingship and Kin Interaction in Early Modern England", in *Past and Present*, 113(Nov.1986), pp. 49-51.
[3] John Cannon, *The Aristocratic Century: Peerage in the Eighteenth Century England*, Cambridge U. P., 1984, pp. 26, 33.

征。① 这种纽带的封建性质显而易见。在俄国，血缘纽带也是18世纪上层政治升迁的主要保证。在叶卡捷琳娜二世统治时期，乌克兰的鲁缅采夫家族的亲属和波将金的近侍占有了大量上层文职官职。俄国政治上层日常活动的重心便是围绕沙俄帝国权力核心展开的得宠与失宠、个人和党派派系间的周旋以及家族间的结盟和联姻。②

在前工业化时期，许多学者认为，社会不是以个人，而有以扩大的家庭为基本单位构成的。在小型的手工业作坊中，师傅和学徒俨然像一家人。17世纪末格里戈里·金拟出的英国社会结构表中，计量单位不是人而是家庭。他认为英国由1350000个家庭组成。他这里所说的家庭是扩大了的家庭，包括仆役、学徒、工人和学徒期满的职工等血缘家庭的附属成分在内。他的表格中专门设有家庭人数一栏。人们发现，等级地位越高的家庭人数越多，如世俗贵族一个家庭为40人，宗教贵族一个家庭为20人，准男爵家庭为13人，缙绅家庭为10人等，而普通海员和茅舍农一个家庭只有三四人。③ 这并不在于贵族和上层人士的后代比劳动者家庭更多些，而是把为贵族等富有者服务的人员也算作其家庭人口之中。例如1619年时伦敦的面包师一家有十三四口人，其中包括面包师本人、妻子、三四个孩子、4个满师的工人、2个学徒和2个未婚女仆在内。他们吃住在同一所房屋中。④ 这表明在前工业化时期，劳动群众在劳作和生活上对雇主或主

---

① 《马克思恩格斯选集》第4卷，人民出版社1972年版，第2页。
② Marc Raeff, *Understanding the Imperial Russia, State and Society in the Old Regime*, Columbia U. P., 1984, p. 26.
③ Joan Thirsk and J. P. Cooper, eds., *17th Century Economic Documents*, Oxford: Clarendon Press, p. 780.
④ J. F. C. Harrison, *British Commom People*, London, 1984, p. 117. Peter Laslett, *The World We Have Lost*, Cambridge U. P., 1965, pp. 1-2.

人还表现出相当的依附性,还没有作为一种独立的经济社会力量在社会中出现。

由于社会的隔离和闭塞,16—18世纪工业革命前欧洲各国的社会实际上是由几千个(或更多)相当小的乡村团体构成。其中星罗棋布的一些城市和小城镇夹杂其间。以郡或者郡以下的教区、村庄为中心形成一个个完整的社会单位。每个这样的社会单位不仅是一个地域和行政单位,同时也有自己内在的社会系统。共同的地方制度、共同的习俗和居民相互为邻影响着这个社会单位中的居民,使人们的相互关系、关心的对象和爱好、言语和生活方式、权利和义务观念都很接近,使这个范围内的人们有认同心理和地方忠诚情绪。此外,这个地方团体范围内的一些人之间有一种温情主义的相互关系,他们之间可以互助和借贷,解决彼此间的困难,一些地方的领主需要和农民共同商量决定当地的一些公共事务。[①]诚然,这种乡村小团体的联系本质上是中世纪公社残余的反映。随着向近代社会接近,随着农业革命发生,这种地方团体的纽带迅速遭到破坏。

根据前引马克思主义经典作家关于阶级的理论论述和无法忽视的欧洲社会史和文献史的大量资料,对欧洲从封建主义向资本主义过渡时期的社会结构的研究应当说明"资产阶级""贵族"等单个社会集团存在的真实情况,同时应当说明整体的社会结构中各部分的联系以及流动情况,以达到最终描绘出这一过渡时期社会结构的特征和图谱。

以下笔者拟先对这一过渡时期的若干主要的社会集团加以研究,再对社会结构整体作些描述。

[①] Keith Wrightson, *English Society 1580-1680*, London: Hatchinson, pp. 40-41. March Bloch, *Feudal Society*, London, 1960, pp. 167-188.

第二章　贵族

　　欧洲各国的封建贵族是在7—10世纪拓殖和农业生产的进步，而部落和乡村公社的集体财产遭到一系列沉重打击的过程中形成的。世俗的土地贵族出身高贵者甚少，地主们靠强占公社财产、对小业主行使暴力、对国家统治者施加压力，以及通过拓殖发展自己的权力。贵族随着其权力的扩大，便擅自行使日后国家对个人行使的那种保护使命。他们对中小地主给予保护，或者在他们中推行委身制，把他们列为陪臣，使其臣属于自己。国家因为采取封土制的形式给了贵族各种特权，而最终使自己的权力遭到贵族的抑制和剥夺。[①]

　　我国的学者习惯把西方的贵族视为一个阶级，然而西方中世纪贵族并没有什么明确的经济规定性，只是对贵族的法律身份有所规定。因此，从历史范畴的内涵而论，西方学者通常不把贵族称为阶级，而称之为等级。

　　欧洲封建贵族享有特权，这些特权受到封建法律的保护，它们包括以下几方面的内容：赋税豁免和其他财政特权；政治参与权（如参加议会、官职的任职权和任职的优先权）；享有诸种荣誉权利（如纹

---

① 〔法〕P. 布瓦松纳：《中世纪欧洲生活和劳动（五至十五世纪）》，潘源来译，商务印书馆1985年版，第82—84页。

章、头衔、特别的称呼、在公众场合出人头地、携带武器、穿着华丽的服饰、从军和加入骑士等级的特权等）；绝对的土地权；免于承担市民对国家和地主的司法义务和服役义务；贸易特许权；狩猎权。[①]

随着欧洲封建主义的急剧衰落，各国的封建贵族也发生了相应的衰落。旧的封建贵族集团在人数上迅速减少，贵族拥有的土地财产的数量迅速减少，他们中一些人随之开始抛弃封建剥削方式，采取了新的资本主义经济活动方式。然而，在资产阶级革命（或相应的改革）发生以前，贵族继续保持法律确认的各种特权。在一些贵族急剧衰落的国家，新兴阶级用各种方式加入到贵族集团中来，在保持其原有经济活动方式的同时，享有贵族的特权和生活方式。这样，贵族集团从整体上说，其质的内涵发生了异构，表现出两重性，逐渐向近代地主阶级转化。

从 16—19 世纪，在经济发展水平殊异不同的东西欧各地区，贵族集团都出现了贫富分化和人数急剧下降等标志其衰落的征兆。

在波希米亚和奥地利，包括无地贵族和拥有土地的大领主在内的贵族人数急剧下降。在波希米亚 1620 年有 1128 家贵族，1700 年下降为 228 家，1789 年仅剩下贵族 51 家。[②] 许多贵族家族由于生理的和谱系的原因从贵族集团中消失了。在法国的福雷，据记载 13 世纪有 215 个贵族家族，但其中有 66 家在 1300 年以前消失了，占总数的 31%。1300—1400 年间余下的 149 家贵族中有 80 家消失，占总数的 54%。在 1400—1500 年间，余下的 69 家贵族有 38 家消失了，占

---

① M. L. Bush, *European Nobility*, Vol.1, Noble Privilege, Manchester U. P., 1983, pp. 2-3.
② M. L. Bush, *European Nobility*, Vol.2, Rich Noble, Poor Noble, Manchester U. P., 1988, p. 39.

总数的 55%。到 1789 年法国大革命时只有 5 家贵族残存。据此估计，一个贵族家系存在的时间最长为 3—6 代，即在 100—200 年间。^① 在英国，1300—1500 年间收到通知参加议会的贵族共有 357 家，到 1556 年时只有 63 家，到 1641 年仅有 22 家贵族尚存。^② 英国的准男爵在 17 世纪和 18 世纪以每 30 年 17% 的比率减少。詹姆士一世授封的 204 家准男爵，到 18 世纪中期只有 88 家幸存。1611—1701 年间授封的 946 家准男爵，到 1798 年有 667 家消失。^③ 1670 年威尼斯的 192 家贵族，到 1699 年有 45 家消失，占贵族总数的 23%。在瑞典，1650 年的贵族有 57% 在一个世纪后消失，1650 年米兰的贵族有 66% 在 1850 年消失。1789 年时法国博韦地方的 58 家贵族中只有 10 家是 17 世纪以前起源的。^④ 贵族谱系的中止主要是由于家族没有男性后代造成的。因为在封建主义的欧洲各国大抵都有一个规定，一个地位卑下的妇女倘若和一个贵族结婚，便可以获得贵族头衔，而不论一个妇女的血统如何高贵，只要她嫁给一个平民，便丧失其贵族身份。这样，婚姻常使贵族女继承人丧失头衔。旧制度之下的法国实行了这种制度，1569—1622 年瑞典实行过这种制度。在德意志的黑森实行了这种制度，在 18 世纪初有 4% 的贵族妇女嫁给了平民。这个比例在 18 世纪末上升为 17%，而到 19 世纪末上升为 36%，她们因此而丧失贵族身份。^⑤ 在英国，16 世纪出生的贵族中 26% 没有男性后代继承

---

① Edouard Perroy, "Social Mobility Among the French Nobilesse in the Later Middle Ages", *Past and Present*, no. 21(Aug. 1962).
② Lawrence Stone, *The Crisis of Aristocracy, 1558-1641*, Oxford U. P., 1965, p. 796.
③ *Economic History Review*, Second Series, no. 8(1956), p. 398.
④ M. L. Bush, *European Nobility*, Vol. 2, Rich Noble, Poor Noble, Manchester U. P., 1988, p. 97.
⑤ M. L. Bush, *European Nobility*, Vol. 2, Rich Noble, Poor Noble, Manchester U. P., 1988, p. 93.

家业；在18世纪初年出生的贵族中，有52%没有男性继承人。黑森的贵族也有类似的情况，17世纪后期的贵族家族有23%没有男性继承人，18世纪初这一比率上升为36%[①]。贵族谱系的灭绝的另一个原因是当时有大批贵族采取了独身的生活态度。例如在萨伏依，1702年1418名贵族男性后代中只有415人即29.3%婚娶。1650—1750年英国的贵族长子中，独身未婚者高达15%，1750—1850年间这一比率为13%。而贵族次子中独身的比率同样相当高。这就造成贵族直系亲属中男性继承人的灭绝。根据对1463—1666年200年间居住在法国贝叶选区的贵族的统计，有63个最初的贵族家族衰落了，只有13%的贵族家族维持了谱系。1716年法国普罗旺斯的439家贵族中，只有180家是从16世纪初起源的。[②]

由于欧洲各国制定有关于剥夺那些过于贫穷而无法履行其义务的贵族头衔的法律，因此出现了各国贵族大量放弃贵族身份的现象。在丹麦，1475—1519年间，原有312家贵族中有79家放弃了贵族身份。其中一部分是因为后继无人，另一些则是让出贵族身份。在16世纪的瑞典，一些乡村贵族由于无法履行军事义务而失去贵族身份沦为平民和农民。[③]

欧洲一些国家颁布了法律，禁止贵族从事被视为不高尚的经济活动，并依法对违抗者取消贵族身份。法国在1295年便颁布过这种禁

[①] M. L. Bush, *European Nobility*, Vol.2, Rich Noble, Poor Noble, Manchester U. P., 1988, p. 98.

[②] M. L. Bush, *European Nobility*, Vol.2, Rich Noble, Poor Noble, Manchester U. P., 1988, pp. 100-101.

[③] M. L. Bush, *European Nobility*, Vol.2, Rich Noble, Poor Noble, Manchester U. P., 1988, p. 95.

令。到 1500 年时，在法国被认为是堕落的职业不仅包括贸易和制造业，而且扩大到农耕和宗教职业。1407 年宣布农耕为堕落职业，以后在 1540 年对此项禁令进行修改，允许贵族务农，但耕种面积不得超过 4 犁地。[1] 15 世纪以后，把宗教工作定为不高尚的工作，1600 年禁止贵族担任某些种教职。在布列塔尼，违反禁令的贵族将被停止贵族身份。但一般说来没有坚决执行此种禁令。对违反禁令的贵族也用交纳罚金的办法来代替取消贵族头衔的惩罚。

在数世纪中，欧洲各国在贵族犯有重罪或做出不符合其身份的某些行为时采取剥夺贵族头衔的做法。在法国，贵族因犯罪被国王收回贵族头衔的做法在 15—18 世纪初非常流行。这个时期王室频繁派官员调查贵族的行为。在 1665—1674 年、1696—1727 年间，中央曾派专人去各地调查贵族情况。在下诺曼底，1463 年、1523 年、1540 年、1555 年、1576 年、1598 年、1624 年、1634 年、1641 年、1655 年和 1666 年分别对贵族进行了考查。中央对调查辅以惩治措施。1660—1710 年间，布雷顿的贵族有 1/3 被剥夺了贵族头衔，沦为平民。在 1634—1635 年对卡昂财政区检查后，宣布 994 家贵族中有 114 家犯有欺诈罪，占 11.5%。1463 年对贝叶的调查结果是 225 家贵族中有 14 家不诚实，1660 年的调查表明 830 家贵族中有 38 家不诚实，两次调查后共取消了 30 家贵族的头衔。在 1598—1715 年间，法国政府又取消了前二三十年中出售给贵族的特权。[2]

在英国，16 世纪和 17 世纪国王还派出使者定期地检查乡绅拥有

---

[1] M. L. Bush, *European Nobility*, Vol.2, Rich Noble, Poor Noble, Manchester U. P., 1988, p. 86.
[2] M. L. Bush, *European Nobility*, Vol.2, Rich Noble, Poor Noble, Manchester U. P., 1988, pp. 84-85.

武装的能力，放弃武装的乡绅被认为拒绝承担军事义务，宣布被逐出乡绅队伍，沦为平民。1660—1668 年间，约克郡 729 人中有 257 人被判拒绝承担军事义务，占乡绅的 35%。18 世纪西班牙对贵族的军役能力进行了同样的检查，只保留原来贵族 1/3 头衔。在俄国，伊凡三世和伊凡四世都曾采取过某种剥夺贵族头衔的政策，以牺牲独立的王公和波雅尔为代价来巩固莫斯科国家。19 世纪俄国政府在兼并了波兰领土以后，采取再确认贵族身份的政策，通过 1800 年和 1818 年在立陶宛的调查来对付兼并过来的人数众多的波兰贵族。1845 年和 1850 年在原属波兰的乌克兰基辅省、波兰利亚和乌尔呼尼亚的调查否决了 81000 名贵族的要求，只承认了 581 名贵族的头衔。①

在法国、西班牙、俄国和波兰，政府通过对贵族身份的再确认来剥夺一批贵族的头衔。1579 年法国宣布不再因土地所有者拥有采邑而授予其贵族身份，认为至少一个家族要有 3—4 代人拥有一块采邑才能获得贵族身份。这样就剥夺了相当一批贵族的头衔。在西班牙，曾在 1703 年、1758 年和 1785 年颁布了几次对贵族身份再确认的立法，对每个希望确认其身份的贵族家族征收专门的费用，拒缴该费用者不授予头衔。这样，到 1800 年贵族的数量大大减少。②

俄国的贵族等级在 18—19 世纪急剧地分化。随着贵族人数的增长，贫穷贵族的人数急剧增加。1834 年，俄国贵族中拥有 500 名男性农奴的贵族只占贵族总数的 3%。与此同时，拥有男性农奴不到

---

① M. L. Bush, *European Nobility*, Vol.2, Rich Noble, Poor Noble, Manchester U. P., 1988, p. 85. Jerome Blum, *Lord and Peasant in Russia: from the Nineth to the Nineth Century*, Princeton U. P., 1961, p. 349.

② M. L. Bush, *European Nobility*, Vol.2, Rich Noble, Poor Noble, Manchester U. P., 1988, pp. 93-94.

100 名的贵族占贵族总数的 84%，当时这些贵族拥有相当于不超过 400 卢布的年地租收入，属于贫穷贵族之列。这些贵族如果没有军职和官职薪俸收入，仅靠上述微薄的收入难以维持丰裕的生活水平。当时 106500 户农奴主贵族中，有 57500 户拥有的男性农奴数量在 21 人以下。大批贫穷贵族在俄国存在并非是迟至 18 世纪和 19 世纪才出现的现象，而是从 15 世纪和 16 世纪开始的。在沙皇赏赐庄园地产给贵族以后，由于俄国没有长子继承制的规定，这些庄园地产的一再分割导致了贫穷贵族的出现。[1] 这个时期俄国贵族构成的另一个特点是，在贵族等级系列中缺少一个位于贵族富有者和贫穷者之间的相当于德国骑士的等级。因此俄国贵族的分化显得十分突出。[2] 贫穷贵族数量增加的原因还在于肆意授封新的贵族。如西西里 1556 年有头衔的贵族只有 16 人，到 1800 年增加到 2153 人，而在大量授封新的贵族之时无法给他们一定数量的财产和土地，导致了贵族头衔、土地和财产相分离的现象，这使得贵族纵然人数不少，但必然走向衰落的历史命运。

欧洲从封建主义向资本主义过渡时期封建贵族的衰落不仅表现在家族数目的衰减和封建特权的逐渐丧失，而且表现在它发生着质的蜕变。部分旧贵族面对着资本主义生产关系发展的潮流，其经济活动的积极性提高了，采取资本主义经营方式进行活动，贵族发生了资产阶级化和部分资产阶级化的现象。

欧洲封建贵族从它产生起就是一种身份概念，而没有明确的经

---

[1] Jerome Blum, *Lord and Peasant in Russia: from the Nineth to the Nineteenth Century*, Princeton U. P., 1961, pp. 368, 376.

[2] M. L. Bush, *European Nobility*, Vol.2, Rich Noble, Poor Noble, Manchester U. P., 1988, pp. 39-40.

济规定性。中世纪早期的西班牙或近代的匈牙利，授封为贵族是一种对王公提供服役的轻骑兵的赏赐。在绝对主义王权时期，授封为贵族是对于官吏和军官的赏赐。[①] 这种贵族身份的规定性允许其政治特权和经济实力之间的差异，蕴藏着随着经济变动贵族衰落的必然性。在16—17世纪欧洲商品经济急速发展和价格革命给社会经济生活带来的猛烈冲击下，贵族的经济地位发生了急剧的动荡和衰落。在价格革命中，货币贬值，物价上涨，而封建贵族仍以传统的方式经营地产，致使其实际收入骤减。然而封建贵族挥霍无度，继续维持很高的消费水平，普遍入不敷出，负债累累。贵族的经济地位逐渐衰落。

在英国，1550—1650年间大约有120家贵族欠下债务，其中绝大部分在1580年以后负有巨债。例如索尔斯伯里伯爵在1611年欠有53000镑债务，索福克伯爵1618年所欠债务为40000镑，多塞特伯爵1624年的债务为60000镑，伯金汉公爵1628年时债务为58700镑。前两家贵族在沉重的债务重压下再也无法恢复其元气。到17世纪30年代，英国贵族的债务又有很大的增长。索福克伯爵的债务上升为99000镑，斯特拉福伯爵的债务为107000镑，阿伦戴尔伯爵的债务为121000镑。到资产阶级革命开始后的1642年，121家贵族中有57家欠有债务。1641年贵族负债总额为1500000镑，年息为8%左右，即每年共须付息120000镑。而这时贵族每年的各种收入累计约为730000镑，他们已无力偿还债务。[②]

贵族阶级在经济上衰落的另一个有力的佐证是他们拥有的地产迅速减少。英国国王由于面临着财政困难，在资产阶级革命前百年间大

---

① M. L. Bush, *European Nobility*, Vol. 2, Rich Noble, Poor Noble, Manchester U. P., 1988, p. 111.
② Lawrence Stone, *The Crisis of Aristocracy, 1558-1641*, Oxford U. P., 1967, p. 246.

量出售土地。1536—1554 年出售土地获资 1103000 镑，1561—1563 年出售土地获资 176000 镑，1580—1603 年出售土地获资 641000 镑。1603—1625 年出售土地获资 775000 镑，1625—1635 年出售土地获资 651000 镑。其出售土地的总收入考虑到物价指数的变动，相当于 1630 年时的 6411000 镑。①

拥有大地产的贵族数量不断减少。1559 年 62 家贵族中有 8 家拥有 70 个以上庄园。到 1641 年，121 家贵族中仅有 6 家拥有 70 个以上庄园。尽管庄园有大小差别，但这组数字表明了贵族拥有的地产减少了。②综合各方面的情况，一个贵族在 1559 年收入为 2200 镑，到 1602 年仅有 1603 镑，实际收入下降了 26%。从 1585—1602 年，贵族的土地减少了 1/4，到 1641 年又减少了 1/5。贵族还日益丧失从军征战的能力。在 16 世纪 40 年代，每个贵族家族的成年男子都能够在战时为国王服役打仗，但到 1576 年，只有 1/4 的贵族有军事经验，到 17 世纪，这一比例下降为 1/5。③在丹麦，1660 年以前授封为贵族者有 75% 拥有地产，8% 为无地文官，17% 为无地产的军队官员。然而 40 年以后，贵族的经济状况发生了明显的改变，拥有地产的贵族大大减少。1660 年已成为贵族，而在 1700 年继续保持贵族身份的家族中，只有 54% 是地产所有者，6% 为无地文官，35% 为无地的军官。在 18 世纪中叶，俄国担任文职官职和军职的贵族有 30% 没有土地，一个世纪以后，有 75% 没有地产。到 1897 年，贵族家族中有大约一

---

① Lawrence Stone, *The Cause of English Revolution, 1529-1642*, London, 1979, pp. 154, 172.
② Lawrence Stone, ed., *Social Change and Revolution in England 1540-1640*, Longman, 1966, p. 72.
③ Lawrence Stone, *The Crisis of Aristocracy, 1558-1641*, Oxford U. P., 1967, pp. 68, 71.

半没有土地。[1] 在丹麦,由于允许平民获得贵族的地产,造成贵族地产数量迅速下降。1660 年贵族尚拥有原先贵族地产的 97%,到 1710 年贵族只拥有地产的 56%。1625 年担任文官和军职的无地贵族占贵族总数的 5%,到 1700 年这部分无地贵族上升为贵族人数的 35%。1625 年有 84% 的贵族主要从事土地经营,1700 年这个比例为 64%。[2]

这种贵族经济地位分化的状况在欧洲各国都发生了。在经济社会变动中,一小部分贵族放弃了原先贵族生活方式另择他途。马基雅维里(1469—1527 年)曾描述过:"威尼斯共和国的绅士不过是有名无实的绅士,他们大量的收入不是来自地产经营,而是把大宗财富投入商业和动产中。"如果说上述描写在马基雅维里时代的欧洲还不是普遍现象的话,那么却是 17 世纪初年欧洲栩栩如生的写照。到 17 世纪,威尼斯共和国规定的接纳为贵族的直接条件为该家族中要有两代人未曾从事手工业和商业的禁令早已取消。英国大使达德利·卡尔顿描写道:土地贵族"整个生活方式已经商业化"[3]。一部分特别贫穷的贵族开始沦为地主或者无地者。拥有土地的贵族有三种土地经营方式。第一种方式是一些小土地所有者依靠租户的地租和服役维生,然而这批小贵族已无法使自己比殷实的农民生活状况更好。第二种方式是贵族出租一些土地,自己家庭成员耕作另一部分土地以劳作维生。第三种方式是贵族不再根据领主权控制农民,而是经营商业性农场,使用雇佣劳动力。无地贵族之上乘从事自由职业、文官和军职,或为其他贵族管理地产家业,其下乘只好从事体力劳动,如家内仆役、农

---

[1] M. L. Bush, *European Nobility*, Vol.2, Rich Noble, Poor Noble, Manchester U. P., 1988, p.124.
[2] M. L. Bush, *European Nobility*, Vol.2, Rich Noble, Poor Noble, Manchester U. P., 1988, p.126.
[3] M. L. Bush, *European Nobility*, Vol.2, Rich Noble, Poor Noble, Manchester U. P., 1988, pp. 104-105.

业工人、技工和小商人。①

在一些国家，为了维系处于衰落中的贵族集团的稳定，常常注意授予拥有土地的大地主以贵族头衔，而不是把贵族头衔授予官吏。在1871—1918年间，普鲁士授封的贵族有30%是土地所有者，30%是政府和军队官员。那些封为贵族的官员也大都是贵族的后代，②然而贵族的衰落和分化却是不可避免的。

在这个时期，一些大国的君主在自身统治的阶级基础和社会基础不稳固的重大政治危机背景下出于巩固君主国的需要，主动地召唤和诱使一些经济上有实力的非贵族人士进入贵族队伍，即这种吸收异质社会力量加入贵族集团的做法具有合法化的特征。

英国贵族集团扩大地的现象集中发生在都铎王期时期，都铎王朝建立的前夜，英国贵族除因为生理原因在14世纪和15世纪以每25年消失1/4的比率大大减少外③，尤其因为在1455—1485年发生了玫瑰战争。当时英格兰的两大贵族家族兰开斯特家族和约克家族展开了长时期的血战，相互杀戮，使当时有头衔的贵族势力几乎消耗殆尽。1509年亨利八世即位时，仅剩下42家贵族，其中男爵为30家，男爵以上者仅12家，其中还包括亨利八世初年恢复的4家男爵。以后由于生理原因，贵族数量继续减少，贵族中公爵仅剩下伯金汉公爵爱德华·斯塔福德，侯爵只剩下多塞特侯爵托马斯·格雷。④亨利八

---

① M. L. Bush, *European Nobility*, Vol.2, Rich Noble, Poor Noble, Manchester U. P., 1988, p. 111.
② H. Rosenberg, *Bureaucracy, Aristocracy and Autocracy: The Prussian Experience, 1660-1815*, Boston, 1966, pp. 39-141.
③ K. B. McFarlane, *The Nobility of Later Medieval England*, Oxford U. P., 1973, pp. 172-176.
④ Heleh Miller, *Henry VIII and the English Nobility*, Oxford U. P., 1986. p. 7.

世在位期间，两家伯爵死后无人继承爵位，一家伯爵的继承人因褫夺公权被取消伯爵爵位，另有 6 家男爵绝后无嗣，[①]因此亨利八世统治的贵族基础非常薄弱。亨利八世为了维护统治集团的社会基础，采取了特殊的措施，尤其在他统治后期大量授封和提升贵族。斯图亚特王朝继续了这种政策。从 1615 年 12 月 31 日至 1628 年 12 月 31 日，英国贵族的人数由 81 名增到 126 名，其中伯爵增加尤其多，从 26 名增加到 65 名[②]。身为政府高官而被封为贵族的有培根、康韦、考文垂、达德利、卡利顿，他们为取得贵族头衔只付了很少的钱或者未付钱。第二类如莫汉、韦斯顿和戈林是因为有上院显贵伯金汉作后台而被封为贵族的。新封的贵族中最后一类则完全是出钱买得贵族头衔者。如 1616 年因派遣海勋爵出使巴黎和马德里需要资金，出售了两个男爵爵位，由约翰·霍利斯爵士和约翰·罗帕尔爵士各出资 10000 镑购得。当 1624 年 4 月伯金汉公爵出使巴黎时，政府因需要资金再次出售勋爵爵位，单价上升为 30000 镑。[③]贵族爵位的价格和其他商品一样受供求关系支配，如男爵爵位在 1615—1621 年间值 10000 镑，而到 1620 年代中期价格下降了 50%。子爵爵位的价格 1620 年为 10000 镑，17 世纪前 25 年为 8000 镑，1627 年则下降为 4000—5000 镑。由于伯金汉公爵通过出售爵位中饱私囊，所以出售爵位曾一度被禁止。但查理一世在 40 年代初重开这一做法，最后一例出售贵族爵位之事发生在 1648 年 10 月。英国革命高潮时，于 1649 年初处死了查理一世才结束了出售爵位的做法。[④]在这些购得贵族爵位的人中，大多为

---

① Heleh Miller, *Henry VIII and the English Nobility*, Oxford U. P., 1986. p. 39.
② Lawrence Stone, *The Crisis of Aristocracy, 1558-1641*, Oxford U. P., 1967, pp. 50-51.
③ Lawrence Stone, *The Crisis of Aristocracy, 1558-1641*, Oxford U. P., 1967, p. 53.
④ Lawrence Stone, *The Crisis of Aristocracy, 1558-1641*, Oxford U. P., 1967, p. 55.

新兴土地所有者、商人和手工工场主。

在工业化开始前的欧洲,不仅衰落的贵族纷纷去从事平民事业,而且地位较优越的贵族也纷纷去寻找商业和自由职业。他们看到一些从事商业经营的暴发户获得了极大的财富,以致被封为贵族,于是他们也效仿这些新贵族去谋求利润,使自己能富起来,或者更富。在地产经营中,拥有土地的贵族致力于商品生产,成为领地农场主。他们以可出售商品的形式索取租费,以便在市场上出售,购回领地上无法生产的商品。贵族在从事工商业经营时充分利用自己的特权来取得竞争中的优势。例如波兰和俄国的贵族争取到了生产和出售酒类饮料的独占特权,使得酒吧、啤酒酿造、酒坊完全被富裕贵族占有和经营。在瑞典、丹麦、波兰、匈牙利和普鲁士,贵族普遍享受除关税外自己生产的产品免交各种税的特权。这极大地鼓舞了大批贵族投身于商业活动。[1] 在法国、俄国、普鲁士、奥地利帝国、丹麦和瑞典,旧贵族纷纷自由职业化。

贵族在农业中采取了资本主义商业农场的经营方式。据估算,16 世纪末波兰、立陶宛的小地主的收入有 94% 来自出售领地上生产的农产品。大土地所有者的收入有 70% 来自出售领地的产品。在 19 世纪取消强制性劳动以后,这一比例仍然很高。在普鲁士,随着 1550—1620 年间谷物价格迅速上涨和一段时期内战争几乎停止,勃兰登堡-普鲁士的容克由原先半依附性的骑士转变为商业农场主。[2] 在奥地利帝国,在大部分地区出现租地农场制。奥德河和易北河沿岸

---

[1] M. L. Bush, *European Nobility*, Manchester U. P., 1983, Vol.1, Noble, Privilege, pp. 53-56.
[2] F. L. Carsten, *Rise of Prussian Junkers*, Oxford U. P., 1954, pp. 115, 140-150. H. Rosenberg, "The Rise of the Junkers in Brandenburg-Prussia: 1410-1653", in *America Historical Review*, no. 49(1943), p. 30.

由于三十年战争居民人口减少 40%，造成农民的短缺和土地的过剩。所以在 17 世纪贵族受到鼓励出售谷物的政策的刺激下，大量地转而经营商业性农场。在匈牙利，无论是在土耳其统治地区还是在未被土耳其统治的地区都广泛地存在着商业农场。在西班牙，富裕贵族反对直接从事农作，他们大部分收入都是来自农场经营中。[①] 18 世纪在法国的东北部和巴黎盆地之间，土地贵族和英国的地主一样把自己的领地出租给大农场主，收取改进型地租。[②] 可以说在欧洲许多地区贵族在农业生产中已和资本主义农场经营方式联系在一起。

16 世纪和 17 世纪欧洲贵族的经济活动不限于为市场生产农产品，他们还利用自己的贵族特权直接进行商业活动。波兰贵族在 1510 年获得了在维斯杜拉河免交过境税的权利，他们遂大肆进行谷物、羊毛和青鱼的贩运。这个时期匈牙利贵族也获得了若干关税豁免权，最后在 1574 年全部取消了对贵族征收的关税。在 1543 年和 1567 年分别取消在国内和边境地区贩运家畜的关税后，匈牙利贵族纷纷从事从土耳其统治的匈牙利地区购买家畜，贩运到奥地利、波希米亚、摩拉维亚、西里西亚和威尼斯的活动。匈牙利贵族在 16 世纪还大量进行葡萄酒买卖活动。18 世纪西西里贵族的商业特权达到了顶点。17 世纪在波希米亚，贵族大地主拥有出售食盐的特权，波兰贵族有出售食盐、烟草和青鱼的特权，匈牙利贵族有出售肉类的特权。凭借特权，富裕的贵族可以经营和控制地方市场、村庄商店和小酒馆。贵族的商业活动也不限于农业产品，他们常常充当商业贸易

---

① M. L. Bush, *The European Nobility*, Vol.2, Rich Noble, Poor Noble, Manchester U. P., 1988, p. 136.

② M. L. Bush, *The European Nobility*, Vol.2, Rich Noble, Poor Noble, Manchester U. P., 1988, p. 138.

的中间人，他们很早就参加了与欧洲以外地区的商业贸易。13世纪末到14世纪，热那亚和威尼斯的贵族便从事远东冒险商业活动。在15世纪和16世纪初年，葡萄牙、西班牙和热那亚的贵族开始与新大陆、非洲和印度贸易，以及从事欧洲与利凡特地区的贸易。[①] 到了近代初期，欧洲贵族不限于进行零星的商业活动，转而进行大宗批发贸易。如17—18世纪的一些法国富有的贵族便致力于海外批发贸易，这种活动得到了法国专制主义王朝政府的积极支持，政府修改了原有的《堕落法》，允许进行这种商业活动，还在1767年制定一项规定，准备每年选择两名外贸成绩卓著者提升为贵族。[②] 到18世纪后期，法国外贸港口拉罗谢尔、卢昂、波尔多和马赛都各有一名商业贵族。他们大多属于暴发户。到法国资产阶级革命爆发时，法国经商的贵族有8%是商人被授封者，其余的商业贵族也大抵是平民的后代。[③] 近代初期在商埠巴塞罗那、加的斯、塞维利亚等地都有富裕的从事商业经营的贵族。[④]

欧洲各国贵族还积极地参与了工业经营。英国贵族艾克里勋爵于1627年获得单独炼钢的特许状。1637年托马斯伯爵发明的麦芽熔炉和蛇麻熔炉获得了特许状。法国冶金业集中的内韦尔省的冶金工场到18世纪仍掌握在旧贵族手中，例如维尔梅兰拥有阿娜·德·朗格和

[①] M. L. Bush, *The European Nobility*, Vol.2, Rich Noble, Poor Noble, Manchester U. P., 1988, p. 142.

[②] Roland Mousnier, *The Institutions of France under the Absolute Monarchy, 1598-1789*, Vol. 1, Chicago U. P., London, 1984. p. 230.

[③] Roland Mousnier, *The Institutions of France under the Absolute Monarchy, 1598-1789*, Vol.1, Chicago U. P., London, 1984, pp. 192-193.

[④] M. L. Bush, *The European Nobility*, Vol.2, Rich Noble, Poor Noble, Manchester U. P., 1988, pp. 142-143.

夏托·勒诺的冶金工场。都尔收税区的 13 个冶金工场分别为索塞侯爵、微尔拉公爵、柏托马侯爵、罗内伯爵、特勒莫伊公爵等 13 个贵族所有。法国贵族对开采煤矿尤其热心,亨利二世曾把煤矿开采权授予罗伯瓦尔的贵族罗克。蒙托泽尔公爵在路易十四手中取得开采煤矿 40 年的特权。18 世纪下半叶,法国贵族中拥有煤矿营业权的有米拉波侯爵、拉法夷特侯爵、塞内侯爵、特塞斯内尔侯爵、福克斯男爵等 19 家。经营纺织业手工场的有科朗库侯、卢维库侯爵、拉麦伯爵夫人等多人。德国的铁业和铜业最初的发展则完全是贵族推动的结果,从事冶炼铸造的贵族有施托尔贝格侯爵、沃尔夫根伯爵、不伦瑞克-鲁连堡伯爵等。到 1785 年,士雷济恩的 243 个工场中,属于贵族的有 20 个。在 16 世纪奥地利,矿山的业主有一大半是贵族。波希米亚的瓦尔斯泰用伯爵是 1715 年贝伯滕斯杜夫制布工场的创办人,他不惜重金招来荷兰和英国匠师并引进国外的工具,对本地工人首先进行训练,使这家工场欣欣向荣。[①]

　　16—19 世纪,拥有土地所有权和领主权的欧洲土地贵族还从事各种加工业。东欧的土地贵族广泛地利用自己土地上生产的原材料进行加工,制造生铁、玻璃、蒸酒和呢绒。17 世纪波希米亚和摩拉维亚的富裕贵族年收入的很大一部分来自加工出售自己土地上农产品的收入,酿造啤酒、蒸制威士忌烧酒和冶炼业都是他们热衷的行业。1517 年他们取得酿酒供市场需要的权利。到 18 世纪中叶,酿造啤酒的收入已占当地贵族收入的 43%。19 世纪 80 年代 900 个啤酒酿造商中有 500 人是贵族,在总数为 400 人的制烧酒人中,有 300 人

[①] 〔德〕伟·桑巴特:《现代资本主义》第 1 卷,李季译,商务印书馆 1958 年版,第 572—577 页。

是贵族。占有林地的贵族开始进行木材加工业,特别是生产纸张和木炭,同时还参与了经营冶铁业。1820年起他们积极参与食糖精炼业。到19世纪80年代,120名炼糖人中有80个是贵族。在18世纪初期,波希米亚和摩拉维亚的贵族首先开始从事亚麻和毛织品的生产,成为纺织业的先驱。[1] 在俄国彼得一世时期,贵族只拥有8%的制造业工场,但是在1813—1814年间,贵族已拥有64%的矿山、60%的造纸厂、80%的制造钾盐的工厂、78%的纺织厂、66%的玻璃制造厂和几乎所有制造烧酒的工人。1782年,沙皇颁布宪章把贵族地产上的森林和地下的资源都交给贵族所有。在此以前,所有这一切都归沙皇所有。在18世纪沙皇还给贵族制造伏特加的垄断特权,以后矿山业、冶铁业、造纸业、烧酒酿造业都为贵族控制。19世纪贵族又控制了食盐精炼业,1825—1861年间精炼食糖的工厂由7家增加到448家,它们全为贵族所有。在18世纪末和19世纪初,俄国贵族还在自己领地上建立了使用农奴劳动的纺织工厂。与欧洲其他国家的贵族相比,俄国贵族在工业中格外活跃。在法国,1744年以前所有拥有审判权的贵族上层人士都拥有开矿的权利。1744年法国国王宣布唯有自己才有开矿权,其他人要开矿必须得到政府的特许,但事实上有许多矿山未得到政府批准便已开采。在卡斯蒂利,贵族从1785年起取得了开矿权。在西西里,名义上国王拥有一切地下资源,但15—18世纪一些大贵族便被赐予开矿权。1812年革命确认了矿产资源不归国王而归土地所有者。在瑞典和波兰,铁矿的开采和加工都是由贵族进行的,贵族从

---

[1] M. L. Bush, *The European Nobility*, Vol. 2, Rich Noble, Poor Noble, Manchester U. P., 1988, p. 144.

矿产经营中获得了很大的利润。[①]

欧洲贵族还参与金融信贷业，创办银行，用自己拥有的资金放债。1770年在西里西亚贵族的发动下建立了抵押银行。在下一个世纪，普鲁士、波兰、加利西亚、丹麦和巴尔干诸国的贵族都仿效西里西亚建立了土地银行。到19世纪后期，富裕贵族和银行业更加紧密地联系在一起。波希米亚政府在18世纪90年代否决了建立国家银行的提议后，帮助建立了私人银行。1856年马斯查尔德在建立维也纳信贷银行时得到了菲尔斯滕伯格、施瓦岑伯格等几个最大的土地贵族的资助。[②]

如果我们按照马克思主义根据一个社会集团"对生产资料的关系"，"在社会劳动组织中所起的作用"，以及"领得自己所支配的那份社会财富的方式"即在"社会生产体系中所处的地位"来判断贵族集团的属性，那么从封建主义向资本主义过渡时的旧贵族由于已经或多或少地介入了新的资本主义关系，它的性质已部分发生了质变。

[①] M. L. Bush, *The European Nobility*, Vol.2, Rich Noble, Poor Noble, Manchester U. P., 1988, pp. 148-149.

[②] M. L. Bush, *The European Nobility*, Vol.2, Rich Noble, Poor Noble, Manchester U. P., 1988, pp. 149-150.

第三章　早期资产者

　　欧洲的资产阶级经过了一个历史的形成过程和结构的演变。尽管较为成熟的资产阶级形态直至 19 世纪初工业革命结束才最后形成，即新兴的中等阶层，但资产阶级不那么成熟的初期形态却在此之前几个世纪便已产生了。资产阶级的前身是市民。而市民是和最初城市的兴起直接相联系的。1007 年在法国的一份特许自治证书中首次出现了 burgensis 一词，以后这个词逐渐演变为法语 bourgeois。这个词在 11 世纪单指城市中的居民而不是指城堡的居民。1007 年的这份特许自治证书是由安茹伯爵富内凯斯·内拉签发的，内容是准予在洛歇附近靠近博里厄修道院的地方建立一座自由城市，自由城市的居民免除一切奴役，修道院的主教不得向他们强征人头税和其他任何赋税，这个文件中使用了 burgensis（市民）一词，其中写道："如果市民攻击僧侣或他们的奴仆，抢劫他们的财产，将被处以 60 锂的罚金。"[①]

　　市民们组成了城市公社。他们在公社自治证书中发誓。把公社作为集体的领地，相互帮助并讲究信用，例如 1215 年瓦卢瓦的克雷皮公社自治证书中讲得很明确："他们发誓在他们认为正确的事业中相

[①] 〔法〕雷吉娜·佩尔努：《法国资产阶级史》上册，康新文等译，上海译文出版社 1991 年版，第 1—2 页。

互帮助,发誓决不允许一个人夺取另一个人的任何东西或向他们课征人头税。"阿布维尔在 1184 年获得自治权时曾"确认并保证所有宣誓者在正义需要时,互相信赖、互相支持、互相帮助和互相协商。使每个人都能在必要时象保全自己兄弟一样保全他人"[①]。这个时期的市民既包括工匠,也包括商人,并非从一开始就是严格意义的资产者,资产者何时出现,恐怕无法从历史术语上去考查,而只能通过具体的对市民活动的历史记载去发掘。马赛有个叫艾蒂尔·德·芒迪埃尔的商人,最初同西西里岛做生意,后来又从叙利亚港口贩运食品,以后他贸易活动的规模扩大,把货物和钱委托给几个商人运往北非和叙利亚交易,积累了大量财产。他的两个儿子贝尔纳和约翰日后在城市政治中发挥了很大的作用。13 世纪下半叶约翰参与资产者反对马赛领主安茹的查理的活动而被斩首。[②]在英国历史上也有早期资产者活动的记载。哥德里克 11 世纪末出生于林肯郡一个贫农家庭,以后他流浪在各地,成为码头上的流浪汉,寻找波浪冲来的遇难船只的漂泊物。当时遇难船只很多。后来哥德里克交上好运,发了一笔横财,备置了一套货物,做起了商贩。以后他积蓄了一笔钱,加入了一个商队。不久,他获得足够的利润,与其他商人合伙,在英格兰、苏格兰、弗兰德斯、丹麦沿岸进行贸易,合伙生意日益兴隆。他们经营的方法是把海外紧缺的货物运到海外去,再运一些货物回来,把运回来的货物输送到最需要、获利最高的地方去。他在各地搜集珍奇贵重之物,输往当地没有此种物品而将其视为比黄金还要贵重的地方,以此追求最大

---

① 〔法〕雷吉娜·佩尔努:《法国资产阶级史》上册,康新文等译,上海译文出版社 1991 年版,第 21—22 页。
② 〔法〕雷吉娜·佩尔努:《法国资产阶级史》上册,康新文等译,上海译文出版社 1991 年版,第 89 页。

的财富。[①]

到了 14 世纪和 15 世纪初,资产者的活动有了更多的记载。法国里昂的约萨尔家族是当时一个资产者家族。这个家族的第一个重要人物是于格·约萨尔,他是里昂附近小镇拉尔布勒斯特勒一个呢绒商的儿子,他在巴黎完成了法律专业的学业,他从父亲处继承了一笔财产,在沿科斯纳河和弟弟合伙开发一个含银的铅矿,在弟弟约翰死后他找了两个合伙人继续开发这座矿山。以后,他娶了一个大房产主的女儿为妻,妻子为他带来了几处房产和一座磨坊。他定居里昂后担任了该城王室上诉法庭的法官,1398 被授予贵族身份,1402 年成为王室顾问。他被封为贵族后购置了达泽尔领地和波莱米厄领地两处地产。1406—1407 年他在里昂拥有 5 处供出租的房产和 5 张供出租的肉案。他的三个女儿分别嫁给领主和贵族,他们都拥有领地。约萨尔家族是一个生活在城市里的资产者家族,但却靠收取地租来聚敛财富,他们鄙弃城市生活,满足于贵族的地位。[②] 他同时具有资产者和土地所有者的属性。里尔城的弗勒莫尔家族的祖先是行吟诗人。14 世纪拥有昂甘和韦尔里让两处领地,这个家族的洛塔尔·弗勒莫尔特是葡萄酒商,后担任市长职务。他的儿子是兑换商,也是弗莱尔的领主。这个家族在 1426 年被封为贵族,从 1384—1440 年一直担任里尔的市政长官。在法国 13 世纪就发了财,在 14 世纪以贸易为主要谋利手段的资产者中著名的还有科隆家族、维吉埃家族和罗斯唐家族。[③]

[①] 〔比〕亨利·皮朗:《中世纪欧洲经济社会史》,乐文译,上海人民出版社 1964 年版,第 42 页。
[②] 〔法〕雷吉娜·佩尔努:《法国资产阶级史》上册,康新文等译,上海译文出版社 1991 年版,第 232—233、237 页。
[③] 〔法〕雷吉娜·佩尔努:《法国资产阶级史》上册,康新文等译,上海译文出版社 1991 年版,第 233—234 页。

雅克·科尔（1395—1456年）是价格革命以前法国资产者的一个典型。他既在宫廷供职，又是商人和工业家。雅克·科尔的父亲原为圣布尔桑的皮货商，后来成为贝里公爵的承办人。科尔在1420年娶了布尔日的总监朗贝尔·德·莱奥德珀尔的女儿玛塞为妻。玛塞的爷爷是布尔日铸币厂的管事，以后科尔谋得了铸币的包税权。20年后他的财产多到惊人的地步，有人说他一个人的年收入比王国内其他商人的收入的总和还要多。他在鲁昂、布尔日、里摩日和里昂等城市设有商行，在博凯尔、贝洛耶、蒙彼利埃和马赛也有商号。科尔在里奥内拥有的铜矿和含银铅矿使他成为当地最大的工业家之一。他独自经营着庞帕伊和布雷韦纳两座矿山，并和别人合办了舍锡、圣彼埃尔勒帕吕德和达拉河畔的儒伊等几座矿。1447年以后他在马赛买下一处房产并开办船运公司。科尔的货船畅通无阻地来往于罗得岛和亚历山大港之间。掌玺大臣德·于尔森评论他说："他攫取了这个王国的全部商品。他的经纪人遍及全国，富了一人穷了上千个本分的商人。"1436年科尔被任命为财政总监代理人。最后于1439年成为御前财政总监，直到1451年倒台。和当时资产者一般做法一样，雅克·科尔购置了大量的地产。他除了拥有圣法尔若的领地、庄园和领主权外，还在拉沃、库尔德尔、梅齐耶等地拥有二十几处地产。财政总监的职务使他统管着全国的财政，成为宫廷的承办人。他担任朗格多克盐税局的总检察官后，组织了免税盐的贩运，取得暴利。1446年雅克·科尔经教皇恩准，获得与异教徒进行5年贸易的全部特权。他曾参加了建立全国统一的人头税制度。由于他在任财政总监期间大肆贪污，聚敛了万贯家财，被人告发。1451年雅克·科尔被逮捕，判处退赔10万埃居，罚款30万埃居。他被捕后承认自己拥有50

万—60万埃居的财产,是国王宫廷中大部分人的债主。[1]

欧洲早期资产者的出现是这个时期商业和工业发展的反映。中世纪中期手工业规模扩大并有了细致的分工。如13世纪的羊毛业中便有25种不同的工种。这种分工是通过城市中个人企业数量增多的途径实现的。它们为近代工业开辟了道路。从13世纪起,规模较大的工业企业便在商业较发达的地区和少数特殊的工业部门中出现。在低地国家、意大利和法国北部出现了最早的企业,如根特、伊普雷、里尔、杜埃、亚眠和佛罗伦萨的织布工业,威尼斯的丝织品工业,迪囊的铜器工业,托斯卡纳的羊毛业公会。[2] 冶炼铸造业也在欧洲发展起来,如在意大利的米兰、帕维亚、威尼斯、佛罗伦萨和那不勒斯,在西班牙的托勒多、巴伦西亚和萨拉伐萨,在德意志的弗兰哥尼亚、萨克森、施蒂尼亚和卡林西亚发展起来。在巴塞罗那、比斯开、威克、莱里达有许多铁工场。食品工业也发展起来,1086年英格兰有5000个水磨。据说12世纪米兰布匹工业中雇用了60000名工人,该城1300年产布多达30000匹,还生产了大批长袜和帽子。1306年佛罗伦萨的300多家作坊织造了100000匹以上的呢绒,价值1000000弗罗林金币。1336年佛罗伦萨人口的1/3即30000工人靠呢绒业为生,每年收益约为120万弗罗林金币。从12世纪起,低地国家的呢绒业也发展起来,法兰德斯和布拉邦特已成为大制造业区域,在根特有2300个织布工人在工作。法国的亚眠和圣昆墩、巴黎、兰斯、夏龙、卢昂等地纺织业较为发达。13世纪在普罗旺斯有3200台织机。这些

---

[1] 〔法〕雷吉娜·佩尔努:《法国资产阶级史》上册,康新文等译,上海译文出版社1991年版,第267—279页。
[2] 〔法〕P. 布瓦松纳:《中世纪欧洲生活和劳动(五至十五世纪)》,潘源来译,商务印书馆1985年版,第185页。

地区都出现了一批大工场主。①

伴随着手工业的发展、商人的活动加强了。从 12 世纪末年起，生丝输入欧洲。丝织业和棉织业首先在意大利，以后接着在欧洲其他国家发展起来。从 12 世纪下半叶起，意大利商人开始输出弗兰德斯和法国北部的呢绒。13 世纪热那亚输出的呢绒来自利尔、根特、亚眠、康布雷、图尔内等地，其中有不少是法国大城市的产品。自香槟集市衰落后，意大利大商业公司在布鲁日设立代办处，经办弗兰德斯和布拉邦特的呢绒批发。布鲁日当时起了安特卫普在 16 世纪的作用。从 13 世纪起，威尼斯人、佛罗伦萨人、西班牙人、布列塔尼人、汉萨人都在布鲁日设立各自的仓库和账房，建立了北方和南方商业联系的固定的枢纽。从 13 世纪下半叶起，汉萨人在布鲁日建立的银行国外支行是他们在德意志境外最重要的支行。② 13 世纪有大批意大利人在伦敦定居，他们除了在伦敦进行金融活动外，还经营羊毛贸易，他们把羊毛运到弗德斯或者直接运到阿尔卑斯山以南的呢绒中心，尤其是佛罗伦萨。③ 在低地国家，商人们在经营商业的同时也经营银行业务。他们中最富有者构成了名人贵族，在科伦就有 600 人。他们中有些人和骑士联姻。在意大利，商人地位极为接近贵族，有时甚至被视为贵族。在威尼斯，贵族团是由大商人组成的，当时的共和国总裁就是大商人。④

---

① 〔法〕P. 布瓦松纳：《中世纪欧洲生活和劳动（五至十五世纪）》，潘源来译，商务印书馆 1985 年版，第 190—191 页。
② 〔比〕亨利·皮朗：《中世纪欧洲经济社会史》，乐文译，上海人民出版社 1964 年版，第 134 页。
③ 〔比〕亨利·皮朗：《中世纪欧洲经济社会史》，乐文译，上海人民出版社 1964 年版，第 137—138 页。
④ 〔法〕P. 布瓦松纳：《中世纪欧洲的生活和劳动（五至十五世纪）》，商务印书馆 1985 年版，第 195 页。

12世纪，各国商人展开了积极的海外贸易活动。这些商业活动从北方的尼德兰和南方的意大利这两个中心沿海岸延伸，然后再由沿海逐渐深入大陆腹地。国家贸易从地中海到波罗的海、从大西洋到俄罗斯，推行到整个欧洲。意大利人建立了商业公会，组织了信用机构，恢复了货币，并把他们的经济措施传播到北欧。[1]

获得大量利润的商人们把巨额的资金贷给诸侯们，从领主那里买得免交人头税的权利。在一些城市（如圣奥梅尔），商人的同业公会自行负担了铺修街道和建筑城墙的费用。在里尔、布鲁日、图尔内等地，他们参加了市区的财政组织。不少商人在商品贸易的同时，还进行货币交易。意大利和尼德兰富裕的商人从12世纪起就进行金融活动，把巨大的款项借给国王与诸侯。商人们把剩余的积累投入土地，购买城市的土地作为建筑基地。在一些城市，商人合作组织成为正式的市政组织。在利凡特诸港口进行贸易的威尼斯、热那亚、比萨的船主，以及经营商业和银行业务的伦巴底和佛罗伦萨的大公司，他们的分支机构遍布全欧洲。[2]

在11世纪，商人组织了行会、同业公会、同志会和兄弟会。这些组织得到官方的承认。随着商人势力增大，他们对封建贵族展开斗争。在马赛，商人同业公会"圣灵"在群众支持下成立了市政自治团体。在勒芒、科培、亚眠，商人在11世纪初期和中期展开了争取自由贸易的斗争。在康布雷、科勒，富有的商人同大主教展开了殊死的斗争。商人在争取政治权利和自由的斗争中甚至采取过革命手段。在

---

[1] 〔比〕亨利·皮朗：《中世纪欧洲经济社会史》，乐文译，上海人民出版社1964年版，第143—144页。

[2] 〔比〕亨利·皮朗：《中世纪欧洲经济社会史》，乐文译，上海人民出版社1964年版，第149—150页。

意大利的伦巴底、托斯卡纳和米兰,资产者和人民同大贵族展开流血斗争,赢得自己的独立的权利。1134 年普瓦蒂埃和普瓦图等城市仿照意大利的榜样建立了都市同盟。康布雷、贡比涅、亚眠、奥尔良和芒特、韦泽雷和桑兰斯,以及根特、图尔内、列日、科伦、美因兹、特利尔等城市都发生了保护商人的经济利益、反对领主和君主专横权力的暴动。贸易商人和工匠在拉昂举行了 3 次武装起义,在韦泽雷发动了 5 次起义,在图尔进行了 12 次起义。13 世纪在根特,参加商人同业公会的只有 39 个家族的首领。在某些英国城市中,它只有 200 个成员,这些行会或公会拒绝小商人和手工业者入会。当时出现了一些商人贵族,他们世代相传拥有行会的主宰地位。如巴黎的水运行会为 12—24 人。行会有自己的金库、财务管理制度、议会和法庭。[①]

商人的早期斗争在不同地区取得的成果各不相同。在一些城市中,商人和手工工场主组成具有法律权力和特权的市镇团体。这些团体能够行使接纳权,让在城内避难的农奴和贱农、工人和商人得到保护并拥有平等的权利和特权。巴黎、伦敦、卢昂、马赛、巴勒摩、墨西拿都取得了市政团体的合法存在权利。在法国、低地国家、英格兰、德意志的莱茵河和多瑙河各地,以及意大利北部和中部 380 个市镇,取得经济和行政自由权利,有权在当地行政官的选举、财政和经济事务上行使相当的自治权。应当说,商人的经济实力是市政自治权的基础。商业团体直接和间接的赋税对于支付行政管理、防卫和市政官员的费用开支,并对组织地方民团起了很大作用。市政管理以市民协会的名义来进行。市民选出其代理人以市民的名义进行

[①] 〔法〕P. 布瓦松纳:《中世纪欧洲生活和劳动(五至十五世纪)》,潘源来译,商务印书馆 1985 年版,第 209—211 页。

管理。[1]

早期资产者并没有在社会中构成一个阶级。正如马克思所说，它是封建主统治下的一个被压迫的等级。[2] 资产者并不是一个开放的、有财产即成为其成员的集团，而主要靠从城市和封建主那里取得的特权来维持这个集团的存在。它有一定的法律身份规定性。例如在法国的波尔多，要成为资产者，就必须在城里居住一个月以上，在该城拥有"房产、住宅和家庭"，交纳居留税，这笔税额在当时不是很高，1408年时为一个银马克。此外，要举行忠诚宣誓，接受资产者所应承担的义务。法国的厄城规定，资产者应当是体面的人，既不是"打家劫舍的盗贼"，又不是不治之症的患者，而且资产者的身份只属于他本人，他的儿子要想成为资产者，必须履行宣誓手续。但是在桑利斯城，资产者的女婿甚至无须宣誓就可以成为资产者。拉昂城在1128年做出一项规定，新的资产者必须在城里建造一所房子，期限为一年。在15世纪的布鲁日城，要获得资产者的权利和能够在城市的《资产者花名册》上注册，必须出身于资产者家庭。否则，只有通过联姻或在城里居住一年零一天，或赎买资产者的权利，才能成为资产者。法国1287年法令确定了作为"国王的资产者"的基本条件，其中包括必须改掉舞弊等恶习。在一个城市取得资产者身份的人到了另一个城市，可以通过出示他们在原来城市具有资产者身份的证明来要求法律承认和保护他们在新的城市中拥有这种身份。[3] 因此，仅从

---

① 〔法〕P. 布瓦松纳：《中世纪欧洲生活和劳动（五至十五世纪）》，潘源来译，商务印书馆1985年版，第199—203页。
② 《马克思恩格斯选集》第1卷，人民出版社1972年版，第252页。
③ 〔法〕雷吉娜·佩尔努：《法国资产阶级史》上册，康新文等译，上海译文出版社1991年版，第128—130页。

早期资产者集团的封闭性和身份规定而论,似乎不宜把它划为阶级,而只能视为一种等级。

到了 15 世纪中叶,法国的城市普遍地由那些控制着城市经济财政来源的富有的资产阶级掌握市政权。衰落的王权对资产阶级在城市的权力奈何不得。路易十一不得不授予城市更多的特权,一些原先并不拥有特权的城镇也获得自治特权。法国国王以此显示他是王国特权的颁授者。他的后继者们继续他的做法,并在为城市更换宪章时修改有关城市的制度,以便逐步控制城市。国王急切地需要取得城市自治团体在财政上对王室的支持。1515 年弗朗索瓦一世设立了市镇收入监督官以监督城市财政,任命了辖区官管理城镇的选举、出席城镇的参议会、清查账目。1566 年法王下令由王室法庭接管所有城镇民事案件的审判权。但这些决定一般来说只是一纸空文。城镇越来越富有,日渐公开与国王相抗衡。在法国,资产阶级控制城市权力的情况在宗教战争爆发后发展到顶点。直到亨利四世重建王权的权威后才得到改变。[①]

在英国,伴随着 16 世纪都铎王朝重商主义政策成长起来的新兴商业资产阶级的一个代表是汤姆斯·格拉善(1519—1579 年)。格拉善的父亲和伯父都是伦敦商业区的大资本家。他本人是英国的大商人和银行家。1551 年他成为英国王室驻安特卫普的金融代理人和财政顾问,1560 年他在伦敦建立了著名的王家交易所,是其主持者。伊丽莎白女王即位后,他继续在欧洲大陆服务,直到 1562 年,并掌管公债和女王的其他事务。他替宫廷代办过公债,主持过王室债务偿还事务。他是伦敦商业区的"商人之王",又是高利贷者、垄断者,并拥有大量土地。他支持冒险商人、航海家、海盗、商贩和企业

---

① J. H. Shennan, *French Government and Society 1461-1661*, London, 1969, p. 31.

家，极其富有，许多大臣都欠他的债。[①] 达德利·诺思（1641—1691年）原系英国绅士，曾在土耳其经商，担任过伦敦市长和政府高级官员。1691年他发表《贸易论》一书，在书中提出自由主义的经济原则，认为"任何法律都不能规定贸易的价格，因为贸易行情必然而且将会自行确定下来"。"一味赞成一种贸易或利益而反对另一种贸易或利益，这是一种错误的做法，大大有损于公众的利益。"他提出，正如一个家庭不能生产自己所需要的一切物品，而必须同别的家庭进行自由买卖一样，一个国家也有同世界上其他国家进行自由贸易的必要。他是资产阶级古典政治经济学初期的代表人物。[②] 在法国，在柯尔伯执掌国家财政经济政策期间，他建立了许多王家手工工场，其中大的手工工场由68个增加到113个，其间一批资本主义手工工场主成长起来。法国专制主义时期，成长起一大批富有的商人和制造业主。圣克提·尼古拉·勒卡米有900万家产，他曾一次从法兰克福市场购买价值200000埃居的货物。呢绒商克洛德·帕法克特、布商爱德华·科尔伯和各大城市的许多资产阶级分子经营着武器、钾硝、丝绸、挂毯、纺织品的制造工场和企业。[③]

德意志资产者在工业革命前很久便已展开了积极的活动。在14世纪和15世纪，由采矿手工业者组成的合资采矿组织以及资本所有者团体建立的合资采矿组织同时存在。至迟到1470年，在库滕贝尔

[①] 〔苏联〕施脱克马尔：《十六世纪英国简史》，上海外国语学院编译室译，上海人民出版社1958年版，第85—86页。

[②] 〔法〕米歇尔·博德：《资本主义史（1500—1980年）》，吴艾美等译，东方出版社1986年版，第31页。

[③] 〔法〕米歇尔·博德：《资本主义史（1500—1980年）》，吴艾美等译，东方出版社1986年版，第33页。

矿区和蒂罗尔地区便出现矿业股票一词。1470年以后，铜矿和银的开采业迅速发展，在施内贝格和安纳贝格矿区出现了大量的矿山公司。奥格斯堡、韦尔约、戈桑布罗特、黑尔瓦特、毛伊廷等地一批贵族家族向商业资本家转化。但大部分资本家是从手工业者发展起来的。在南德意志有两个著名的资产者家族。一个是富格尔家族。这个家族的汉斯·富格尔1367年作为织工从奥格斯堡附近的格拉本村迁入城市。这个家族的第二代亚科布·富格尔（1459—1525年）最初为牧师，1480年以后成为商人，并是公司的决策者，在1480年和1482年去过威尼斯经商。他领导的富格尔公司通过银钱交易转而从事金属贸易和金属生产。1487年他成为哈布斯堡的西吉蒙德大公爵银行的股东。以后亚科布·富格尔用贷款支持哈布斯堡王朝马克西米连，使其势力有很大的发展。1491年富格尔利用马克西米连争夺匈牙利继承权之机投资匈牙利的金属贸易。和图尔佐家族联合建立了匈牙利联合贸易所，开辟了矿石开采和销售业务，向威尼斯和安特卫普供应银和铜。该公司大规模的贸易遍及整个欧洲，无人与其竞争。1519年马克西米连死后，亚科布·富格尔在争夺帝位的角逐中支持马克西米连的孙子、勃艮第公爵卡尔，拒付德意志选侯和反对卡尔的银行家的汇票，在财政上积极支持卡尔进行战争。亚科布·富格尔在给卡尔的信中说："皇帝陛下没有我们支持是不可能取得罗马王冠的。"1524年富格尔同卡尔达成协议，属于王国政府的骑士团首领职务的租税移交一定数额给富格尔。富格尔的活动和他的经济势力使贵族承认这个资产阶级商人是自己利益的代表和保护者，1511年亚科布被封为伯爵，1524年被公认为仅处于帝国和国王之下的众贵族之领袖。亚科布·富格尔在经济活动中以金属开采和扩大商业贸易为基础，同时承担各项财政义务，参与王朝的政治决策，在这个时期具有特殊的代表意义。当亚科布在匈牙利的商业活动受挫时，他的亲戚和业务参与人图尔佐为其担忧，劝他退出匈牙利，坐享其成。这时亚科布回答图尔佐说，他有不同的想法，他希望获利，因为他能够做到。他的这番话表明了与中世纪精神相对立的现代资本主义的生活态度和心理。[1] 1585 年，富格尔家族与韦尔沙尔家族的商行以及罗瓦莱斯卡家族的意大利商行合作，参加一项亚洲商业合作项目。1591 年富格尔家族加入了欧洲范围的一个国际财团，参加这个财团的除了有德意志的富格尔、韦尔沙尔外，还有意大利的罗瓦莱斯卡与吉拉尔多·帕里斯、西班牙的弗朗切斯科和佩德罗·马尔本达、葡萄牙的安德雷亚和托马斯·希梅内斯。欧洲各个中心城市都有这个财团的代表进行谷物、胡椒、香料在汉堡、里斯本、吕贝克、阿姆斯特丹之间的往返贸易。[2] 富格尔家族还掌握了萨克森、图林根、蒂罗尔的铜矿与银矿，建立了出色的矿石提炼厂。[3] 与富格尔公司地位不相上下的还有韦尔泽公司。韦尔泽早年的活动从亚麻布和斜纹布贸易开始，后参与了葡萄牙人在印度的殖民经济活动。1528 年同卡斯提尔王国政府达成一系列合同，进行了开发委内瑞拉的活动，但由于韦尔泽家族的档案已毁，所以历史学家无法掌握更详细的材料。[4]

在 16 世纪和 17 世纪早期资产者活动中，少数上层商人分子集团

---

[1] 〔德〕汉斯·豪斯赫尔：《近代经济史：从十四世纪末至十九世纪下半叶》，王庆余等译，商务印书馆 1987 年版，第 69—78 页。
[2] 〔意〕卡洛·M. 奇波拉主编：《欧洲经济史》第 2 卷，贝昱、张菁译，商务印书馆 1938 年版，第 419 页。
[3] 〔意〕卡洛·M. 奇波拉主编：《欧洲经济史》第 2 卷，贝昱、张菁译，商务印书馆 1938 年版，第 353 页。
[4] 〔德〕汉斯·豪斯赫尔：《近代经济史：从十四世纪末至十九世纪下半叶》，王庆余等译，商务印书馆 1987 年版，第 71 页。

活动引人注目。如上述德意志南部的富格尔家族集中了大量资本，逐渐形成对铜、香料、明矾的垄断国际贸易，其资本的集中导致了国际信贷和储蓄银行的发展，并利用资金在德国采矿业中推动技术革新。再一个例子是荷兰的特里普家族，这个家族参加了铁、铜、军火在内的各种贸易，还从事航运和证券交易，他们的活动几乎遍及全球。不仅涉及德国沿内河的贸易，还涉及斯堪的纳维亚和俄国、利凡特地区、东印度公司和西印度公司的部分贸易。[1] 在英国商人中最引人注目的是中塞克斯的莱昂内尔·克兰菲尔德，他因经商有功被封为伯爵。[2] 16 世纪 60 年代英国建立了王家采矿公司，这是一个采矿和冶金联合企业。在这家公司中，威廉·塞西尔爵士和莱斯特伯爵罗伯特·达德利拥有 13 股，奥格斯堡大商行汉·朗瑙埃公司拥有 11 股。伦敦的大商人和显贵认购了 36 股。[3] 在荷兰，出现了一些大的资本公司和财团，其中有伊莱亚斯·特里普、菲利普·卡兰德里尼组成的财团，格特·迪雷克斯兹和汉斯·布勒尔斯等人组成的公司，政府军火商和城市金融家菲利普·伯拉马奇的公司，他们控制了胡椒贸易，有的公司拥有 600 万弗罗林的股份资本。在意大利的罗马，基吉家族、伯拉维奇诺家族与绍利家族获得了教皇国内的托尔法明矾矿的租借权。这个企业可能是近代初期欧洲最大的一个企业，拥有劳动力 800 人左右。[4]

---

[1] 〔意〕卡洛·M.奇波拉主编：《欧洲经济史》第 2 卷，贝昱、张菁译，商务印书馆 1988 年版，第 445 页。
[2] 〔意〕卡洛·M.奇波拉主编：《欧洲经济史》第 2 卷，贝昱、张菁译，商务印书馆 1988 年版，第 447 页。
[3] 〔意〕卡洛·M.奇波拉主编：《欧洲经济史》第 2 卷，贝昱、张菁译，商务印书馆 1988 年版，第 354 页。
[4] 〔意〕卡洛·M.奇波拉主编：《欧洲经济史》第 2 卷，贝昱、张菁译，商务印书馆 1988 年版，第 353 页。

这个时期资产者的活动方式也因行业不同而各有特点。由于采矿业、冶金业和造船业需要大笔投资，所以这几个行业的经营往往采取合作的形式。其中一些重要的工矿业得到国家的资助和管理。而在轻工业中，资产者通常的经营方式是独自拥有和经营小型手工工场，只是在极少数情况下手工工场规模较大，需要大宗外部资本。从早期资产者的企业经营来看，规模较大的工场手工业如矿业往往和大规模的商业贸易有直接联系，在需要大资本的地方，商业和外贸公司成为工业的支柱，或者工业本身即由大商人来经营。所以这个时期是大商人支持工业的时期，即工场手工业依附于商业资本。工业资本家还没有成为一个独立的集团，他们在经济上依附于商人，或者依赖于君主国王朝和贵族的保护支持，资产者和专制主义王朝有密切的依附关系。简而言之，经济上和政治上缺乏独立性是前工业化时期资产者的一个重要特征。

俄国经济发展的进程和西欧国家殊异甚大，从15世纪末到17世纪中叶封建农奴制经历了一个形成和强化的过程。在农业生产关系上走着和西欧相反的道路。但是，到了彼得一世和叶卡捷琳娜二世在位时期，商业资本主义仍有很大的发展，出现了颇有势力的大商人。伴随着商人势力的增强，商业货币流通和信用都得到进一步发展。1754年成立了商人银行，法定资本为500000卢布，该银行由莫斯科最大的商人叶甫莱诺夫主持，给有房屋和期票做抵押兼有商人和市政局担保的商人贷款。[①]17—18世纪在彼得堡出现了一些大商人，他们中有萨瓦·雅可夫列夫，他拥有91家店铺；捷连节夫拥有27家

---

① 〔苏联〕雅可夫柴夫斯基：《封建农奴制时期俄国的商人资本》，敖文初译，科学出版社1956年版，第28页。

店铺；波波夫和谢里考娃，他们各拥有 23 家店铺；占彼得堡商人人数 3.7% 的大商人占有全城 26.5% 的店铺。[①] 到了 18 世纪，商人的行会组织在法律上地位固定下来。商人有了自治机构——裁判所，并有了单独的司法审讯法庭和反省法庭。城市根据资本大小对商人单独征税，并制定了相关的法规。俄国商人不再像在 17 世纪那样用利润来购买土地和农奴，而是把获得的货币重新投入流通领域以谋取新的利润。他们还通过向银行贷款进行扩大经营的活动。[②] 莫斯科的大商人中有 93 人参加国外贸易，根据 1764—1765 年的资料，他们拥有的资本共达 1175800 卢布。其中伊凡·叶甫莱诺夫和他的儿子们共拥有 30000 卢布，通过彼得堡和阿尔汉格尔斯克同英国、荷兰和法国贸易；阿范那西·图尔恰宁诺夫同荷兰、意大利进行贸易，拥有资本 25000 卢布；巴塔舍夫兄弟拥有 80000 卢布，通过彼得堡和里加经营铁、生铁铸品、亚麻布、毛皮的贸易；华西里·苏罗夫西科夫拥有资本 116000 卢布，在阿姆斯特丹、但泽进行贸易；等等。[③] 俄国商人不单纯经营贸易，也从事工业。在博罗夫斯克城，商人通过向农民收购原料，开办了两个织亚麻布和帆布的工厂。工厂主同时还经营亚麻的贸易。在阿尔汉格尔斯克州，商人中拥有制铁厂者有 12 人，拥有制造厂者有 4 人。在喀山，一些行会商人开设了制铜、制铁和制肥皂的工场和皮革工场。在西伯利亚的伊尔库茨克，一批商人拥有制革工

---

① 〔苏联〕雅可夫柴夫斯基：《封建农奴制时期俄国的商人资本》，敖文初译，科学出版社 1956 年版，第 53—44 页。
② 〔苏联〕雅可夫柴夫斯基：《封建农奴制时期俄国的商人资本》，敖文初译，科学出版社 1956 年版，第 47 页。
③ 〔苏联〕雅可夫柴夫斯基：《封建农奴制时期俄国的商人资本》，敖文初译，科学出版社 1956 年版，第 55—56 页。

场、制皂工场、打铁铺和盐场。随着时间推移，商人从事工业活动的比例增大了。莫斯科商人在1765年仅有2%拥有工厂，到19世纪中叶莫斯科固定商人中已有14.3%掌握了生产企业。1805年莫斯科商人中有9人拥有工厂，其中有造纸厂、铁工厂、炼铁炉、印花布织造厂、细竹布织造厂，以及火药厂。[①]

前工业化时期欧洲各国的资产者虽然已经展开了积极的经济活动，但这个社会集团尚具有未成熟的一般特征。首先，这个时期资产者力量的发展在很大程度上和专制主义王朝扶助工商业发展的经济政策直接桂联，而自下而上自发地成长起来的资产者一般来说势单力薄。专制主义王朝推行的专卖制、包税制等措施使得上层资产者产生了一种依赖王朝统治者的倾向。在这种政策下成长起来的大资产者、金融家和包税人凭借从王室那里获得的特权而致富，是特权制度的既得利益者，因此对君主和贵族上层具有依赖性和妥协性的一面。其次，从这个时期资产者经济活动的部门而论，主要是商业，当时形成的手工工场一般规模不大，商业是他们获利的主要来源。而商业对于工业生产始终具有依赖性，仅仅从流通领域中获利的商业资产阶级在严格意义上还不是经济上独立的成熟的阶级。

德国资产阶级的出现在时间和表现形式上与法国的差别就更大了。马克思曾指出德国资产阶级的发展是畸形的这一事实。[②] 德国的资产阶级是在19世纪中期才出现。泽尔丁在比较19世纪中期的法德历史时说，在这个时期，德国资产阶级"它发展起了自己的道德伦理与经济准则，形成了一个精神上统一的阶级的原型。在这时，它比以

[①] 〔苏联〕雅可夫柴夫斯基：《封建农奴制时期俄国的商人资本》，敖文初译，科学出版社1956年版，第173页。

[②] 《马克思恩格斯全集》第4卷，人民出版社1972年版，第330—342页。

前更集中地成为被攻击、讽刺和仇恨的目标"。他认为资产阶级这个法国的概念不可以用到德国。[①] 到19世纪,在德语中始终缺少一个可以与英语中的"中等阶级"(middle class)一词相对应的词汇。德语中的 Bürger,以及 Bürgertum,系指传统的居住在城市中的市民,和 bourgeois 原来的意义相仿,而没有"近代资产阶级"的含义。在德语中,中等阶级这个概念所指的社会集团的内涵与法国和英国不同。德语中与 middle class 对应的词 Bildungs-und Besitzbürgertum 的内涵主要是指受教育,其次才指财产;它的社会指谓是非常狭窄的一个阶层。德国中等阶层在1850年以前仍是相当的不富裕,他们在政治上极为软弱和不成熟。[②] 这一特点和德意志的工业兴起过程直接相关。因为普鲁士的工业是18—19世纪初在专制主义王朝政府的主持下发展起来的,企业较大者往往是官办的性质,它们形成了官僚资本而不是自由资本主义,这一特征扼杀了资产阶级。19世纪初年的德国资产阶级既没有雄厚的资本,又没有强烈的参政意识,他们的代表是一批知识分子。他们占领的是大学的讲坛,在实践中几乎无所作为,只具有一种文化上的作用和行动,而且长期在思想上表现出空想的浪漫主义特征。[③]

欧洲前工业化时期的资产者尽管已展开积极的活动,但这个集团仍具有很大的不成熟性。资产者的主要构成是商业资产者,惯于从商品流通中谋取利润,而商业终究依赖于工业,所以从生产关系上说,他们还无法构成独立的阶级。至于这个时期的工业经营者即手工工场

[①] Theodore Zeldin, *France 1848-1945*, Oxford U. P., 1973, Vol.1, p.11.
[②] E. Segarra, *A Social History of Germany 1648-1914*, London, 1977, pp. 253-255.
[③] 〔法〕亨利·列菲弗尔:《论国家——从黑格尔到斯大林和毛泽东》,李青宜等译,重庆出版社1988年版,第22—23页。

主的经营规模一般很小。由于这个时期欧洲各国的工场手工业和商业在很大程度上是在专制主义国家的扶助或直接兴办的背景下发展起来的，国家在实行重商主义政策时推行了特许制，这造成了大工商业者要求生存和发展，必须依赖于专制主义国家。因此早期资产者在政治上通常具有依附性，又常常以取得（买得）的经济特权自恃，有的则跻身于贵族之列，表现出资产者贵族化的倾向，在政治上一度成为王权的拥护者。因此早期资产者还不是一个成熟的近代阶级，具有不成熟性或过渡性。

第四章　过渡型社会集团

从封建主义向资本主义过渡时期欧洲社会结构中最能反映时代特征之处在于在不止一个国家出现了过渡性社会集团。这类社会集团不是阶级，无论从法律身份还是从反映的生产关系而论都不是同质构成，它们具有多元的性质，集中地反映出该时期社会生产关系的多样性。

从16—18世纪，地理大发现、海上贸易的兴起、宗教改革和城市的发展极大地冲击着欧洲的农村。但由于这些变动到来时欧洲农村与城市固有的联系较为疏松，交通很不发达，文化传播媒介落后，各国的国内市场没有充分发展，因此上述重大的振荡还未从根本上改变农村的状况，商品货币经济在农业社会中的发展受到了传统社会生活方式很大的影响。欧洲这个时期的农业基本上是一种多种生产方式的混合经济，不能把农村中资产阶级的力量估计过高。[①]

在16—18世纪，英国出现了被称为"乡绅"的社会集团，它在经济和政治领域的活动都极其活跃。史学著作中对乡绅多有叙述，但对其性质缺少论证。自20世纪40年代托尼发表《乡绅的兴起》一

---

① 〔意〕卡洛·M.奇波拉主编：《欧洲经济史》第2卷，贝昱、张菁译，商务印书馆1988年版，第238—242页。

文①后，史学界曾就英国历史上的"乡绅"的性质展开了一次学术大讨论，争论的中心简单地说即为乡绅究竟是不是农业资产阶级。参加争论的大多数史学家都反对截然把乡绅等同于农业资产阶级。然而，这个时期社会结构的特征并未得到揭示。引起史学家极大关注的乡绅正是具有代表性的一个过渡性的社会集团。

"乡绅"在英国社会史中系指介于自耕农、农场主和有头衔的贵族之间四个社会等级的集合体概念，而不是近代语义学上类似于"阶级"的概念。当时代人威廉·哈里森论及乡绅时，只是指出它具有一系列资格和权利，并没有对其做出限制性的定义。属于乡绅的四个土地所有者等级是：（1）从1611年起开始授封的准男爵；（2）骑士；（3）缙绅；（4）绅士。②他们的社会地位不等，其中地位较低的是普通的绅士，而缙绅、骑士和准男爵地位则比绅士要高，属于乡村的精英。他们中有一些较富有者后来获得了贵族头衔，但乡绅的社会地位仍处于60—120个有头衔的贵族之下。③乡绅和贵族的区别一方面在于法律身份：15世纪议会贵族出现以后，法律承认贵族特权的继承性，如具有进入上院的权利等；乡绅没有这种特权。区别的另一方面则在财产的拥有和影响上：尽管较富裕的男爵与不那么兴盛的男爵、伯爵甚至公爵之间可能很难划清界限，但在贵族和乡绅之间的社会界限却非常深刻。④乡绅的财产收入一般处于贵族之下。

乡绅这个社会集团性质多元性的特点表现在这个集团各个等级的法律规定性和反映在这个集团成员身上的经济关系两个方面。乡绅集

---

① R. H. Tawne, "The Rise of Gentry, 1558-1640", in *Economic History Review*, XI (1941).
② G. E. Mingay, *The Gentry: The Rise and Fall of a Ruling Class*, Longman, 1976, pp. 2-3.
③ Lawrence Stone, *Crisis of Aristicracy, 1558-1641*, Oxford U. P., 1965, p. 28.
④ G. E. Mingay, *The Gentry: The Rise and Fall of a Ruling Class*, Longman, 1976, p. 4.

团中一部分人具有法律领有身份,这便是准男爵和骑士这两个社会等级。准男爵是英国封建制度处于政治经济上极为困难之时比照旧有等级设立的一个贵族外延下属等级。1611年,由于国家财政窘困,镇压厄尔斯叛乱急需一笔军费,于是新设"准男爵"这一爵位,在当时卖官鬻爵狂潮中将该爵位定价出售。凡年收入在1000英镑以上者有资格购买准男爵爵位,价格为1095英镑,获得准男爵爵位者可在自己姓名前加上"爵士"的尊称。在1611—1614年间,平均每年授封31名准男爵。1615—1618年平均每年授封120名,1617年授封人数达到顶点,为199人。[1] 取得准男爵称号者大抵是经济上富有的新兴阶层人士。

骑士在英国是一种区别于贵族的荣誉称号,骑士的授封可以上溯到诺曼征服时期。向封建主承担军事义务的军人拥有骑士称号,领得采邑封地。到了16世纪,随着常备军的建立,骑士不再承担过去那种陪臣对领主的固定的军事义务,可以向领主交一笔钱以代替应尽的军事义务,骑士称号成为一种荣誉头衔。但这个等级在英国地方上拥有政治地位,承担地方行政司法事务,参加巡回法庭,担任治安法官,介入广泛的地方事务,往往被推选为下院议员参加议会。[2] 伊丽莎白一世在位最后20年大量授封骑士。到其末年,授封的骑士达934人。詹姆士一世即位后继续加封骑士,英国骑士的总数很快达1161人。[3]

乡绅中第三个等级为缙绅。该身份起源于中世纪,当时有军事内涵。缙绅是骑士的附庸,追随骑士参战服役。到14世纪后期,允

---

[1] Lawrence Stone, *Crisis of Aristicracy, 1558-1641*, Oxford U. P., 1965, p. 28.
[2] G. E. Mingay, *The Gentry: The Rise and Fall of a Ruling Class*, Longman, 1976, p. 4.
[3] Lawrence Stone, *Crisis of Aristicracy, 1558-1641*, Oxford U. P., 1965, p. 28.

许缙绅带兵。乡绅的第四个等级为绅士，它包括贵族之子、准男爵和骑士的长子。他们大多数是小土地所有者，也有一些自由职业者、律师、上层教士和大学教授，社会地位居于约曼和农场主之上。[1] 可以看出，乡绅的各个组成部分有一定的等级义务的规定性，而缺少经济财产的规定性。但英国的乡绅和大陆欧洲的小贵族有明显不同，即乡绅除了易于买得战袍外，没有其他法定的特权。[2]

乡绅作为一个社会集团，其经济活动和收入方式具有多样性。乡绅以经营土地收入为主，其他收入为辅。但相当多的乡绅有商业和职业收入，有一些乡绅用土地收入进行投资，获取利润；有一些乡绅领取年金；也有一批独立的农村绅士既无官俸也无商业收入，仅有土地收入。[3] 到17世纪，英格兰和威尔士38000000英亩土地绝大部分都由乡绅控制。但是，乡绅占有地产的大小相互间悬殊甚大，经营土地的方式也是多种多样，有着质的差别。

德文郡有的乡绅除拥有自己的家庭农场外，还拥有6—12块农场，年收入在50—100镑。有的乡绅通过经营农场出售产品，获得很大的利润，大大超过了生活的需要。肯特郡乡绅诺顿·纳奇布尔爵士在1671—1672年间靠出售羊和羊毛，以及牛、大麦、小麦和羊皮，收入1500镑以上。北安普顿郡腊希顿的托马斯·特里沙姆爵士在16世纪90年代有一半收入来自出售农牧产品如谷物、奶酪、羊、羊毛、皮革以及木材、石灰等。1590年托马斯·格兰瑟姆每年出售林肯郡地产上170英亩以上的青草，还饲养2000只以上的羊和牛。1598年他仅出售干草一项便获得将近100镑收入。另外，他每年出售木材收

---

[1] G. E. Mingay, *The Gentry: The Rise and Fall of a Ruling Class*, Longman, 1976, p.4.
[2] Harold Perkin, *The Origin of English Modern Society, 1780-1880*, London, 1969, p. 38.
[3] G. E. Mingay, *Eighteenth Century Landed Society of England*, London, 1964, p. 6.

入130镑。在亨廷顿郡,克伦威尔家族每年靠出售木材获得几百镑收入。在白金汉郡,亨利·李爵士在1639—1650年间出售木材收入共达3000镑。[①] 在东盎格利亚,理查德·骚斯韦尔在1544—1545年出售羊毛获得328镑,1561—1562年获得533镑。斯宾塞家族最初是在沃里克郡开始其畜牧业的,1497年斯宾塞家族经营了斯尼特菲尔德庄园农场,他们畜牧业获得很大利润,以后通过婚姻又获得沃里克和邻近的北安普顿郡大宗地产。1508年花800镑购进阿索普庄园,3年后担任了北安普顿郡郡守,1518年被亨利八世授予骑士。诺福克的沃尔波尔家族和唐申德家族也大量经营农场和商业。[②] 独立经营商业农场,向市场出售农牧产品以获得利润,这是乡绅经营土地的第一种方式,这种方式表明一部分乡绅已深深地卷入资本主义商品经济的潮流中。

经营商业农场尽管可获得较高的利润,但由于市场需求是未知因素,经营商业农场亦有失败的风险。相比之下,出租土地收取租户的地租尽管获利较低,却较为可靠。在17世纪末和18世纪初,大多数大乡绅放弃了经营大规模商业农场的做法,他们除保留一块土地作为家庭农场自己耕作外,把大部分土地长期租给佃户。尤其在当时农产品价格急剧下跌之时,广大乡绅更是失去了经营商业农场的兴趣,出现了领地农场衰落和土地所有者成为在外地主的现象,普遍地把土地交由佃户耕种,由佃户筹措农场生产需要的生产资本、牲畜拉牵、种子和农具,乡绅收取地租。一般来说乡绅很关心保持租户的

---

① Joan Thirsk ed., *Agrarian Hostory of England and Wales*, Ⅳ, Cambridge U. P., 1967, pp. 676-679.
② G. E. Mingay, *The Gentry: The Rise and Fall of a Ruling Class*, Longman, 1976, pp. 14, 16-17.

生产积极性。[①]有些乡绅长期在外,让其妻子监督管理地产诸事宜。这类乡绅属于传统性的地位,和新发展起来的资本主义生产方式并无密切联系。

第三类乡绅直接从事工业生产。许多土地所有者从很早的时候起就了解把地产用于工业目的可以带来很多利润。在圈地运动中,有许多土地的圈占完全不是为了农作,而是为了开掘矿产。还有更多的地产用于生产木材。有的乡绅在有较大水能的河流旁建设了水磨坊和船码头,或在河流上建桥、设关卡收通行费。一些乡绅鉴于兴办矿山和建立工场会有不易克服的专门技术问题,他们往往把土地租给某些有专门技术的人员去办工矿业。16—18世纪,乡绅在开办采石业、石灰窑、烧砖业、制铁业和金属加工业时,通常把这些手工企业租赁出去,而不是由自己直接经营。在密德兰地区和英格兰北部,有许多乡绅通过采煤致富,如诺丁汉的威洛比家族、"黑乡"的达德利家族、库伯兰的劳瑟家族。在诺森伯兰也有许多乡绅因此致富。但一般说来,在19世纪到来之前,英国的工矿企业规模不大,能够带来的利润也不大,与地产收入相比只占很小的比例。如1695年沃里克的安德鲁·阿切尔从冶铁业得到的收入为200镑,占全部收入的1/10。这反映了当时乡绅工农业收入的大致情况。18世纪后期,罗金汉勋爵在温特沃斯地产上的两个最大的煤矿在1795年分别只有16个和12个工人。在有些地区,如苏塞克斯乡绅约翰·福勒开办的铸炮工场只能在冬天开工,因为那时才有足够的水能可用。[②]

为市场服务的农业经营的发展和工业的发展促使乡绅努力参加商

---

① G. E. Mingay, *Eighteenth Century Landed Society of England*, London, 1964, pp. 84-85.
② G. E. Mingay, *The Gentry: The Rise and Fall of a Ruling Class*, Longman, 1976, pp. 97-99.

业活动，为自己的产品打开销路。1550—1603年间南威尔士通过港市进行贸易的商人中，有65人是乡绅。一些大乡绅如休奇·欧文和约翰·沃恩爵士拥有自己的贸易货船。在英格兰，乡绅和商业很早便有密切联系。东盎格利亚的约翰·法斯托福在15世纪就是个大船主，不仅向伦敦，同时还向海外运销农产品。多塞特的乡绅唐氏在16—17世纪致力于北美殖民地的贸易，定期向殖民地移民。英格兰北部则有不少乡绅介入了煤炭贸易，甚至一些小乡绅也部分介入了商业贸易。如利物浦附近克罗斯比的威廉·布伦戴尔在1660年收获后投资40镑于船运业便是一例。16世纪开始发展的海外贸易和殖民活动更是吸引了大批美国乡绅。海外贸易需要大宗资金，当时创办了各种合股形式的商人公司。根据历史学家拉布的估计，1576—1630年间参加各商业公司活动的6336人中，大约有1000人属于乡绅，占总人数的16%。其中有少数人，如肯特的乡绅埃德温·桑兹同时参加了几个商人公司的事务，因此他频繁地往返于肯特与伦敦之间。但多数情况下，乡绅只向商人公司投资，不直接参加公司的活动。有的乡绅不仅参加了海外公司的商业活动，同时还参加了殖民活动。[1]

尽管有不少乡绅与市场和资本主义工商业发生了一定的联系，但也有一部分独立的农村绅士既未居官领取薪俸，也未同商业发生联系。他们仍用传统方式经营地产，不断在与邻人的争端中保持维护着自己旧有的地产家业，并竭力维系传统农业社会的控制管理权和父权主义特权，他们反映了衰落中的封建主义社会关系。[2] 前工业化时期英国的乡绅是过渡型社会集团的一个典型范例。

---

[1] G. E. Mingay, *The Gentry: The Rise and Fall of a Ruling Class*, Longman, 1976, pp. 104-105.

[2] G. E. Mingay, *Eighteenth Century Landed Society of England*, London, 1964, p. 189.

15—19世纪德意志的社会结构中出现了类似于英国乡绅的社会集团"容克"。它在德意志工业化的前夜日益资产阶级化,具有多元混杂的性质。容克在德意志历史上存在时间持续很久,但它并不是一个静止不变的社会集团,容克的社会经济内涵以及它与其他社会阶层的关系都发生过重大的变化。容克的兴起在历史时间表上和英国以及匈牙利的乡绅的兴起、波希米亚和摩拉维亚的土地贵族的兴起,以及法国和德意志南部的领主贵族在政治和经济上的衰落同时发生。容克的势力主要存在于德意志易北河以东的一些地区如麦克伦堡、波美拉尼亚、西里西亚和勃兰登堡-普鲁士。[①] 在普鲁士,容克的兴起是随着条顿骑士团贵族的衰落而开始的。1410年以后勃兰登堡发生了叛乱和债务人的罢工,条顿骑士团的财政力量衰落。随之,土地所有权也发生转移。土生土长的普鲁士、立陶宛、波美拉尼亚和波兰的贵族和自由民拥有了世袭的土地所有权。在勃兰登堡,容克拥有的土地不超过2000英亩。这样,开始形成一个由乡村绅士构成的中等社会集团。当时这个集团的成员在文化、语言和谱系方面都是异质的。[②] 但是,德意志的容克与英国乡绅有一点很大的差别,乡绅通过离开地产的后代择业或者联姻,与城市的商人、自由职业者、律师集团发生了密切联系,而容克集团在社会构成和社会联系方面缺少英国乡绅所具有的城市市民因素。因此,容克的资产阶级化较迟才发生。容克集团在社会经济势力增长后,便在各地区展开争夺地方政权的斗争。由于当时中央存在着王公宫廷和等级会议双重机构,权力分立;德意志易

[①] H. Rosenburg, "The Rise of the Junkers in Brandenburg-Prussia 1410-1653", in *American Historical Review*, no. 49(1943), p. 4.

[②] H. Rosenburg, "The Rise of the Junkers in Brandenburg-Prussia 1410-1653", in *American Historical Review*, no. 49(1943), p. 10.

北河以东地区地域广阔,交通联系不发达,所以出现了无法有效地实行集权管理行政的局面。富有的拥有大量土地的容克兴起后,他们建筑牢固的设防城堡,使自己的领地俨然成为一个小国家。容克对包括城镇在内的自己的领地拥有完全的司法裁判权,拥有警察力量、私人军队,并有一批行政管理官员,中央统治者无法控制他们。容克在东普鲁士尤其是引人注目的显赫的政治势力。①

由于容克从一开始便处于条顿骑士团贵族的统治之下,这就决定容克不可能过不劳而获的寄生闲暇生活,只能勤奋地从事生产经营。容克被排斥于宫廷和地方官职之外,他们被迫通过组织庄园农场维生。容克承担的军事义务不十分重,在 15 世纪已可抵偿。容克尽管拥有地方司法审判权,但能够征收的各种税金数量很少,不足以维持其生活。由于当时德意志东部劳动力缺乏,土地荒芜,无法找到承租小块领地的租户,容克只得征募由被征服的本地农民构成的农奴在领地上进行强迫性的农业生产。② 由于当时容克缺少改进农业生产技术所需要的资本,加之条顿骑士垄断了贸易,限制了容克和市场广泛联系的可能,最初容克农场生产的谷物只是供家庭使用。到 15 世纪,勃兰登堡和波美拉尼亚的容克庄园在小租户的帮助下雇佣无地农民劳动,生产供外销的谷物和羊毛已相当普遍。从 1417 年起,在对外政策不断失败的背景下,条顿骑士团通过立法,不断规定最高工资率,以降低生产成本。1427 年开始限制拥有土地的和无地的农民自由流动,并强制性地扩大劳役义务。在 15—17 世纪,把各种租户和

---

① H. Rosenburg, "The Rise of the Junkers in Brandenburg-Prussia 1410-1653", in *American Historical Review*, no. 49(1943), p. 26.

② H. Rosenburg, "The Rise of the Junkers in Brandenburg-Prussia 1410-1653", in *American Historical Review*, no. 49(1943), p. 229.

农民强制性束缚在土地上的做法和农场的发展同时进行。在勃兰登堡，1540 年、1550 年和 1572 年制定的立法一再确认容克支配农民租户的权力，反对城镇保护这些农民，加速农民的农奴化。容克由于拥有领地，在地方上有相当的政治影响，在地方上拥有征收赋税、保护教会、司法审判等相当于郡长的权力，并充当警察首领，掌握了地方行政领导权。16 世纪的价格革命引起了西欧农业生产的衰落，西欧对于谷物的需求则导致了谷物价格的上涨，在这种需求的刺激下，易北河以东德意志的农业在容克领导下得到了大发展的机会。

从 14 世纪和 15 世纪起，条顿骑士团向巴尔干地区大规模出口谷物和木材。从 15 世纪起，容克也争取到谷物等农产品对外贸易的权利。以后，容克逐渐取代了条顿骑士团的对外贸易组织者的地位。在国外市场长期需求的刺激下，容克经营的农场在 16 世纪扩展到顶点。容克甚至和企图渗透到农村的工商业者展开角逐争夺，阻止了他们向乡村的经济渗透。在嗣后进行的 1618—1648 年的三十年战争中，德意志遭到巨大的破坏，经济出现了长期萧条，易北河以东的信贷业崩溃瓦解。三十年战争打击蹂躏了农民，农民被驱逐，他们的土地转到容克领主之手，以后就为容克固定所有，再没有还给农民。容克还鼓励农民开垦荒原、沼泽和森林以获得新的耕地，为领主的利益服务。到 19 世纪初，德意志东部的广大土地几乎全部成为容克的庄园。[1]

容克的政治地位是在 17 世纪中期确立的。勃兰登堡在 1653 年召开了最后一届国民议会。这届议会批准在以后 10 年中向农民和城镇居民每年征收大约 75000 塔勒。1653 年的这一决定实际上确立了

---

[1] H. Rosenburg, "The Rise of the Junkers in Brandenburg-Prussia 1410-1653", in *American Historical Review*, no. 49(1943), pp. 235-238.

等级会议对德意志的公共财政和外交政策的控制权。大选侯弗里德里希·威廉得到了一支常备军，并得到了自由处理外交事务的权力和永久的征税权。作为获得上述权力的回报，1653年弗里德里希·威廉颁布的条令规定容克在财政权、司法权、征税权、警察治安和管理宗教活动方面有支配乡村群众的特权。这样就改变了容克原先领有采邑封地需服兵役的封臣地位，使其成为其领地合法的绝对拥有者。这样便确立了容克在地方政府的政治权力。[①]1655年实际上开始了一种政治妥协，容克和贵族建立了政治联盟，容克成为德意志东部统治的社会支柱。这样，在旧贵族逐渐衰落之时，一个新兴的土地所有者集团容克崛起了。

容克集团反映的生产关系的矛盾性在这个时期非常明显。容克庄园生产的产品已经和国内外市场及资本主义生产密切联系在一起。但是，在其庄园农场中，容克作为农奴主拥有封建权力，压迫领地农场中没有人身自由的农奴和农民。在19世纪开始以前，德意志的农奴制没有最后废除，容克始终未最后完成向资本主义农场主的转变。[②]

从18世纪中期起，普鲁士国王弗里德里希大帝（1740—1786年在位）在自己的庄园中实行改革，减轻农民的劳役，给予他们继承权，并在改变农民人身地位的基础上进行了农业技术改革，但这种改革在他自己庄园以外的全国农村收效甚微。19世纪初，资产阶级革命的浪潮冲击着封建主义。在普鲁士，施泰因和哈登堡两首相相继在农业生产关系中实行改革。1807年施泰因颁布了《十月法令》，废除

[①] H. Rosenburg, "The Rise of the Junkers in Brandenburg-Prussia 1410-1653", in *American Historical Review*, no. 49(1943), pp. 240-241.

[②] 〔英〕克拉潘：《1815—1914年法国和德国的经济发展》，傅梦弼译，商务印书馆1965年版，第50、53页。

了农民对于地主的人身依附关系,允许农民有支配自己的财产、选择职业和决定婚姻的权利,但容克地主的领地裁判权没有取消,与土地相关的一切封建义务都保留下来。继后,1811 年哈登堡颁布了《调整法令》,允许农民赎买关于土地的封建义务。到 1848 年革命前普鲁士有 35 万富有的农民赎回了封建义务,成为自己土地的所有者。容克地主在实施赎买政策的过程中得到了约 150 万摩尔根的土地和 1850 万塔勒尔的现金。在 1848 年革命的影响下,普鲁士政府于 1850 年 3 月 2 日颁布了《调整法》,加速了农民赎买封建义务的过程,同时强调了保护地主土地所有制的原则,使得 1027000 农民赎买了封建义务,最终在普鲁士废除了农奴制。[1] 上述普鲁士废除农奴制的过程为农业资本主义发展创造了条件,但它并不意味着德国的容克已完全转变为农业资产阶级。易北河以东容克资产阶级化的过程进行得非常缓慢,农业资产阶级的人数仍然是非常之少。直到 19 世纪 80 年代初,在授封为贵族的 159 个大土地所有者中,农业资产阶级只有 10 人。[2] 绝大多数容克仍然用传统和半传统的方式经营土地,他们对于资产阶级自由主义持敌视态度,与近代城市文明格格不入。俾斯麦这个容克集团的代表人物便对城市资产阶级生活毫无感情,他说:"我喜欢穿涂油的靴子,待在森林深处,在那里我远离文明,只能听到啄木鸟的啄木声。""我永远渴望离开大城市,躲开文明的罪恶,每当我不得不待在大城市时,我总是更强烈地感到这一点。"这个集团在政治上拥护君主制,强烈地反对资产阶级民主共和。俾斯麦说过:"我首先是一个忠君主义者,其他一切都是其次。""……对待国王,我

---

[1] 樊亢、宋则行主编:《外国经济史》第 1 卷,人民出版社 1980 年版,第 148—149、157—158 页。
[2] E. Segarra, *A Socid History of Germany 1648-1914*, London, 1977.

影响他，信赖他，指导他，但他是我全部思想和全部行动的中心。"[①]他的情绪是容克的政治心态的最好代表。如果说19世纪的容克在经济活动中已部分地卷入了资本主义生产关系，那么他们的政治心态则反映了旧的社会关系。

英国的乡绅、德意志的容克，此外还有日本的武士都同处于封建社会结构中贵族集团的外延，它们缺少封建贵族那种法律上的特权，在资本主义关系发展起来后较容易发生部分资产阶级化的转变。

19世纪俄国在农奴制未废除和工业革命未完成的背景下出现的一些类型的工人是过渡型社会集团的又一种范例。

根据俄国内政部的统计，俄国在废除农奴制之前，1804年有2423家企业，1825年有5261家企业，1854年增加到9994家企业。工业企业中工人人数也增加了。1804年有工人224882人，1825年有工人340568人，1860年有工人859950人。但是俄国工业的特殊性在于这些工人并不完全是自由的被雇佣工人。根据官方的资料，1804年加工制造业中自由雇佣工人占全部工人的48%，1825年为54%，1860年为87%。在一段时间里，俄国工人的主要部分是向地主和国家交纳代役租的农奴。由于必须获得货币来向地主或国家交纳货币代役租，他们被迫离开乡村。有时地主把农奴送进手工工场，获取他们的货币工资。但是只要地主在农业方面需要更多的劳动力之时，他就有权在任何时候把自己的需交纳代役租的农民召回农村。当时由小市民和手工劳动者出身的非农奴自由雇佣工人非常少。当时俄国的工业中，除了上述部分使用农奴作劳动者的企业外，在俄国还存在着完全以农奴劳动为

[①] 〔美〕科佩尔·S.平森：《德国近现代史》上册，范德一译，商务印书馆1987年版，第180—181页。

基础的采邑企业和领有企业。[①] 俄国的采邑企业和领有手工工场使用强迫的农奴劳动,其劳动生产率非常低下。个别地方的地主为了提高劳动生产率,曾在领邑手工工场中发给农奴工人不多的工资,但这种尝试通常以失败而告终。工人在棍子、皮鞭下被迫劳动,他们境况恶劣,毫无希望,不断发生逃走、放火甚至杀死场主走狗的暴动。这样,使得领有工业逐渐瓦解,让位于使用资本主义自由雇佣劳动力的工厂。1812年在加工制造业领有企业中工作的工人人数为35581人,1826年下降为29328人,到1806年,仍有11%的工人在领邑地主企业中工作。[②] 19世纪50年代俄国工业较发达的一些省份,处于农奴制压迫下的地主农奴中因交纳代役租而准许外出者,在科斯特罗马省占农奴总数的88%,这个数字在雅罗斯拉夫省是87%,在沃洛格达省是84%,在奥罗涅什省是72%,在彼得堡省是70%,在弗拉基米尔省是70%,在莫斯科省是68%。在那些外出找零活干的交纳代役租的农民中,大部分进了工厂,小部分从事手工业和小商业。也就是说,工业较发达省份的农奴中,绝大部分尽管法律身份仍属农奴身份,可是已在部分从事资本主义生产了。[③] 俄国社会结构中这种半农奴型工人的出现是资本主义与封建农奴制这两种生产关系并存、交汇融合的结果。

1861年俄国废除农奴制以后,工业劳动者并没有迅速地无产阶级化,工厂中仍大量存在着来自农村的季节工人。根据1863年尼日

---

① 〔苏联〕涅奇金娜主编:《苏联史》第2卷第1分册,沈宝群等译,生活·读书·新知三联书店1957年版,第11—12页。
② 〔苏联〕涅奇金娜主编:《苏联史》第2卷第1分册,沈宝群等译,生活·读书·新知三联书店1957年版,第15—16页。
③ 〔苏联〕涅奇金娜主编:《苏联史》第2卷第2分册,关其侗等译,生活·读书·新知三联书店1959年版,第3页。

戈罗德省的统计资料,从村庄外出去干各种工业劳动的共有110000人,其中34260人是一年度工人或半年工人。[①] 加卢卡州1896年的统计表明,农村外出人口约为124300人,占全部居民的11%。在俄国欧洲部分,外出的农村劳动力常年在5000000—6000000人之间。例如1884年俄国欧洲部分发出的护照和通行证为4670000张,1897年全俄发出的通行证为9495700张,其中绝大部分是外出寻找工作的农民。1891年俄国农村外出的劳动力人数超过了6000000人。他们有的常年在外,有的是每年中一季或几季在外做工,尤其春季外出者居多。他们构成了和产业工人相区别的一种工人组分——半工半农的季节工人。[②] 这类工人的存在曾引起19世纪70年代开始活动的民粹派极大的关注和推崇,民粹派称他们把俄国乡村"共村共社"的精神带进了城市,与"城市文明"的"腐蚀"相抗衡。这一社会集团也是前工业化社会和工业化初期社会中一种过渡性社会集团。

以上列举的英国的乡绅、德国的容克、俄国的农奴工人和季节工人同属欧洲前工业化时期社会结构中过渡型社会集团。应该说,在欧洲从封建主义向资本主义过渡时期的过渡型社会集团还不完全限于这几个。这类社会集团反映了或集中了几种社会法律身份和生产关系,是社会转变时期新旧社会关系交替和经济生活多元化的一种直接的折射和表现。

---

① 〔俄〕恩·弗列罗夫斯基(瓦·瓦·别尔维):《俄国工人阶级状况》,陈瑞铭译,商务印书馆1984年版,第516页。
② 列宁:《俄国资本主义的发展》,曹葆华译,人民出版社1956年版,第479—485页。

第五章　掌权集团的社会构成

欧洲各国在封建主义开始瓦解后，不仅旧的封建贵族在数量和质量上都发生了急剧衰落，而且对资本主义采取温情主义态度的专制主义国家同旧封建贵族的矛盾也日益公开化。旧贵族不再作为王权的忠诚支持者出现在政治舞台上。欧洲专制主义国家掌权集团的社会构成发生了很大的变化，吸引了一批新兴阶级成员加入掌权集团，以推行不同于典型的封建主义时期的各种新政策。新兴地主和商人开始进入统治集团，在欧洲各国尽管表现程度不同，却较普遍地出现了。而且，这种现象在各国一直持续到工业革命后新兴的中等资产阶级走上政治舞台后一段时间，在一些较早发生资产阶级革命的国家也不例外，表现出一种历史的连续性。掌权集团社会构成，严格说来是由各国的经济社会发展所决定的。在前工业化时期即从封建主义向资本主义过渡时期，各国掌权集团不是严格意义上的近代资产阶级，而是新兴地主和贵族。

在英国的都铎王朝时期，在国家最高层已不是封建贵族独掌政权，实际上是贵族和乡绅分享权力。1547年以后，贵族控制了宫廷官职、驻外使节、一部分军事指挥职务和地方上郡军队指挥官的职务。新兴等级人士通常被排除了担任这些职务的可能性，只有个别例外。1560年以后，上院不再有宗教贵族，完全由世俗贵族充斥，但是在行政机构的财政部门、法院和枢密院中,贵族却没有能独占权力,他们大约取得半数的职位,贵族在国家经济和法律方面不再占据主导地位。[1] 即使当时身居高位的贵族,也大都是玫瑰战争后新封者。亨利八世去世时留下了一个摄政会,以他的幼子爱德华六世名义管理国事,摄政会 16 名成员的爵号无一是在 16 世纪以前取得的。[2] 亨利八世于 1540 年正式组成枢密院,把枢密顾问官人员固定下来,共有 19 人,其中有 8 人是非贵族人士,他们是托马斯·切尼、威廉·金斯顿、安东尼·布朗、安东尼·菲温尔德、托马斯·赖奥恩利、拉尔夫·萨德勒、理查德·李奇、约翰·巴克尔。[3] 亨利八世在位时期进入政权核心的新兴阶级代表人物可以举出两人,即托马斯·莫尔和托马斯·克伦威尔。

托马斯·莫尔(1478—1535 年)出生于伦敦富有的市民家庭,其父约翰·莫尔出生于面包店主家庭,他的哥哥在 1475 年加入林肯法学会,后来当上律师,为王家高等法院的法官,还获得贵族爵位。莫尔幼年居住在伦敦富有市民集居的街区,1492 年进入牛津大学坎特伯雷学院学习,当时牛津大学是英国人文主义文化的中心,莫尔在这里形成了自己人文主义世界观。1496 年莫尔进入林肯法学院学习法律,1502 年毕业成为律师,并同时从事法学教育。1504 年他被伦敦市民选为下院议员。在这一年亨利七世以女儿出嫁等理由向议会勒索一笔数量巨大的补助金,莫尔在下院义正词严地否决了国王的要求,他得到下院议员的支持,亨利七世迁怒于莫尔的父亲,把他投入伦敦塔监狱。由于这一事件,莫尔被迫一度脱离政治活动,

---

[1] Lawrance Stone, *The Crisis of Aristocracy, 1558-1641*, Oxford U. P., 1965, pp. 29-30.
[2] A. Morton, *A People's History of England*, London, 1979, p. 288.
[3] Perry Williams, *Tudor Regime*, Oxford U. P., 1981, p. 452.

他在伦敦卡特豪斯修道院生活了一段时间，他发现这个世界"尔虞我诈和相互倾轧"，"到处是恶魔在统治着人间"。1510 年莫尔担任了伦敦城的副执行官，他与伦敦金融界和商业界发生了更密切的联系，成为他们的官方代理人。1515 年 5 月，伦敦商人推他为英国驻弗兰德斯大使馆成员，参与协调英荷之间在羊毛和呢绒贸易问题上的冲突，他顺利地完成了这项任务，并在出使荷兰时结识了著名的人文主义者彼得·贾尔斯。从荷兰回国后莫尔完成了著名的人文主义和空想共产主义著作《乌托邦》，该书在伊拉斯谟和贾尔斯的努力下在荷兰出版。[①] 1518 年，由于莫尔丰富的知识和阅历，他被吸收进亨利八世的委员会，1521 年被封为骑士，1529 年在沃尔西去职后担任了大法官，他是第一个担任大法官职的世俗人士。无论就家庭出身、社会环境、思想观念或职业经历而论，莫尔都是新兴资产阶级的政治代表。

亨利八世的另一位重臣是托马斯·克伦威尔，他是 16 世纪 30 年代英国宗教和政治改革的主要推动者。托马斯·克伦威尔（1485—1540 年）出生于伦敦近郊。父亲是一个酿造过啤酒、从事过铁匠和漂布业，后为呢绒商的乡绅。他早年在意大利的法国兵营中度过军旅生活，后到安特卫普学习经商，经营过对佛兰德斯的贸易，与佛罗伦萨银行家有交往。回国后在沃尔西大主教府中工作多年。他谙熟法律，1524 年被接纳为格雷法学会成员，从事律师工作多年。1523 年和 1529 年曾两度当选为下院议员。他和商人、法律界人士有密切联系，崇尚法治，熟悉下院议员的情绪和议会斗争形式。他懂得法文、

---

① 〔苏联〕И. Н. 奥西诺夫斯基：《托马斯·莫尔传》，杨家荣、李兴汉译，商务印书馆 1980 年版。

拉丁文、希腊文和意大利文，阅读过亚里士多德、马基雅维里、马尔西里乌斯、卡斯托格利昂等学者的政治学著作。他认为国家的统一、王权至尊是消除内战和民族昌盛的根本条件。托马斯·克伦威尔1530年宣誓进入宫廷政府；1531年进入枢密会议，负责草拟法令；1533年担任财政大臣，逐渐执掌了财政、司法、行政、外交和宗教事务等方面的大权。1534年4月他被任命为国务大臣，常代表国王出席枢密会议，成为枢密会议实际上的首要人物。1536年任枢密院院长，同年被封为勋爵，1540年被封为男爵。[①] 没有像托马斯·克伦威尔这样的新资产阶级型的人物作为中流砥柱，亨利八世16世纪30年代的改革是无法实行的。

在伊丽莎白一世第一届枢密院中贵族共有8名，其中北安普顿侯爵威廉·帕尔、彭布罗克伯爵威廉·赫伯特、贝德福德伯爵弗兰西斯·拉塞尔均为新授封者。而德比伯爵斯鲁斯伯里和阿伦德尔都是显赫的工商业巨头家庭出身。另有12名非贵族，大抵是绅士。这些人中有3人出自平民家庭，马森出自放羊人家庭，彼得的家庭介于约曼和小乡绅之间，尼古拉·培根的父亲是以穿牛鼻绳为业的小生产者。[②] 进入伊丽莎白一世枢密院的还有伦敦剪羊毛人和理发师之子托马斯·史密斯，乡村呢绒商之子瓦尔特·迈尔德梅。第一届枢密院的20名成员中有10名是爵士，他们大部分是新兴的非贵族富有者。[③] 总之，在1530—1570年间，英国枢密院中非贵族和下层贵族的成分增加了，对于有学识的世俗行政官员的需求导致了新的成分的增加。

[①] P. Corrigan and Derek Sayer, *The Great Arch: English State Formation as Cultural Revolution*, Oxford: Basil Blackwell, 1985, p. 214, note.
[②] Perry Williams, *Tudor Regime*, Oxford U. P., 1981, p. 426.
[③] Perry Williams, *Tudor Regime*, Oxford U. P., 1981, p. 453.

但到了伊丽莎白一世在位后期政治急剧向保守方面转变之时，政权核心社会构成的革命性变动也就中止了。

引起我们极大兴趣的是类似于专制主义时期国家统治集团社会构成的特征在英国这个资产阶级革命较早发生的国家一直持续到革命后相当一个时期。如果以英吉利共和国成立的 1649 年为原点向前和向后截取 150 年作为两个比较的历史阶段，那么我们会发现这两个时期英国统治集团的社会构成没有本质的阶级差别。

过去有一些历史学者机械地照搬历史唯物主义原理去解释中世纪到近代各国统治集团社会构成的变化。他们认为，既然资产阶级革命这一历史形态是一种资本主义关系和新兴的资产阶级受到封建制度的压迫束缚，资产阶级为求得资本主义自由发展而起来打垮封建旧制度的革命，那么资产阶级革命将使得新的阶级即资产阶级取代旧的封建贵族来掌握政权。但大量历史事实却表明，欧洲国家的资产阶级革命往往并没有在某些国家建立纯粹资产阶级的统治。资产阶级取代土地贵族而成为国家政权的执掌者不是通过一次革命便轻易实现的。

1640 年秋长期议会的召开标志着英国资产阶级革命的开始。革命爆发后不久，查理一世逃离伦敦，长期议会便接管了英国的政权，在事实上中止了斯图亚特王朝查理一世的统治。此时的长期议会的性质不单纯是革命前议会的那种代议制机构性质，而是一个集立法权和行政权于一身的政权机构。长期议会下院设立若干委员会，行使行政机构各部的职能。[1] 因此，研究长期议会下院的议员，便可洞悉英国

---

[1] Gerald Aylmer, *The State's Servants: The Civil Service of the English Republic, 1649-1660*, London and Boston: Routle & Kegan Paul, 1973, pp. 9-14.

资产阶级革命开始阶段政权的社会归属。20世纪50年代以来，研究17世纪英国革命史的学者始终极其注意到长期议会议员的研究。平宁顿和布隆赖以及基勒在50年代中期几乎同时写出了两部关于长期议会议员的研究专著，提供了详细的长期议会议员的传记材料。长期议会下院共有574名议员，就这些议员的职业来看，军人为9人，教会官员为3人，宫廷官员为22人，绅士为333人，律师为74人，海军军官为1人，医生为1人，王室官员为27人，城镇律师为6人，商人为55人。长期议会下院议员中，商人的人数只有绅士人数的1/6。[①] 埃尔默教授根据随机取样的方法从英吉利共和国时期1175—1180名官员中选择了有代表性的200人，进行了传记研究。研究结果表明他们中来自贵族家庭的有1人，来自准男爵和绅士家庭的为15人，来自绅士家庭的为83人，来自市民和商人家庭的为14人，来自约曼家庭的为4人，来自其他平民家庭的为20人，来自教士家庭的为6人，出身不详者为57人。也就是说，英国资产阶级革命政权官员的主要来源是乡绅及其后代，它和长期议会议员的社会构成趋于一致。在革命时期，这批人士的社会等级地位有所提高。到17世纪60年代，这批官员中贵族有4人，准男爵和绅士有18人，其他各类绅士有134人，市民、商人和市参议院有18人，约曼有1人，教士和医生为6人，身份不详者为19人。[②] 尽管其中不少人社会地位提高了，但资产阶级成分极少。

英国资产阶级革命时期在执政集团及行政官员中占主导地位的乡绅，不排除其中有些已卷入商业和土地经营的潮流，但不能把他

[①] M. F. Keeler, *The Long Parliament 1640-1641*, Philadelphia, 1954, p. 23, Table 5.
[②] Aylmer, G. E., *The State's Servants: The Civil Service of the English Republic 1649-1660*, London: Routledge & Kagan Paul, 1973, pp. 174, 181.

们简单地划为农业资产阶级。斯通晚近在讨论英国革命性质时曾明确指出这一点，他说，"现在事实上还没有证据可以证明富于活力的乡绅和大地主就是农村资产阶级"，"英国资产阶级革命并不是一场封建阶级同资产阶级间明确的冲突"。[①] 就这次革命的性质而论，它成功地推翻了斯图亚特王朝，处死查理一世，其所作所为表明其性质确实是一次反封建的资产阶级革命，但这次革命并不是由资产阶级领导的。当时英国近代资产阶级尚未成熟，这是一次由非贵族新兴土地所有者领导的革命。夸大一点说，这是一场没有资产阶级的资产阶级革命。这样便开始了英国近代政治权力和社会阶级之间关系的错位。

充当革命领导集团主要成分的乡绅的社会心态在很大程度上直接决定了这次革命的政治成果。这些议员中大多数人在革命时期仍然长时间地生活在远离伦敦的乡间，他们和城市文明尚未充分地融合，他们中许多人担任了郡治安法官等基层职务，在政治上表现出明显的地方主义倾向。乡村文化对乡绅议员的政治视野产生了极大的束缚作用，他们在政治上趋向传统观念，从未就革命应当建立什么样新的政治体制提出过富于创见性的意见，他们没有考虑过要彻底扫除君主制这个封建的躯壳。如同他们在宗教观念中崇拜上帝一样，他们仍然是王权的崇拜者。长期议会下院议员中只有极少数共和主义者。在处死查理一世和宣布成立共和国以后，革命领导集团中抛弃共和制改成君主制的幽思一直未曾灭绝。在 17 世纪 50 年代护国主时代留下的档案文件中，便有一些为立克伦威尔为国王实行

[①] Lawrence Stone, "Seventeenth Century English Bourois Revolution Revisided", in *Past and Present*, no. 109(Nov.1985), pp. 45, 53-54.

君主制而准备的文件。①

从英国革命后期起到 18 世纪初年,英国政治权力的社会构成发生了一种潜在的重要变化,乡绅的政治地位下降,而居于乡绅之上的各种有头衔的贵族成员进入政权核心,处于控制乡绅的地位。这些有头衔的贵族有的是都铎王朝授封的家族的后代,有的是 17 世纪后期被封为贵族的。而从复辟时期到乔治三世在位时期,乡绅被排斥于权力集团之外。作为对他们参加 17 世纪革命的酬报,乡绅的地产没有被剥夺,他们的财产权得到了保护和承认。在 1690 年前后,乡绅在英格兰占有全部土地的 40%—50%,大地主贵族拥有土地的 15%—20%。到 18 世纪 90 年代,乡绅占有的土地仍为 50%,而大地主贵族拥有的土地上升为 20%—25%,大地主地产的扩大主要是通过剥夺自耕农实现的。②

乡绅在英国政坛上地位的下降有着具体的原因。乡绅在政治生活中长期远离宫廷和政府,他们较关心自身和本地区的利益,不愿意轻易附和专制统治。17 世纪 50 年代他们便不断对克伦威尔独占权力的做法展开斗争,克伦威尔始终未能有效地控制以乡绅为主体的议员多数。这种斗争在克伦威尔死后造成的局势动荡使复辟变得不可避免。③1660 年复辟以后,对王朝威胁最大的仍是议会和具有自治色彩的地方政府。在各郡议会选举中,乡绅也成为当地贵族大地主的主要竞争者。1688 年改变后至 1715 年间,地主贵族在议员选举中竭尽全力压制乡绅,努力控制各郡的议席。由于乡绅过于分散,没有自己的政治组织,无法协调自己集团的意见以推出公认的代表,所以在选举

---

① Austin H. Woolrych, *From Commonwealth to Protectorate*, Oxford U. P., 1982. pp. 354-355.
② G. E. Mingay, *The Gentry: The Rise and Fall of a Ruling Class*, Longman, p. 59.
③ J. H. Plumb, *The Growth of Political Stability in England, 1675-1725*, London, 1967, p. 22.

中失败。[1] 议会固然不是国家机构的主要部分，但都是各派的政治角斗场，乡绅在这个战场的失败便决定了他们在相当长的时期中的政治命运。经过1688年以后30余年的争夺，到沃尔波尔任首相即辉格党优势确立之时，英国的政权落到了社会身份居于乡绅以上的大地主贵族之手，它们以辉格党为代表。

在1733—1835年间，英国内阁成员中贵族及其后代占据了大多数，没有贵族身份很难进入政府核心。例如格拉夫顿不是公爵，因此始终未能担任财政大臣职务。[2] 统治集团还通过立法形式来保证贵族大地主对政治权力的占有。1710年通过的《资格丧失法》把拥有地产作为进入政治上层的必要条件。这个法令贯彻于整个英国贵族政治时期。[3] 从1700—1799年新授封的贵族不下于229人，但他们中只有23人和已授封的贵族没有血缘或婚姻关系。所以授封贵族只不过是原有精英集团的扩大，而没有吸收新的社会集团成员。1716年英国通过了《七年法令》，更有利于贵族寡头稳固地控制政权。

直到1832年议会改革以后很长一段时间，英国工业资产阶级都没有成为统治阶级。1833年《威斯敏斯特评论》炫耀说："土地利益必然长期占有对公共事务的统治权：因为唯独这个阶级有余暇参与公共事务。"1848年约翰·布赖特在议会下院发言说："议会的这一院和那一院完全是贵族特征，因而行政机构也必然具有同样情况。"马体·阿诺德到1879年仍认为："英国的政府系由一帮贵族人士组成，此外有一两个和他们结成一伙的自由职业阶级人士加入

---

[1] J. H. Plumb, *The Growth of Political Stability in England, 1675-1725*, London, 1967, p. 46.
[2] Roy Porter, *English Society in the Eighteenth Century*, Penguin Books, 1982, p. 129.
[3] W. L. Guttsman, *The British Political Elite*, London, 1963, p. 53.

其中。"①

1838 年英国取消了 1710 年制定的《资格丧失法》，为新兴阶级取得政治权力扫除了一大障碍。在英国，资产阶级参政和掌权走过的途径和欧洲其他国家的资产阶级很相似，都是首先取得选举权和被选举权，扩大本阶级在下院的议席，当其政治势力强大到一定程度，便可以通过自己的政党谋求进入内阁政府，执掌权柄，决定国家政策。

英国工商业资产阶级 19 世纪在争夺下院议席中进展得非常缓慢。根据托马斯和詹宁斯研究的结论，②1832 年议会下院中土地所有者为 464 人，而工业企业家只有 44 人；1835 年的议会下院中土地所有者为 469 人，工矿业主为 50 人；1837 年的议会下院中土地所有者为 480 人，工矿业主为 57 人；1841 年议会下院中双方议员各为 479 人和 60 人；1847 年下院中双方议员各为 448 人和 119 人；1852 年下院中双方议员各为 442 人和 122 人；1857 年下院中双方议员各为 440 人和 151 人；1865 年下院中双方议员各为 416 人和 278 人；1874 年下院中双方议员各为 397 人和 271 人；1880 年下院中双方议员各为 329 人和 290 人；1885 年下院中双方议员各为 198 人和 308 人；1886 年下院中双方议员各为 239 人和 307 人；1892 年下院中双方议员各为 217 人和 223 人。也就是说，直到 1885 年工业资产阶级的人数才在议会下院中超过土地所有者议员，成为下院占主导地位的社会集团。

---

① Harold Perkin, *The Origin of Modern English Society, 1780-1880*, London, 1969, p.314.
② J. A. Thomas, *The House of Commoms, 1832-1901*, Cardiff, 1939. 詹金斯在写作《英国议会》一书相关部分时，利用了 J. A. 托马斯该书研究成果。詹金斯是根据议会中议员代表某种利益的次数来计算的，实为"人次"。此处为叙述简便，简称为"人"。特此说明。

如果计算时把法律业和金融业人士也算入资产阶级阵营的力量，那么双方力量对比的改变时间要早一些：在1832年下院中资产阶级议员为216人，1835年为231人，1837年为250人，1841年为248人，1847年为315人，1852年为344人，1857年为375人，1859年为364人，1865年为567人。到1865年在议会下院资产阶级议员第一次超过土地贵族议员的人数，后者此时为436人。[1] 不同的学者研究该问题得出的数据稍有差别，但描述的大趋势是相似的。根据贾德的研究，在1831年议会下院中贵族（包括准男爵、爱尔兰贵族、贵族和准男爵之子）占议员的33%，曾就学于贵族学校伊顿公学的学者为20%，就学于哈罗学院的为11%，就学于威斯敏斯特、温彻斯特、斯鲁斯伯里和拉格比学校的为13%。而议员中工厂主、商人和银行家仅占24%。[2] 艾德洛特认为，在1841—1847年的议会下院中，贵族议员占38%，工厂主、商人和银行家占议员的15%—20%。[3] 古兹曼认为，1865年下院议员中贵族占31%，乡绅占45%，[4] 1874年下院议员中土地所有者和以地租收入为生者为209人，占23%；工商业者157人，占24%。1880年下院议员中土地所有者和靠地租收入为生者为125人，占19%；工商业者259人，占40%。1885年下院议员中土地所有者和靠地租收入者为78人，占16%；工商业者为186人，占38%。[5] 古兹曼的研究认为，到1880年时工商业资产阶级在下院中第

---

[1] 〔英〕埃弗尔·詹宁斯：《英国议会》，蓬勃译，商务印书馆1960年版，第64页。
[2] G. P. Judd, *Members of Parliament, 1734-1832*, 1955.
[3] 〔英〕艾德洛特：《1840年代的下院》，载（英国）《历史》杂志1954年，第248—262页。
[4] W. L. Guttsman, *The British Political Elite*, London, 1963, pp. 41, 82.
[5] W. L. Guttsman, *The British Political Elite*, London, 1963, p. 82.

一次超过了土地所有者议员的人数。

19世纪30—60年代,能够进入英国政治上层的中等阶级分子简直是凤毛麟角。他们中有查尔斯·汤姆逊和赫黎斯。查尔斯·汤姆逊系对俄贸易商人之子,16岁起赴彼得堡经商,1824年返英,1826年在哲学激进主义者支持下当选为下院议员,1830年任内阁贸易委员会副主席。赫黎斯也是商人之子,和伦敦城许多豪富联系密切,1828年任财政大臣,坎宁下台后赫黎斯任国库大臣,1834年任皮尔内阁战争大臣。[1] 阿丁顿是第一位出身寒微而升至高位的内阁成员。但真正的工业资产阶级进入内阁要迟得多。1846年格雷勋爵曾竭力促使工厂主科布登进入内阁,但未获成功。12年后帕麦斯顿邀请科布登入阁,但这次为科布登拒绝了。科布登当时鉴于辉格党贵族和帕麦斯顿无意改变政府的政策,他不愿只身加入内阁成为一种摆设。[2] 布赖特也始终未能入阁。

19世纪中期,英国权力结构的核心即内阁中开始出现资产阶级分子,这种成分在逐渐增加。而内阁中贵族的成分在逐步下降。

1830—1866年英国内阁成员中上院议员即贵族占有很大比重。1830年格雷内阁组成时阁员总人数为13人,其中上院议员为9人,下院议员为4人。1834年墨尔本内阁中上院议员为7人,下院议员为9人。1834年皮尔内阁共12人,其中上院议员7人,下院议员5人。1835年墨尔本内阁共12人,其中上院议员5人,下院议员7人。1841年皮尔内阁共14人,其中上院议员8人,下院议员6人。1846年拉塞尔内阁共16人,其中上院议员9人,下院议员7人。1852年

---

[1] W. L. Guttsman, *The British Political Elite*, London, 1963, pp. 56-57.
[2] W. L. Guttsman, *The British Political Elite*, London, 1963, p. 52.

的德比内阁共 13 人，其中上院议员 6 人，下院议员 7 人。1853 年帕麦斯顿内阁共 14 人，其中上院议员 7 人，下院议员 7 人。1858 年德比内阁共 13 人，其中上院议员 6 人，下院议员 7 人。1859 年帕麦斯顿内阁共 15 人，其中上院议员 6 人，下院议员 9 人。上述数字证明，19 世纪 60 年代以前贵族始终在内阁成员中占多数。[①] 对 1830—1868 年内阁成员社会来源的统计表明，在总数 103 人中，拥有大地产的贵族及贵族的第一代后代共有 56 人，占内阁成员的 55%。此外还有各郡乡绅 12 名，两项合计土地所有者为 68 人，占阁员总数的 66%。内阁成员中商人和以利息为主要收入来源的上层行政官员共 21 人，占阁员人数的 20% 左右。有 14 人从事法律业等非贵族职业。如果把后两类视为资产阶级的一部分，那么资产阶级分子也只占到内阁人数的 1/3。[②]

新兴工业资产阶级代表大量进入政权核心机构，只有在一国的资产阶级政治民主化取得相当成果时才有可能。在英国，这一时期到 19 世纪最后 30 年和 20 世纪初才真正到来。19 世纪中期以后中等阶级（工商业资产阶级）在内阁中所占的比例逐渐增加。1868 年格拉斯顿内阁中贵族为 7 人，中等阶级为 8 人；1874 年狄斯雷利内阁中贵族为 7 人，中等阶级 5 人；1880 年格拉斯顿内阁中贵族为 8 人，中等阶级为 6 人；1885 年索尔斯伯里内阁中贵族为 11 人，中等阶级为 5 人；1886 年格拉斯顿内阁中贵族为 9 人，中等阶级为 6 人。直到 19 世纪 80 年代中期，中等阶级的人数在内阁中才第一次超过贵族。此后各届内阁的成员中，中等阶级均多于贵族人士。[③] 如果可以粗略地把中

---

① W. L. Guttsman, *The British Political Elite*, London, 1963, p. 36.
② W. L. Guttsman, *The British Political Elite*, London, 1963, p. 36.
③ W. L. Guttsman, *The British Political Elite*, London, 1963, p. 76.

等阶级（即近代资产阶级）在内阁中占据优势的数量作为这个阶级执掌政权的一个主要标准的话，那么直到 19 世纪 80 年代，英国的政权在严格意义上还不是由资产阶级为主来执掌，土地贵族在国家政权机构中仍占据主导地位。而这时早已结束了工业革命。

英国政治权力和社会阶级的关系的特征还表现在工业资产阶级政治和经济利益得到满足在时间表上的错位，他们不是先取得政治权力而后才取得自身经济利益的政策保证，资产阶级经济利益得到保证要早得多。这个时期自由贸易政策是反对贵族寡头垄断工商业，保护新兴工商业资产阶级利益的基本政策。从 1839 年起，曼彻斯特的工场主便组成了"反谷物法同盟"争取谷物自由贸易。[1] 1841 年保守党自由派皮尔修改了旧谷物法，先是实行谷物税调节制，并继后于 1846 年 1 月在议会通过了废除谷物法的议案，首先对谷物实行自由贸易。[2] 1849 年英国政府又废除了《航海条例》，以后又取消几乎所有原材料的进口税，实行木材、食糖等商品的自由贸易。[3] 到 1849 年自由贸易政策在英国全面推行，资产阶级的要求成为国家经济生活的指导性方针。而资产阶级执掌政权则要再过几十年才真正实现。

和英国这样资本主义较早得到充分发展的国家相比，欧洲易北河以东那些资本主义生产关系发展较迟的过渡国家，政治权力转移到资

---

[1] A. E. Bland, P. A. Brawn and R. H. Tawney, eds., *English Economic History: Select Document*, London, 1914, p. 701.

[2] A. E. Bland, P. A. Brawn and R. H. Tawney, eds., *English Economic History: Select Document*, London, 1914, pp. 705-711.

[3] 〔英〕克拉潘：《现代英国经济史》上卷，姚曾廙译，商务印书馆 1964 年版，第 611—615 页。

产阶级手中在时间表上就更迟了。

德国经过三次王朝战争后于 1871 年 1 月建立了德意志帝国。在帝国初期,1871—1888 年是普鲁士容克的政治代表俾斯麦执掌政权时期。1888 年倚重容克的威廉一世去世,威廉二世即位,此后新兴的大资产阶级加强了在德意志帝国政治生活中的影响,于是 1890 年俾斯麦终于下台。但是,即使到了 1888 年以后直至 1917 年,德国的资产阶级并没有能够在政权集团中占据主导地位,而只是一种从属地位的构成。

在德意志帝国政府各部部长中,贵族和资产阶级化的地主——容克的代表始终占据绝对多数。1888 年政府 9 名部长中,容克为 3 人,其他贵族为 3 人,土地贵族共 6 人;1890 年政府 10 名部长中,容克为 1 人,其他贵族为 8 人,土地贵族共 9 人;1895 年政府 11 名部长中,容克为 2 人,其他贵族为 6 人,土地贵族共 8 人;1900 年政府 12 名部长中,容克为 3 人,其他贵族为 4 人,土地贵族共 7 人;1905 年政府 11 名部长中,容克为 3 人,其他贵族为 5 人,土地贵族共 8 人;1910 年政府 11 名部长中,容克为 2 人,其他贵族为 6 人,土地贵族共 8 人;1914 年政府 11 名部长中,容克为 3 人,其他贵族为 4 人,土地贵族共 7 人。从上述总体情况来看,担任大臣的 75 人次中,贵族出任者有 53 人次,占 71%。容克占大臣的 23%,即资产阶级化的地主和贵族相比,在政府中只占很小的比例,更不要说资产阶级的代表了。在 1888—1914 年间担任部长的 18 名容克中,5 人担任了战争大臣,4 人担任国内事务大臣,1 人担任负责国内事务的国务大臣,3 人担任农业大臣。5 名担任战争大臣的容克均出身军官,其中 4 人直接由司令官提升为大臣。这里需要提及的是,尽管容克担任大臣的人数并不多,但他们对内政外交的影响远远超过了他们在政府中人数比例。①

普鲁士的外交事务则几乎全部为贵族和容克所控制。普鲁士派出的全权公使中，贵族人士占绝大多数。1888年全权公使共80人，其中容克和贵族为67人；1890年80名公使中，贵族共78名；1895年85名公使中，贵族为73名；1900年93名公使中，贵族为84名；1905年110名公使中，贵族为99名；1910年116名公使中，贵族为101名；1914年120名公使中，贵族为106名，即贵族占派出公使人数的87%。② 在柏林宫廷官员中，容克占有相当的比例。1888年宫廷53名官员中，容克为24人；1890年宫廷52名官员中，容克为24人；1900年51名宫廷官员中，容克为29人；1905年宫廷50名官员中，容克为27人；1910年宫廷45名官员中，容克为22人；1914年宫廷46名官员中，容克为24人。总计容克占王室宫廷官员的49%。在德皇的军事随员中，容克则占48%。③

和英国相比，德国政治的社会构成的保守性还突出地表现在代议制机构帝国议会的社会构成和政府的社会构成之间存在着较大的差异，不像英国内阁成员和下院议员在构成上有较大的一致性。容克和贵族在德意志帝国国会中占的比例比在政府中占的比例要小得多。例如1903年帝国议会433名议员中，容克仅有65人；1913年帝国议会443名议员中，容克为59人，占议员的1/7左右。在帝国东部7

---

① L. W. Muncy, *The Junker in the Prussian Administration under William II, 1880-1914*, New York, 1970, p. 203.
② L. W. Muncy, *The Junker in the Prussian Administration under William II, 1880-1914*, New York, 1970, p. 205.
③ L. W. Muncy, *The Junker in the Prussian Administration under William II, 1880-1914*, New York, 1970, p. 209.

个省的帝国议员中,容克的比例也只占 1/4 左右。[①] 上述数据表明,到 20 世纪初年德国完成了工业化并进入帝国主义阶段之时,政府中土地贵族的成分要比众议院中高得多,国家权力的贵族化特征十分显著。

[①] L. W. Muncy, *The Junker in the Prussian Administration under William II, 1880-1914*, New York, 1970, p. 218.

第六章　社会结构范式的演变

霍布斯鲍姆曾提出："社会的历史需要我们提出一个如果不是定型的和细致的模式结构，那至少也是一个近似的研究前提和研究假设的规则。"[①] 历史学家和社会史学家实际上一直在做社会模式的概括和设想。在整个从封建主义向资本主义过渡时期，欧洲社会结构形成了一种社会等级繁多、具有众多的中间层次的谱系。这个社会结构的谱系仿佛一个光学试验那样：当一束白光透过一枚正三棱镜以后，分光作用便在背后的屏幕上形成了一个多层次的色彩递进的光谱。在这个光谱中，一种基本色彩与另一种基本色彩之间严格说来找不到一条谱线作为两种基色的绝对的界限，因为相邻的两种基本色彩之间存在着许多成分混杂、层次递进的过渡性的色彩，它们好像一条连续性曲线的点。这个社会结构谱系用英国的例子来说便依次是：宗教贵族、世俗贵族（内部又有几个等级）、准男爵、骑士、缙绅、绅士、高级官吏、低级官吏、大商人、小商人、法律界人士、上层教士、下层教士、自由持有农、农场主、自由艺术和科学工作者、店主和小商、技工和手工工人、海军官员、陆军官员、海员、粗工、茅舍农和贫民、

---

① 〔英〕E. J. 霍布斯鲍姆：《从社会史到社会的历史》，转引自蔡少卿主编：《再现过去：社会史的理论视野》，浙江人民出版社 1988 年版，第 10 页。

普遍军人、流浪者。这是格里高里·金在光荣革命后17世纪末年勾画的图谱。[①] 到了18世纪中叶和19世纪初年，梅西和科克洪则对其作了补充。

这一过渡时期英国社会结构和谱系与上述光谱的主要不同之处有两点。

第一点，社会结构各等级的分布完全不是均衡等量的，无法用自然科学试验来精确地比喻复杂的社会结构。各个社会集团或等级的划分只具有相对性，在现实社会生活中它们相互交错、彼此混杂、界限不清的情况极其普遍，而且一些社会集团也并非完全递进等级的关系。但是，在这个复杂的、多层次的社会结构谱系中，我们可以清楚地辨析出最有代表性的新的阶级的历史存在形式，以及衰落和变质过程中的老的封建等级所在。尽管它们和相邻的其他集团已发生了相互渗透，但它们相当于模糊数学中的"弗晰集"，仍可辨别，如新兴的手工工场主、被雇佣的工人、规模不大的资本主义农场主等。这些集团的存在表明随着资本主义关系的萌芽和发展，近代资产阶级和被雇佣阶级也已有雏形出现，他们日后的发展，最终形成了资本主义社会基本的阶级和阶级对立形势。

第二点，从封建主义向资本主义过渡时期欧洲社会结构的构成以及那个时代的人们对这种社会结构谱系的记叙应该说呈现出二元性。这个时期是从封建主义向资本主义的过渡时期，在作为社会结构被确认和被表述的法的观念领域存在着以等级身份为基础的封建法律概念和以财产多寡为基础的资本主义经济原则的混杂，即身份和财产

[①] Joan Thirsk and J. P. C. Cooper, eds., *17th Century Economic Document*, Oxford: Clarendon Press, 1972, pp. 780-781.

两种社会分类参数同时存在于一个社会结构系统之中。这种情况在欧洲各国的社会史文献中均有表现。在英国，17世纪末格里高里·金拟定的社会结构表严格说来仍是按照等级身份的体系来编排社会结构，依照世俗贵族、宗教贵族、准男爵、骑士、缙绅、绅士的顺序来排列社会各等级。[①] 但到了18世纪60年代初马西编排英国社会结构表时，按照财产多寡把绅士分为12档，把商人分为3档，把工场主分为4档，对自由持有农、农场主等也根据财产分成诸档，分别加以估算。[②] 把财产作为社会分类的尺度在法国专制主义时期也有所表现。尽管法国大革命前等级特权制度在法国表现得非常突出，在1695年1月8日法国王室征收人头税的宣言中，却根据纳税的多寡把法国居民分成22个等级，体现了按财产的分类方法。[③] 在18世纪财政大臣杜尔哥对两个中国人关于研究中国问题的指示中，更明显地体现了在当时法国社会中按照财产来划分等级已成为一种不可抗拒的潮流和趋向。[④] 在俄国，同样的做法则见之于彼得一世后期颁布的"等级表"。

上述材料都是对于前工业化时期社会结构的二维描述。

前工业化时期欧洲二维社会结构出现的根本原因在于，这是范式不同的两种社会结构的转换和交错的时期。从封建社会以等级制为特征的社会结构向近代资本主义社会以阶级制为特征的社会结构的演变，并不是以一种社会结构的完全消灭和另一种社会结构的革命性取

---

① Joan Thirsk and J. P. C. Cooper, eds., *17th Century Economic Document*, Oxford: Clarendon Press, 1972, pp. 780-781.
② Roy Porter, *English Society in the Eighteenth Century*, Penguin Books, pp. 380-381.
③ F. L. Ford, *Robe and Sword: The Regrouping of the French Aristocracy After Louis XIV*, Harvard U. P., 1953, pp. 32-33.
④ 〔法〕杜尔果：《论财富的形成与分配》（1776年），见辛燮高等选译《十七、十八世纪的欧洲大陆诸国》，商务印书馆1986年版，第96页。

代为方式的，在转型的过渡阶段中，短期出现了两种社会结构范式的交错、重叠，这样两种社会结构纽带或参数便同时出现在一个社会结构的谱系中，身份纽带和经济纽带在过渡时期的社会结构中同时存在，同时还出现了公社制那种共同体纽带的复归。

过渡型社会集团的存在是从封建主义向资本主义过渡时期社会结构的另一个突出的特征。这种过渡型社会集团存在的根本原因在于，这个时期封建主义生产关系急速瓦解，资本主义关系尚未大规模地密集地形成，这个时期没有一种生产关系在社会中占有绝对的主导地位，导致这个时期缺少形成独立阶级的经济基础。赫伯特、斯宾塞和迪尔凯姆通过对社会的规模，空间分布、分化和整合来解释社会结构问题。他们认为，人口规模的增大对社会会产生压力，争夺生活资料的激烈竞争会导致社会分化的发展，这种冲突导致的权力和政治权威的加强又会反过来促使社会结构的分化。而欧洲从封建主义向资本主义过渡时期的政治和社会发展趋势与之恰恰相反。由于封建主义的不断衰落，这个时期的社会冲突不那么典型，这个时期人口增长从整体上说较为缓慢。社会经济中资本主义因素已在萌芽、发展，但其分布和浓度尚属稀薄，势力不大，因此尚未引起异质的社会结构急速分化，不同质的因素尚能在一个社会集团载体上暂时共存。

第三编　国家

在中世纪后期欧洲封建主义的危机中，欧洲各地都出现了一些新的政治和文化因素，导致了新型国家结构开始形成。一是在欧洲各地都发生了具有地方主义的反对天主教会的斗争，它使得在一个地区的政治势力聚合起来，促进了新的国家的产生；二是15世纪以后普遍的危机威胁到整个社会的安宁，在这种情况下，各地区都出现了一些拥戴和服从君主统治的臣民的团体；三是新大陆的发现和海外贸易随后的发展使各地的商人和市民需要有一个强大的民族国家作为其后盾和保护者，工商业和农业发展以及价格革命带来的剧烈的社会经济生活的震动需要有一个新型的国家来调节和安定社会生活；四是马基雅维里关于政治技术的学说，文艺复兴思想家推崇世俗权力和理性化的思想和新教经济伦理思想极大地影响了上层统治集团，促使他们加强对社会生活的干预，导致了一种代表"共同利益"的国家概念的出现。[1]这些因素推动和影响了国家权力的集中和强化、新机构的设立和国家职能的大发展。这样，使得旧的封建国家形态发生了部分质变。

　　到了15世纪末，等级会议的作用在欧洲各国开始衰落。在一些地区它已完全销声匿迹，而在那些等级会议尚残存的地区，它也日渐

---

[1] Kenneth H. F. Dyson, *The State Tradition in Western Europe: A Study of An Idea and Institution*, Oxford: Martin Robertson, 1983, pp. 29-30. G. Oestreich, *Neostoicism and the Early Modern State*, Cambridge U. P., 1982, Introduction, viii.

失去其重要性，不再在国家事务中起重要作用。例如在法国，三级会议急剧衰落。在 1439 年法国三级会议仍然通过了征税的法令，当时宣布征收 100000 锂人头税，然而这是它最后一次采取这种行动。以后无论是查理七世还是路易十一世在征收人头税时都不再召开三级会议并让它通过法令，以后召开的三级会议只是供国王咨询，不再有立法权。1614 年三级会议召开后直至 1789 年法国大革命爆发，175 年间未曾召开过一次三级会议。在德意志帝国，15 世纪末叶等级会议一度很强大，但这种状况为时甚短。以后帝国各地的等级会议都成为领地王公控制下的工具，领地王公的征税要求未遭到任何反对，他们甚至认为等级会议可以代表国家。[1] 1472 年勃兰登堡第一次召集了全国的平民等级会议，1505 年巴伐利亚各等级第一次在一起开会。但是，在普鲁士绝对主义时期新的赋税交由军事和行政机构负责征收，排斥了等级会议对征税的控制。[2] 等级会议所代表的分权的封建诸侯势力的衰落，是王权增长的结果。法国国王路易十四宣称"朕即国家"，不应当只看作一个君主权势的增长，而应当看作那个时期政治权力高度集中到中央政府的一个反映。从 15—17 世纪，欧洲各国王公、君主的权力明显加强，真正成为民族国家的领袖，这样就结束了一些国家在中世纪封建贵族诸侯长期纷争造成的分裂割据和中央权力分散的现象，国家权力的高度集中正是国家机构和职能发展的前提条件。但是，由于历史的原因，这个时期国家在其活动中还没有和教会和上帝的影响最后分手，君权神授的主张在许多国家一度出现，但文

---

[1] B. Guenée, *States and Rulers in Later Medieval Europe*, Oxford U. P., 1985, pp. 181, 185-186.

[2] Gianfranco Poggi, *Development of Modern State: A Sociological Introduction*, Stanford U. P., 1978, p. 72.

艺复兴和宗教改革的作用使得国家权力的世俗化十分明显，这些都是绝对主义国家形态的特征。[1]

　　欧洲绝对主义国家处于封建主义关系急剧衰落和资本主义关系迅速发展的时期，因此国家形态的变化是适应这种社会经济变革而发生的。但是，绝对主义国家的权力仍属于封建贵族，其所有制经济关系的法律规定仍然是封建主义的。所以，绝对主义国家的诸维包含着极深刻的内在矛盾性。这是一种过渡型的国家形态，但这种过渡型国家无法直接过渡到近代资本主义国家形态。而在易北河以东的地区，则通过废除农奴制的所有制改革和其他政治制度与法律制度的改革避免了革命，带着较多的封建残余过渡到近代国家。

---

[1] J. H. Shennan, *The Origins of the Modern European State, 1450-1725*, London: Hutchinson, 1974, Chapter 1.

第一章　军事组织

军队是国家的一个基本构成，前工业化时期欧洲国家设置发展的一个重要方面便是军队的发展。[①] 从 15 世纪开始在欧洲各国先后发展起来的军队，它和封建主义时期的军队相比表现出若干根本性的差别。这表现在军队的存在形式、士兵的来源、军队的编制和规模方面。

在欧洲封建主义盛期，由于政治上实行了分封制，所以军事力量也分别为大小封建主掌握，在大多数地区没有形成统一的民族国家，也没有在较大的国家范围内建立一支统一的军队，表现出军事组织的分散性，这些为大小封建主控制的私人军事力量也正是政治动乱和分裂割据的实际基础。前工业化时期军事组织发展的一个重大特征就是军队由封建主属下的私兵向隶属于国家的常备军转变。军队不再是战时临时征集的武装力量。君主成为军队唯一的司令官，军队归君主长久指挥，君主和国家则必须提供给军队可靠的装备、给养和薪金。

这种封建军队向常备军发展的过程首先在法国发生了。到 13 世

[①] 桑巴特认为，新型军队的建立处于近代国家建设工作的起始阶段，对近代国家雏形的形成影响极大。国家借助军队替资本主义打开一个大的市场，并强制性地把秩序和纪律灌输于经济生活之中（〔德〕伟·桑巴特：《现代资本主义》第 1 卷，李季译，商务印书馆 1958 年版，第 216 页）。

纪为止，法国没有形成一支军队，国王在需要动用军队时往往通过和他的陪臣谈判，临时调集一支军队。但是到了菲力普·奥古斯都统治时期（1180—1223年），国王的版图急剧扩大，这样国王便需要一支固定的更加可靠的军队，于是便开始逐步用雇佣军取代封建军队，向军人支付现金薪俸。但这些雇佣军很容易沦为盗匪，四处抢劫。1436年查理七世收复了巴黎，以后的十几年间是没有军事行动的和平时期。查理七世在这个时期改革军队，等级会议同意为支持军队而永久征税，从人头税中支付军费。这样法国的军队获得了可靠的财政来源。1445—1446年间查理七世对军队的组织进行了改革，由20个优选骑兵连组成第一支常备王军，每连有200个枪骑兵小队，每队6人，由国王挑选的连长率领。他把一批付薪饷的军队派驻戍防城市；整编了查理五世时期建立的自发军事组织即辅助性的自由弓手，由地区指挥官指挥，置于王室监督之下；还成立了炮兵队。这样在法国开始建立一支严整的常备军。这支王室指挥的军队人数为8000稍多。这时，在需要时临时征召贵族出兵的现象继续存在，但做法效用不大，以后便渐渐取消。[1] 尽管如此，贵族在军队中的作用并没有减少。15世纪末法国王室军队的核心是由贵族志愿兵组成的传令兵连，每个连由一个大贵族指挥，有的则由王族指挥。在传令兵连左右是保卫国王的精锐的卫队，由法籍和瑞士籍枪骑兵和滑膛枪手组成。当时法国的非贵族人士入伍只能当步兵。[2]

16世纪以后，法国军队中步兵人数超过了骑兵。1552年法国军队共有30000步兵和5000骑兵。步兵常常按其籍贯和征集的地区组

---

[1]　J. H. Shennan, *Government and Society in France, 1461-1661*, London, 1969, pp. 35-36.
[2]　J. H. Shennan, *Government and Society in France, 1461-1661*, London, 1969, p. 36.

织成军团,例如布列塔尼、勃艮第、朗基多克、多菲内军团,但一般军官和军团领导人都必须由出身于诺曼底的人担任。这种军团的战斗力并不很强,它们最终在宗教战争中崩溃了。这样,就迫使法国国法采取新的军事组织单位"团"。法国军队团的编制始于内战时期,运用于步兵,最初组成了三个团,即皮卡迪、香巴尼和庇德蒙团。以后路易十三把它增加到 11 个团。这支法国军队的军官最初限于贵族,到 1584 年,第三等级人士可以加入传令兵连。1629 年颁布的法典宣布实行改革,任何军人根据其服役的贡献,可以升至陆军上尉或更高的军阶。开放了以前凭金钱购买的官职,这一措施吸引了有雄心和才能的中等阶级人士进入军队,谋取功名,以升入特权等级。以后路易十四时代有 164 名陆军中将成为贵族,有 1/4 的高级军职落到在 16 世纪和 17 世纪才成为贵族的那些家族成员之手。凭借上述措施,到 17 世纪,法国出现了一支完全由国王控制的军队。这支军队中包含了一些新兴中等阶级的成分和新的特点。在路易十三时代法国军队有 30000—40000 人,路易十四时代则增至 350000 人。路易十四统治时期先后在杜埃·梅斯和斯特拉斯堡等地开办炮兵学校,在军队中建立了炮兵团。1688 年,路易十四建立了 30 个民兵团,由各村镇提供给养,民兵接受军事训练,但不脱离农事。路易十四时期由负责战争的国务大臣及他派出的监督官控制军职的提升和任命、军队的训练以及军队粮草供给一应事务,军队的指挥则由巴黎派出的陆军中将负责,把那些过去曾利用军队来反对中央的省一级官员频繁地从一个省调到另一个省,削弱其军权。

  法国的海军是黎塞留创建的,但当时海军规模不大,黎塞留经过 10 年苦心经营,在地中海部署了 21 艘战舰,在大西洋口布置了 35

艘战舰。科尔伯把法国战舰的数量扩大到 100 多艘。[①] 到了路易十四初年,随着法国采取商业和殖民扩张政策,便面临着海上角斗的局面,尤其面临着与英国海军对抗。路易十四致力于建设一支强大的海军,以取得制海权。他在布列斯特、罗什福尔、土伦、敦刻尔克和阿弗尔·德·格拉斯等地建立了 5 个海军兵工厂。到 1672 年法国有战列舰 60 艘,三桅战船 40 艘。1681 年法国有战舰 198 艘,此外在土伦港还停泊着 30 艘双桅战船,共有海军 11000 人。路易十四在海军中也打破等级界限,引入竞争机制。在军队中王侯、贵族和平民可以平起平坐,后者甚至可以成为前者的上级,以使军队具有较强的战斗力。[②]

法国军事制度的改革是欧洲各国军队改革的先声,尽管在此期间法国军队向近代军队的转变还没有完成,但其他各国军队的改革却到 200 年后才逐渐展开。在英国,17 世纪资产阶级革命以前除了经过训练的民兵外没有常备军,内战中在 1645 年由克伦威尔建立的新模范军是第一支常备军。到 1660 年复辟时期英国常备军人数近 6000 人,规模比法国军队小得多。[③]

在德意志诸国家,军事组织的发展有着较悠久的历史。但是,这些国家军事组织却是在和法国有所不同的历史环境下发展起来的。德意志帝国诸邦国由于区域性领土防卫的需要而发展起了地方性的固定的军事制度。这尤其见之于德意志帝国的边境地区。在萨克森,王公

[①] C. W. Cole, *Colbert and A Century of French Mercantilism*, Vol. 1, London, 1964, p. 194.
[②] 〔法〕伏尔泰:《路易十四时代》,吴模信等译,商务印书馆 1982 年版,第 430—440 页。
[③] Charles Tilly, ed., *The Formation of National States in Western Europe*, Princeton U. P., 1975, p. 99.

把领土分成若干防卫区，授命区的军事长官在紧要时征集军队保卫当地居民。奥地利的领土一直受到土耳其人的威胁，由等级会议发起，从 1470 年开始建立军事组织，奥地利下属诸省的领地议会把领土分成若干军事区，征收防备税，并在 16 世纪最初 20 年间形成了统一的军事组织。到 16 世纪最后 10 年，在拿骚建立了由本地人组成的经过训练的军队。稍迟一些，在巴拉丁也建立了这种军队。在曼海姆、齐根、迪伦堡、海德尔堡等小邦国纷纷建立了要塞和各种领地防卫力量。[1] 易北河以东的邦国往往在战争之前便训练军队。

从 16 世纪后期起，德意志的军事组织迅速发展起来。1585 年设在法兰克福的德意志神圣罗马帝国的最高军事机构"军事代表团"在宗教冲突中瘫痪以后，在德意志帝国的领土上实行了征募士兵的制度，并开始在和平时期训练地方防卫力量。1654 年颁布的帝国条令第 180 条和 1653 年选侯议定书为建立地方防卫组织奠定了法律基础。它规定自由持有农、臣民和自治市市民都有义务保卫帝国的要塞、基地和驻防地，1713 年以后，地方军队在平时从事地区防卫，在战时补充常备军。[2] 这种防卫制度的建立是把防卫由公众的职责转为统治者权力的第一步，同时也是一个领域范围的国家形成过程的一个组成部分。从社会制度的演变而论，它表明诸侯原有的封建军事职责已经消失。在此同时军事技术也发生了变革，步兵逐渐代替了骑兵。这个时期从政权关系来说，王公被迫靠等级会议批准的赋税过活，他们无力在财政上支持一支开支浩繁的外国雇佣军，于是他们要求其臣民恢复封建义务，为他们提供军事支持。

---

[1] G. Oestreich, *Neostoicism and the Early Modern State*, Cambridge U. P., 1982, p. 230.

[2] G. Oestreich, *Ncostoicism and the Early Modern State*, Cambridge U. P., 1982, p. 230.

德意志的军事传统和军事组织在勃兰登堡-普鲁士尤其突出,勃兰登堡国成为一个军事国家是有其原因的。中世纪后期,在易北河以东地区发生了一个殖民化过程。勃兰登堡国的核心地区马克-勃兰登堡最初也是军事殖民地。在勃兰登堡、波美拉尼亚、西里西亚和普鲁士,小的领地国家的基础是武力和战争,盛行着军事义务。骑士用武力维持着自己的统治地位。[①] 在勃兰登堡,从15世纪初起,伴随着占据统治权的条顿骑士团贵族的衰落,容克兴起了。他们在15世纪40年代联合城镇的反对派力量同条顿骑士团展开了武装斗争,要求得到地方权力。他们的斗争在1454—1466年的13年战争中达到顶峰,结果是打败了条顿骑士团。以后容克一直拥有自己的军事力量,构成了对王权的威胁。[②] 因而勃兰登堡国的统治者也格外注重拥有一支强有力的武装力量。军队成为勃兰登堡-普鲁士国家的核心。1660—1672年间勃兰登堡国的军队有7000—12000人,1688年军队为30000人。[③] 到弗里德里希二世即位时,勃兰登堡王国拥有总数为80000人的军队,其中26000人是外国雇佣军,王国军队的组成为32个步兵团、12个骑兵团、6个轻骑兵团、2个炮兵营、6个要塞营和4个城市守备团。弗里德里希二世在位时期扩大了军队编制,增加了16个步兵营和23个骑兵营。他根据西里西亚战争的经验在1746年设立了后方勤务部,负责军队给养,并在各地建立一批粮草仓库。1756年他又进一步扩大军队编制,军队总数达到158000人,还把退役军人组织起来应付战事之需。1765年弗里德里希二世在柏林创办贵族学

[①] F. Mehring, *Absolutism and Revolution in Germany 1525-1848*, London, 1975, p. 43.
[②] H. Rosebberg, "The Rise of the Junkers in Brandenburg-Prussia, 1410-1653", in *American Historical Review*, no. 49(1943), pp. 6-8.
[③] H. Holborn, *A History of Modern Germany, 1649-1840*, New York, 1964, p. 65.

院负责训练军事指挥官和外交家,他还为军队制定严格的纪律。1776年又在柏林建立了制图和地形学学校,培养专门军事人才。1763年以后,弗里德里希二世根据七年战争中失败挫折的教训,任命青年军官担任了军队高级职务。①

俄罗斯统一国家建立以前,莫斯科公国存在着"亲兵"和地方民团相结合的军事组织。亲兵是由大公和诸侯直接控制的武装,它是封建军队的骨干和维护封建主统治的主要支柱。亲兵本身也是贵族,以武士为终身职业,一律当骑兵。由于亲兵人数不多,因此凡遇较大军事征战,需要召集民团。民团是地方性的军事组织,成员来自农民和小市民,民团的军官则由亲兵充任,民团一般为步兵,出征时自备武器粮食,战争结束后即返回家园。民团人数较多,但不是常备军,其地方性强,战斗力弱。这种亲兵和民团构成的军事组织不适应中央集权国家的需要。16世纪40年代,反映中小贵族利益的军事思想家彼烈斯维托夫向伊凡四世提出一系列改革建议,其中很大一部分是关于军事方面的,主张以中小贵族为基础建立一支强大的军队,取消大封建主的私人武装,镇压其反抗;一切军队应归沙皇指挥。伊凡四世接受彼烈斯维托夫的主张,进行了沙俄历史上初次军事改革。他首先广泛推广伊凡三世已实行的领地制,即由沙皇授予贵族领地为代价,吸引广大中小贵族从军。获得领地的贵族即成为军役贵族。1555年制定的法令规定,每50俄亩领地出一名全副武装的骑兵。获得的领地越多者,应出的人马也越多,一切武器装备和后勤补给均由军役贵族自己解决。军役贵族本人必须亲自率领武装的随从听命出战,违反者

---

① W. Hubatsch, *Frederick the Great Absolutism Administration*, London, 1975, pp. 129-136.

将受到苛刑或剥夺其领地。领有土地而无法从军的老弱贵族必须雇人从军。军役贵族服役期间对其领地及领地上的农奴拥有全权。大封建主也和中小地主一样必须终身服军役。这样，在俄国建立了一支封建军队。这支军队尽管人数甚多，但逃亡或不报到的为数不少。在此期间，伊凡四世在1550年把伊凡三世建立的火枪兵扩建成俄国历史上第一支常备步兵"射击军"，其来源主要是市民。其主要任务是防守莫斯科等城市，镇压当地人民的反抗，也可用于对外战争。射击军平时驻扎在指定的营区内，接受专门的军事训练，着统一的制服，由国家发给薪饷，同时可以经营小买卖和从事小工业。当时与射击军并存的还有一种城市哥萨克，属于边境城市的卫戍部队，也是常备军，平时执行边防计划，战时可编入野战部队，其中有些人也可获得领地。此外，从15世纪起，俄国统治者还收买哥萨克为自己效劳。伊凡四世的军队编制很大，但内部构成复杂，军官一律任命贵族担任。17世纪初，俄国上述封建军队逐渐瓦解。

17世纪初在镇压农民起义和对波兰战争中，米海伊尔在招募雇佣军的同时，开始按照西方国家军队的式样来改造俄国军队。由于当时贵族志愿从军者极少，沙皇政府改从射击军亲属、鞑靼人、哥萨克及一切"自由人"，甚至从外国人中招募步兵，同时还强迫农民和城市劳动者当步兵，以此建立的"新制团"1663年共有77000人。它由国家供给，终身服现役，但和平时期一部分士兵可以住在家里。新制团需要大批能干的军官，于是俄国在三十年战争后从德意志、苏格兰、波兰聘请大批外国军官。直到17世纪70年代才出现第一位俄国将军。新制团的建立标志着俄国军队向近代军队转变的道路上迈出了第一步，以后，射击军的作用和地位降低，领地骑兵基本上被淘汰，残存至 17 世纪末。①

彼得一世在位时期，俄国军队在构成和职能方面都有很重要的发展，它和俄国的国家行政机构更加密切地结合在一起。1690 年彼得一世颁布征召新兵的敕令，确定在自由民中按一定比例抽丁，共征募了 23000 人。以后在 1705 年的二月敕令规定，农户和工商户每 20—30 户抽丁 1 人。从 1699—1725 年共征兵 53 次，共征募大约 287000 人入伍，其中主要是农民。到 1796 年，野战军和守备军共有 500000 人，拿破仑时期俄国军队达到 1000000 人。② 在 1701—1709 年间，俄国用于军费的开支占中央政府所能得到的经费的 70%—90%。③ 为了改变军队的素质，彼得一世积极培养新型的军队将领。他一方面聘请外国人来俄国军队中担任顾问，派遣俄国贵族青年去西方先进国家学习军事，一方面在国内开办军校，自己培养人才。1689 年在亚速夫办起海军学校，1701 年起在莫斯科开办了航海学校、炮兵学校、工程技术学校、医科学校，在彼得堡开办了炮兵学校和海军学院。1716 年彼得一世颁布了亲自主持制定的《军事法规》，其中包括军队训练的基本要求，军队的编制和组织原则，规定了士兵和各级军官的职责，对违反军法的军人处以苛刑。彼得一世还于 1720 年和 1722 年颁布了《海军章程》，确定海上舰队的编制、战船的等级、海军军官隶

---

① 吴春秋:《俄国军事史略（1547—1917 年）》，知识出版社 1983 年版，第 9—13、31—33 页。

② George L. Yaney, *The Systematization of Russian Government: Social Evolution in the Domestic Administration of Imperial Russia, 1711-1905*, University of Illinois Press, 1973, p. 53.

③ George L. Yaney, *The Systematization of Russian Government: Social Evolution in the Domestic Administration of Imperial Russia, 1711-1905*, University of Illinois Press, 1973, p. 53.

属关系等,加强海军建设。1720年成立了以缅什科夫为院长的陆军院,加强对陆军领导。战争期间,陆军野战部队设立总司令,赋予总司令以全权,下设有参谋机构,协助总司令制定作战方案。彼得一世在军事改革的同时,注意发展军火工业和重工业。到1725年,俄国共有85个五金工厂和兵工厂,此外还有火药厂等专门工厂。俄国的工厂能制造各种火炮和大型的海上战舰。彼得一世的军事改革在俄国形成了一支由陆军步兵、骑兵和炮兵以及48艘战舰、787艘帆桨战船组成的海军舰队。[1]

彼得一世建立的这支庞大的新型军队不仅在履行对外职能方面起了重要作用,它在国内的国家行政事务中也起了极为重要的作用。

在彼得一世在位后期,由于地方官员无法进行有效的人口调查,1722年彼得一世把军队派驻农村,在1723年完成了人口调查,使彼得一世制定征税政策有了依据。在此以后,几乎原有的所有地方行政官员都消失了,在缺少有效的地方行政机构的情况下,军队持续留在各地帮助征收灵魂税直到1763年,在有些地方,军队在地方官的指导下进行征税工作。军队对地方行政所起的作用相当之大。到1760年,除大城市以外所有的市政工作都完全由退休的军官来承担,根据他们原有的军职等级来分配他们的职务。在整个18世纪,俄国中央军事机构是最有影响又最庞大的政府部门,它的官员的数量超过了参议院官员的数量。[2]

---

[1] 〔法〕亨利·特鲁瓦亚:《彼得大帝》,齐宗华、裘荣庆译,天津人民出版社1983年版,第312—315页。

[2] George L. Yaney, *The Systematization of Russian Government: Social Evolution in the Domestic Administration of Imperial Russia, 1711-1905*, University of Illinois Press, 1973, pp. 55-56.

俄国军队由封建军队向近代军队的演变在农奴制废除以前没有最后完成。19世纪70年代自由主义者、沙皇陆军大臣米留金继续进行了军事改革。1874年初颁布实行普遍义务兵役制的法令，改变了以往只从农民和纳税阶层征兵，满20岁的男性青年不论其社会地位如何，都有服兵役的义务；平时用抽签的办法每年征集新兵，规定服役年限，落选者编入国家民团；缩短服役年限，陆军由原来25年服役期改为15年，其中6年为现役，9年为后备役；海军服役年限为10年。这一规定有利于扩大军队人数，并储备大批经过训练的后备人员。第二项措施是建立军区加强指挥。在陆军部以下全国设立15个军区，每个军区设一名司令，军区司令部与军队直接接触，因此军事领导灵活简便。1868年发布了《战时军队统帅条例》，扩大总司令的权力。第三项措施是整顿陆军体制，加强野战部队。陆军由正规军、非正规军和国家民团三部分组成。正规军包括野战部队、后方部队和预备军，建设的重点是野战部队。野战部队由28个师增加到47个师，炮兵由28个旅增加到47个旅，训练新兵的任务改由后方部队来承担。第四项措施是改进武器装备。19世纪60至70年代俄军用步枪代替滑膛枪，用膛线炮代替滑膛炮，从国外进口一批新式武器，同时自己开始制造。第五项措施是吸取克里米亚战争的教训，加强部队战备训练。逐步改变训练目的是为了检阅的形式主义，加强士兵单兵训练、实弹射击和工兵作业训练。在步兵战术方面，用散兵队形逐步取代过去密集的纵队队形。第六项措施是改进军官的培训。取消过去的贵族武备学校，建立2年制军官学校和7年制军事中学，还建立了2年制士官学校，原则上非贵族出身的青年也可以入学。院校改革后，凡未经军校训练而升任军官者，都要经过相当于士官学校水平的考试。上述措施使俄国军官的数量和质量都有所提高。此外，俄国海军开始用汽船和装甲战舰代替帆船。[①]

米留金进行的军事改革是伴随着废除农奴制进行的,通过这次改革,使俄国军队开始走上近代化进程,逐渐接近西方发达国家的资产阶级军队的形式。

---

① 吴春秋:《俄国军事史略(1547—1917年)》,知识出版社1983年版,第232—236页。

第二章 国家行政机构（一）

欧洲绝对主义国家已程度不同地出现了一些截然与中世纪封建国家不同，更不同于古代城邦国家的特征。这类国家促进了市场的发展，有利于资本原始积累。这类国家在机构上也有其特征，这种特征在西欧的国家制度中表现得尤其突出，但在东欧某些国家中也有程度不同的表现。这个时期的国家有了一支常备军，取代了过去临时招募的民兵、私兵和雇佣军；国家建立赋税制度，在国家的法律体系中出现了成文法的进一步发展和法令法典化的现象。国家的政府机构开始与王室逐步分离，各种分支机构尤其是财政机构发展起来；此外，司法机构也得到发展；与国家机构的发展相适应，一支较庞大的常设官吏队伍开始形成。上述诸种国家制度的特征过去尚未出现过。前工业化时期国家这种制度结构上的特征的形成与近代早期资本主义的发展直接联系着，因此它在类型上也多少具有近代资产阶级政治制度的形态成分。

法国的绝对主义时期开始于1461年路易十一即位后，时值英法百年战争（1337—1453年）刚刚结束。百年战争是欧洲中世纪后期持续时间很长的一场大战，这次战争给法国带来很大影响。法国的西部地区和整个南方饱受烧杀抢掠，满目疮痍，法兰西岛、皮卡尔迪和诺曼底不断被蹂躏。据估计，这百年间诺曼底大约损失了1/3人口，许多教区空无一人，土地荒芜，有些城市被全部夷成平地，巴黎遭到有史以来从未有过的灾难，占领、骚动、围城和暴乱一再摧残着这座城市。兰斯的居民减少了一半，过去非常富庶繁荣的城市如普罗旺斯已毁于战火，蒙彼利埃、卢昂和波尔多长期凋敝。但是在战争期间，未经战火蹂躏的一些城市和地区的商业经济活动发展起来，出现了一股贸易新潮流。布尔日的商人迎合宫廷对东方名贵产品的需要，取代不愿到东方进行贸易的意大利人去运送产品；里昂和佛兰德尔在居住在那里的意大利商人的影响下，战争一结束便重新开放港口，恢复了经济流通；新兴市民阶层早在战争后期就曾向国王和诸侯提供过战争需要的大宗款项。这样，战争结束后国王便不得不考虑市民的利益。和英国不同之处在于，法国在绝对主义前夜并没有出现像英国那样封建贵族势力经过自相残杀力量消耗殆尽，因而为新兴阶级人士完全放开贵族位置和政治上层职位的背景。法国绝对主义在制度和阶级内涵上都比16世纪的英国含有更多的封建继承性。

法国绝对主义时期的国家结构和它以前的封建国家结构相比，有了重大的变化。

绝对主义时期法国王权具有新的特征。20世纪50年代以后众多史学家指出，绝对主义并不意味着一种暴虐的王权统治。这个时期既保持了君主制的连续性，王权也时时受到节制，具有一些新特点。[1]在王权与教会的关系方面，它摆脱了西欧中世纪那种王权为罗马教皇和天主教会所左右的附属性特征，表现出独立性和自主性，并在和天主教会势力的较量中取得了优势地位。应该说，绝对主义王权取得的

---

[1] Richard Hatton, *Louis XIV and Absolutism*, Ohio State University Press, 1976, "What Is Absolutism?"

这一成果是先前数百年间王权和教会势力斗争的继续。早在13世纪末和14世纪初,法王菲利普四世就同教皇博尼费斯八世就法王向教士征税权发生过争论。卡佩王朝时期诸国王干预了大修道院长的提名,国王取得提名权,并可把这种提名权出售给他的朋友。国王拥有召开大主教会议并担任会议主席的权力,但国王也得在其加冕仪式上宣誓尊重教士的特权、权利、免税权和教会自治的特权。实际上法国国王处于既控制教会,又与教会相妥协的地位。这种格局在法国专制主义开始前持续了一个半世纪。1438年法王颁布《布鲁日国事诏书》,确认了通过选举产生有俸圣职人士的传统,间接确认了国王有权参与这一过程并具有对候选人的提名权,同时禁止教皇以首年俸形式向法国圣职人员勒索钱财的做法,确定了法国教会会议地位高于教皇,法国教会会议每10年召开一次,保持其自主,与罗马教会脱离。这在法国形成了限制教权主义。[①]

1461年,路易十一即位。他开始重建王权,在1461年废除《布鲁日国事诏书》,同教皇修好。1472年又和教皇西克斯特斯四世订立契约。根据这项契约,教皇根据国王的推荐任命所有的圣职人员、恢复交纳教士首年薪俸制度。尽管路易十一在这两个场合对教皇做出让步的具体原因人们并不明了,但有一点可以肯定,路易十一并没有牺牲王权,他通过与教皇修好,牢牢地把法国教会控制在他手中。以后法王弗朗索瓦一世于1516年和教皇利奥十世缔结了波洛尼亚契约,完全取消了旧天主教管区、修道院和小修道院选举管理机构的做法,代之以神职人员由国王任命教皇批准的原则。1516年以后弗朗索瓦一世控制了大约100所大修道院及500所修道院,对教职的任命权在

---

① J. H. Shennan, *Government and Society in France, 1461-1661*, London, 1969, pp. 16-17.

日后国王通过教士会议来抽取岁入,以保证国王财政意图的实现有很大意义。总之,法国在专制主义时期取得的对天主教会的优势地位有利于建设一个强大的世俗王权国家机构。①

绝对主义时期是法国政府机构发展的重要时期。法国这个时期政府机构的建设具有三个特点。第一个特点是,当一种旧的机构设置显得不足以应付新时代的需要时,政府并不采取改造或取消旧机构的措施,相反,仍旧把它保留,另外创设一些新的机构和新的官职。因此,在数世纪中积淀成了一种复杂的制度,它由几层重叠的机构组成,这些机构是在不同时期根据政府的不同构想创立的。第二个特点是,官员是通过官职的鬻卖这种特殊的方式选任的,这种方法驱使政府增加办事人员的数目,以取得国库收入,而不是为了推行行政事务的需要。它使官职由一部分拥有资产的人充任,官员的岗位数目也特别多。卖官的结果使官职的担任者成为这个官职的所有者,他们成了官职的买主和继承人,不再认为自己隶属于上级机关。第三个特点是,由于政府财政困难,官职又很多,所以官员的薪俸报酬极为微薄,为官者都利用自己的职权向国王的臣民勒索金钱,连法官也从原告那里勒索礼物,官场极其腐朽。②

绝对主义时期以前的封建法国,中央机构很不完善,当时制约影响行政机构发展的一个因素是古代日耳曼政治传统的影响,由贵族会议进行司法审判,贵族诸侯控制着贤人会议。12世纪以后,国王开始依靠一小批谋臣进行统治,他们是一些支薪的职业顾问官,就司法、财政、行政诸方面的事务向国王提供意见,他们中有不少是法学

---

① J. H. Shennan, *Government and Society in France, 1461-1661*, London, 1969, pp. 18-19.
② 〔法〕瑟诺博斯:《法国史》下册,沈炼之译,商务印书馆1972年版,第281页。

家,由这批人组成了国王的小会议。小会议的成员一朝与另一朝之间变化很大。路易十一在位时期从资产者、法院和巴黎大学各增加 6 名成员加入小会议。在弗朗索瓦一世和亨利二世在位时期,参加小会议的大多是亲王和贵族、国王的高级官吏、元帅和海军将领等,具有贵族组织的特征。在宗教战争时期大贵族在事实上取得对小会议的控制权。但是在这个时期进入小会议的新人如国务大臣通常来自贵族下层或新兴中等阶级,而且这些新人发挥的作用越来越大。路易十四执政以后,他大量招募出身低贱之士进入小会议,以取代出身豪门贵族的谋臣,科尔伯便属于这类人物。[1] 法国国王的小会议在很长一个时期里具有不固定的特点,这个时期其他机构也具有这种特点。它表明这个时期国家制度从整体上来说还未最后成熟,机构职能亦未系统化。到 16 世纪初,法国国王的小会议有不同的称呼方法,如"国王的会议""秘密会议""国务委员会"等。小会议的职能在历史上不同时期也不尽相同,在早期它起一种协调法院和大会议活动的作用,到弗朗索瓦一世时期小会议主要处理重大国际和国内事务,以后它主要处理国内行政事务,其中既包括财政问题,也有司法问题。[2]

从亨利四世在位到路易十四亲政之前是法国绝对主义中央政府机构建立和发展的时期,而路易十四执政时期则是巩固和整顿这些机构,未再有所发展。

1624—1661 年间,在黎塞留和马扎然的努力下,在法国建立了以委员会制为特征的中央政府机构。它由国务会议及其下属的两个小委员会即秘密委员会和财政委员会构成。在国家机构中处于最高地位

---

[1] J. H. Shennan, *Government and Society in France, 1461-1661*, London, 1969, pp. 20-21.
[2] J. H. Shennan, *Government and Society in France, 1461-1661*, London, 1969, pp. 38-39.

的国务会议的参加者通常有国王或摄政王、主要的大臣、行政法院院长、掌玺大臣、国务大臣和财政总监等。国务会议以下设两个专门委员会负责处理国内外政务。第一个委员会是诉讼委员会,这是一个处理司法事务的委员会,它负责裁决那些由于诸种原因国王的法庭未能解决的案件。参加这个委员会的有行政法院院长、掌玺大臣、国王的枢密顾问官和若干行政法院的查案官。第二个委员会是财政委员会,它在16世纪末才设立,主要负责平衡王室的财政预算。到了路易十三统治时期,财政事务分属两个委员会,即"国务和财政委员会",以及"财政监督委员会"。1630年国务会议建立了一个新的分支机构,"紧急事务委员会",负责管理国内行政,并负责监督城镇和国家土地方面的事务、教士事务。该委员会同时又是一个司法机构,它有权撤销法院对有争议的案例的裁决、取消宫廷制定的但有争议的法令。① 在黎塞留和马扎然时期参加财政委员会的有行政法院院长、掌玺大臣、财政总监、财政监督官、国王的枢密顾问官、若干行政法院的查案官,在1643年至1651年间还有一些王子、亲王参加。当时这两个委员会工作中存在着其职责未明确地区分的现象。② 国务会议下属的两个委员会在17世纪中期法国的国家生活中发挥了积极作用。在其鼎盛时期,财政委员会一天之内曾发布200道和295道法令,1656年9月30日这一天就发布了347道法令。福隆德运动期间,每天颁布的法令数下降到300道以下,但1654年6月颁布的法

---

① Roland Mousnier, *The Institutions of France under the Absolute Monarchy, 1598-1789*, Vol. 2, The Organs of State and Society, London, 1984, p. 39. Richard Bonney, *Political Change in France under Richelieu and Mazarin, 1624-1661*, Oxford U. P., 1976, p. 7, Table 1.

② Richard Bonney, *Political Change in France under Richelieu and Mazarin, 1624-1661*, Oxford U. P., 1976, p. 7.

令又增加到 440 道。国王的委员会频繁颁布法令的原因在于当时权力过于集中于中央,事无巨细需要国王的委员会过问,另一个原因是政府大肆出售官爵,需要颁布法令设立新的职位以供出售。此外,黎塞留和马扎然时期频繁地征税也导致了委员会颁布的法令骤增。[1] 在 17 世纪,国王的委员会人数有增多的趋势。1624 年 6 月两个委员会的人数为 31 人,1628 年 1 月为 35 人,1630 年为 44 人,1640 年 12 月为 63 人,1643 年 2 月为 67 人,1643 年 6 月为 74 人,1644 年 12 月末为 122 人。1644 年 4 月到 1657 年 5 月委员会共增加了 75 名新成员。法国统治集团扩大委员会的规模,主要是出于收买人心争取政治上的支持所需。由于这些机构地位高且权力大,所以宫廷官吏以及与国王关系密切的贵族家族人士极其期望跻身其中,国王的亲属也希望进入这些机构,但是只有国王自己挑选的人才能进入委员会。而国王倾向选择一批顾问官进入委员会,这样在处理棘手的司法案件和其他专门的国务问题时可以有一批法律事务和其他方面的专家提出良策。因为国王明了,中世纪的王室和贵族往往是衰弱腐朽的,不是能有效应付复杂的国家政务需要的有能力的班子,所以国王总是不顾惯例而强调自己有委员会成员的提名权。[2] 由于出于政治笼络目的吸收进委员会的成员往往不能胜任国务工作,委员会的无限扩大使机构臃肿,运转缺乏效率,所以到 1657 年 5 月委员会人数减至 32 人,并取消了一些从属机构。[3]

---

[1] Richard Bonney, *Political Change in France under Richelieu and Mazarin, 1624-1661*, Oxford U. P., 1976, pp. 19-20.
[2] J. H. Shennan, *Government and Society in France, 1461-1661*, London, 1969, pp. 39-40.
[3] Richard Bonney, *Political Change in France under Richelieu and Mazarin, 1624-1661*, Oxford U. P., 1976, p. 23.

国王的委员会构成的另一个特点是日益专门化，国王不断吸收一些富有经验的行政官员作为其成员，但国王的委员会作用的发挥却丝毫没有削弱君主的权威和作用。例如在黎塞留大权独揽盛极一时之际，他控制了国王的委员会的成员，但他还是持续地依靠王室的支持。国王也持续地从委员会成员那里听取咨询意见。总而言之，在17世纪法国中央政府的一切活动仍然是以国王为中心进行。就中央政府的设置而论，国王下属的委员会制也只是初具形态，并未得到充分发展。在国王委员会的各个分支中，委员们处理各种问题有很大的自由，各部门的职责是相互交错的。

绝对主义时期法国中央机构的第二部分是地位处于国务会议和国王的委员会以下的一批法庭类机构，包括：王室查案官官署、大委员会、巴黎法院、最高间接税法庭、审计法院。[1]

在一个时期里，巴黎法院是全国最主要的法院，取得对整个王国的司法裁决权。它还拥有最早属于王国领土的若干地区的司法控制权，这些地区包括法兰西岛、皮卡迪、香巴尼和布里瓦、都兰和奥尔良内、昂儒和曼恩、奥涅弗、圣托恩和普瓦图、敦刻尔克和布尔戈尼一部。巴黎法院在司法上的重要地位是有历史原因的。一是由于巴黎法院历史悠久，它所管辖的司法裁判领域极宽广；二是某些案件如关于国王征收空缺主教的收入及任命其所属宗教职位权力的案件不论发生在何处规定要在巴黎审理；此外一些因拥有王室授予特权的人士可以把有关争端直接诉诸巴黎法院，巴黎法院事实上具有审判贵族案件的特殊权力。巴黎法院对其他一系列最高法庭具有权威性，如对负责

---

[1] Richard Bonney, *Political Change in France under Richelieu and Mazarin, 1624-1661*, Oxford U. P., 1976, p. 7.

审理与国王财政有关的案件的财政法院、三级会议在 1355 年确立的负责征收人头税、盐税等税收及补助金的税收法院。巴黎法院主要的竞争对手是"大委员会",国王常通过"大委员会"来解决一些司法争端。作为法庭的大委员会的司法裁判权遍及整个法国。[①] 巴黎法院的职能不限于司法,它登记和发表王室条令,并发布法院对所属地区制定的法令;它还有权制定行政法规、维持社会秩序、规定食物价格、选举都市官员、监督学校和医院、维修城堡、征收欠款。这表明它还拥有警察、治安和行政管理职能。[②]

随着司法裁判事务的大量增长,一系列地方法庭建立起来。此外,国王也急切地在他新占领的土地上建立司法管辖权。最先是 1443 年在图卢兹建立了省法院,它同时具有对法国南部地区的司法裁判权。1456 年查理七世确认了设在格勒诺布尔的多菲内法院也具有王家法院的资格。嗣后,路易十一在 1467 年从英国控制下夺回的加斯科涅建立法院,1479 年建立了布尔戈尼法院,1499 年路易十二重新建立了财政法院,它完全独立于巴黎法院,到弗朗索瓦一世改名为卢昂法院。1501 年建立了普罗旺斯法院。1553 年建立了布列塔尼法院。到 17 世纪才建立法院的地区有纳瓦拉、梅斯、阿图瓦、阿尔萨斯和鲁西荣。地方上设有辖区法庭和管区法庭。辖区法官负责处理与贵族或王室官员、圣职人员有关的民事案件,辖区法官还有审理某些刑事案件的权力。1552 年法国还建立了权力和地位介于巴黎法院

[①] J. H. Shennan, *Government and Society in France, 1461-1661*, London, 1969, pp. 45-46.

[②] Roland Mousnier, *The Institutions of France under the Absolute Monarchy, 1598-1789*, Vol. II, The Organs of State and Society, London, 1984, p. 7. J. H. Shennan, *Government and Society in France, 1461-1661*, London, 1969, p. 46.

和地方辖区法院之间的初等法院,处理辖区法院上诉的民事案件。①

在法国庞大的中央行政机构中居支配地位的主要是若干大臣和一些重要官员。所以应国王之召参加国务会议的人员都属于大臣。其中有一位大臣被授予首席大臣头衔,如 1629 年起为黎塞留,以后马扎然也得到这一头衔。专制主义时期法国最重要的机构和大臣有下列一些。

行政法院是当时最重要的法庭,它保管王室 4 种最重要的印玺,负责在根据国王直接的指示发出的所有法规、法令、急报公文和书信上用玺发文。用玺由行政法院大法官或掌玺官掌握,用于签发布告、法令、宣言、专利证、关于官职的规定、关于赦免和废除官爵的证书等所有直接由国王颁发的公文。在国玺背面刻有法国的盾形徽章。王太子玺用以加盖所有王太子发出的急报公文。小玺用在送给各行政法院和各王室法院的文书上。密玺是国王私人的印玺。从行政法院大法官发出的文件都需在封蜡上加盖国玺,但根据其类别不同用黄色和绿色蜡封上以识别。到法国大革命前夜的 1788 年,行政法院的主要官员有:行政法院大法官或掌玺官,这是该部门的首长;两个审查官;两名收集文件的报告官;一名总检察长等。加上低级官员和办事人员,行政法院共由 300 多人组成。②

大法官是行政法院的行政司法长官。他是法国最高级的王室官员,又是法国司法系统的首领。大法官由国王提名,终生任职,一经任命并向国王宣誓就职,不得被罢免。倘若大法官失宠,国王仍得保留其官衔、相应的特权,收回国玺,提名一位掌玺官作为特派官员承

---

① J. H. Shennan, *Government and Society in France, 1461-1661*, London, 1969, pp. 44-46.
② Roland Mousnier, *The Institutions of France under the Absolute Monarchy, 1598-1789*, Vol. II, The Organs of State and Society, London, 1984, p. 136.

担原属大法官的职权。大法官接受国王管辖下的包括伯爵、公爵、子爵和男爵在内的贵族行宣誓礼和臣从宣誓礼。国王可以提名大法官指挥军事远征，委托大法官代行任何王室权力。大法官可以主持三级会议和名士会议，还可以主持除国务会议外的所有国王的委员会。送达最高法庭的一切布告、宣言和专利证均由大法官起草，大法官是国王的正式发言人，有权解释国王的意旨。大法官监管行政法院发出的一切国务文件和以国王名义发出的法规。大法官领导法国所有的法庭，控制各法庭官职的增补，用纪律约束这些法庭。各法庭就解释法律事宜征询大法官的意见，大法官用宣言或指令公文的形式作答复。这些文件需登记并具有法律效力，大法官具有王国法令的签署权和否决权，但在历史上大法官只是在偶然的情况下才行使法令否决权。[①] 大法官可以主持法院和大委员会，监督大学、学院、科学院和出版商。[②] 在1661年国王委员会改革问题上行政法院的大法官起了主要作用，大法官在这个时期还主持财政委员会，对财政立法有否决权，但是随着黎塞留和马扎然时期以主要大臣构成政府核心的制度的发展预示了行政法院大法官地位的必然下降。[③]

当时辅佐行政法院大法官的是王室的查案官，他们参加终审法庭，负责审理秘密委员会提交的各种案件，纠正误判的案件，受国王委托行使司法裁判权。这批官员出身于律师。从13世纪起便有一批

---

① Richard Bonney, *Political Change in France under Richelieu and Mazarin, 1624-1661*, Oxford U. P., 1976, p. 11.
② Roland Mousnier, *The Institutions of France under the Absolute Monarchy, 1598-1789*, Vol. II, The Organs of State and Society, London, 1984, pp. 134-146.
③ Richard Bonney, *Political Change in France under Richelieu and Mazarin, 1624-1661*, Oxford U. P., 1976, p. 12.

查案官在国王近侍服务，他们参加国务会议下属的委员会，就司法事务提出意见。他们的司法经验对王室处理问题非常有用。[1] 王室的查案官官署作为一个独立的部门当时具有一种法庭的性质，一些查案官成为巴黎法院的成员。[2]

在14世纪法国宫廷设有书记官，他们取得国王的许可具有签署文件的权力。以后这一官职由处于从属地位的事务性官职发展成为宫廷的重要官职。亨利二世授予他的4个书记官以国务大臣的官衔。1561年他们成为国王的事务委员会的成员。亨利三世在位时期，他们在很大程度上负责政府的工作。到路易十三时期，他们的作用上升。在这个时期，这些国务大臣有了明确的分工：一个国务大臣负责军事，有的国务大臣负责王室事务，有的国务大臣参加行政机构的工作。他们都有资格参加国务会议的全体会议，并可以在例会中自由地表达自己的意见，修改或否决国王的委员会的法令。[3] 1624—1661年间，国务大臣的职权有所发展，由处理签发专利证等事务性工作发展为独立行使权力。马扎然任国务大臣时可以代表未成年的国王发布命令。然而从1661年路易十四亲政时起，便禁止国务大臣在没有他的特别命令之时发布中止法令的命令，[4] 国务大臣的职权和地位有所下降。有一位国务大臣后来渐渐转去负责外交事务。每年每个国务大臣

---

[1] Roland Mousnier, *The Institutions of France under the Absolute Monarchy, 1598-1789*, Vol. II, The Organs of State and Society, London, 1984, p. 141. J. H. Shennan, *Government and Society in France, 1461-1661*, London, 1969, p. 7.

[2] Richard Bonney, *Political Change in France under Richelieu and Mazarin, 1624-1661*, Oxford U. P., 1976, p. 7.

[3] J. H. Shennan, *Government and Society in France, 1461-1661*, London, 1969, pp. 40-41.

[4] Richard Bonney, *Political Change in France under Richelieu and Mazarin, 1624-1661*, Oxford U. P., 1976, p. 13.

负责处理 3 个月国王的信件、礼物、赏金、年金、官职和主教职位等事务。国务大臣负责起草布告、法令、和约、盟约、商约、王族的婚约。国务大臣除了在国王的委员会中起作用外，往往还在国王做出许多决定之前参与意见。国务大臣之下设有书记官帮助他们处理政务。这样，在当时政府机构以司法机构为主体的外观之下，行政机构开始发育并初具形态。①

在中世纪法国，王室是复杂的财政机构的中枢。弗朗索瓦在位时期，国家的财政收入分为两部分：一部分是国王根据世袭的权力征收的经常性岁入，另一部分是在全国开征的特别赋税。1523 年弗朗索瓦一世建立中央财政部门国库保管国家各种收入。1543 年法国建立 16 个财政区收税处，以取代最初设立的 4 个财政区，到路易十四即位时财政区收税处增加到 23 个，每个区都任命一名收税官员负责有关税收。1551 年法国增设一名总司库。1571 年和 1576 年又分别再增设 1 名总司库。1577 年建立财政署监督地方各财政区的工作。② 17 世纪又设立多个财政大臣将财政部门的职责分割管理，这样削弱了中央对财政的指导作用，甚至一度在工作中发生矛盾冲突。③ 国王任命了财政监督官取代原先设置的 4 名司库官和总司库。此外任命了财政总监，并重叠地任命了财政总检察官。他们都加入了国王的委员会。官职重叠严重地影响了财政工作的效率。④

---

① Roland Mousnier, *The Institutions of France under the Absolute Monarchy, 1598-1789*, Vol. II, The Organs of State and Society, London, 1984, p. 141.
② J. H. Shennan, *Government and Society in France, 1461-1661*, London, 1969, pp. 53-54.
③ Richard Bonney, *Political Change in France under Richelieu and Mazarin, 1624-1661*, Oxford U. P., 1976, pp. 17-18.
④ Richard Bonney, *Political Change in France under Richelieu and Mazarin, 1624-1661*, Oxford U. P., 1976, p. 9.

在基层征收两类税收的有两套机构。征收第一类税收的是辖区官和管事，征收第二类税收的是选区官。地方的税务行政也是混乱交错的，如征收盐税的不是选区而是财政区。选区官隶属于财政总监，而财政区从属于国务会议。[1]

绝对主义时期的法国，在国王的委员会、大臣和各部之外设立了国务顾问。国务顾问是一种高级荣誉称号。国王把这种称号授予他的支持者，或用以争取其反对者，以取得官僚集团各部分的支持。担任国务顾问的有王亲国戚、红衣主教、贵族、王室官员、进入国王委员会的各省省长和司法长官、进入各种法庭的大主教和主教，也有一些出生平民但有军功者任此职。国务顾问又分为几类：第一类是常务顾问官，他们受命常年参与最重要国内外事务的研究处理；第二类任期为 6 个月，每年有一半时间担任顾问工作；第三类为每年担任 3—4 个月工作的顾问官。一般说来，从事实际顾问工作的国务顾问官有 32—34 人。国务顾问大部分从长期担任过律师的人士中挑选。到亨利四世时期，律师在所有的委员会中都占据了优势。国王的统治主要不是靠佩剑的贵族而是靠穿袍贵族和文职官员进行。在担任国务顾问的律师中有一半属于查案官，国王有意依赖查案官的工作经验，他们在工作中极为活跃。但国王很注意在国务顾问成员中保持查案官和其他来源者在人数上的平衡。[2]

绝对主义时期法国的地方行政机构也有较大的发展，省长的权力增强了。从 13 世纪起，法国国王习惯于任命一个居于常设的辖区

---

[1] J. H. Shennan, *Government and Society in France, 1461-1661*, London, 1969, pp. 49-51.

[2] Roland Mousnier, *The Institutions of France under the Absolute Monarchy, 1598-1789*, London, 1984, Vol. II, pp. 146-147.

官之上的官吏，以便国王驾驭地方行政显示其权威，省长一职便产生了。从百年战争到15世纪末年，该官职主要具有军事职能，在前几个世纪中享有的财政和司法审判权被剥削，其权力仅仅在于指挥国王的军队，负责王国若干辖区的防卫。随着国内政局的动荡，省长的设置也极为混乱，任何一个由王室任命的在一省或数省高于辖区官的官吏都可以称为"省长"。16世纪开始后，省长的地位和权力管辖范围确立了，它主要管辖军务。但弗兰索瓦一世即位后出于非军事的需要先后任命了昂儒、奥涅弗和朗瓦图的省长。16世纪以后省长的职责又变得相当含糊，省长职大都被提升的贵族家族占有，被看作贵族世袭的官职。省长被视为执行司法事务的官吏，但拥有地方军事权力。在宗教战争以前，各省省长一般说来只是一个荣誉性的官职。各省的军事职责由各地的军事指挥官在另一些官员协助下承担。宗教战争爆发后，省长的权力再次上升，在各省拥有发布命令、提名重要官员的任命、管理当地王室岁入、征集军队的权力，甚至敢于蔑视国王的权威。这样，国王对地方的控制逐渐松弛。例如在布列塔尼梅索尔公爵事实上建立了一个独立的国家，直到1598年才把权力归还给王室。省长权力的膨胀成为王室重建权威的一个重要障碍。为了克服省长权力过大的现象，亨利四世在位期间通过任命钦差来抑制省长的权势，但仍无法剥夺省长指挥国王军队的传统权力。黎塞留执政时期，省长的权力进一步受到抑制，黎塞留继承亨利四世的政策任命自己的代理人去各省监督省长，但仍遭到和亨利四世同样的结局。以后各省省长再也没有取得像在宗教战争时期那种权势，但省长绝非虚设的荣誉职位，仍然是显赫之辈，在福隆德运动前夜不安定时期，省长仍然和国务大臣争夺权力。①

　　法国国王长期以来派出代表去各省进行政务调查、监督等工作。这种做法历史悠久，可追溯到查理曼大帝时期，当时查理曼大帝便派出钦差到各地去。到16世纪中叶，国王的代表称作监督官，17世纪这一制度固定下来。监督官地位居于已设立的各官吏之上，监督、督促和检查地方官员的工作。从黎塞留开始，监督官的人数增加，其权力也扩大了。1642年以后它不再是一种派出以排除弊政、解决问题的临时性官员，他们开始承担财务主管的职责。但由于监督官在各地权力很大，无人节制，他们拉起了各种反对中央王权的集团，往往把司库官、地方法院等都网罗过来，福隆德运动的发起与监督官直接相关。因此1648年10月王室发布宣言，取消监督官，但边境有例外。福隆德运动失败以后，王室逐步恢复了监督官制。1659—1672年间，路易十四试图恢复监督官最初的视察员职能，并给监督官很大的活动区域，每个监督官至少管辖两个财政区，并频繁地相互更换其辖区，使其能了解全国各地的情况。但在此同时，国王进一步限制监督官的权力：他们可以调查、搜集情报，并可向国王宫廷报告，但没有常设官吏的职权。但以后荷兰战争爆发产生了新的财政问题需要解决，在这种特殊的背景下，授权监督官管理当地一应政务。1683年科尔伯逝世后，在九年战争和西班牙王位继承战争时期监督官的权力最后得到确立。路易十四进一步扩大监督官的数量和职权。当时的监督官通常由法官充任，他们是作为当时最高司法首领国王的代表派出的，有权审理行政、财政和军事事务。到了18世纪，监督官在其工作中代表所在的地区和国王密切联系，开始建立了地方行政和中央经常性的制度化

---

① J. H. Shennan, *Government and Society in France, 1461-1661*, London, 1969, pp. 60-62.

联系。① 监督官制在法国的发展是法国政府机构从主要由司法机构组成向主要由行政机构组成转变的一个重要的阶段。但严格说来,17世纪法国的行政机构仍然没有完全摆脱司法审判机构的特征,监督官仍然具有法官的职能。这不仅表现在他们经常身兼行政和司法长官的职能,还在于他们时常被王室选为法国行政法院的查案官,代表国王审理案件,他们的命令也具有司法判决的性质。②

英国国家结构从中世纪向近代的转变开始于都铎王朝。

在都铎王朝第一个君主亨利七世在位时期,尽管面临着王权和政府衰弱亟待振兴的问题,但亨利七世只是试图在原有制度的基础上来巩固英国的君主制,他把中世纪的制度作为自己赖以统治的工具,他在位期间没有制定具有改革内容的宪法文件,对旧的政府制度没有根本性的改造,创建不多。亨利七世设立了委员会(又称"政务会")来管理国家行政工作,③ 这是亨利七世政府机构的核心。亨利十世即位时委员会的人数通常为15人或16人,但是到后来人数增加到40—50人,参加者有主教、教士、贵族、律师、骑士和绅士。劳德斯对其成员做了研究,指出委员会成员中有1/4是贵族,1/4左右是律师和王室官员,另外有将近一半不同等级的教会人士。尽管整个亨利七世在位时期列为委员会成员的有227人,但固定到会的和征询意见的不

---

① J. H. Shennan, *Government and Society in France, 1461-1661*, London, 1969, pp. 60-62. Roland Mousnier, "French Monarchy and the Social Development", in Richard Hatton, *Louis XIV and Absolutism*, Ohio State University, 1976, p. 46.
② Richard Hatton, *Louis XIV and Absolutism*, Ohio State University, 1976, p. 46.
③ 国王的委员会历史悠久,在亨利六世(1422—1437年)曾落到一些贵族帮派手中。但以后爱德华四世(1461—1468年)、理查德三世(1483—1485年)时期逐步恢复了它作为国王的政务会的地位。见 G. Elton, ed., *Tudor Constitution: Document and Commomtary*, Cambridge U. P., 1968, p. 88.

到 20 人，平均每次开会到会者不过 7 人。国王通常参加每次委员会的会议。[1] 委员会的成员由亨利七世亲自挑选，国王可以随时撤换他们。这个委员会兼管司法政务，它可以停止英国任何一个法庭的活动，将任何法庭审理过的案件取来自己审理，可以下令逮捕人并施以严刑。委员会内设立一个附属的委员会管理外交事务，另设一个委员会管理财政。这样，改变了都铎王朝以前财政机构重叠混乱的状况，财政大臣直接向国王负责。亨利七世常常亲自检查或批准一笔很小的开支，他励精图治，尽管权力集中在手中，但他谨慎地从事行政工作。经过数年努力，他小心地积累了相当可观的财富，使国家繁荣起来。在地方政府设置上，亨利七世以牺牲郡长的地位为代价，扩大治安法官的职权。1506 年发行了第一部治安法官工作手册，很可能经过了官方批准。[2] 亨利七世对行政机构的改造只是日后更大变动的序幕。

16 世纪英国机构的重大变革是亨利八世在位时期（1509—1547 年）开始的。亨利八世以前，英国行政职能主要由王室及其衍生出的机构来行使，王室政府是国家结构的基本特征。在这种结构中，国王是国家行政事务的中心，行政机构很不完善，更缺乏完整的机制。一种机构承担不相关的多种职能的现象和若干个机构同时具有某种职能的现象同时存在。这种行政机构不发达的现象与这个时期王国的经济发展水平不高、收支数额不大以及种类不多等职能实施内容有联系。到 15 世纪，英国王室已很衰弱。亨利七世去世以后，王室政府更是日渐衰落。其中有些机构如星室法庭和王室土地总监有两三年几乎不

---

[1] Laudes, *Politics and Natlon, 1450-1660*, Fontana, 1977, p. 115.
[2] P. Corringan and Derek Sayer, *The Great Arch: English State Formation as Cultural Revolution*, Oxford: Basil Blackwell, 1985, p. 44.

起作用,①而都铎王朝正处于英国的工商业有一定发展的背景和价格革命的猛烈冲击下。16世纪30年代开始的宗教改革运动对教会权力的剥夺使以前若干由教会承担的工作自然地落到国家肩上,圈地运动引起的社会动荡使得流民和犯罪条件迅速增加,使国家在治理国内事务方面有了更重的负担。上述诸种因素促使都铎国家建立更多必需的机构以分管上述事务。社会经济的变动是促使国家机构建设和发展的一个主要原因。

亨利八世时期由托马斯·克伦威尔主持的对中央政府的改造和建设主要表现在三个方面,即财政机构、国务秘书机构和枢密院的建设。

亨利八世在位初期,政府的财政部门主要由王室土地总监和财务处两个部分组成,这两个部门都直接隶属于国王,因此政府无法使它们很好地发挥其作用。托马斯·克伦威尔在改革中努力降低财务处的地位,把王室土地总监转化为一个受限制的政府机构。英国宗教改革的结果扩大了国家的财政收入,促使建立新的机构以应付需要。1532年议会颁布了第一个《教士首年薪俸法》,1534年颁布了第二个《教士首年薪俸法》,并在1534年颁布了一个《不再上缴罗马教廷苛捐杂税法》。这三个法令除了限制罗马教皇对英国神职人员的任命的干涉,谴责罗马教廷在英国的掠夺行径外,还宣布新任主教的首年薪俸、教区征收的所得税的1/3以及用其他名义征收的税收严禁上交罗马教廷,改为上交国家。因而使英国王室有了新的财源。②这些新的财政收入原本应交由王室财务管理,但托马斯·克伦威尔坚持任命他自己信任的官员约翰·戈斯韦克负责管理这笔收入,便于随时用这

---

① G. Elton, *Tudor England*, London, 1965, p. 181.
② G. Elton, ed., *Tudor Constitution: Document and Commomtary*, Cambridge U. P., 1968, pp. 331-344, 349-351, 351-355.

笔收入支付必需的国家费用开支。此外，没收修道院土地以后，管理这些地产也极其繁杂，需要设立专门的财政机构来管理。这样，在1535年克伦威尔产生了建立一套税收法庭管理诸种收入的计划。随后，托马斯·克伦威尔建立了六个法庭，分别管理各种财政收入。每个法庭都有较完善的组织机构，配置了专门的官员，有自己的印章和办公处所，彼此职责分明。第一个法庭为财政法庭，它负责征收自古沿袭而来的税收，特别的关税和议会赋税。第二个法庭为兰开斯特公爵领地法庭，负责管理分布在英格兰各地属于它的地产，并受理王国的财政案件，在本庭进行司法裁决。第三个法庭为一般检查法庭，负责管理王室地产。第四个法庭为增加法庭，负责处理修道院土地。第五个法庭为教会和什一税法庭，负责征收教会每年交纳的赋税。第六个法庭为监护法庭，保证国王对所有领有其土地的封建主的权力，它有继承封建主财产的继承权，并在封建主死后、其继承人未成年之前监护代管未成年贵族的地产或他们的其他财产。六个财政法庭的建立使英国的财政机构得到完善和发展。财政部门成了英国政府部门中首先得到发展的部门。[①]

伊丽莎白一世时期，财政管理权越来越集中到财政大臣之手。托马斯·克伦威尔行政改革时期建立的众多财政法庭曾有效地促进了国家财政工作，但也使得财政机构臃肿膨大。到了1540—1558年间，战争使国家财政恶化，国家债务急剧增加，缺乏效率和腐败现象滋生，财政机构亟待改革，所以归并财政法庭的改革便展开了。1547年，一般检查法庭并入了新设的增加法庭，由后者来有效管理除兰开

---

① G. Elton, *Tudor England*, London, 1965, pp. 182-183. See G. Elton, *Tudor Revolution in Government: Administration during the Reign of Henry VIII*, Cambridge U. P., 1979.

斯特公爵领地外的所有都铎王室的土地。1554年取消了教会和什一税法庭，它所辖财政事务统归国库管辖。1554年的改革使财政大臣成为国库的首脑，他几乎完全控制了国家财政工作。① 伊丽莎白一世时期，原先两个行政部门逐渐失去其作用，一是掌玺大臣逐渐衰落，成为不管部大臣；一是大法官庭，它逐渐加强其司法职能，成为一个法庭。② 早期斯图亚特王朝的财政机构和都铎王朝后期相比变化不大，早期斯图亚特王朝的主要财政机构有三个：国库、监护法庭和兰开斯特公爵法庭，它们沿袭了中世纪机构职能的特征，并不单纯是行政性质的机构，都兼有司法职能。这三个机构中国库是国家主要财政机构，国家财务除少数属另两个机构管辖外，均归国库管辖。国库下分财政收益和财政管理两部分，前者负责现金和票据的收付，后者负责政府账目。在17世纪30年代初，国家岁入的90%左右经国库过账。③

前工业化时期，英国中央政府的核心组织经过了由枢密院向内阁缓慢演进的过程，在这一过程中，国务秘书部门也有了相当发展。

在国务秘书部门方面，16世纪30年代改革时期托马斯·克伦威尔降低了以前地位极其重要的御玺处的地位，把国王首席大臣官署提高为主要的行政机构。1534年4月托马斯·克伦威尔任国务大臣后，便利用这一机构来控制整个国家行政机器。而在他以前，直到沃尔西为止，大法官一直是行政机构的首脑。克伦威尔结束了这种旧传统，开创了新例。克伦威尔使国务大臣对一切国事起控制作用，包括岁入、财政、国内事务和国外事务、国防和宗教等百余种事务，有着

---

① G. Elton, *Tudor England*, London, 1965, pp. 410-411.

② G. Elton, *Tudor England*, London, 1965, p. 412.

③ G. E. Aylmer, *The King's Servants: The Civil Service of the Charles I , 1625-1642*, London: Routledge & Kagen Paul, 1961, pp. 32-35.

现实的意义。这样，他实际上使自己独立于王室之外，不受国王制约而控制一切行政事务，就像旧时财政大臣控制整个王室事务一样。这项变革在 1539 年得到确认，这年颁布的一项法令把国务大臣列为王国最重要的官员之列。1540 年 4 月克伦威尔由于种种原因让出这一职位，后国务大臣设两职位，由克伦威尔的两个幕僚托马斯·奥莱恩和雷利·萨德勒担任。克伦威尔提高了国务大臣的地位，使之在英国行政机构中起主导作用，是他对英国政府机构建设的贡献，在近代相当一个时期，国务大臣是整个行政机构的主要支柱。与此同时，托马斯·克伦威尔改变了原来国王的三个印玺处在国家政治生活中的作用。[1] 他取消了御玺处作为行政中心和政府票据交换指令者的职能，相应的职能由身为国务大臣和掌玺大臣的他自己取代，他用自己的印章取代了几种御玺原来在行政工作中的作用。[2]

亨利七世在位时期，国王的委员会是最重要的行政组织，当时委员会有一个核心组织。在沃尔西时期，这一核心组织实际上已不存在。沃尔西垮台后，这一组织又重新积极地展开活动，克伦威尔扩大和重建了这个组织。1526 年他颁布敕令，把国王的 20 名主要的枢密顾问官单独组织成为一个委员会，配置以书记官。[3] 该委员会除了管理政府的一应事务外，还负责管理原属王室管辖的司法事务。克伦威尔把这些枢密顾问官置于他自己的控制之下，亲自决定这个机构的议

---

[1] 这三种印玺是御玺（又称小玺），系国王用于较次要公文上的印玺；国玺又称大玺，是国王用于重要公文上的印玺；王玺是国王私人的印玺，有国王姓名在其上，比御玺要小，通常由国务大臣保管。

[2] G. Elton, *Tudor England*, London, 1965, pp. 182-183.

[3] G. Elton, ed., *Tudor Constitution: Document and Commontary*, Cambridge U. P., pp. 63-65.

事内容，指导其审议诸事务，确定了枢密顾问官对首席国务大臣的隶属关系。遂后，于 1540 年 8 月正式建立了枢密院。枢密院建立日志，通过枢密院令的形式来颁布决定。托马斯·克伦威尔在世时，枢密院的参加者主要是行政官员，如财政大臣、大法官、国务大臣以及一些王室官员。亨利八世死后，王室对枢密院的管辖节制松弛。由于政治活动家都希望在枢密院中加强自己的势力，一些律师和较低级的行政官员加入了枢密院①，枢密院的规模迅速扩大。这时的枢密院同早先的国王的委员会规模相似了。玛丽在位时期枢密院增加到 44 人。②枢密院内部派别滋生，使枢密院一时无法有效地发挥其行政领导职能。正如西班牙大使在写给查理五世的信中描述的："枢密院的分裂日益加深而不是逐渐消失"，"一些枢密顾问官无所事事"。③ 在枢密院中下设若干委员会管理相关专门事务。枢密院在伊丽莎白一世时期仍然是国家行政管理的核心机构。但伊丽莎白仿效西班牙等欧洲大陆国家，不再保持枢密院庞大的规模，而努力加强王室对行政工作的控制和领导。塞西尔执政时期，枢密院通常为 18 人，有时为 12 人。这种形式持续了 48 年。伊丽莎白时期的枢密院是有严格规定的官僚机构，它经常召开不准书记官参加的秘密会议。枢密院会议的时间和地点相对固定。伊丽莎白一世在位之初，枢密院通常在每周二、四、六早晨开会，而把周三留给星室法庭开庭用。但是，随着行政事务日益繁多，特别是对外战争的进行，到 16 世纪末年几乎每天开会，甚至星期天也不例外。但并非所有枢密院成员都出席每次会议，一些例行

---

① G. Elton, ed., *Tudor Constitution: Document and Commontary*, Cambridge U. P., p. 96.
② G. Elton, *Tudor England*, London, 1965, p. 405.
③ G. Elton, ed., *Tudor Constitution: Document and Commontary*, Cambridge U. P., pp. 99-100.

公事通常由4—6名固定的枢密顾问官开会解决，因此，召开枢密全体会议的时候并不多。国务大臣、大法官等是经常到会者。伊丽莎白一世时期正是依靠少数地位较高的枢密院成员的工作而保持了较高的工作效率。这个时期枢密院处理的事务量大而烦琐。其中既有内政外交等国家大事，如对外战争和媾和、外交谈判、陆海军事务、财政问题、宗教和教会问题、国内社会秩序和治安、王室特权、地方政府事务，也有私人事务、要求得到恩宠的请求，等等。例如1581年9月5日这一天枢密院讨论的问题有逮捕天主教徒斯托纳小姐一事；一个穷人对赫尔福德的投诉；与西班牙贸易问题；发生在格恩西的土地争端；不服从国教者的问题；一个在土耳其掠夺的商人的问题；七艘外轮从被封闭的港口中逃脱；等等。[①] 尽管当时设有一些特别法庭分工处理各种事务，但枢密院仍未能摆脱琐细的事务而集中于重大事务。

早期斯图亚特王朝的中央执行机构仍以国王、枢密院、国务大臣和国玺处为核心。它们的职能主要是负责管理书信收发和分类，答复来函，准备和发出文件如特许状、敕令、质询、委任状等。国王最重要的决定常通过枢密院以国王的宣言的形式发表。这种宣言一般说来是国王的决定在无法获得议会通过而成为立法的情况下赖以付诸实施的手段。[②] 早期斯图亚特王朝枢密院与国务大臣有所分工。司法裁判、征税和支出、额外的岁入的管理，处理与宗教事务无关的诸种国内事务均属于枢密院的日常工作范围。斯图亚特王朝初期詹姆士一世统治下枢密院比伊丽莎白一世时期规模要大。1610年枢密院为20人，

[①] G. Elton, *Tudor England*, London, 1965, pp. 405-406.
[②] G. E. Aylmer, *The King's Servants: The Civil Service of the Charles I, 1625-1642*, London: Routledge & Kagen Paul, 1961, pp. 16-17.

1617 年为 28 人，1623 年为 35 人，1632 年增加到 42 人，1635 年为 32 人，1640 年为 35 人。① 1642 年长期议会提出的《十九条建议》规定枢密院人数为 15—25 人，由它负责政策的制定。② 早期斯图亚特王朝詹姆士一世很少出席枢密院会议。枢密院议长或大法官兼上院议长在国王不出席枢密院会议时便担任会议主席。枢密院成立一些下属委员会处理指定的行政事务，一旦指定的事务处理完毕，委员会便解散。枢密院对国家行政事务的控制作用在很大程度上取决于枢密院与国王的关系。由于当时缺少专门的军事机构，枢密院对国家防务负有责任。它承担战时征募军队、装备军队和准备后勤给养等工作，有时也通过一个战争委员会进行相关工作，而军费支出则归财政大臣负责。此外，枢密院对国家的社会经济政策负有很大责任，它监督地方行政当局在工资、物价、贫民救济、圈地和人口问题方面采取的措施，同时具有贸易公司的批准权。③ 国务大臣有权决定绝大多数重要的国家事务，包括国王的大多数信件，为国王起草和复制信件，他以国王的代表的身份处理属君权管辖的一应事务，如宗教事务、外交事务等。他有自己的秘书、书记员协助工作。④ 总之，早期斯图亚特王朝在继承都铎政治体制之时使其进一步集权化。

---

① G. E. Aylmer, *The King's Servants: The Civil Service of Charles I, 1625-1642*, London: Routledge & Kegan Paul, 1961, p. 20, Table 2. 但是凯尼恩认为 1640 年为 30 人。J. P. Kenyon, ed., *Stuart Constitution: Document and Commentary*, Cambridge U. P., 1966, p. 477.

② S. R. Gardiner, ed., *Constitutional Documents of Puritan Revolution, 1626-1660*, Oxford: Clarendon Press, 1906, pp. 249-254.

③ Sir D. L. Keir, *Constitutional History of Modern British Since 1485*, London, 1964, pp. 164-167.

④ G. E. Aylmer, *The King's Servants: The Civil Service of Charles I, 1625-1642*, London: Routledge & Kegan Paul, 1961, p. 18.

前工业化时期英国国家机构的不完备性突出地表现在地方政府的设置方面。英国的地方政府在工业革命完成以前持续地保留了中世纪的特征。中世纪英国的地方政治在很长时期里中央无法控制,地方行政官员也不全部由中央派出和任命。当时各郡设有郡长,它由地方官员中推出最有声望者来担任。郡的官员还有郡长官。各郡设有郡法庭,其主要官员由国王任命,他们和参加这个法庭的自由民一同审理案件。中世纪中期以后,治安法官制度逐渐建立。[1] 治安法官逐渐成为地方政府的核心。从 13 世纪起,各郡指派骑士维持各地的治安,有时维持治安的骑士由郡法庭选派。起初,治安法官的职责相当于警察,并不具有司法审判的职权。以后,他们越来越普遍地在巡回法庭召开时参加听取诉讼和判决,承担押送犯人去监狱等事务。此外,治安法官把难以审理的案件提交巡回法庭。1385 年颁布一项法规要求他们召开郡的四季法庭,在四季法庭休庭期间,治安法官有权召集没有陪审团参加的法庭处理较小的刑事案件。治安法官除了具有司法审判职能外,还行使准政府的权力,在地方政府中起关键作用。特别是 1349 年黑死病爆发引起劳工危机以后,1361 年治安法官被授权按照法定的工资率督促劳工参加工作,他们可以广泛地干涉劳资关系。治安法官从地方上享有政治权利和财产的等级中产生,1439 年规定担任治安法官者需拥有收入 20 镑以上的土地或租地所有人。治安法官由国王任命,其工作由王的委员会随时监督,中央政府不付给治安法官工资。以后,治安法官主持的四季法庭逐渐取代了老的郡法庭,成为郡的真正的政府,它不仅具有刑事诉讼权,而且有行政权,梅特

---

[1] G. O. Sayles, *The Foundaion of Medieval England*, London, 1948, pp. 180-183. Lodge, *English Constitutional Documents in 1307-1485*, Cambridge U. P., 1935, pp. 325-327.

兰称之为"一个有统治权和行政权的委员会"①。治安法官制集中反映了英国中世纪地方政府的地方自治的特征。

前工业化时期英国地方政府继承了中世纪的特征。都铎王朝统治下，地方官员中郡长一职逐渐衰落，国王不再授予其任何重要职权；郡法庭也日渐衰落。国王在各郡增设了征税（如关税和监护税等）官员。国王增设的最重要的官员是军队指挥官和副指挥官，把全国分成若干个区，按区设置而不是按郡设置上述军事官员。他们在战时征集装备、指挥民兵、负责当地的防卫。都铎王朝时期治安法官在地方政府中起着重要作用，他们按照成文法规和国王每年发布的训令进行工作。治安法官需要实施的法规这个时期大大增加，1485年为止一共只有133项法规，1485—1547年间增加了60项法规，爱德华四世和玛丽在位时期增加了39项法规，伊丽莎白女王时期增加了77项法规。这样，到伊丽莎白一世在位末年共有309项法规。②在都铎和斯图亚特王朝，治安法官还要负责制定手工工匠的工资率，要向民众解释和贯彻国王的各项政策，要不断向中央政府提供地方治安情况的报告，负责监督和惩治流浪汉，确定私生子的血缘关系，控制市场谷物和其他基本食品的价格，保护生产某些产品的工场主的利益，他们还要处理随着经济社会变动而日益增多的各种刑事和民事案件。治安法官从土生土长的当地殷实之辈中遴选产生，他们名义上是国王的臣仆，却并不驯服，中央政府难以驾驭。监督控制治安法官的是巡法庭的法官，他们至少每年到各郡去一次，在他们去各地之前，大法官甚至国王要接见他们并做训示。到了17世纪20年代末，由于社会经济

---

① F. W. Maitland, *The Constitutional History of England*, Cambridge U. P., 1909, pp. 208-233.
② G. Elton, ed., *Tudor Constitution: Document and Commontary*, Cambridge U. P., pp. 451-455.

问题甚多，地方治安法官往往不能很好地履行自己的职责，查理一世曾在 1631 年 1 月颁布敕令，要求治安法官忠于职守。

由于英国前工业化时期持续到英国资产阶级革命后一个半世纪，因此就需要论及英国革命在过渡时期国家形态演变中的历史地位。应该说 1649 年前后英国国家形态的特征是突变和连续性的综合。从宏观上来看，英国革命并没有结束都铎王朝开始形成的过渡型国家形态，但这后一段英国的国家形态的过渡性，则是向成熟的资产阶级国家那一级逐渐靠拢，而不像都铎王朝的国家只是开始偏离典型的封建国家那一级。英国资产阶级革命导致的国家形态的变化主要不是表现在机构设置即结构方面，而是表现在国家的非结构性方面，如政权关系、统治集团和土地所有制即生产关系方面。英国革命前，国王在法律上是全国土地的所有者，地主和农民使用的土地名义上是国王的产业。农民向国家承担贡赋，向地主承担租税和其他义务；地主根据骑士领地制向国王承担贡赋和战时服兵役的义务。英国革命期间于 1646 年 2 月颁布了取消监护法庭的命令，废除了地主贵族对国王的封建臣属关系和封建义务。过去所有行封建臣从宣誓礼而领有土地者、所有对国王行骑士义务而领有土地者从此便自由地占有土地。[①]这样废除了封建土地所有制。革命政权还没收了王党和部分教士的地产。1643 年 9 月长期议会通过了扣押国王、王后和王子财产的命令。1649 年处死查理一世以后大量出售国王和王室的土地，1653 年 11 月颁布了出售王室森林的法令。长期议会还没收了王党分子的财产和土

[①] S. R. Gardiner, ed., *Constitutional Documents of Puritan Revolution, 1626-1660*, Oxford: Clarendon Press, 1906, p. 290.

地。① 1641 年 7 月长期议会下院没收了 14 个主教的土地。1646 年 10 月没收了大主教的领地，并宣布出售大主教和主教的领地。1649 年又没收了中等教职人员的土地。革命期间共没收和出售了价值 550 万镑以上的土地。② 在政治上，从 1641 年夏季，长期议会便接管了国家全部行政工作，事实上掌握了政权。1649 年 1 月查理一世的处死和随后宣布废除君主制和上院标志着英国国家政权的性质发生了根本性变化。在政权关系方面，1688 年改变后通过的《权利法案》，确定了议会在立法、财政和军事方面权力高于国王。1701 年的《王位继承法》确认了一切法律未经议会通过均属无效，议会对确定王位继承有决定性作用。通过 1679 年的《人身保护法》提出资产阶级法治和人权的若干原则。这样，在一些最重要的问题上确定了新兴地主和未来的资产阶级在英国政治结构中的地位，并确定了议会高于王权的原则，改变了都铎王朝时期议会作为国王奴仆的地位。通过调整政权结构各部分的关系，使英国的君主制转变为立宪君主制，抑制了代表封建残余势力的王权，这些都属于国家形态在英国革命时期质变的表现。但是，英国革命时期国家机构设置方面并没有发生重大的变化，近代国家成熟的结构特征并没有在英国资产阶级革命时期和稍后一段时期表现出来。

英国资产阶级革命开始后，长期议会从 1641 年夏季接管了国家权力，它的特征是一个集立法和司法职能为一身的中央权力机构。长

---

① C. H. Firth and R. S. Reit, eds., *Acts and Ordinances of the Interregnum, 1642-1660*, London, 1911, I, pp.782-810; II, pp. 106-116.

② C. Hill, *Puritanism and Revolution*, London, 1958, pp. 170-171. C. H. Firth and R. S. Reit, eds., *Acts and Ordinances of the Interregnum, 1642-1660*, London, 1911, I, pp. 879-884, 887-903; II, pp. 81-103.

期议会设立一批委员会来管理中央政府各部门的工作。1645年以后长期议会成立安全委员会以负责原属国王和枢密院管辖的战争事务。以后这方面事务在1644—1647年间由"全王国委员会"负责,1648年由德比宫委员会负责。长期议会成立了"押扣委员会"处理王党分子尚未拍卖的地产,成立了"收益大臣委员会"负责赔偿遭王党侵害的清教教士的损失。在1646年成立了相互独立的"契约委员会"和"保管委员会"负责出售没收的地产和保管出售地产的收入。17世纪40年代成立了"议会军事委员会"负责管理军队事务,1650年以后由国务委员会下属爱尔兰和苏格兰事务委员会全权负责军队财政[1]。长期议会这种组织委员会来处理行政事务的做法以后为共和国和护国政府所继续。但是,这种委员会制的中央政府具有不稳定和非制度化的倾向。英国革命时期国家机构最突出的弱点在于缺乏一个稳固的集中的集权的中央政府。在处死查理一世以后,残阙议会下院于1649年2月13日颁布了建立英吉利共和国国务委员会的法令。国务委员会由41人组成,有权制定政策、与王党作斗争、处理爱尔兰问题,负责军队给养、征税、对外贸易和殖民事务等。国务委员会的权力超过了17世纪40年代的德比宫委员会,起了相当于全权中央政府的作用。[2] 而旧日的枢密院仍为国王凌驾于其上,重大决策需由国王决定。国务委员会下设若干委员会处理各种事务,第一届国务委员会(1649年2月至1650年2月)成立了6个委员会,第二届国务委员也成立了类似数量的委员会。此外,国务委员会还成立了临时性的特别委员

---

[1] G. E. Aylmer, *The State's Servants: The Civil Services of the English Republic, 1649-1660*, London, 1973, pp. 9-17.

[2] C. H. Firth and R. S. Reit, eds., *Acts and Ordinances of the Interregnum, 1642-1660*, London, 1911, II, pp. 2-4.

会处理一些较次要的事务。①17 世纪 50 年代的国务委员会是从不完备的议会委员会制向严整正规的中央常设政权机构过渡的中间阶段。和历史上发生的革命一样，革命高潮时期往往来不及建立成熟的新型的国家政府机构。

1660 年复辟以后英国重新恢复了枢密院，并加强了枢密院下属委员会的建设。1668 年 1 月查理二世颁布命令，建立枢密院的 4 个常设委员会，即外交事务委员会、海军委员会、贸易委员会，以及一个负责接受投诉的委员会。其中最重要的是外交事务委员会，它管辖的事务远远超出外交方面，它还负责维持王国的秩序和国家诸种行政事务。和地方官员保持密切联系，是枢密院的核心。最初参加外交委员会的有鲁玻特亲王、国玺官、掌玺大臣、伯金汉公爵、阿伯马尔公爵、奥蒙德公爵、阿林顿勋爵等重要国家官员。②这样，斯图亚特复辟时期承继了革命前专制主义时期发展起来的中央政府机构，资产阶级革命前后国家政权机构设置虽然中断了一段时间，但仍保持一种间断的连续性。到了 70 年代，人们渐渐用"内阁""委员会"或"内阁委员会"的名称来称呼枢密院外交事务委员会。③但麦金托什的详细研究表明，不宜把 17 世纪末和 18 世纪英国内阁制度的成熟性估计过高，这个时期内阁制只是处于形成过程中，无论在机构组成或它的称谓上都未巩固确定下来。在 17 世纪末，枢密院仍然是英国行政权

---

① G. E. Aylmer, *The State's Servants: The Civil Services of the English Republic, 1649-1660*, London, 1973, pp. 17-23.

② E. R. Turner, *The Privy Council of England in the Seventeenth and Eighteenth Centuries England, 1603-1784*, Vol.2, Baltimore, 1927-1928, pp. 266-267. J. P. Kenyon, ed., *Stuart Constitution: Document and Commentary*, Cambridge U. P., 1966, pp. 482-483.

③ T. P. Mackintoch, *The British Cabinet*, London, 1968, pp.37-38.

的中心，财政部、海军部、贸易部和殖民部都隶属于枢密院。在整个18世纪，内阁有不同的称呼，如"委员会""秘密会议""有效内阁""秘密内阁"等。① 在18世纪经常参加内阁会议的有第一财政大臣、国务大臣、大法官、枢密院议长、掌玺大臣、首席海军大臣。② 但是在18世纪国王并没有和全体内阁成员议事的习惯，而常常通过征询个别亲近的大臣后便做出重大国事决定，所以说内阁制度并不完善，以至福克斯在1806年还评论说："无法承认我们的宪政制度中存在着内阁委员会这种机构。"③ 此外，作为内阁活动基础的中央政府各部在这个时期也还没有建立健全，国王对于国家政府事务仍有绝对的发言权。1760年乔治三世即位后开始的英国新的专制主义阶段更具有这种倾向。人们对于首相的出现在时间上也有估计过早的倾向。乔治一世即位后由于他不经常出席内阁会议，内阁的日常工作需要有一个人来负责保持各部门的协调、监督和提醒各大臣履行其职责，这种需要导致了首相的产生。18世纪初，第一财政大臣相当于后来的首相，在内阁中起了中枢作用，但这时"首相"这一词当未正式出现。通常认为是英国第一任首相的沃尔波尔，他的正式职务是第一财政大臣，他本人曾拒绝"首相"的头衔。"首相"一词在官方文件中很迟才出现。④

  18世纪英国的中央政府规模不大，部的设置不多。18世纪在英

---

① M. A. Thomson, *A Constitutional History of England, 1642-1801*, London: Muthuen, 1938, p. 351.

② M. A. Thomson, *A Constitutional History of England, 1642-1801*, London: Muthuen, 1938, pp. 346-350.

③ William Cobbett, *The Parliament History of England*, Vol.4, 1806-1812, London, p. 308.

④ M. A. Thomson, *A Constitutional History of England, 1642-1801*, London: Muthuen, 1938, p. 351.

国历史上是一个国内冲突不十分激烈，近代阶级分化和成熟的近代阶级均未形成，对统治者尚没有大的革命运动的威胁时期。而在国际舞台上，英国和其他欧洲大国展开了激烈的商业竞争和海外殖民地争夺，积极展开资本原始积累。在这种特殊的历史背景下，英国国家的外部职能首先发展起来，和外部扩张有直接关系的内政部门也随着发展起来，国家外部职能的发展刺激着国家机构的发展。在中央政府部门方面，财政委员会取代了国库早先的作用。从1714年起任命5名财政委员，以第一财政大臣为首，以下分别设置管理关税、消费税、印花税、盐税、土地税等事务的机构。海军部负责防卫，由第一海军大臣负责领导。陆军由国王亲任总司令，由负责战争的国务大臣辅助国王管理。军事、殖民地、外交和国内政策均由国务大臣负责，18世纪曾设置过两个或三个国务大臣。此外，成立了由一名大臣负责的贸易和殖民地委员会，负责王国的贸易和监察国王在美洲和其他地区的殖民事务。[①] 总的说来，18世纪英国中央政府发展不快，专门负责处理国内事务的部尚未建立，表现出国家负责内外职能的机构发展有不平衡现象。

英国资产阶级革命期间，长期议会在地方政府方面建立了"郡委员会""没收委员会""查税委员会"等组织，加强地方政权建设，结果却使得郡的权力更加独立于中央。随后到来的复辟时期只是中央政权的进一步松弛。[②] 都铎王朝实施的地方政府机构设置一直保存到18

[①] S. N. Chester, *The English Administrative System 1780-1870*, Oxford: Clarendon Press, 1981, pp. 42-45. Thomson, *1642-1801 English Constitutional History*, London, 1938, pp. 437-439.

[②] J. P. Kenyon, ed., *Stuart Constitution: Document and Commentary*, Cambridge U. P., 1966, pp. 492-494.

世纪末也未取消。地方政权也丝毫谈不上分权,由属于司法性质的治安法官行使一切立法和行政工作职能。这样的机构根本无法解决急剧的社会经济变动和大量人口增长带来的包括地主与农民、雇主与雇工间尖锐矛盾在内的大量社会问题。[1] 到1835年地方政府改革之际,非但地方政府涣散状况没有改变,地方行政单位设置更是重叠繁多。英国有郡52个、自治市239个、市区70个,此外还有15500个教区,[2] 如果比较一下前工业化时期英国的中央政府与地方政府,显然地方政府比中央政府的发展要落后。

英国行政机构具有成熟的近代形式是到工业革命结束以后才实现的,英国在19世纪中期进行的"政府革命"加强了中央政权的干涉职能,并建立了一批中央的部或部级委员会,完成了中央政府建设。英国的近代地方政府建设是通过1830年颁布《市政法》,直到19世纪末的地方政府改革才最后完成。而在此之前,英国政府机构始终没有摆脱过渡性的不成熟的形式。

---

[1] E. N. Williams, ed., *The Eighteenth Century Constitution: Document and Commentary*, Cambridge U. P., 1960, pp. 256-257.

[2] W. C. Lubenow, *The Politics of Government Growth: Early Victoria Attitudes Toward State Intervention, 1833-1848*, London, 1971, p. 16.〔英〕J.A.R. 马里欧特:《现代英国:1885—1945年》,姚曾廙译,商务印书馆1963年版,第49—50页。

第三章　国家行政机构（二）

和西欧封建主义较早瓦解的国家相比，俄国作为一个后过渡国家形成较迟，向资本主义国家过渡的进程也较迟缓。俄罗斯立国较迟，统一的政治实体，到15世纪末莫斯科公国建立时才开始。14世纪莫斯科公国兴起后，1380年打败了金帐汗国蒙古人的大军，1480年东北俄罗斯最终摆脱了金帐汗国的控制，形成了以莫斯科为中心的统一的俄罗斯国家。这一统一过程从莫斯科大公伊凡一世时期（1325—1341年在位）开始，到伊凡三世（1462—1505年在位）和瓦西里三世（1505—1533年在位）时完成。莫斯科国家建立中央集权国家机构的工作在伊凡四世时期（1547—1584年在位）大体完成。因此它的国家形态摆脱封建主义时期的特征和向近代政治制度的逐渐过渡，需要一个历史时期的积累。另外，俄国社会生产关系的落后作为一种社会基础直接制约、影响到国家制度向近代的过渡。当15世纪末到17世纪西欧发达国家封建主义生产关系迅速瓦解，农村中资本主义关系开始迅速发展之时，易北河以东出现了再版农奴制的现象，重新出现了人身依附和人身奴虐。以至于到18世纪和19世纪初，当俄国开始在政治领域实行某种开明改革之时，根深蒂固的农奴制却制约着国家制度的根本性变革。18世纪俄国的政治改革只是在形式上模仿了西方较先进的国家，缺乏变革的社会经济基础和阶级基础。

彼得一世以前的莫斯科国家的政治特征完全不同于西欧的英国、法国和西班牙等国，俄罗斯国家是以莫斯科公国为中心逐渐向外扩张、拓殖和兼并而形成一个较大的统一国家的。在莫斯科大公 1380 年库利科沃最初战胜鞑靼人以后，留里克家族的大公逐渐取得了对以前的蒙古人统治者的胜利，同时也战胜了诺夫哥罗德普斯科夫、特维尔和梁赞这些邻近的小邦统治者。但莫斯科国家在发展过程中始终遭到来自东西方外部民族的威胁。为了保证自己的生存，莫斯科国家的人民在与东西方相邻国家的斗争中不得不完全服从君主的命令，这便影响到统一后俄国臣民与君主关系的特征和国家的特征。莫斯科国家的势力在伊凡三世、瓦西里三世和伊凡四世三个君主统治时期得到加强。这个时期的莫斯科国家处于大公（后来是沙皇）控制下，本质上是统治者个人的私有财产。在法律思想方面，由于拜占庭的影响在俄国超过了罗马法的影响，所以在俄国没有罗马法的个人所有权和统治权的概念，更没有认识到这两种概念有着根本的区别。在莫斯科国家的社会生活中，大公和以后的沙皇强行推行劳役制，这种制度又为具有蒙昧主义特征的东正教会的宣传所加强和巩固，在当时俄国的政治文化中根本没有作为博丹主权概念基础的西欧的社会契约论的成分。莫斯科国家的居民简单地分成"尽义务的人"和"担负重担的人"。国家的官员属于前一类人，保持着财产和较优越的生活待遇，但他们在法律上并没有取得和大公（沙皇）同样的权力。这些国家官员也受国家奴役，他们常自称为沙皇的奴隶。他们所有的土地在理论上属于沙皇，他们中没有一个人能够宣称绝对地拥有土地。莫斯科国家不仅奴虐社会地位最低的农民，而且奴虐最高的官宦等级，这是莫斯科国家区别于西方国家的一大特点。第二类居民占全国人口的大多数。他们在土地上劳动，承担了各种生产服役的责任，要向君主纳税。1805

年斯贝兰斯基认为俄国社会只有两个等级,"统治者的奴隶和地主的奴隶"。17世纪一位德国学者兼外交家访问莫斯科国家后说:"沙皇或者说大公统治着整个国家;他所有的臣民,贵族和王公,普通臣民、城镇居民、农民,同样都是他的农奴和奴隶,他像对待牲畜一样对待他的臣仆们。"一位俄国人几十年后说道:"如果王公、波雅尔或其他人要离境,——而未告知和请求沙皇同意,他将被判处叛逆罪,而他的世袭地产和其他所有将均被沙皇没收。"此外,彼得一世以前俄国的政治文化中没有政治自由的概念,平等的概念只是表示所有的臣民都完全无例外地从属于统治者个人的专制统治。由于法律思想观念不同,俄国"王室官员"的概念也与西方根本不同。西方国家的官员具有大量法律确认的责任,他们在很大程度上被认为拥有官职包含的职权。而在莫斯科国家则不同,王室官员具有的只是沙皇制所确定的无限制的尽义务的权利。[1]

但是,到了17世纪,俄罗斯以军事封建专制为特征的集权统治出现了危机,多方面的原因酿成了这种制度深重的危机。首先,这种军事封建制度极其原始和落后,经济生活在国家生活中被置于极其次要的地位,政治生活中君主与旧教东正教的联盟使得这样的国家在政治文化和宗教文化中都无法接受任何新思潮。因此社会生活极其沉闷。其次,莫斯科国家残酷的农奴制压迫使得在农民和城市市民的起义反抗运动加强了,例如17世纪发生的1648年、1662年和1682年的城市人民起义,以及1670—1671年斯捷潘·拉辛领导的农民战争震动了莫斯科国家的统治。最后,外国商人来到俄国经商带来了西方

---

[1] J. H. Shennan, *Liberty and Order in Early Modern Europe: The Subject and the State, 1650-1800*, Longman, 1986.〔俄〕戈·瓦·普列汉诺夫:《俄国社会思想史》第1卷,孙静工译,商务印书馆1988年版,第85—89页。

的商品，也带来了较为先进的西方文化的影响。例如启蒙主义思想已开始影响俄国统治集团和上流贵族社会，旧的政治制度及其社会关系在逐渐被动摇。这是彼得一世实行重大的政治制度改革的根本原因。

莫斯科公国的活动一方面暴露出封建制度的腐朽，同时它的活动中也多少发展起了一些新的政治倾向的萌芽，成为日后彼得一世改革的有利基础和条件。从 15 世纪到 17 世纪中期，是俄国中央集权国家形成时期，这个时期莫斯科国家摆脱教会控制和控制教会的倾向已十分明显。伊凡四世在著作中表述了必须把一切政治权力集中到君主手中，沙皇不应当把政权分给任何人，无论是世袭贵族还是教会的观点。他抨击了教皇企图夺取俄国政权的野心。他说："无论什么地方你都可以看到，教皇所掌握的国家总是要解体的。"伊凡四世也坚决反对封建割据的残余势力，他在一封信中说："当每个城市里都各有各的长官和统治者的时候，发生了多么大的破坏现象。"[1] 国家摆脱和控制教会的倾向在伊凡三世 1497 年和伊凡四世 1550 年颁布的法典，以及沙皇阿列克塞·米海依洛维奇颁布的 1649 年国务委员会的《法典》中都表现出来。这些法令强调了国家对于农民和农奴关于土地所有制的控制权、国家保护有功贵族和商人的利益等等国家的至上权力，以及中央政府对全国和地方事务的控制权。[2] 可以说莫斯科公国在其鼎盛时期的活动包括了相互矛盾的两种倾向。它一方面强化封建农奴制，另一方面它努力加强国家的中央集权，加强国家对教会的至

---

[1] 苏联科学院哲学研究所、莫斯科大学俄罗斯哲学史研究室主编：《苏联各民族的哲学与社会政治思想史纲》第 1 卷，周邦立译，科学出版社 1959 年版，第 36—38 页。

[2] J. H. Shennan, *Liberty and Order in Early Modern Europe: The Subject and the State, 1650-1800*, Longman, 1986, p. 75. 法学教材编辑部《外国法制史》编写组：《外国法制史》，北京大学出版社 1982 年版，第 122 页。

上地位，以及国家拥有管理一切社会事务的权力，这后一方面特征本身便包含了俄国国家制度进一步发展的方向和进步性。[1]

17世纪末18世纪初，波雅尔杜马的人数减少，它在国家政治生活中起的作用日益下降。由于波雅尔杜马的代表几乎全是世袭贵族和封建王公，他们对彼得一世的改革持反对态度，所以彼得一世对波雅尔杜马持不信任态度，在做出重大决策时常常回避波雅尔杜马。而在1689年彼得一世即位后，俄国的国家机构极不完善，中央行政机构由40—50个衙门组成，它们拥有的权力不等，彼此间界限不清，因此地方行政长官很难有效地执行中央政府下达的政令，地方长官如督军等就他们所在地区的一切事务对中央负责，但其权力也是界限不清。[2] 因此，彼得一世要想振兴俄罗斯就必须首先改革国家机构，加强中央政府建设。彼得一世建立的参议会制政府体制是俄国第一个系统化的行政体制，它一直存在到18世纪末，直到1802年起在俄国才建立了取代参议会制的内阁制官僚制度。[3]

彼得一世对于俄国国家制度的改革并不是独创性的活动，而是西欧具有资本主义性质的政治制度和政治观念哺育影响的产物。彼得认为，西欧国家是被理性指导下的、被委托以寻求普遍幸福的君主统治着，这样的国家用法治取代了旧式的专横统治。[4] 在彼得的心目中，

---

[1] Marc Raeff, *Understanding Imperial Russia: State and Society in the Old Regime*, Columbia U. P., 1984, pp. 1-2.

[2] George L. Yaney, *The Systematization of Russian Government: Social Evolution in the Momestic Administration of Imperial Russia, 1711-1905*, Illinois U. P., 1973, p. 28.

[3] George L. Yaney, *The Systematization of Russian Government: Social Evolution in the Momestic Administration of Imperial Russia, 1711-1905*, Illinois U. P., 1973, p. 51.

[4] J. H. Shennan, *Liberty and Order in Early Modern Europe: The Subject and the State, 1650-1800*, Longman, 1986, p. 78.

"共同的幸福"和"国家的繁荣昌盛"是同一种概念,这实际上是彼得一世从西方政治思想中汲取的"理性国家"概念的表述。为了与欧洲其他国家角逐,必须建立自己的权威,彼得提出了君主具有最高统治职责的思想。彼得一世最有影响的谋士大主教普罗科波维奇把英国政治思想家托马斯·霍布斯在《利维坦》一书中提出的臣民对君主绝对服从的概念写进自己的政治著作中,而这种君主是最高统治者的概念体现在彼得一世的政令和行动之中。彼得一世在制定改革国家制度的蓝图时直接吸收了瑞典的经验。1720年2月28日彼得一世颁布的《一般规章》的直接蓝本便是瑞典1661年的《宪政法令》。[1] 彼得一世之所以要吸收西欧先进国家的政治经验是因为在此先俄国的政治文化缺少起码的民主内容,也不存在任何关于契约的概念,莫斯科公国把所有的臣民降低到大公的奴隶一般的地位,而莫斯科公国的行政则是由一些完全不负责任的官吏实施的完全否认法律标准的活动。[2] 莫斯科公国时期从理论上说,大公的权力直接来自上帝,王公极其重视信仰问题,世俗政府在实践中紧紧跟随着基督教会。为了确立自己最高统治者的地位,并把俄国旧国家转变为新型国家,彼得一世于1721年建立了俄国最高神教会以取代教长,用世俗的民族精神取代了"第三罗马"的概念,取消了东正教对于世俗政权的至上地位,把教权踩在脚下。从此以后,俄国的教会不再是世俗政权的指导者和鼓舞者,而仅仅是国家机器的一个组成部分。[3]

---

[1] Marc Raeff, *Understanding Imperial Russia: State and Society in the Old Regime*, Columbia U. P., 1984, p. 44.
[2] J. H. Shennan, *Liberty and Order in Early Modern Europe: The Subject and the State, 1650-1800*, Longman, 1986, p. 79.
[3] J. H. Shennan, *Liberty and Order in Early Modern Europe: The Subject and the State, 1650-1800*, Longman, 1986, p. 77.

俄国的中央国家和机构在彼得一世时期得到发展。彼得建立了参议院制的中央政府。1699年彼得一世成立了由他的亲信组成的近臣办公厅，作为波雅尔杜马的办事机构，以协助他处理国家日常政务，并负责行政和财政监督工作。以后，他还建立了人数有限的检察院以取代特权贵族的波雅尔杜马。彼得一世加强国家机构建设的最重要的措施是在1711年建立了参议院，并设立总监察官一职。担任总监察官者不受出身的限制，但必须是智力和品格优秀者。总监察官的任务是对所有人进行秘密监督，最高级官员也不例外。总监察官手下大约有500名密探，分散在各个部门进行调查工作，以查缉受贿、贪污和偷税漏税的官员。这些密探罚款得到的钱在上交国库时将分给他们一部分，以此鼓励告密活动。这种做法导致以后出现了极为严重的滥用职权的现象，密探成了侦讯人，对被查讯者以骇人的罪名加以恫吓，以此敲诈勒索。诚然，用这种方法也有效地处理了一批贪官污吏，西伯利亚省省督加加林亲王因被证实犯有侵吞公款罪而被总监察官涅斯特洛夫送上绞刑架，而涅斯特洛夫本人以后也被指控犯有徇私舞弊、敲诈勒索罪处以死刑。由于监察制度具有种种弊端，以后彼得一世废除了总监察官一职，仅在参议院内设立监察员，直接向沙皇负责。[①]从1717年底开始，彼得一世建立了参议院下属的委员会，以取代旧设50个衙门，同时取消1699年成立的近臣办公厅。从1718—1721年共建立了11个委员会，它们是陆军委员会、海军委员会、外交委员会、支出委员会、税务委员会、矿务委员主、手工工场委员会、商务委员会、监察委员会、领地委员会和司法委员会。每个委员会由10—13名经任

---

① 〔法〕亨利·特鲁瓦亚:《彼得大帝》，齐宗华、裴荣庆译，天津人民出版社1983年版，第305页。J. H. Shennan, *Liberty and Order in Early Modern Europe: The Subject and the State, 1650-1800*, Longman, 1986, pp. 78-79.

命的官员组成，包括主席、副主席、委员和助理委员、委员会的决定不是由主席独断做出，而是通过投票表决做出决定。[1]

彼得一世的参议院由 9 名参议员组成。规定当彼得离开首都外出时，由参议员主持国政。最初参议院只是一个临时性的国家管理机构，后来职权有所发展，成为直属沙皇的正式的国家最高管理机构。它管辖从中央到地方的整个行政系统，负责财政预算、征收贡赋和陆海军编制等一应国家行政事务，参议院还有权制定国家重要法令。这在俄国是一种新的政治设置。[2]但是彼得一世的参议院有一个根本弱点，这也是彼得一世改革时期带普遍性的弱点，即他没有通过立法手段明确参议院的正式职权。在国家实际活动中，彼得一世也没有在颁布一切法令时征询参议院的意见。这样，参议院体制并没有充分发挥其作用，效能较低，据普鲁士公使马德费尔德证实说，参议院在 1722 年有 16000 件待处理的文件。[3] 参议院制度的不完善性导致这一制度逐渐衰落。18 世纪 20 年代末参议院仅由 3 人组成，它不再频繁地开会，以后便消失了。1730 年女沙皇安娜重建了这一机构，但高级官员根本不把它放在眼里。女沙皇伊丽莎白即位后也重建了参议院，为使参议院有效地发挥作用，她命令所有重要的官员都加入参议院作为其成员。但随后发生了沙皇的宠臣和大乡绅之间争权夺利的斗争，参议院只是作为一个法院存在，不再起政府机构的作用。彼得一

---

[1] George L. Yaney, *The Systematization of Russian Government: Social Evolution in the Momestic Administration of Imperial Russia, 1711-1905*, Illinois U. P., 1973, pp. 93-94.

[2] George L. Yaney, *The Systematization of Russian Government: Social Evolution in the Momestic Administration of Imperial Russia, 1711-1905*, Illinois U. P., 1973, pp. 92-93.

[3] 〔法〕亨利·特鲁瓦亚：《彼得大帝》，齐宗华、裘荣庆译，天津人民出版社 1983 年版，第 309 页。

世以后几朝沙皇统治期间,都建立了掌握国家实权的机构,在叶卡捷琳娜一世和彼得二世时期建立了最高检察委员会,在女沙皇安娜时期建立了"内阁",在伊丽莎白时期建立了"会议",在彼得三世和叶卡捷琳娜二世时期建立了"委员会"。① 彼得一世时期建立的参议院下设各委员会,战争、海军和外交事务三个委员会,以后变化不大,而其他委员会则变化较大。到叶卡德琳二世时期诸委员会已消失,设立了 6 个独立的部。②

19 世纪俄国继续了 18 世纪开始的对国家机构的改革建设,建成了一整套以大臣制为中心的国家机构。俄国的中央政府由最高机构和隶属机构组成,最高机构包括国务委员会、大臣委员会和参议院,隶属机构包括政府各部。

政府各部从 19 世纪初开始建成,1802 年 9 月亚历山大一世宣布建立 8 个部,它们是海军部、陆军部、外交部、司法部、内务部、财政部、商业部和教育部。1811 年增加到 12 个部,以后增迁不多,到 1905 年时有 14 个部和部级机构,其中有 9 个在国内事务中起了重要作用,如教育部、财政部、国内事务部、司法部、交通部、商业和工业部、农业和土地部、国家会计检察官署、神圣宗教会议。从各部建立时起,沙皇便以立法形式要求各部向沙皇报告工作。从 19 世纪初期开始,各部定期向参议院和沙皇提交报告,各部为此也频繁地召开会议,在部的会议上做出重要决定。这成为一种工作制度固定下

---

① George L. Yaney, *The Systematization of Russian Government: Social Evolution in the Momestic Administration of Imperial Russia, 1711-1905*, Illinois U. P., 1973, p. 67.

② George L. Yaney, *The Systematization of Russian Government: Social Evolution in the Momestic Administration of Imperial Russia, 1711-1905*, Illinois U. P., 1973, p. 64.

来。① 起初曾要求参议院组织专门委员会审查大臣们的报告，以后大臣们的报告不递交参议院而直接呈送沙皇。19世纪50年代各大臣的报告先呈送给大臣委员会，经审定后再送交沙皇本人。②

在中央各部之上成立了大臣委员会。建立这个机构的目的是在个别大臣的提案上交国务委员会以前审查这些提案。政府各部的领导人和各大臣都是大臣委员会的成员。1882年以后国务委员会法令编纂处处长成为大臣委员会成员，1893年以后国务大臣也参加大臣委员会。沙皇还可以固定地和临时地指定他所选择的人参加大臣委员会。大臣委员会除夏季外每周举行一次例会，每次到会人数为10—20人，沙皇出席会议并担任主席，但亚历山大二世时期沙皇便很少到会，以后沙皇则根本不参加大臣委员会的会议。档案中保存的大臣会议的立法共有96件，几乎都是1865年以前的文件。1870年以后只是在非常特殊的情况下才召开大臣会议，大臣委员会趋于衰落。大臣委员会衰落的原因大致有两方面：一是大臣委员会到会人数甚多，讨论重大国事难以保密；二是大臣委员会与国务委员会存在重叠，而沙皇参加大臣委员会的会议使该机构权力似乎超过国务委员会，和它作为一个立法机构的职能不相称。③ 大臣委员会存在到1905年。④

国务委员会是亚历山大一世在1810年10月建立的俄国最高权力

---

① George L. Yaney, *The Systematization of Russian Government: Social Evolution in the Momestic Administration of Imperial Russia, 1711-1905*, Illinois U. P., 1973, pp. 193-194.

② George L. Yaney, *The Systematization of Russian Government: Social Evolution in the Momestic Administration of Imperial Russia, 1711-1905*, Illinois U. P., 1973, p. 302.

③ George L. Yaney, *The Systematization of Russian Government: Social Evolution in the Momestic Administration of Imperial Russia, 1711-1905*, Illinois U. P., 1973, pp. 251-252.

④ George L. Yaney, *The Systematization of Russian Government: Social Evolution in the Momestic Administration of Imperial Russia, 1711-1905*, Illinois U. P., 1973, p. 194.

机构。国务委员会凌驾于国家行政机构之上，它的职责是检查立法、计划、每年的预算案，并对沙皇所关心的问题提出建议。某些时候国务委员会也起最高法庭的作用，但国务委员会并不参与立法程序。国务委员会的规模在 19 世纪有很大增长，1810 年时参加者为 30 人左右，19 世纪中叶增至 60 人，1905 年增至 80 人。所有的大臣依其职权都是国务委员会成员，在官吏和军队中任职多年并升至最高等级者由沙皇任命成为国务委员会的固定成员，尽管在理论上沙皇可以免去国务委员会成员资格的权力，但实际上国务委员会成员是终身制。国务委员会每年的例会从 10 月初开始，到下一年 5 月底和 6 月初结束，沙皇如愿意可出席国务委员会会议。亚历山大一世在 1810—1811 年固定地参加国务委员会的例会，但 1812 年 4 月斯佩兰斯基下台后他便不再到会。尼古拉一世在位 30 年间仅参加了 5 次国务委员会的会议。19 世纪沙皇最后一次参加国务委员会的例会是 1861 年亚历山大二世到会通过《解放法令》。国务委员会工作的主要部分交给它的常设委员会去完成，常设委员会又称作"部"，最初设立 4 个部，每个部由 4—8 人组成，由沙皇在国务委员会成员中指定，在国务委员会例会期间每周开一次部的会议，通常是 4 小时左右。[①]

除大臣委员会和国务委员会外，还设立有沙皇帝国官署。这一机构从尼古拉一世即位最初 10 年起设立，1894 年以后成为一切沙皇个人事务的决定者，包括决定官职提升、解职和授奖等。帝国官署由国务大臣负责。国务大臣由沙皇直接任命，其地位不低于国务委员会及其主席，法律规定国务大臣需与国务委员会主席合作进行工作，不要

---

① George L. Yaney, *The Systematization of Russian Government: Social Evolution in the Momestic Administration of Imperial Russia, 1711-1905*, Illinois U. P., 1973, p. 255.

违背后者的意见。1893年和1901年两道法规给予国务大臣的权力要比国务委员会的权力大得多。国务大臣有立法动议权，他是大臣委员会的成员，更重要的是国务大臣掌管了国务委员会的法令编纂部门，有权就其做出的决定的合法性提醒国务委员会。① 帝国国务大臣的这种权力是沙皇政府实际活动的需要。因为19世纪沙皇政府庞大的官僚机器无法有效、迅速地处理大量政务事务。国务大臣及其属下的机构承担的职责包括审议提交国务委员会的大量计划和问题，以及准备解决问题的方法；同时它还要负责与各种临时委员会联系。这样，国务大臣要比国务委员会了解更多的情况，它成为沙俄帝国国家机构中不可缺少的组成部分之一，甚至在某种程度上超过了参议院在国家事务中的地位。②

俄国19世纪在大臣委员会和国务委员会发展起来以后，旧设的参议院继续存在，但参议院的权力和地位发生了一些变化。亚历山大一世即位后努力保持参议院在国家机构中的中心地位。1801年8月参议院向亚历山大一世提交了一份备忘录，要求亚历山大一世恢复参议院对于所有其他政府机构的至上权威，指出这样做将有助于参议院把所有政府机构形成一个整体。9月2日亚历山大一世在命令中确认了参议院的职能和特权要求，指出参议院为最高统治机构，负责维持法律，监督一切政府官员的职责实施情况。未经参议院注册，任何法令不得实施。如果参议院多数成员认为提出的法令"不适当"，该法令就要退给沙皇重新考虑。参议院地位在政府之上。大臣直接隶属于沙皇管辖，

---

① George L. Yaney, *The Systematization of Russian Government: Social Evolution in the Momestic Administration of Imperial Russia, 1711-1905*, Illinois U. P., 1973, pp. 256-257.

② George L. Yaney, *The Systematization of Russian Government: Social Evolution in the Momestic Administration of Imperial Russia, 1711-1905*, Illinois U. P., 1973, pp. 257-258.

但要求大臣每年也向参议院报告工作，参议院有权就大臣的报告考虑其政绩，可要求他们解释某些问题。大臣颁布的命令在经沙皇批准后还需交参议院登记注册和审查。换言之，在 19 世纪刚开始时，参议院在理论上权力很大，但实际上并没有取得全部法定的权力。[1]

1803 年以后参议院的地位下降了。亚历山大一世之所以削弱参议院的权力有两个原因。一是自 1802 年 12 月起，参议院试图进一步扩大自身的权力。此时，参议院对一项有关沙皇加强农村乡绅地位的军事义务的法令表示异议，试图以此来加强自身的权威。1803 年 3 月参议院的一名代表把一份抗议书递交给亚历山大一世，亚历山大一世在 3 月 21 日发布命令，否决了参议院的请愿，并收回了给予参议院的可以讨论任何法令的权力。另一件事是沙皇和参议院议长德萨文发生了一场冲突。1803 年 2 月亚历山大一世让德萨文把允许农奴主解放他们的农奴的法令提交参议院，而德萨文考虑到解放农奴会损害乡绅地主的利益，反对解放农奴，当他不得不把这道法令递交参议院时，他力劝参议员们否决这道法令。亚历山大一世谴责了德萨文的做法，径直将法令公开发表。1803 年 3 月，亚历山大一世正式取消了参议院对法令的否决权。[2]

到了 19 世纪后期，参议院仍然存在，由大约 40 名成员组成，他们是由沙皇从高级官员中指定的。1816—1905 年间参议院成员从未在例会时到齐过。参议院所有的工作都是在下属几个部中分散完成的。参议院有两个部。第一部相当于一个行政法庭，凡是政府行政机

---

[1] George L. Yaney, *The Systematization of Russian Government: Social Evolution in the Momestic Administration of Imperial Russia, 1711-1905*, Illinois U. P., 1973, pp. 94-95.

[2] George L. Yaney, *The Systematization of Russian Government: Social Evolution in the Momestic Administration of Imperial Russia, 1711-1905*, Illinois U. P., 1973, pp. 95-97.

构的法律权力出现了争议均由它解决,一些地方政治关系争端也可提交第一部解决。第二部建立在1884年,主要职责是解决乡村管理中发生的司法争端。第一部和第二部在实际工作中形成了庞大的分支机构,每个分支机构分工负责处理某一地区或部门的争端。参议院第一部和第二部与各部大臣十分密切的联系使参议院的独立性极度削弱,参议院审议问题时,有关大臣或其副手需要参加,但不得在最后做出决定时参加表决。[1] 参议院的职责从未有专门法律加以规定。曾经规定参议院是最高政府执行机构,但随着大臣委员会和国务委员会的兴起,处于衰落中的参议院已丧失这种职能。

彼得一世建立了俄国统一的地方行政组织,彼得一世以前俄国基本的地域行政单位是县。1708年12月彼得一世下令把全国分成8个大省,即莫斯科省、英格尔曼拉德省(后改为彼得堡省)、斯摩棱斯克省、基辅省、亚速夫省、喀山省、阿尔汉格尔哥罗德省和西伯利亚省。以后在1713—1714年又增设了里加省、尼日哥罗德省、阿斯特拉罕省,到他在位末年共建立了12个大省。每省设总督1人,执掌行政和军事大权,省总督直接受中央管辖,以加强国家中央的权力。省总督以下设有主管税收财政、司法监察等部门的高级官员。为了控制省总督,在各省成立了由贵族选举代表组成的参议会。1719年进行了地方行政改革,仍保留省的建制,但把全国划分为州。1719年时大约有40个州,18世纪70年代增加到60—70个州。1775年11月敕令又取消州的设置,以后20年间叶卡捷琳娜设立新的省取代之。彼得一世的每个州又划分为若干个区。省总督的权力较以前缩小了,

---

[1] George L. Yaney, *The Systematization of Russian Government: Social Evolution in the Momestic Administration of Imperial Russia, 1711-1905*, Illinois U. P., 1973, pp. 259-260.

主要掌握军事，各州设立一整套完整的行政机构，其中有财务司、粮食司、林业司等，州长与中央机关直接联系。1720年在各城市建立市议会。此外，彼得一世试图把司法和行政机构分开，他把全国划分成10个司法区。[①] 到叶卡捷琳娜二世时期在省以下设立了新的县，从此俄国的行政区划便由省和县两级构成。

叶卡捷琳娜二世把参议院制从大城市推广到乡村，这样就完成了彼得一世开始的把国内政治组织和军事组织相分离的工作。1763—1764年间叶卡捷琳娜二世大量地增加省、州、县各级行政人员的设置，规定新的行政官员的任命都应由参议院做出，这些行政官员也应当服从参议院的领导，中央政府付给他们固定的薪金。在以后10年间，叶卡捷琳娜把省的数目由18个增加到23个，州和县的数目也有相应的增加，上述措施的基本倾向是在乡村以文职行政官员取代军人承担的行政职责。在俄国兼并了波兰和土耳其的领土之后，1796年叶卡捷琳娜二世把全国分成360个县，完全取消了州和督军区，重建了地方行政区划。[②]

叶卡捷琳娜二世在省一级的行政机构中设立了新的拥有权力的行政官员。最初在1764年4月颁布的法律把省的行政领导权授予省督。但是，1775年的敕令设立了一个新的高级官职省总督。省总督作为沙皇个人在地方的代理人地位居于原来的省督之上，但省督并没有完全丧失其地位。在全国的40个省中，叶卡捷琳娜二世设立省总督的省不到20个，大约有一半的省份（主要在俄国的欧洲部分）仍

---

① George L. Yaney, *The Systematization of Russian Government: Social Evolution in the Momestic Administration of Imperial Russia, 1711-1905*, Illinois U. P., 1973, pp. 53-54.

② George L. Yaney, *The Systematization of Russian Government: Social Evolution in the Momestic Administration of Imperial Russia, 1711-1905*, Illinois U. P., 1973, pp. 68-69.

旧由省督统治。到 1798 年俄国的省增加到 50 个，而当时设有省总督的不过 13 个省。保罗即位后取消了所有 13 个省的省总督。省督既是一省名义上的最高统治者，又是省的民事总管。叶卡捷琳娜二世在位时期，除在边境地区外，主要在彼得堡和莫斯科等一些城市重新建立总督制度。在各省建立了参事会，该机构只能执行省督的命令，无权自行其是。在某些不安定的或有需要的省份，沙皇设立了省督军一职，省督军权力比省督要大，但它不管理民事。省督军一职并未长期设立，这一官职只是在尼古拉一世在位时期广泛地发挥了作用。在西伯利亚、中亚细亚和高加索某些地方，它一直存在到 1917 年。省一级设立的财政法院由任命的官员组成，公共事务官署和上诉法庭均由选举产生的成员充任，但其主席系任命的。所有这些机构都处于省监察长和它的代理人监督之下。①

　　叶卡捷琳娜二世在县一级设立了由警察指挥官担任主席、由地方乡绅中选举产生的两名代表以及由非乡绅居民选出的两名代表组成的委员会，它被称作"初级土地法庭"，负责管理县警察。县一级行政管理官员还有会计官、测量员和医生。此外还有两个选举产生的司法机构作为补充，这就是乡绅法庭和乡村居民法庭。负责监督上述所有县行政官员和法庭的是一位检察官的代表。非乡绅代表的选举在警察的监视下进行，实际上这种选举很不正式，法律条文也很少提到。相反，选举乡绅代表则是县政府工作很重要的一个部分，1785 年的一个法律文件详细地规定了乡绅会议，文件说所有居住在县内的乡绅都可以出席会议，但是只能选举一人作为官员，此人的条件必须在 25

---

① George L. Yaney, *The Systematization of Russian Government: Social Evolution in the Momestic Administration of Imperial Russia, 1711-1905*, Illinois U. P., 1973, pp. 72-73.

岁以上,在政府中拥有一个职位,在本县的土地收入不少于 100 卢布。选出的此人被称为县乡绅长官,是县行政机构中的一个负责官吏。乡绅会议每三年召开一次,决定由谁来出任这一官职。在俄国欧洲部分,除阿尔汉格尔省外都建立了县乡绅会议。①

叶卡捷琳娜二世在地方政府机构建设措施中表现出一种意向,即试图仿照德意志等级制度建立俄国的等级制度,大力扶植乡村地主和城市贵族,造就她的统治所赖以依靠的社会基础。1775 年叶卡捷琳娜二世颁布法规,在省一级建立由地方精英选举的代表构成的地方警察局和慈善机构。1774 年 12 月下达的命令要求农民选举警察作为县一级的官吏在基层的代理人。但是,在省城中和一般城镇中选出的商人和工场主的上层分子的代表实际上处于官吏的控制监督之下,这些代表只不过是官僚的代理人。他们和贵族一样,参加行政管理只是起一种拓宽沙皇统治的社会基础的作用,他们无法在行政工作中独立活动,他们希望摆脱沙皇官吏的控制以取得更大的独立性。日后,这些加入地方政权活动的贵族和工商业者都成为沙皇统治下的政治反对派的核心。②

从 19 世纪初亚历山大一世统治时期开始,俄国加强了各大臣和地方政府的联系,同时加强了省和县地方政府机构的建设。1837 年沙皇重建了中央政府在各省的代理机构,正式取消了除莫斯科和彼得

---

① George L. Yaney, *The Systematization of Russian Government: Social Evolution in the Momestic Administration of Imperial Russia, 1711-1905*, Illinois U. P., 1973, pp. 70-71.
② Marc Raeff, *Understanding Imperial Russia: State and Society in the Old Regime*, Columbia U. P., 1984, p. 97. George L. Yaney, *The Systematization of Russian Government: Social Evolution in the Momestic Administration of Imperial Russia, 1711-1905*, Illinois U. P., 1973, pp. 68-69.

堡以外内地各省事实上已经消失的省督,而在每个省设立它的总督。这样国内事务大臣能够在各省和县设立自己的代理人。在取消省督以后,沙皇政府采取了一系列加强中央集权的措施。1837 年颁布的一项法令要求省的财政官员定期进行财政检查。尼古拉一世还在每个省建立大臣指导下的行政组织。到 1845 年省的参事会被逐渐剥夺了原有的特权,并完全转变为省的行政机构。在 19 世纪 30 年代,省一级行政组织的某些职能也专门化。例如,财政大臣的代理人在各省取代了原副省督作为省财政署主席的职务。这样,地方财政事务逐渐脱离了省督而直接隶属圣彼得堡的财政大臣。[1]

19 世纪俄国县级主要机构继续采取了常设委员会的形式。参加常设委员会的成员有两部分,一部分是选出的官员,一部分是任命的官员。在县一级设立了县农民事务委员会,它通常由三个人组成,一个是县自治局会议的常任人员,一个是县警察指挥官,一个是乡绅代表。县的设置和省行政机构的设置主要不同之处在于,县一级没有一个具有全权的、可以对行政机构施加压力以统一其意志的负责官员。县一级不承担司法职责,案件审理和司法争端都交到省里处理。而县一级行政机构活动则和地方乡村社会有极为密切的联系,它多少具有一点地方自治的特点,例如 1830 年以前县的警察完全是由选出的半日制工作的乡绅来管理。[2]

从 1864 年起,俄国在省和县两级建立了自治机关。亚历山大二世批准了先后以米留金和瓦鲁也夫为领导的特别委员会提出的《省、

---

[1] George L. Yaney, *The Systematization of Russian Government: Social Evolution in the Momestic Administration of Imperial Russia, 1711-1905*, Illinois U. P., 1973, pp. 218-219.

[2] George L. Yaney, *The Systematization of Russian Government: Social Evolution in the Momestic Administration of Imperial Russia, 1711-1905*, Illinois U. P., 1973, pp. 339-344.

县自治机关条例》,在县和省设立自治会议,每 3 年选举一次自治会议的代表,每年召开一次会议。县自治会议的代表为 10—96 人,省自治会议的代表为 15—100 人。自治会议在名义上代表社会各阶级。根据 1865—1867 年的资料,在 29 个成立自治局的省中,县自治会议代表中贵族和官吏占 41.7%,农民占 38.4%,商人占 10.4%,其他阶层占 9.5%。[①] 同期省自治会议代表中贵族和官吏占 74.2%,农民占 10.6%,商人占 10.9%,其余占 4.3%。自治会议主席不是选举产生,而规定由贵族代表兼任,贵族在自治局中占优势。但沙皇政府对地方贵族不完全信任,不给新建立的自治局以任何实际的地方行政权,例如 1867 年 6 月 13 日政府法令禁止各自治局不经省长允许擅自印刷自己的会议决定和报告。1890 年以后直到 1905 年,沙皇政府的立法倾向于加强省的自治局和大臣代理人之间相互依靠的牢固关系。[②]

这个时期俄国在建立省和县的自治局的同时,在城市中也建立了相应的设置。到 1862 年,在 502 个城市建立了各阶层参加的地方委员会。1870 年 6 月亚历山大二世批准了新的市政条例,决定原先在叶卡捷琳娜二世时期已实行的由各阶层集团选举代表组成的市杜马现由不分等级的杜马所代替,杜马代表根据财产资格每 4 年改选一次,只有纳税人才有选举权。选举人依纳税数量分成 3 个选举会:参加第一选举会的由交纳该城市总税额 1/3 的最大的纳税人组成;参加第二

[①] 〔苏联〕涅奇金娜主编:《苏联史》第 2 卷第 2 分册,关其侗等译,生活·读书·新知三联书店 1959 年版,第 127 页。
[②] 〔苏联〕涅奇金娜主编:《苏联史》第 2 卷第 2 分册,关其侗等译,生活·读书·新知三联书店 1959 年版,第 127 页。George L. Yaney, *The Systematization of Russian Government: Social Evolution in the Momestic Administration of Imperial Russia, 1711-1905*, Illinois U. P., 1973, p. 357.

选举会的是承担总税额 1/3 的中等纳税人；小纳税人代表组成了第三选举会。每个选举会分别推派市杜马代表的 1/3，这就保证了资产阶级在市杜马中的优势地位。城市杜马由参议院直接管辖，受省县监督。大城市市长职务由内务部批准，小城市市长职务由省长批准。城市杜马不掌握警察，它的权限和地方自治局相仿，完全限制在经济问题范围内，表现出地方经济权力和政治权力的分离。城市的实际行政权属于中央控制的省长。换言之，俄国资产阶级的代表在步入政坛之初被置于咨议机构中作为统治集团的一个组成部分而不掌握行政权。

在俄国从彼得一世开始的仿效西欧进行的国家制度改革中暴露出的一个根本性弱点是法制建设远远落在政府机构改革之后。在这个改革长过程的起始阶段，彼得一世的改革可谓大刀阔斧，但他的改革是用政令而不是立法的形式进行，因此缺乏持续性影响。18 世纪中期以后叶卡捷琳娜二世曾对加强法制建设表示了极大的关注。她在 1766 年 12 月决定召开最高立法委员会，规定这个委员会的成员从帝国各自由等级中选举产生。[①] 她在 1767 年 7 月发布了《给立法委员会的告谕》，这一文件反映了西方启蒙运动对她的影响程度。叶卡捷琳娜二世并不打算在俄国推行长期存在于西欧的资产阶级的契约关系，她只是希望通过制定法律以确定俄国的社会关系。她在告谕中强调捍卫国家权力以限制各阶级要求的各种权力。在告谕中叶卡捷琳娜二世对"自由"一词做了一种精巧的解释："自由是做法律允许做的事情的权利"，"公民自由是从全社会每个个人确保他个人安全的观点产生出的稳定的思想"。在对自由做出了保守的解释后，告谕针对农奴

---

① Marc Raeff, *Understanding Imperial Russia: State and Society in the Old Regime*, Columbia U. P., 1984, pp. 89-90.

制导致的反抗情绪强调："如果立法权或国家主权认为它自身处于反对国家的密谋或与外国侵略者勾结造成的威胁之下，它可以在一段时间里授权行政机构逮捕密谋者，让其一段时间丧失自由，以此保证立法权永远不受伤害。"① 在这个告谕中，提到政府应当以一项基本法为基础建立，但又强调，"全权国家将保卫整个社会"，"统治权是绝对的"。尽管叶卡捷琳娜二世不是农奴制的坚决拥护者，她曾起草一项颁发给国有农民（即国家农奴）的宪章，给予他们权利，但这一宪章最后并未付诸实施。她格外稳定地维持其统治的要求，对农奴问题极其谨慎，② 而俄国农奴制的存在正是阻碍国家改革进程的因素。

19世纪俄国的法律体系开始了由封建法律向资本主义法律的转变过程。尼古拉一世即位后加强了法典的编纂工作。1826年尼古拉一世将1804年成立的法典编纂委员会改为第二处，任命巴路甘扬斯基为处长，具体的编纂工作由斯佩兰斯基③承担。在斯佩兰斯基的建议下开始编纂《法令全集》和《法律全书》，他希望重新编纂法典，使立法适应俄国资本主义经济发展的需要。1830年《俄罗斯帝国法

---

① J. H. Shennan, *Liberty and Order in Early Modern Europe: The Subject and the State, 1650-1800*, Longman, 1986, pp. 92-93.
② Marc Raeff, *Understanding Imperial Russia: State and Society in the Old Regime*, Columbia U. P., 1984, p. 98. George L. Yaney, *The Systematization of Russian Government: Social Evolution in the Momestic Administration of Imperial Russia, 1711-1905*, Illinois U. P., 1973, p. 74.
③ 斯佩兰斯基（1772—1839年），自由主义者，乡村教士之子，曾受教于宗教学校，后为其教员，曾任总监察官库拉金公爵的秘书，1820年成为内务部工作人员，其学识才能为亚历山大一世赏识，遂参与政策制定。他主张在保留农奴制和专制制度的前提下按照西方国家制度的形式来改造俄国的国家制度。1830年他拟定了《俄国政府和司法机构组织草案》，主张用立宪君主制逐步取代专制君主制，同时主张在不触犯农奴制度的前提下调整农民与地主的关系。斯佩兰斯基曾被拿破仑称作"俄国唯一有清醒头脑的人"。

令全集》第一版的编纂和刻印工作完成。《俄罗斯帝国法令全集》收入了包括从 1649 年的《会典》到 1825 年 12 月 12 日俄国的全部立法。1833 年《俄罗斯帝国法律全书》的编纂工作完成。《俄罗斯帝国法律全书》共 15 卷，42000 条，按法律门类编列。第 1—3 卷为"根本的制度性的法律"，包括各种国家机关的权力和文牍程序的立法；第 4—8 卷包括规定国家的义务、收入和财产的法律；第 9 卷是关于等级规定的法律；第 10 卷为民法；第 11—14 卷为警察治安方面的法律；第 15 卷为刑法。《俄罗斯帝国法律全书》颁布后经过多次修改和补充。[1]

沙皇政府在制定新的法律时，确认了新兴市民资产阶级分子的身份地位。1832 年的一项法律确定了从城市居民中分化出来的上层分子的地位。法律规定，城市中一些资产阶级上层分子被称为"名誉公民"，其中又有"世袭的"与"终身的"之分。他们都具有不受体罚、免服兵役、免纳人头税等特权。这个时期社会居民仍由贵族、教士、城市居民和农村居民构成，但法令在这种划分之外又将所有的居民分成"纳税者"和"免税者"两种，规定贵族、教士及"名誉公民"为免税者，其他市民和农村居民为纳税者。这种划分实质上是把城市资产阶级上层分子划入免税的特权集团之列，与贵族处于几乎同等的地位。[2]

在刑法领域，沙皇政府于 1844 年编纂了《刑罚和感化法典》，其主要特点是同罪不同刑，处罚轻重按犯罪者的社会地位来决定，贵族、

---

[1] 法学教材编辑部《外国法制史》编写组：《外国法制史》，北京大学出版社 1982 年版，第 123—124 页。

[2] 法学教材编辑部《外国法制史》编写组：《外国法制史》，北京大学出版社 1982 年版，第 127 页。

教士、名誉公民、两个行会基尔特的商人享有免受体罚的特权。此外，在复杂的刑法分类中，有刑事处分和感化处分之分，并把一切刑罚分为主刑、附加刑和代替刑，规定可以在某些情况下以刑罚处分代替主刑，借以保护贵族特权等级。在该法典中对触犯农奴制和君主专制制度的案犯处罚极其严厉。[1] 这一法典较明显地表明它具有封建性质。

1861 年沙皇亚历山大二世开始进行司法改革。1862 年在法学家谢·伊·札鲁德尼的领导下制定了新的司法制度和诉讼程序的基本原则。1864 年 12 月 2 日亚历山大二世批准了以欧洲司法制度为典范，贯彻了资产阶级法律原则的新的司法章程。这次司法改革是同期一系列资产阶级性质的改革中比较彻底的一次。从叶卡捷琳娜时代开始的旧的等级法院现在被一个共同的法院代替。从此以后，所有的人都在同一法院根据同一法律和同样的审判程序受审。在每一司法区中都设立一个区法院。刑事案件由区法院会同当地居民中最富裕阶层的代表担任的陪审员审理，判决原则上不得再行上诉。只有未经陪审员参加而做出的判决才可向高等司法厅上诉。这次司法改革确定了陪审制度，并建立了律师制度。陪审员从有一定财产资格、识字和定居两年以上的居民中选出，共 12 人。由他们决定被告有罪还是无罪，然后再由法院院长和两名法官量刑或释放。出任律师需受过高等司法教育并有 5 年以上的司法实践经验，律师在高等司法厅的监督下执行业务。地方设立治安裁判所，处理较小的民事诉讼和轻微的违法行为。地方治安裁判所的裁判员从县自治代表会议的代表中选举产生，治安裁判所主席由治安裁判员推选产生，他们都必须经政府任命。这样，

---

[1] 法学教材编辑部《外国法制史》编写组：《外国法制史》，北京大学出版社 1982 年版，第 135 页。

律师、陪审员和治安裁判员大抵从资产阶级中产生，表现了资产阶级的财产权在司法制度中的地位。这一制度中包含的司法人员不受政府任命和撤换，审判完全依照法律进行等保证司法独立性的规定体现了资产阶级的法治原则。但它又为沙皇政府所控制，表现出地主和资产阶级的妥协。这次司法改革仍保留了根据1861年2月19日法令设立的按照习惯和惯例进行审理案件的乡等级农民法院，保留了审判僧侣案件的特别法院。沙皇政府的官吏犯渎职罪以后，只有在其长官决定以后才能交付法院审理。政治案件不归陪审法庭审理，而由高等司法厅或参议院审理，以后转由司法大臣和宪兵队用行政手段加以判决。这些都表现了司法制度包含的封建特征和不平等现象。[①]

18—19世纪俄国国家制度变革过程中最突出的特点是缺乏资产阶级自由民主内涵。早在1809年秋季，资产阶级改革家斯佩兰斯基在拟定的名为《国家法典绪论》的改革计划中曾主张在俄国采纳君主立宪制，建立特殊的议会制度——国家杜马。杜马代表由4级选举制产生，即由拥有不动产者选出乡杜马，由乡杜马推选参加区杜马的代表，由区杜马再选出省杜马的代表，最后由省杜马选出国家杜马代表。贵族、商人、市民等"中等地位"的公民有选举权。在政权关系方面实行立法、司法、行政三权分立，立法必须经国家杜马通过方能生效，政府各部必须对杜马负责。斯佩兰斯基制定了使俄国国家制度改造为资产阶级式国家的一整套蓝图。但由于当时俄国存在着根深蒂固的农奴制，资产阶级政治改革缺乏阶级基础，所以斯佩兰斯基设计的改革计划中只是加强行政机构和法律制度方面的内容为沙皇政府所

[①] 〔苏联〕涅奇金娜主编：《苏联史》第2卷第2分册，关其侗等译，生活·读书·新知三联书店1959年版，第130—133页。孙成木等：《俄国通史简编》下册，人民出版社1986年版，第149—150页。

吸收，借以加强官僚专制制度，而有资产阶级自由主义内容的那部分设想被束之高阁。只有当来自下层的革命压力和威胁强大到震撼沙皇制度本身时，这个国家才愿意朝资产阶级自由主义方向跨出几步。

到了 1905 年革命前夜，在对外帝国主义战争节节失败和国内一浪高过一浪的工人罢工斗争和农民骚动起义的打击下，俄国封建统治集团察觉到统治不稳，便开始在两个方面加强国家制度。一是加宽统治集团的阶级基础，实行自由主义的妥协。由维特和诺尔德草拟了 1904 年 12 月 2 日的《完善国家制度规划诏令》，提出必须吸收社会贤达参加国务委员会，责成大臣委员会探讨采取何种措施以实行法制，扩大言论自由、信仰自由和地方自治权，消除对非俄罗斯人的过分排挤。但沙皇尼古拉二世在审定时删掉了扩大国务委员会阶级构成的内容。1905 年革命开始后，沙皇于 2 月 17 日批准了一项文件，宣称全体居民有向大臣会议请愿的权利。① 二是授予杜马以立法权，召开国家杜马。1905 年革命开始后，布里根便提出一项诏书草案，提出按西欧议会的模式召开国家杜马，允许居民选出的代表更广泛地参加立法活动，这种杜马具有人民代表协商国事的职能，但没有决定权。1905 年 8 月 6 日颁布一项法令，规定杜马为议会型的常设机构，所有长期的或临时的法律、编制、预算都必须提交杜马讨论，杜马为协商机构，杜马代表的选举权不受民族和宗教信仰的限制。最后，10 月 17 日沙皇签署了由维特起草的《整顿国家秩序宣言》，希望以此"敉平当前弥漫之骚乱、盲动、暴行"。10 月 17 日宣言的主要内容有三项：第一，"依据确保人身不受侵犯，信仰自由、言论自由、集会

---

① 〔俄〕谢·尤·维特：《俄国末代沙皇尼古拉二世：维特伯爵的回忆》，张开译，新华出版社 1983 年版，第 268、390 页。

自由、结社自由诸原则，恩赐平民以公民自由"；第二，准备杜马选举，尽可能吸收迄今尚无选举权的居民阶级参加杜马，进一步实现普选权原则；第三，任何法律未经杜马认可不得生效，即授予国家杜马以立法权。[①]

1906年2月20日沙皇公布了改组国务委员会宣言和国家杜马选举新条例。4月23日又对俄国旧的基本法进行修改，公布了《国家根本法》，它使国家政权披上立宪外衣，同时又把最高权力保持在沙皇手中。该法令宣布，沙皇仍然拥有确定对外政策、宣战、媾和、任免大臣等大权，国务会议和杜马通过的法律要经沙皇签署才能生效，在杜马休会期间，沙皇政府有权自行立法。国务委员会由咨议机关变成与杜马平起平坐具有同等立法权力的机构，实际上成为处于杜马之上的"上议院"。国务委员会成员半数由沙皇任命。另一半由贵族、地主自治局、工商业资产阶级、僧侣选举产生。地主和贵族在国务委员会中占据优势。这样，沙皇通过改组国务会议，从杜马夺去了一切权力。[②]

[①] 〔俄〕谢·尤·维特：《俄国末代沙皇尼古拉二世：维特伯爵的回忆》续集，张开译，新华出版社1985年版，第1页。沙皇尼古拉二世在批准这份宣言时在批注中指出发表这样的宣言的根本性原因。他说，波及俄国社会各阶层的动荡"根源渊深，在于俄国社会有识之士之思想意愿与社会外部生活方式之间失去平衡。俄国之发展已超越现有制度之形式，力求建立以公民自由为基础之法治"。"对于未来国家杜马，政府应力求维护其威信，信任其工作，并赋予该机构以应有之意义。""依照吸收由选举产生的代表积极参加国务会议之原则改组该会议颇为重要，因唯此一举始能建立此机均与国家杜马间正常关系。"尼古拉二世认为政府活动的原则应包括：确保人民自由的实行，铲除非常法令，对不明显危及社会与国家的行为不得采取镇压措施等（〔俄〕谢·尤·维特：《俄国末代沙皇尼古拉二世：维特伯爵的回忆》，张开译，新华出版社1983年版，第3—4页）。

[②] Geoffrey A. Hosking, *The Russian Constitutional Experiment, Government and Duma, 1907-1914*, Cambridge U. P., 1973, pp. 10-11.

在维特内阁期间，俄国国家表现出资产阶级自由化的倾向，沙皇未能在杜马和新的国务委员会召开以前实施非常状态；颁布了出版、结社和集会自由法；颁布了信教自由的原则；立法机构对行政当局的活动进行了监督。从 1906—1912 年，先后召开了四届国家杜马。这样俄国封建君主国开始向资产阶级立宪君主制国家逐渐转变。

1604 年 12 月 13 日，勃兰登堡选侯发布命令，正式建立勃兰登堡国的枢密院。这是勃兰登堡-普鲁士行政制度建设的一个重要起点。在整个 17 世纪，枢密院作为勃兰登堡选侯领地国家主要的政府机构断断续续存在。勃兰登堡国家的枢密院和法国、英国早期的枢密院相比在职能上有着本质的不同。英国和法国的枢密院系作为一个咨询机构在重大事务上为国王出谋划策，勃兰登堡的枢密院在职权上比早期英国和法国的枢密院更为成熟。勃兰登堡的枢密院起源于选侯的附属机构"内室"，选侯通常在那里会见宫廷官员、王室成员和其他所信赖的谋士。在 1604 年以前，选侯内室的成员并不固定。枢密院是随着邦国对外征服扩张，外交事务越来越重要，因此设立的处理相关事务的机构。最初的枢密院仍属咨询机构，由 4 个平民和 5 个贵族组成，按照合议制的方式组织起来，其成员共同对所有的行政事务负责。它没有下属的职能部门，也缺少行政权，重大决策仍是选侯在其内室中做出。[1] 1604 年成立的枢密院只存在了 4 年，它存在的意义表明了需要一个集权的最高中央机构来处理国家内外政策。这一意向经过 17 世纪漫长的过程最后终于得到实现。1613 年 4 月 4 日，大选侯约翰·西格斯蒙德发布命令，恢复了枢密院。在 1603—1611 年间，

---

[1] R. A. Dorwart, *The Administrative Reform of Frederick William I of Prussia*, Harvard U. P., 1953, pp. 9-10.

枢密院的职能更加广泛了，它包括财政、贸易、军事补充和要塞建筑方面的职权。在三十年战争期间，勃兰登堡国的枢密院被一个战争委员会所代替，它由 4 人组成，负责监督整个国家的军事行政工作，包括方针政策制定、赋税和司法工作。1640 年大选侯在勃兰登堡国即位后，恢复了枢密院的合法地位及它旧有的形式和职能，枢密院仍作为中央咨询机构而存在。当大选侯出席在柏林的枢密院会议时，枢密院也讨论国家的大政方针。但选侯从不在枢密院全体会议上做出重大决策。所有重要的决策都是在少数亲近的并和选侯政见一致的枢密顾问官参加下在选侯的内室决定。[1]

从 17 世纪中期起到 18 世纪初期，勃兰登堡国的枢密院经历了两次重大的改革，它们发生在 1651—1660 年间和 1713—1723 年间。这是重新调整和建立国家行政机构的开端。改革的具体动机是出于政治方面的考虑。为了在欧洲列强中取得令人尊崇的地位，勃兰登堡必须在自己领土上建立一个统一的国家，使其中央集权化，并使地方各省支持中央政府。他还必须拥有一支能在本土得到增补的独立的常备军。1651 年 12 月 4 日勃兰登堡大选侯颁布一道重建枢密院的指令。这次对枢密院的改革是根据乔治·弗里德里希·冯·沃尔德克设计的计划进行的。其特点是在枢密院设立一些专门负责某个方面行政事务的部门。其中在 1651 年建立了由 4 名枢密顾问官组成的国家议事委员会管理财政事务。1658 年建立了司法委员会以处理提交枢密院的司法审判事务。1651 年以后成立了由 9 名枢密顾问官中的 4 人组成的内阁委员会，这 4 人均为枢密院下属部门的首长。该

---

[1] R. A. Dorwart, *The Administrative Reform of Frederick William I of Prussia*, Harvard U. P., 1953, pp. 10-11.

委员会负责研究重要的政策，特别是外交事务。军事事务理论上仍属于枢密院管辖，但实际上转到一个以战争大臣汤·沃尔德克为首的委员会处理。[①]但是到17世纪末年，枢密院的地位下降了。大选侯于1698年7月20日发布条例，把枢密院完全排斥出国家政治事务以外。由设立的国务会议来审阅所有的报告，并对重大国务做出决定，国务会议由内阁成员和各部部长组成，相当于一个中央政府。而到1699年，国务会议的职权也被缩小，只负责处理外交事务。枢密院不甘心自己原有地位的丧失，于1701年试图恢复对政府各部门的控制地位，但这一努力失败了。[②]1723年以后，只有司法委员会成员留在枢密院，枢密院仅仅保留了司法职能，国家司法委员会取代了枢密院。[③]

18世纪初弗里德里希·威廉一世在位时，创立了一套初具形态的国家行政机构，并训练出一批勤勉的官吏。弗里德里希·威廉一世即位后不久，便把旧设的国务委员会改造为内阁式的政府核心，它被称为"最高财政、军事和领土委员会"，简称"总委员会"，负责国内政策、财政和军队的管理，地方事务也置于它管辖之下。从1723年起，总委员会开始实施其职权。总委员会下设各部，每个部设一名大臣，每一大臣以下有四五名顾问官协助其工作。它兼管若干省和某些中央政府的职能部门。第一个部负责管理东普鲁士、波美拉尼亚、

---

① R. A. Dorwart, *The Administrative Reform of Frederick William I of Prussia*, Harvard U. P., 1953, pp. 19-24.
② R. A. Dorwart, *The Administrative Reform of Frederick William I of Prussia*, Harvard U. P., 1953, pp. 27-28.
③ R. A. Dorwart, *The Administrative Reform of Frederick William I of Prussia*, Harvard U. P., 1953, p. 94.

诺伊马克省，此外不承担其他专门的责任。第二个部管理库尔马克和马格德堡，还负责军队的进军命令、军队粮食供给及相关政策和征收王室磨坊税。第三个部负责摩尔施、盖尔德斯、克利夫斯、马克、纳沙特尔、奥朗日的遗产，盐税专利和邮政事务。第四个部管辖明登-拉文斯堡、特克伦堡、林根和哈尔伯施塔特，此外，这个部还负责造币和照顾伤兵。第五个部负责司法，有权管理所有省的司法裁判，其职责未加机械地限制。每周各部的首脑和他们的顾问官在柏林集中开四次会。由枢密长官负责最高财政、军事和领土委员会。设立两个财政大臣管理国家财政事务，其中一人负责战争需要的财政支出、消费税和军税，另一位财政大臣负责国家岁入，而国库则由国王自己控制和使用。国家中央日常行政事务由战争和国内事务院负责，它管辖除东普鲁士以外所有省。1736年在古宾根设立了第二个战争和国内事务院负责管辖其他地区的事务，同时设立了附属于总委员会的负责监督各部的官署。[①]

在勃兰登堡-普鲁士的政府机构中，财政机构得到了优先发展。从16世纪起，勃兰登堡的财政机构便开始了由选侯王室财政机构向公共财政机构的演变。[②] 在绝对主义开始之前的乔基姆时期（1499—1535年），勃兰登堡国掌管财政的机构除了选侯的内室，还存在着三个彼此分离的财政机构。第一个机构是选侯的金库离开内室单独设置，它根据选侯的法定特权征收税收和其他收入，并为国家和王室之需支付开支和官员的薪金等。当时它的活动表明国家和王室的财政混

---

① W. Hubatsch, *Frederick the Great, Absolutism and Administration*, London, 1975, pp. 28-29.

② R. A. Dorwart, *The Administrative Reform of Frederick William I of Prussia*, Harvard U. P., 1953, p. 109.

杂在一起，没有分开。第二个机构是公共财务署，负责管理选侯管辖的地产及其收支，并监督下属地主。第三个机构是芬尼署，它负责从第二个机构取得款项用于选侯的私人开支。[①]1689年在柏林建立了财务总管官署，它负责制定预算、平衡收支，对选侯制定财政政策作用较大。但勃兰登堡国的财政管理权并没有完全集中到财务总管官署中来。[②]1698—1711年财务总管官署由总管理委员会取代。1713年设立了财政总委员会取代上述机构，1723年确认了这一设置。[③]这样，弗里德里希·威廉一世建立了统一的中央财政机构。

1740—1786年弗里德里希二世在位时期，普鲁士的国家机构有了进一步的发展。促进国家机构建设发展的主要动因来自军事需要。弗里德里希二世即位后要求查理六世的女儿玛丽亚·特蕾西亚交出富饶的工业区西里西亚，以换取普鲁士对她的奥地利王位继承人地位的承认。这一要求遭到了玛丽亚·特蕾西亚的拒绝。随后弗里德里希二世组织了有法国、巴伐利亚、萨克森、那不勒斯、撒丁和西班牙参加的反奥同盟，并占领了西里西亚。尽管奥地利得到英国和俄国的支持，但在战争中仍被打败。1748年签订了《亚琛和约》，西里西亚交由普鲁士统治。然而，这场战争并非普鲁士对奥地利的最后胜利。几年以后，奥地利拉拢法国、俄国、萨克森、瑞典和西班牙，发动了对普鲁士的七年战争。英国在七年战争中站在普鲁士

[①] R. A. Dorwart, *The Administrative Reform of Frederick William I of Prussia*, Harvard U. P., 1953, p.110.

[②] R. A. Dorwart, *The Administrative Reform of Frederick William I of Prussia*, Harvard U. P., 1953, pp.118, 120.

[③] R. A. Dorwart, *The Administrative Reform of Frederick William I of Prussia*, Harvard U. P., 1953, p.126.

一方。这场战争在欧洲广大地区展开,但战争的核心仍是普奥争夺中欧霸权的斗争。由于英国在中欧的普奥争夺中采取了不负责任的旁观态度,所以弗里德里希二世遭到强大对手的集中攻击,陷入极其危险的境地,只是由于奥地利统帅军事行动迟缓和俄国女沙皇彼得罗芙娜之死导致俄国对外政策有利于普鲁士的转变,才使得普鲁士转危为安。七年战争暴露出普鲁士的危机,战争中人口死亡、外流和黑死病流行使它的人力资源受到很大损失,各省的政府机构也遭到很大破坏。[1] 此外,普鲁士中央政府的军事机构设置混乱。王国既没有战争大臣,也没有总参谋部,国王的军事命令通过作为文官的内阁秘书传达。

1746年2月,弗里德里希二世吸取西里西亚战争的教训,建立了"最高财政、军事和领土委员会"的第六部,把原属第二部的关于军队的进军指挥权和装备事务等军事权力移交给第六部,该部遂成为专门的战争部。1748年5月,弗里德里希二世颁布了给总委员会的《条例》,对1722年弗里德里希一世制定的《条例》做了84处修改。1748年的《条例》有主要条款37条,它规定各部门的职责权限,要求减少各部门之间无原则的争端。1761年1月,弗里德里希二世任命陆军中将冯·魏德尔为战争大臣,而负责战争财政和考察军事将领的第二部和第三部仍然存在。这样,军事指挥权与军事行政权开始分离。[2] 1763年以后弗里德里希二世调整了一些部的职权,使三个部门处于同等的地位,这就是原有的负责财政的总委员会、司法部和国外

---

[1] W. Hubatsch, *Frederick the Great, Absolutism and Administration*, London, 1975, pp. 112-113.

[2] W. Hubatsch, *Frederick the Great, Absolutism and Administration*, London, 1975, pp. 128, 156.

事务部。1766 年第四部即关税和消费税部接管了总委员会的财政职能。1769 年从第一部中分出了独立的普鲁士-立陶宛部。1768 年建立了矿产开掘和冶金部。1770 年建立了第八部即林业部。这样，普鲁士国家的行政机构有了很大发展。[①]

弗里德里希二世在调整"最高财政、军事和领土委员会"下属各部的同时，在它以外继续保持管理部分中央政府工作的"机密国务委员会"，以及分管部分地区行政的机构"战争和管区院"。"机密国务委员会"以下设有国家司法委员会、司法部、宗教事务部（1764 年以前该部隶属于司法部，1764 年以后独立）、西里西亚司法大臣、被称为"内阁"的国外事务部、战时宗教法庭。[②] 此外，普鲁士于 1766 年设立了重要的税务机构"税务署"，负责征收消费税和关税。[③] 弗里德里希二世之所以设立税务署，部分原因在于"最高财政、军事和领土委员会"拒绝和弗里德里希二世合作，并实施他提出的在经济萧条中通过增加税收重建国家的计划。然而，随着税务署权力的扩大，它遭到其他行政部门官员的攻击，最后在 1786 年被解散。[④]

1786 年弗里德里希二世去世，此后 20 年间政府各部和大臣的活动表现出更大的独立性和不受约束。他们以牺牲王权至上地位为代价来日益扩大自己对社会公共生活的控制权。弗里德里希二世末年，军

[①] W. Hubatsch, *Frederick the Great, Absolutism and Administration*, London, 1975, pp. 140-151, 156.

[②] W. Hubatsch, *Frederick the Great, Absolutism and Administration*, London, 1975, pp. 242-243.

[③] H. Rosebbereg, *Bureaucracy, Aristocracy and Autocracy: The Prussian Experience, 1660-1815*, Boston, 1966, p. 127.

[④] H. Rosebbereg, *Bureaucracy, Aristocracy and Autocracy: The Prussian Experience, 1660-1815*, Boston, 1966, p. 197.

事廷臣冯·皮斯霍韦德等控制了王室权力，而到了弗里德里希·威廉三世在位时期，内阁枢密官门肯、贝梅和伦巴德的权力加强，起到了削弱王权的作用。在这种背景下，不可避免地展开了以非贵族及下属内阁官员为一方，以贵族大臣和贵族高级官员为另一方的政治斗争。而中央权力越来越集中到占据高位的行政官僚手中。[1]

一些学者曾认为在 13 世纪勃兰登堡-普鲁士王国已经建立了内阁制，然而勃兰登堡的行政机构同英国在光荣革命前后逐渐建立的内阁制度尚有若干本质的区别。在英国的政治制度中存在着一个由两院组成的议会，内阁作为政府的核心对议会负责，内阁是以议会为主要活动阵地的两党为政治基础组织起来的，它随着两党在大选中得票对比的变化而更迭，英国的内阁不是直接隶属于国王的机构。而在 13 世纪霍亨索伦王朝的普鲁士王国，没有一个相当于议会的机构，国家机构设置以行政官僚机构为主要构成，实质上是君主实行专制统治的工具，君主依靠它来控制官僚集团。这是开明君主制不同于君主立宪制的主要之处。18 世纪勃兰登堡-普鲁士王国的行政机构设置另一个突出的特征是职能和隶属关系的混乱。在最高财政、军事和领土委员会的各部承担的职权中，对某个行政部门的管理和对某些地域地区的管理混杂在一起，没有形成一套齐整有序的职能行政部门。国家的邮政、矿产和金属冶炼事务由总委员会下属的部管理，而司法、宗教和国外事务则由机密国务委员会管辖。普鲁士专制主义时期改革的局限性还在于改革仅停留在行政、军事和财政制度方面，而在法律方面成果不大。这主要由于 17 世纪和 18 世纪是欧洲各大国在大陆和海上激

---

[1] H. Rosebbereg, *Bureaucracy, Aristocracy and Autocracy: The Prussian Experience, 1660-1815*, Boston, 1966, p. 198.

烈争夺的时期，所以国家机构中与竞争有关的政治、外交事务和国民财富收入等部门的建设得到优先发展，而与此关系较少的法律和司法部门变化不大。[1]

1789年开始的法国资产阶级革命和随后进行的拿破仑对封建欧洲的扩张战争震动了德意志，德意志遭到奇耻大辱，这激起了普鲁士以民族主义为特征的解放运动和改革运动。在19世纪最初10年间，在普鲁士推动改革的政治家有施泰因、哈登堡、格奈森诺和沙恩豪斯特等人，他们为普鲁士国家的资产阶级化做了重要的努力。1807年9月11日施泰因提出一份改革意见书，他指出，法国革命激发出创造力，只有靠普遍发扬同样的精神才能推翻拿破仑。施泰因来自德意志西部，是拿骚的帝国骑士，他在哥廷根受过良好的教育，他了解英国的思想传统和政治制度，他用英国的渐进主义精神与法国的革命精神相对抗。1804年夏季施泰因担任了普鲁士政府的关税和消费税、商业和工业部大臣。耶拿战役后他因攻击一些无能的大臣而被迫去职，但1807年10月重新担任此职，直至次年11月底。1808年11月施泰因颁布城市条例，建立了由所有市民参加的城市自治制度。该条例把城市的财政、济贫和教育事业交由城市管理，这样，城市行政权的重心转向市议会。市议员有一定的财产资格限制，通过市民无记名投票送出。这样，新兴的富有资产阶级掌握了城市管理权，国家监督主要限于审查选举有无弊端等方面。11月24日普鲁士国王批准了施泰因的另一项关于行政管理改革的计划，但随后他便被迫辞去了职务。后来施泰因逃到波希米亚和俄国，再也没有

---

[1] R. A. Dorwart, *The Administrative Reform of Frederick William I of Prussia*, Harvard U. P., 1953, p. 110.

回到普鲁士宫廷中来。[①]

　　普鲁士在行政改革的同时进行了废除农奴制改革。1807年10月9日颁布的《十月敕令》废除了普鲁士的农奴制，取消农奴身份，结束农奴对于地主世代依附的关系。但是庄园制度仍然存在，地主仍享有庄园管辖权，庄园治安权一直保存到1872年。《十月敕令》允许贵族地主兼营手工业和商业，允许市民和农民购买贵族的地产、接受贵族的土地抵押。这样，废除了普鲁士的等级身份制度，把一个封建等级制国家改造成为各个阶级法律身份和谋取经济利益条件均等的国家。可以说，《十月敕令》从法律上改变了普鲁士社会的封建关系，确立了近代资产阶级社会的一些基本原则，为德国日后资产阶级国家制度的发展奠定了某种基础。[②] 和拿破仑军事对抗的失败迫使普鲁士着手改组军队。1807年7月沙恩豪斯特受命领导一个委员会重建和改组军队，格奈森诺、格罗尔曼、博于恩和克劳塞维茨参与了这项工作：改组后的普鲁士军队仿效法国的国民军，军队不再由强制服役的奴隶组成，而是由自愿兵组成，废除了军官阶层的特权和鞭笞士兵的制度，禁止招募外国雇佣兵。由于拿破仑限定普鲁士拥有的军队不能超过42000人，沙恩豪斯特实行了速成兵制度，新兵受训一个月后就离队，用这种方法培训出大约15万人的后备军，为以后反对拿破仑的解放战争准备了兵源。此外，普鲁士还实行教育改革。推崇自由放

[①] W. Hubatsch, *Studies in Medieval and Modern German History*, Macmillan, 1985, pp. 106-107.〔美〕科佩尔·S.平森：《德国近现代史》上册，范德一译，商务印书馆1987年版，第59—60页。

[②] H. Rosenberg, *Bureaucracy, Aristocracy and Autocracy: The Prussian Experience, 1660-1815*, Boston, 1966, p. 60.〔德〕弗兰茨·梅林：《中世纪末期以来的德国史》，张才尧译，生活·读书·新知三联书店1980年版，第96页。

任和发展个性的教育大臣洪堡努力发展普通学校以取代旧的等级职业学校，并建立了柏林大学，以后在柏林大学中汇集了德意志民族优秀的知识分子，成为振兴资产阶级民族国家的一支重要力量。1810年6月哈登堡任首相后，开始了普鲁士改革的第二个时期，他先后制定了工商法、税收法、宪兵法令、解放犹太人法令。这个时期最重要的改革是1811年9月14日颁布调整地主与农民关系敕令，它规定农民如果把耕种土地的1/2（非世袭使用者）或1/3（世袭使用者）交给地主，或交给地主一笔相当于常年货币地租25倍的款项，便可以成为土地的所有者，并被免除封建义务。这一敕令开辟了以赎买的方式解决农民土地要求的道路。1850年3月2日普鲁士政府颁布的《调整地主与农民关系法》最后完成了这项工作，它把赎金改为年货币地租的18倍。这两项法令最终废除了普鲁士的农奴制，使普鲁士农业中生产关系缓慢地由封建主义向资本主义过渡。但是在普鲁士农业中继续保留了相当的封建残余，经营农场的容克仍保持半封建特权，如拥有私人警察、监狱和世袭裁判权；农民和雇农仍处于半农奴地位，受到封建的和资本主义的双重压迫。

可以这样说，在法国大革命和拿破仑战争时期，普鲁士国家在其生产关系基础和内部机构设置方面已朝着近代资本主义国家迈出了一步。而拿破仑战争以后至1870年期间，则是整个德意志民族国家领域因素逐渐具备和国家财政关系中议会形成的时期。

维也纳会议以后，神圣罗马帝国这一中世纪遗留下来的庞大而松散的国家形式永远消失了。但资本主义发展所要求的德意志地区的联合统一作为一种历史的必然趋势却越来越清晰地表现出来，每隔15年左右便在德意志历史上爆发一次颤动。1815年建立的德意志邦联代替了旧的德意志帝国，它是由39个享有主权的邦国组成的松散联盟。在 39 个邦国中起主要作用的是奥地利和普鲁士。

德意志邦联建立了邦联议会，它设在美因河畔的法兰克福。邦联议会分设两院，普通院由 17 名代表组成，全体院的代表由各邦选派。大邦每邦派代表 4 名，中等邦每邦派代表 3 名，小邦则派 1 名代表。只有全体院会议才能就重要问题做出决议。邦联议会由奥地利担任主席。邦联议会是梅特涅创设的，其设置目的是给德意志各邦君主用以对付外敌的一个防御联盟。邦联议会自身的职能没有任何明确的法律规定。它既不是一个立法机关，也不是司法机关，它的执行权更是毫无权威。[①] 它成为德意志邦联的抽象的国家象征或标志。邦联议会属下的各邦国大都以君主国形式存在，政治制度发展参差不齐。在这些邦国中第一个接受一部宪法的是拿骚公国，时间是 1814 年。萨克森-魏玛于 1816 年由卡尔·奥古斯特大公制定了一部宪法。巴伐利亚、巴登和符登堡分别在 1818 年和 1879 年颁布了宪法，但巴登和巴伐利亚的宪法是国王拟定的，而不是由民选的议会制定的。这几部邦国宪法均以 1814 年法国宪章为蓝本。它们内容方面共同的特征是强调君主在立宪制度中的领导地位，议会的存在并不意味着统治者与人民共同行使统治权，君主出于自己的意愿可以邀请其他阶级参加国家的管理，但国家一切权力集于君主一身，宪法由君主负责实施。各邦的宪法都规定了成立代表制的立法机构，但除巴登以外，议会代表都不是由人民普选产生，而是按等级分配名额的形式产生。作为立法机构的邦国的议会都是两院制，它们定期开会，有征税权，但除征税外不得自行立法。它们只能在君主提出需要某项法律时才能与君主共同制定

[①] 〔美〕科佩尔·S. 平森：《德国近现代史》上册，范德一译，商务印书馆 1974 年版，第 84—85 页。

法律。如果说上述几个邦国还具有一点立宪制性质的话，那么邦联中其他大多数则是专制君主制性质。① 上述事实表明，19 世纪德国资产阶级民族国家形成过程的一个突出特点是制度形式的发展重于内容实质，它缺乏资产阶级自由主义的内涵。

1848 年资产阶级革命中采取了建立统一的德意志国家的最初步骤。5 月 18 日在法兰克福召开了全德国民议会，这是第一次由德意志所有各邦人民自由选举组成的全国性议会。它的召开给德国统一带来了希望。法兰克福全德国民议会设立帝国执政，选举奥地利大公约翰担任这一职务。议会还规定成立帝国内阁。议会把国家全权交给帝国执政。它规定，如果帝国执政履行职责时不能令各邦满意，则邦联议会应恢复活动。法兰克福议会成立了关于国际事务、海军事务、陆军、法律和司法、经济事务、教会和教育、财政，以及内阁责任委员会，但这些委员会大多数无所作为。当时德意志各邦国都表示承认新的政府，但在实际工作中新政府软弱无力，例如当任命国防部长来接管各邦军队时，奥地利和普鲁士表示将继续掌握自己的军队，根本不理睬新政府的命令，其余各邦也反对把自己的军队交给新的中央政府管辖。②

法兰克福议会于 1849 年 3 月 28 日制定了《德意志帝国宪法》，设计了未来德国的国家制度。这部宪法规定德意志帝国皇帝为国家元首，掌握邦联的最高权力，他有权解散立法机构（下院）和行使暂时性的否决权；设立内阁协助皇帝管理国家，皇帝的每一项命令都必须

---

① 〔美〕科佩尔·S.平森：《德国近现代史》上册，范德一译，商务印书馆 1974 年版，第 93 页。

② 〔美〕科佩尔·S.平森：《德国近现代史》上册，范德一译，商务印书馆 1974 年版，第 141—142 页。

由一名大臣副署；议会由两院组成，一个议院由总数为 176 名的各邦代表组成，其中半数由各邦政府任命，代表任期 6 年，这一院不得解散；下院由每 5 万人一名代表的比例通过秘密、普遍、平等的选举产生，代表任期 3 年；仿照美国的模式成立最高帝国法院，对各成员邦和议会、政府间的争执进行法律裁决。[①]法兰克福议会通过的宪法制定了一个半资产阶级国家的蓝图，但在护宪运动失败后最终未能很快成为政治现实。1871 年统一的德意志帝国建立了。德意志帝国的国家制度是由俾斯麦确定的。德意志帝国近乎一个联邦国家，参加这一联盟的各邦和自由市并没有失去各自原有的地位，帝国也没有一套健全的国家机构。帝国除了主管海陆军、外交事务、邮电、关税以及殖民事务的部门外，没有其他行政机构。包括警察、司法、财政和教育在内的国内行政事务全部由各邦管理。就帝国的财政而论，到 1913 年总岁入仅 4121000000 马克，甚至低于普鲁士邦的岁入（4241000000 马克），帝国的国债也低于普鲁士的国债。帝国行政机构不健全还表现在没有设立内阁，只有一个大臣，这就是帝国首相，他任命的国家各部门的负责人仅仅是对他负责的行政官员。有人曾一再要求俾斯麦成立一个内阁，遭到他坚决拒绝。德国自由党成立时，其纲领中要求"成立一个责任内阁"便是从资产阶级立场对帝国国家制度的批评。[②]

德匡作为一个后过渡国家，在前工业化时期国家结构具有突出的特征。由于德意志地区长期处于小邦分立的割据局面，因此德意志统

[①] 〔美〕科佩尔·S. 平森：《德国近现代史》上册，范德一译，商务印书馆 1974 年版，第 149 页。

[②] 〔美〕科佩尔·S. 平森：《德国近现代史》上册，范德一译，商务印书馆 1974 年版，第 223 页脚注 2。

一民族国家的领域要很迟才具备。而直至1871年德意志帝国建立时，其国家结构仍是残缺不全的，担负对外侵略争夺职能的军事机构较为发达，而作为市民国家的主要部分即管理国内经济社会事务的行政部门建设得较不完善，也缺乏较为合理的政权关系。因此德意志国家在结束过渡时期时的国家结构带有严重的封建残余，正是这些因素成为德国日后发展成为军事封建帝国主义国家的主要原因。

第四章　国家的工商业政策

在欧洲从封建社会向资本主义社会过渡时期，绝对主义国家并不阻碍资本主义工商业的发展。出于发展经济、巩固国家的目的，各国政府采取了各种有利于工商业发展的政策。这个时期国家的经济职能可以粗略地分为两个大的方面：一个方面是为经济活动提供必需的外部条件；另一个方面是采取积极的直接推动和参与工业、商业的措施。

克服关卡林立的割据状况为商业发展提供外部条件是欧洲国家较早采取的一项措施。研究重商主义的学者赫克希尔曾指出，中世纪欧洲难以形成一个中央集权国家和统一的市场，其主要原因之一是交通设施，特别是陆上交通设施状况不佳。在原始的技术条件下，在重大发明产生之前，它比内陆水路或沿海交通更困难。再一个原因是欧洲封建割据政治不统一，造成大量小的地域单位和关卡林立。[1] 各国的贸易路线一般都非常短。中世纪的关税不仅在两国的边境上征收，而且在一个小国内地道路上和河流上征收、在市场和城镇征收。这种过境税制度是封建化造成的政治割裂的直接反映。在中世纪后期和绝对主义国家时期，欧洲各国政府为建立统一的国内市场和发展商业做了努力，开始打破各地之间关卡林立、相互隔绝的落后状态。

---

[1] E. F. Heckscher, *Mercantilism*, Vol. 1, London, 1935, p. 35.

在英国建立统一的过境税制度比其他国家要容易得多。因为英国是一个较早实现统一的国家，英国的君主制有较强大的力量，此外海上贸易对英国具有极大的重要性，这致使英国内陆贸易道路和水路相比显得不那么重要。英国的过境税以两种形式存在：第一种是道路、桥梁和河流的过境税；第二种是城镇的关卡税。中世纪英国由于需要从征收的过境税中支付维修道路的费用，所以国王有时准许征收过境税。但一般只是在很短的时间内征收过境税，如在1302年、1304年、1306年、1315年、1346年、1352年和1410年等，有时则拒绝批准征收过境税。[①]

勃兰登堡-普鲁士中世纪后期在克服关卡林立阻碍经济发展的工作中取得了突出的成绩。1456年帝国宪章授权勃兰登堡国在过境税问题上自治。1472年勃兰登堡着手统一其领土上的过境关卡。它试图在所有的城市中实行下述办法：任何人只要付一次过境税就可以在经过该选侯其他领地时免交一切过境税。但这次努力因遭到各城市的反对而告终。到了16世纪，勃兰登堡国重新实行统一关税的政策，这一次统一取得了明显的成果。1558年在边境地区建立了统一的谷物出口和转运税。以后，帝国的其他地区如东普鲁士、波美拉尼亚、西里西亚、诺伊马克均实行了统一的关税制度。1518年在勃兰登堡的马尔克和诺伊马克建立了统一的道路税制度，并在河道上统一了关税。[②]

16世纪德意志帝国为克服国内的混乱和割据，在1521—1522年间提出建立一套设在边境的统一的关税体系，以保证德意志帝国的统一。查理五世和其他王公都批准了这个计划，但这项计划遭到帝国自

---

① E. F. Heckscher, *Mercantilism*, Vol.1, London, 1935, pp. 45-47.
② E. F. Heckscher, *Mercantilism*, Vol.1, London, 1935, pp. 71-75.

由市的反对。由于当时无政府状态没有根本改变，因此无法在根本上实施这项法令。到了 16 世纪后期，选侯联盟表示承认帝国的这一权力。在莱茵公国兴起以后，上莱茵的巴拉丁选侯卡尔·路德维格在任内致力于发展贸易，但莱茵河上贵族封建主仍坚持割据的政策。[①]

奥地利当时处于德意志国家的包围中，它对自己国家的统一比对其他德意志国家更重视。奥地利在德意志诸邦国中首先实施了边境关税制度，建立了专门的税关，不再频繁地反复征税。1616 年推行了一种关税管理制度，取消国内转运货物的过境税，仅在边境设立关税卡，以对德意志其他地区的货物征税。奥地利各省之间的关栅在 1715 年以前未曾修建过。[②]

在法国，科尔伯在 1663 年关于法国财政的著作中便强调了要消除河道上的关卡。次年，他递交给国王一份备忘录，提出要在道路和河流上取消关卡，以利商业发展。数日后，这封信以国王的名义下发。以后，科尔伯在 1670 年的一份备忘录中提出了要把克服国内关卡林立的状态与保存货币、储备金银锭等财政措施置于同等重要的地位。[③] 法国的君主从菲利普四世（1285—1314 年在位）开始便采取措施推进交通事业。他开通了从塞纳到特鲁瓦的航道。从亨利四世起法国建立了官邮制度。苏利负责此项工作，促进了交通事业的发展。在国家的预算中，道路桥梁的建筑费用成为一个常设的财政开支项目。在亨利四世时期，中央政府每年约花费 400000 锂用于道路桥梁建设，此外，各省和各城市还有用于交通的财政支出。1609 年这一年用于开凿河道的费用为 870000 锂。苏利在其《回忆录》中记叙说，这些

---

① E. F. Heckscher, *Mercantilism*, Vol. 1, London, 1935, p. 68.
② E. F. Heckscher, *Mercantilism*, Vol. 1, London, 1935, pp. 9-72.
③ E. F. Heckscher, *Mercantilism*, Vol. 1, London, 1935, p. 82.

财政支出的目的是"为着各条运河，为着使许多河道——如罗亚尔河、塞纳河、恩纳河、威尔河、伟恩河、珍河——可以通行"。在苏利时期，法国开始开凿第一条运河即布里亚尔运河。布里亚尔运河的开凿使得巴黎的供给较为方便，同时使得塞纳河和罗亚尔河、地中海与大西洋的水路连接起来。有6000人从事这条运河的开凿，工程从1605年开始，到1642年才完成。以后在科尔伯时期更是坚决地实行改进交通的政策，积极改善道路，疏浚河川。由勒凯领导，从1666—1681年开凿连接地中海与大西洋的从罗纳到加龙的米第运河。1666—1683年用于建立桥梁道路铺石、运河开凿的费用总计达15916445锂。当科尔伯1683年去世时，法国东部边界一带、巴黎地区和中央高原已建筑了许多公路。在德国，为了连接易北河和西里西亚河，从1548年起开工挖凿运河，到1669年建成完工。[①]

欧洲前工业化时期是重商主义经济理论形成、传播并对各专制主义国家产生不同程度影响的时期。

早在14世纪末、15世纪初，重商主义思想就已出现。英国理查二世在位时期（1377—1399年）曾向伦敦造币所人员征询意见，采取什么手段可以使英国摆脱财政绝境。当时造币所人员理查德·爱尔斯伯利回答说，英国没有金银矿藏，所有的金银都是从外国输入的，如果我们使英国从外国购买的商品额少于我们出售给外国的商品额，那么大量货币就会从外国流向英国。他在这里提出的多卖少买的原则便包含了后来重商主义的基本思想。到16世纪，欧洲一些主要国家先后出现了著名的重商主义者。西班牙的马里亚纳（1573—1624年）

---

① 〔德〕伟·桑巴特：《现代资本主义》第1卷，李季译，商务印书馆1958年版，第261—262页。〔意〕卡洛·M.奇波拉主编：《欧洲经济史》第2卷，贝昱、张菁译，商务印书馆1988年版，第204页。

著有《改铸货币之批判》（1609年），意大利的伽斯巴罗·斯卡卢菲（1519—1584年）著有《货币讨论》、贝纳多·达旺查蒂（1529—1606年）著有《论货币》（1582年）、安东尼·塞拉著有《略论无贵金属矿藏国家使金银充足的原因》（1613年）、法国的重商主义者德·马勒斯特芦亚著有《异论集》（1568年）、博丹著有《对德·马勒斯特芦亚异论的答复》（1568年）和《物价上涨和货币减少问题言论集》（1578年）。法国最重要的重商主义者是蒙克莱田（1576—1621年），他明确地表述了重商主义理论。蒙克莱田创建了金属器具制造厂，宣传只有资产者富裕起来国家才能富裕，公众的兴盛与国库的充足两者密切联系而不可分。1616年蒙克莱田把自己写的《政治经济学概论》一书奉献给国王，他在此书中讨论了工场手工业、商业、航海业，以及国王的经济政策等问题。这本书受到国王的赞扬，授予蒙克莱田男爵头衔。蒙克莱田用一段通俗的文字总结了重商主义的原则："我们必须有钱，如果我们不能从本国的生产中得到，我们就必须从外国人身上赚到。"为此他主张禁止外国商人从法国输出金银，鼓励发展本国贸易，系统地管理各个行业，建立各省的商品交易工场，工场要具有有效的和受人尊敬的监督权限和指导职责，并由有能力并有知识的人领导。蒙克莱田认为政府的任务应当使国家不断地致富和致强，因此政府应当执行有利于法国商人的政策。他竭力反对外国商人在法国与法国商人享有同等的权利，认为外国商人的活动对国家经济有害，会榨取法国的财富。他主张发展法国的工商业和限制外国商人的活动，他提出了一系列政策主张，如政府开设公共作坊，设置技工学校，对人民实施各种职业训练，仿照外国建立新型工场手工业，改善法国工业品的质量，把外国货物从法国市场上排斥出去，保护本国的资源不许外国人勘探等。他主张国家积极干预经济生活。①蒙克莱田的经济思想对法国专制主义政府产生了很大的影响。

在英国，人们通常认为是海尔斯和斯塔福德写出了早期重商主义的代表作《对我国同胞某些控诉的评述》(1581年匿名出版)。托马斯·孟(1571—1641年)则是晚期重商主义的重要代表，他著有《英国得自对外贸易的财富》(1664年)。托马斯·孟强调外贸的重要性，他认为，重要的问题不是积累贵金属，而是要在流通中产生有利可图的结余。他提出了贸易差额论，写道："对外贸易是增加我们的财富和现金的通常手段，在这一点上我们必须时时谨守这一原则。在价值上，每年卖给外国人的货物必须比我们消费他们的为多。"②他提出要把货币投到有利可图的流转中去，不断地购买，又不断地把购买的商品在有利可图的时机在国外市场上售出，以换取比先前多得多的货币。他概括说："货币产生贸易，贸易增多货币。"③这种新的经济学说产生之时尚未出现"重商主义"这一名词。1776年亚当·斯密在《原富》中把这种新的经济学说称作重商体系，在此以前，法国重农主义者偶然使用过这一概念，但直到斯密以后重商主义才被当作一种理论来看待。④

从15—18世纪，欧洲国家的君主和政府普遍对工商业发展采取了纵容的态度，但各国具体的工商业政策仍有较大差别。这是因

---

① 〔法〕米歇尔·博德：《资本主义史(1500—1980年)》，吴艾美等译，东方出版社1986年版，第34页。
② 〔英〕托马斯·孟：《英国得自对外贸易的财富》，袁南宇译，商务印书馆1959年版，第4页。
③ 〔英〕托马斯·孟：《英国得自对外贸易的财富》，袁南宇译，商务印书馆1959年版，第14页。
④ 〔德〕汉斯·豪斯赫尔：《近代经济史：从14世纪末至19世纪下半叶》，王庆余等译，商务印书馆1987年版，第211页。

为欧洲各个国家对于国家应当在经济中起何种作用问题的看法各不相同。荷兰人认为，商业社会应当朝着将政府的权力降低到最小限度的方向发展。但是在欧洲大陆的绝对主义国家，政府却根据国家利益采取了积极的经济政策，这尤其突出地表现在向贸易公司提供资本的做法上。在英国，情况比较复杂，政府和民众之间形成了一种比其他国家更为协调的关系，当时许多商人留下的文献都表明他们将国家利益与自身利益视为一体，他们需要国家在军事上和外交上加以保护和帮助。而英国政府则较少对工商业者的活动采取直接支持的政策，正如托马斯·孟在著名小册子《英国得自对外贸易的财富》中指出的，与其他国家相比，商人在英国受到的鼓励比较少。这一事实使得英国商人家族往往会欣然改变自己的职业，他们的后代常转而购买土地、购买爵位，以此获得社会保障。在英国还可以找到金融家跻身贵族的例子，如中塞克斯的伯爵莱昂内尔·克兰菲尔德便是其中的一个，但普通商人则很少有人能爬到这样的高位。总之，商人在英国的地位较低。但是在荷兰，商人的社会地位很高，商人的职业受到高度重视，商业利益成功地支配着整个社会经济政策，制造业和农业不得不退居第二位，商人甚至可以与占据国家最高职位的显贵联姻。[1]

在法国，从亨利四世统治时期开始，中央集权的国家机构起了促进经济生活发展的积极作用，它使得法国经济在16世纪和17世纪之交进入了一个新的发展阶段。在亨利四世时期，平息胡格诺教徒的反抗始终是内政的一个重要问题。胡格诺教徒占全国人口的1/10，当

---

[1] 〔意〕卡洛·M.奇波拉主编：《欧洲经济史》第3卷，吴良健等译，商务印书馆1989年版，第447页。

时仍控制了 200 个要塞和城堡，他们的卫队需要由国家开支浩繁的费用。此外，胡格诺教徒享有和天主教徒相似的政治权利和财产权。亨利四世努力收买胡格诺教徒，耗去了大量财富，国库空虚，因此亟待增加国家的财政收入，所以他采取了积极的工商业经济政策。面对着战乱造成的乡村荒芜、农业衰落的状况，亨利四世的重臣苏黎在题为《国民经济的正确原则》的备忘录中指出，农业和畜牧业是供养法兰西王国的两头乳牛，是法国财富的源泉。他的主张和日后 18 世纪的重农学派很接近。亨利四世接受了他们的意见，把人头税由每年 16000000 锂减为 14000000 锂，并豁免了以前积欠的税款 20000000 锂，废除了省、县规定的某些赋税，禁止农民拍卖耕具和耕畜来偿付债务。亨利四世还鼓励饲养家畜、种桑养蚕、种植粮食作物。但由于在农村保留了贵族对农民课税的权利，租税剥削十分沉重，所以农业改革政策没有取得什么重大经济成果。

　　亨利四世采取了保护对外贸易的政策。他在 1606 年同英国缔结了通商条约，1607 年同汉萨同盟以及西班牙缔结了通商条约。亨利四世废除了王国政府没收外国人财产的权力，鼓励外国人经商。为了在商业贸易中取得利润，他在 1599 年禁止蚕丝和羊毛等重要原材料的出口。同时，他在北美洲进行殖民活动，在加拿大建立了法国人居住区。亨利四世为了限制外国商品输入，鼓励法国工业的发展，他创办了大型的官办手工工场，用分赐补助金和特权的办法扶植私营丝织和花毡业、搪瓷、玻璃、制镜、细麻布、镀金、皮革、壁纸和其他奢侈品的生产。卢佛尔是宫廷奢侈品生产的中心。1603 年亨利四世颁布特别敕令保证卢佛尔的匠师不受行会限制，有权保留任意数量的学徒，外国匠师和生产者有在巴黎开业的自由。政府为了加强对工商业的控制，于 1601 年建立了商业委员会，它是后来的商业部的前身。

1601年法国政府颁布开采荒芜的矿山的特别敕令,责成矿山所在的土地所有者负责此项工作,他们应当把所得利润的1/10上交国家。在推行重商主义政策的过程中,苏黎反对亨利四世竭力扩大奢侈品生产的政策,担心这样做会助长法国人奢侈浪费的倾向,而不利于国家经济的长期发展。苏黎所指出的正是专制主义时期法国经济发展的弱点之所在,但亨利四世无法接受苏黎的这一意见。

重商主义政策在路易十四执政时期(1661—1715年)非常典型。路易十四时期重商主义政策的坚决推行者是柯尔伯。柯尔伯(1619—1683年)是雷姆斯呢绒商的儿子,1665年担任财政总监。柯尔伯认识到,"一个国家只有拥有丰富的金钱,才能使它的势力或威望显然改观","一个王国不同时从邻国得到钱币,就不能增加本国的钱财"。他认为:"除了更多的现金进入王国带来的益处外,还可以肯定,通过制造业,大批因没有工作而衰弱不堪的民众将能够谋得生计,同样多的人将依靠海上和港口的工作维持生活,几乎无以数计的各种各样的船只将以不同的方式扩大国家的势力和威望。"[1] 柯尔伯从1663年开始广泛地调查法国的资源,如每个地区发展农业、贸易、工业的各种条件,应采取的方法和人民的态度等情况。在掌握这些情况的基础上,柯尔伯拟定一项总计划,列出需要生产的商品种类、应在哪些地方从事这些产品的生产、需从国外选购的生产所必需的机器设备(特别是法国还未使用过的机器如织袜机)等,让法国驻各国领事招聘各种技术工人,如德国和瑞典的炼铁工人、荷兰的织布工人、威尼斯的制玻璃和刺绣工人、米兰的丝绸工人。

---

[1] 〔法〕米歇尔·博德:《资本主义史(1500—1980年)》,吴艾美等译,东方出版社1986年版,第36—37页。

1665年10月柯尔伯经过谈判,邀请荷兰西兰地方的新教呢绒工场主凡·洛贝来法国,在阿布维尔地方建立了王家呢绒工场。凡·洛贝同时携来50名荷兰工人。柯尔伯给了凡·洛贝12000锂的旅费,并给予凡·洛贝一笔无息贷款,在最初3年中按每台织机2000锂计算。凡·洛贝共从国王那里得到总数80000锂的贷款,这笔贷款以后未再偿还。法国政府还授予该工场以生产的特权。到1680年该工场有80部织机开工,雇用了1690名工人,每年生产1600件呢绒。[①] 到1708年该工场有3000名工人,在18世纪初以前,凡·洛贝呢绒企业由分散在城内的几个大的工场车间组成,1709—1713年勒拉姆大楼在城外建立,雇工主要在楼内工作。1728年有3500名工人和500名女性童工在那里工作。[②] 这个工场一直维持到18世纪80年代。这是法国引入外国工匠的一个例子。

柯尔伯时期法国政府经过努力,建立了400多种制造业。一些手工工匠联合成集体工场,取得王室授予的生产和销售的特权,如色当和埃夫伯格的羊毛业、特鲁瓦的针丝品、圣艾蒂安的武器制造。此外,一些私人手工工场、个体企业和大公司在采矿、冶金和羊毛织品的生产上获得了优越的发展特权,如达埃利·德·拉图尔制造锻炉、火炮、铁锚和武器的公司。此外,政府鼓励奢侈品和出口商品(如挂毯、瓷器、玻璃制品、高级衣类)的生产、基础工业品(冶铁、造纸和军火)的生产和一般消费品(羊毛、亚麻织物等)的生产。[③] 柯

---

① C. W. Cole, *Colbert and A Century of French Mercantilism*, Vol.1, London, 1939, pp. 143-147.
② Fernand Braudel, *Civilization and Capitalism fron Fifteenth to Eighteeth Century*, New York, 1981-1982, Vol. 2, pp. 337-338.
③ 〔法〕米歇尔·博德:《资本主义史(1500—1980年)》,吴艾美等译,东方出版社1986年版,第37—38页。

尔伯采取国家干涉的方式通过剥削纳税人来大量补贴手工工场主。1664—1690年间,法国政府赠给大手工工场主2000000锂。工业家经常可以从政府取得贷款,其中有很多贷款以后一直没有偿还。此外,政府还分发给工业家以森林、土地等生产资料。生产宫廷用品的手工工场主得到各种预付款。在柯尔伯当政时期,补助花边、丝绸和毛毡生产的费用有5500000锂之多,补助织呢生产的费用有2000000锂。柯尔伯用国家资金创办了许多王家手工工场,某些享有特权的私营手工工场也获得这种称号,例如奥维尔尼生产枪炮的手工工场便是。柯尔伯本人也拥有织袜手工工场等。柯尔伯当权20年间,法国规模较大的王家手工工场的数目从68个增加到113个。法国成为欧洲许多国家商品的供应者。法国形成了一些工业生产的中心。巴黎是奢侈品和艺术品的重要生产中心。此外,佛兰德尔、庇卡第、诺曼底、都勃尼、里翁纳、多菲内、普罗旺斯、朗基多克等地区都是法国工业发达的地区。布列塔尼的亚麻布、里昂和特鲁瓦的丝绸、朗基多克的细呢绒,以及肥皂、皮革、糖、玻璃、花边等商品大量销往国外。法国出现了一些规模很大的大型手工工场,如1665年在亚眠附近阿贝维勒建立的凡·洛贝织呢手工工场有6000多工人,单是政府拨给的补助金和赠款就高达100000锂之多。

由于受到国家重视,所以手工工场主地位较高,接近贵族。工场主可以免纳租税、免服兵役、获得廉价食盐供应,等等。柯尔伯在发展工业的同时,对工业生产的技术和产品质量加以严格管理和限制,设立专门机构来解决工业技术问题。当时法国各工业部门大约有150种规定。1668年颁布了限制纺织工业的四项敕令,单呢绒染色一项命令便有317个条款。1666年和1671年的特别决议周密地规定了纺织品染色方法、呢绒的宽度、特殊的质量要求,以及违反者应受的严厉惩罚,并设立专门的检查员检查包括产品质量和操作过程在内的规定执行情况。柯尔伯还广泛利用中世纪沿袭下来的行会对工业技术实行控制监督,1672年柯尔伯颁布一项特别敕令,把行会制度推行到法国全部工业部门中去,在法国建立了许多行会,行会章程具有国家法律效力,并得到王国政府批准。

柯尔伯通过中央集权的国家制定保护关税政策来保护法国的工业免遭荷兰和英国等外来竞争的打击。1664年法国第一次制定了外国商品国境税税率。1667年柯尔伯公布了更加严格的保护关税率,把英国和荷兰呢绒进口的关税提高一倍,每匹呢绒进口税由40锂增至80锂,并把花边、饰带等装饰品的税金提高一倍。直到同荷兰及其同盟者的两次大战以后,法国政府才在1628年根据《尼姆维根和约》放弃了1667年的关税率,恢复1664年的关税率。柯尔伯在坚决限制外国工业品输入法国的同时,却鼓励法国工业所需要的原料如羊毛、铁、锡、铅等商品进口,特别是鼓励用法国船只运载这些货物进口。此外,柯尔伯在实行保护民族工业的同时,禁止法国的工匠和工场主移居国外,把企图居住国外的手工工场主和工匠逮捕关入监狱。

柯尔伯实行了鼓励航运业和对外贸易的政策。由于他的前任马扎然未积极推进黎塞留时代开始的造船事业,所以这一项沉重的任务落到了柯尔伯肩上。这是法国成为海上强国的必需条件。1669年柯尔伯担任了海务大臣后,亲自主持造船事业。在他的努力下,法国建立了一支强大的舰队,并且建立了一支大型商船队。柯尔伯还大大改善了马赛、洛希福尔、哈佛尔克等港口的设备,并扩建了瑟堡港,广泛地开挖运河,1681年完成的朗基多克运河把大西洋和地中海连接起来,有利于航运和贸易的发展。

专制主义国家实行重商主义政策,有意识地扶助工商业。这在德意志诸邦国尤其是普鲁士最为典型。普鲁士的重商主义政策开始于弗里德里希·威廉一世执政时期,而在随后的弗里德里希二世在位时期发展到巅峰。在 18 世纪初,普鲁士几乎是一个纯农业国,城市手工业只能满足当地的需求,国王宫廷和贵族的穷奢极欲则只能通过国外进口来满足。在贸易中出现了巨大的逆差,使国家变穷。面对这种困难的现实,17 世纪末 18 世纪初在德意志出现了一批为宫廷政府制造重商主义政策理论根据的经济学家,在德国被称作官房主义者,他们中有泽肯多夫、贝希尔、赫尼希克、施罗德、尤斯蒂、宗南费尔斯。他们在著作中援引英国、荷兰和法国的经验,强调扩大贸易、建立手工工场和更好地利用矿山资源,认为这些是增加国库收入和筹措大宗军费的有效手段。他们主张繁荣商业、扩大臣民的福利,使君主从中获得更大的利润。有的学者提出这样的看法:君主应当将自己的幸福建筑在臣仆幸福的基础之上。他们主张开明专制主义,这些主张得到德意志诸邦国如普鲁士和奥地利的君主的重视。政府在哈雷大学和法兰克福大学举办了讲座,把这些学者的理论作为培养行政管理官员的内容。尤斯蒂为奥地利内务大臣豪格维茨伯爵所聘用。奥地利行政当局吸收了这些学者的重商主义思想,发出文件指示下属要争取贸易顺差,限制进口和增加出口。[①] 重商主义与德意志诸邦的统治者相结合,使得推动资本主义工商业发展的经济政策在那里成为一种有意识的系统行动。

在普鲁士,弗里德里希·威廉一世即位后立即下令创办以本国羊毛为原料的毛纺织业。他不顾那些主张把羊毛出口到萨克森等地区

---

① 〔德〕汉斯·豪斯赫尔:《近代经济史:从十四世纪末至十九世纪下半叶》,王庆余等译,商务印书馆 1987 年版,第 221—222、260—261 页。

去以获得高额利润的乡村贵族的反对，下令禁止羊毛出口，致力于使普鲁士的羊毛全部在本国得到加工。为达到这一目的，他允许外国的毛纺织工人迁入，并在柏林筹建一个货栈作为国营羊毛包买站为毛纺织手工业者提供原料，并收购他们加工的成品。货栈还用西班牙羊毛生产较精细的毛织品。普鲁士国家同时又是毛纺织业的大顾主，毛纺织业要为普鲁士军队的军官和士兵提供各种制服呢料。此外，普鲁士还向俄国军队提供普鲁士的毛织品达数年之久。专制主义国家赖以依靠的一支庞大军队成为推动国民经济发展的一个刺激因素。这一时期军队尚不同于以后的军队，军队只是在军训和检阅时才集中起来，平时军营便成为手工工场辅助生产车间。工场手工业的发展有利于增加国库的收入，国家的消费税和流通中的税收都增加了。[1]弗里德里希·威廉一世扩大了已有的毛纺织业，并引进一些新的工场手工业部门。夺取西里西亚以后，普鲁士因为拥有了那个地区较为发达的棉纺织业而具有了达到欧洲水平的工业，在普鲁士一些老的省份中，则千方百计地发展高级丝织品的生产，并努力发展棉织业和军队需要的五金工业。[2]1737年，弗里德里希·威廉一世派官员德克视察了鲁尔区的煤矿生产。德克随后提出了一份提高煤矿生产能力的计划，并建议建立新的机构来推进这项工作。根据德克的建议，弗里德里希·威廉一世于1737年7月颁发了克里夫斯-马克煤矿法令，并在第二年建立了矿山署监督矿业生产和规定煤价。1756年由海因茨曼修改了这一法令，七年战争以后于1766年公布了修改后的法令使国家的干涉

---

[1] 〔德〕汉斯·豪斯赫尔：《近代经济史：从十四世纪末至十九世纪下半叶》，王庆余等译，商务印书馆1987年版，第253—257页。
[2] 〔德〕汉斯·豪斯赫尔：《近代经济史：从十四世纪末至十九世纪下半叶》，王庆余等译，商务印书馆1987年版，第258页。

和管理促进了煤的生产，马克郡的煤产量由 1727 年的 467875 蒲式耳增加到 1790 年的 1707461 蒲式耳。[1]

1740 年即位的弗里德里希二世认为改革和建立一个有效能的行政机构可以推动国家生产的发展。他希望较大幅度持续地增加国家的岁入，他首先把希望寄托在工业发展上。他说，"工业创造真正的利润"。他的政府在七年战争以后主要的活动却是致力于农业的发展，因为发展普鲁士工业需要大量廉价的食品和纺织品，而这些必须通过发展农业来获得，[2] "没有农业便没有商人、国王、诗人和警察"[3]。当时在普鲁士广泛地存在着农奴制，对农奴的人身束缚严重地阻碍了农业生产力的发展。弗里德里希二世意识到必须废除农奴制，把农民从沉重的压迫剥削之下解放出来，才能改进农业技术和提高农业生产。然而，废除农奴制的改革在当时普鲁士国家的社会基础之下是很难彻底完成的。当时普鲁士在废除农奴制方面采取了有限的改良措施。普鲁士政府在 1748 年的《条例》第 7 款中提出："希望所有的富于理性的土地所有者能采取措施。"[4] 当时政府有限的目标是首先解放担任公职的和产业的农民，限制农奴每周服劳役的天数。1754 年 4 月，弗里德里希二世在一道给内阁司法部长科策吉的指令中说："波美拉尼亚仍然存在的农奴制在我看来是极其残酷的，它对我们整个国家起了极坏的作用，我殷切地希望完全取消它。"[5] 七年战争后这项改革开始实施。1763 年 5 月 22 日，弗里德里希二世在给波美拉尼亚战争和产

---

[1] W. O. Henderson, *The State and the Industrial Revolution in Prussia, 1740-1870*, Liverpool U. P., 1978, pp. 29-31.
[2] W. Hubatsch, *Frederick the Great, Absolutism and Administration*, London, 1975, p. 178.
[3] W. Hubatsch, *Frederick the Great, Absolutism and Administration*, London, 1975, p. 180.
[4] W. Hubatsch, *Frederick the Great, Absolutism and Administration*, London, 1975, p. 178.
[5] W. Hubatsch, *Frederick the Great, Absolutism and Administration*, London, 1975, p. 178.

业委员会的指令中宣告:"在乡村由王室、贵族和城镇领有农奴的制度从现在起应当完全取消。"同年12月,波美拉尼亚等级会议对此取得了一致意见。根据1769年9月的命令,1770年在西里西亚废除了农奴制,此后农奴转变成为世代半依附于地主的农民。根据1773年9月和10月的命令,在东、西普鲁士取消了农奴制。此后,在东、西普鲁士出现了一个不从属于庄园的自由农场主阶层。1763年东普鲁士取消了农民强制性的户内劳役。1784年9月把威斯特伐利亚农奴无限制的服役改为有限制的服役,部分地减轻了农奴的负担。总而言之,为了适应工商业和农业的发展需要,弗里德里希二世对农奴制实行了部分改革。[①]

七年战争结束时于1763年签订的《胡贝尔土斯堡和约》确认了普鲁士对西里西亚的占领。以后因为私人经济已满足不了普鲁士国家的需求,一系列经济部门完全转到国家手中,其中有出口造船木材和保障大城市居民烧柴的木材贩运业。国家矿山管理局则成为最重要的矿井和炼铁厂的所有者,并在现有的行政机构中增设了一些大的管理组织。[②] 1753年弗里德里希二世派出高级林政官员雷赫但茨去西里西亚调查增产铁矿石的可能性。在他建议下,1753—1754年在那里新建三座风熔铁炉,发展了当地的冶铁业。1756年普鲁士国王颁布法令,提取西里西里亚矿产的1/10。之后他又于1769年颁布新的西里西亚矿山法,宣布国王有权把某些地区指定为王室采矿特权地区,私人在该地区采矿必须得到国王的特许,并对私人所占矿山的股份做

---

① W. Hubatsch, *Frederick the Great, Absolutism and Administration*, London, 1975, pp. 178-180.

② 〔德〕汉斯·豪斯赫尔:《近代经济史:从十四世纪末至十九世纪下半叶》,王庆余等译,商务印书馆1987年版,第256页。

了具体规定。这样,把西里西亚私人矿山逐渐置于王室矿山管理机构的控制之下,到 1779 年,马拉潘地区和西里西亚等地区已能生产质地优良的生铁,向易北河以东一些普鲁士老省份销售,抵制了瑞士生铁的进口。国家在马拉潘地区建立的各种铁工厂为国家取得可观的收入,这些收入后来被用于上西里西亚规模更大、更近代的国有铁工厂的投资。[①]

西里西亚铁企业的成功鼓舞了弗里德里希二世发展矿业的计划,1768 年,他在中央政府中设立了一个新的部——王家矿产署,由负责王国西部地区的重要大臣路德维格·菲力普·冯·哈根担任该署的第一任首长。他死后冯·海因利兹自 1777 年起负责该署。出身于萨克森梅森地方贵族家庭的海因利兹学习过矿业,曾在德意志、奥地利、匈牙利和瑞典广泛游历,有丰富的矿业和林业知识。1766 年他在弗赖贝格建立了一所矿业学院,因此享有国际声望,后来被斯泰恩称为"他那个时代最杰出的人物之一"。海因利兹重新组织了普鲁士的矿业行政管理机构,按地区设立 4 个地方性的矿业署,它们分别设在柏林、布雷斯劳、哈勒和多特蒙德,并于 1770 年在柏林建立了一个矿业科学院,培训矿业官员,并组织他们到国外考察,增加他们的矿业知识。他启用一些年轻人负责地方的矿业工作,以保证新技术用于生产。在他和他的同事的努力下,在 18 世纪最后 20 年普鲁士的矿业和金属业得到很大的发展。1781 年 10 月弗里德里希二世授意海因利兹准备一份发展普鲁士铁工业的计划。海因利兹提出一份备忘录之后,由国王签署下发,要求各地区的矿业署制定各地扩大铁生产规模的计划。之后国王又发下第二份备忘录,要求发展铁

[①] W. O. Herdson, *The State and the Industrial Revolution in Prussia 1740-1870*, Liverpool U. P., 1978, pp. 5-6, 8-9.

的贸易。实现海因利兹的计划需要预算 267500 塔勒,弗里德里希二世原则上批准了这项计划并做了相应的拨款。[1] 1790 年海因利兹授权发展西里西亚煤的生产。他在矿山工程师伊萨克帮助下建立了王家矿山,其产量在 1791 年为 1847 吨,1810 年为 30699 吨,1840 年增加到 51276 吨。18 世纪 90 年代在这个地区建立了两个近代化的国有铁厂。1807 年西里西亚矿产总值为 1800000 塔勒,其中铁产为 1296000 塔勒、煤产为 293000 塔勒。上西里西亚的鲁尔工业的发展完全是普鲁士国家推动的结果。[2] 弗里德里希二世还创立了海外贸易联合体,它以后为财政大臣所控制,到 1848 年时有资本 10500000 塔勒。[3] 弗里德里希二世还实行了烟草和咖啡专卖,创办了海上保险公司、出口盐和蜡的公司,后来后者变成了一家银行。国王还在商人戈慈科夫斯基破产时买下他的瓷器手工工场。[4] 总之,1763 年以后普鲁士的经济政策逐渐具有国家垄断的倾向。普鲁士的经济政策是后期重商主义的典型范例。

奥地利人口在 18 世纪是欧洲仅次于法国和俄国的国家。重商主义经济政策在奥地利哈布斯堡王朝统治时期有充分表现。早在 17 世纪末 18 世纪初利奥波得一世统治时期,奥地利出现了三位杰出的重商主义者赫尼希克、贝希尔和施罗德。他们中以赫尼希克最为著名,

---

[1] W. O. Herdson, *The State and the Industrial Revolution in Prussia 1740-1870*, Liverpool U. P., 1978, pp. 10-13.

[2] W. O. Herdson, T*he State and the Industrial Revolution in Prussia 1740-1870*, Liverpool U. P., 1978, pp. 16-21.

[3] W. O. Herdson, *The State and the Industrial Revolution in Prussia 1740-1870*, Liverpool U. P., 1978, p. viii.

[4] 〔德〕汉斯·豪斯赫尔:《近代经济史:从十四世纪末至十九世纪下半叶》,王庆余等译,商务印书馆 1987 年版,第 259 页。

他著有《奥地利将高于一切，只要它希望这样》一书。该书在 17 世纪 80 年代出版后便成为奥地利新兴知识分子、资产阶级和宫廷改革派的纲领，国王约瑟夫一世称赫尼希克为自己的老师。赫尼希克认为国内经济的落后和极端贫困是垄断者造成的，这些人靠外国资本家的帮助来经营，他们仅仅同外国人的供销站进行交易，反对发展奥地利的商品生产。他透彻地论述了商业资本本身并不能创造物质财富，批评人们不理解工场手工业的意义。赫尼希克指出，奥地利几乎拥有一切必需的各种原料，可以生产国内需要的品种。赫尼希克提出了九项贯彻重商主义精神的原则性建议，包括下列内容：竭尽一切努力来利用国内资源；现有原料应当在国内加工制造，鼓励居民学习技术和手艺，并教授他们以技艺，必要时可聘请外国教师；不应出口金银，也不应把它们看作收藏品，而要使它们经常流通；教育居民尽量使用本地产品；用货物换取进口商品，不要支付黄金；主张进口原料在国内加工制造，以代替进口商品；积极在全世界寻找新的销售市场；国内能制造的商品不应进口。赫尼希克的经济纲领逐渐得到实施，尤其在利奥波德去世后，约瑟夫一世采取了公开支持重商主义的态度，这样重商主义者和官员展开了积极的经济活动。贝希尔创办了国营的帝国丝绸公司，为奥地利建立了最初的纺织企业。该公司组织了丝线、袜子、丝织品、毛织品、麻布和丝绒的生产，帝国丝绸公司不久便通过发行股票来吸收资金，成为奥地利现代股份公司的先驱。公司还帮助私人建立纺织企业，贝希尔还创立了监督商业、革新技术、原料供应和工场手工业的中央国家机构"商务委员会"。他努力把新兴办的工场手工业和全国工业都控制在自己手中。1667 年在贝希尔的积极协助下创立了东方公司，它设在君士坦丁堡，重新组织了对土耳其的贸易。贝希尔和施罗德还在维也纳合办了"工艺传习所"，但后因缺乏足够的经费而在 1687 年停办。这个机构到 18 世纪后期重新成为研究新生产技术的实验机构。1702—1703 年根据贝希尔和施罗德的设计成立了银行，它吸收私人资本拨给国家工业作为资金，主要向新兴的工场手工业企业发放贷款。

1703 年奥平盖姆的大银行破产后，奥地利国家失去了依靠，陷入财政窘困的奥地利王朝决定实行类似路易十四实行的政策。奥地利政府在亚得里亚海建设港口，1719 年宣布把首先建成的阜姆和的里亚斯特两港口作为自由港，允许国人在这两个港口经营各种商业。政府还号召外国的卖主、商人、熟练工人和工场手工业主在奥地利领地上定居。1709 年在维也纳创办了一家大型的国营丝织工厂，1701—1718 年间建立了制造瓷器和玻璃的新的手工工场和工业部门。[①]

尽管奥地利在较长时间里实行了重商主义政策，但直到 18 世纪初仍未坚决地采取发展工场手工业的政策。这种情况到 18 世纪中期才开始有所改变。从这时起，奥地利政府采取了积极支持工业发展的政策，大力兴办技术院校。1750—1770 年间开设了矿业学院、技术学校、农业学校、商学院，甚至在孤儿院和监狱中也进行技术教育。国家设立奖学金，并给创造新生产方法的工人和手工业者以及开办新企业的业主发放奖金，并悬赏征求优秀技术发明。国家废除了工业中的行会制度，禁止熟练工人出国，同时公费派技师到国外学习深造。政府再次颁布法令，保证迁居奥地利的外国人免税和宗教信仰自由，以吸引外国工人和企业主。外来移民后来办起了加工农业原料（兽皮、亚麻）的作坊、手工工场和大型工厂，建起制造啤酒和酒精

---

① 〔奥〕埃·普里斯特尔：《奥地利简史》上册，陶梁、张傅译，生活·读书·新知三联书店 1972 年版，第 317—342 页。

的工厂等。以前奥地利通用的货币有一二十种之多,在改革中采用统一的货币盾和德利尔,并在1762年发行了纸币。1786年奥地利设立了工业专门银行,经办商业、信贷和兑换业务。为了发展对外贸易,奥地利同土耳其、俄国、美国等国缔结了贸易协定。到了18世纪中期以后,奥地利国家扶助经济的方针也发生某种变化,放弃了直接拨款扶助企业的方式,为企业发展创造先决条件,以排除经济发展道路上的障碍的方式来支持经济发展。[1] 在玛丽亚·特蕾西亚统治时期(1740—1780年),奥地利王国政府全力培训经济管理官员,并在指令中明确要求各省争取贸易顺差。奥地利经济生活与法国和荷兰的不同之处在于,它缺乏一个强有力的具有冒险精神的大资产阶级。它的从事盐、铜和水银生产的工场手工业在很大程度上直接为王室控制管理,其产品的销售不是由王室专卖,就是租赁出去。施蒂利亚的铁业则由私人控制,国家监督。玛丽亚·特蕾西亚在其统治后期,努力扶植满足国家需要的商业和工场手工业,给予其特殊的优厚待遇。由于丧失了西里西亚的麻纺织工业,奥地利国家加紧扶植波希米亚和摩拉维亚的纺纱业和麻织业,鼓励棉织品的生产,并且对纺织工业实行关税保护。[2]

在英国这样一个封建主义较早瓦解的国家,绝对主义时期国家的工商业经济政策与法国、普鲁士和奥地利等国相比较,有着推动资本主义发展的共同之处,但也存在着某些差别。一般说来,英国国家对于资本主义商业的发展表示了支持的态度,国家的活动限于为工商业

---

[1] 〔奥〕埃·普里斯特尔:《奥地利简史》下册,陶梁、张傅译,生活·读书·新知三联书店1972年版,第479—494页。

[2] 〔德〕汉斯·豪斯赫尔:《近代经济史:从十四世纪末至十九世纪下半叶》,王庆余等译,商务印书馆1987年版,第260页。

发展创造若干外部条件和保护措施，对于工商业经济活动则不像法国和普鲁士那样直接干预并由国家直接兴办大规模的工矿企业。

英国政府的贸易立法始于 15 世纪 30 年代末。1436 年出版的由一位主教撰写的《英格兰政策小述》显示了英国的民族主义精神，它描述说，如果英国保持一支强大的海峡舰队，将成为海峡的征服者，这对英国控制贸易有很大作用。英国政府 1439 年提出的一项法案禁止意大利人向英国运进除摩洛哥海峡以外国家的商品。由于当时意大利是国际贸易中的大国，所以这项法案并未收到什么实际效果。1455 年英国政府提出另一项法案，禁止外来的意大利商人到各地去搜购呢绒和羊毛。同年还通过另一项法令，禁止意大利缎带进口，只准他们运进生丝。到了 1463 年颁布了一项意义更大的议会法令，它宣称由于外国商品的竞争，手工业者无法依靠他们的技艺生活，因此禁止进口一系列制造品，并且列出了这些制造品的名称。法令还宣布，行会主持人和师傅可以进行搜查并予以没收。在没有行会的地方，则由其他人来执行这项工作。这项议会法令被列为英国对外贸易的重要立法。[①]

在前工业化时期英国和西欧其他国家一样实施了专卖政策。英国的专卖政策可以上溯到爱德华三世时期，当时王室授权佛来米资本家约翰·肯普，让他复兴在英国业已衰落的呢绒业。此外，在 14—15 世纪，还予其他外国侨民以专利保护。[②] 在都铎王朝和斯图亚特王朝时期，英国在矿山勘探、玻璃、明矾和硝盐生产等行业实施了特许制。伊丽莎白一世时期，英国人尚不会制硝，于是女王把这项重要的

---

① 〔英〕约翰·克拉潘：《简明不列颠经济史》，范定九、王祖廉译，上海译文出版社 1980 年版，第 246—249 页。
② E. Lipson, *Economic History of England*, Vol. 3, London, 1931, p. 353.

工业让给荷兰人来经营，并给予每个荷兰人 500 镑以上培养训练两个英国公民学会制硝。没过几年，英国人掌握了制硝和火药制造技术，伊丽莎白一世把制硝和制火药的专利证授予乔治·埃维林（1530—1603 年）。17 世纪初，他的后代继承了这项工业专利。[①]1615 年，斯图亚特王朝政府把玻璃制造的特许证授予 9 个冒险家，每年这些人向王室交纳 1000 镑，以后，这项特许证给了罗伯特·曼塞尔。[②]1630 年，英国政府出售了开采明矾的特许证，从这时起到 1640 年国库从明矾的专利销售中获得 126000 镑。[③]1634—1640 年间国家出售专卖权，从肥皂制造业工场主那里获得了 122000 镑。在煤炭业实施特许制的结果是一年国家可以获得 100000 镑。[④] 在 16 世纪上半叶，英国所需要的盐由法国提供。到了伊丽莎白统治初年，法国国内的动荡影响了这种供给，并使得盐价也提高了。于是威廉·塞西尔给了德国的财政家贾斯帕·塞勒一份生产盐的特许证，并邀请他到英国来为塞西尔谋利益，并为英国提供所需要的廉价的盐。[⑤] 塞西尔还鼓励德国人达尼尔·霍赫斯泰特在英格兰北部寻找铜矿资源。[⑥] 英国为发展新的工业部门颁发了大量的特许证，例如 1552 年为玻璃生产颁发了特许

[①] J. U. Nef, *Industry and Government in France and England, 1540-1640*, Cornell U. P., 1957, pp. 89-90.

[②] J. U. Nef, *Industry and Government in France and England, 1540-1640*, Cornell U. P., 1957, p. 110.

[③] J. U. Nef, *Industry and Government in France and England, 1540-1640*, Cornell U. P., 1957, p. 115.

[④] J. U. Nef, *Industry and Government in France and England, 1540-1640*, Cornell U. P., 1957, pp. 115-116.

[⑤] Hughes, E., "The English Monopoly of Salt in the Years 1563-1571", in *English History Review*, Vol. 60, 1925.

[⑥] W. Cunningham, *The Growth of English Industry and Commercein Modern Times*, 2, p. 59.

证。在伊丽莎白时期发给本国企业家特许证是极其普遍的现象，有些外国人也获得了特许证。但英国政府控制的铜矿业发展得很不顺遂，凯齐克铜矿的产量在1567—1600年间平均每年只有34吨。王家矿山公司在最初8年间耗去52000镑才获得总值为30000镑的矿产。以后，王室便把矿山租赁给达尼尔·霍赫斯泰特父子。该家族把英国的铜矿业一直控制到1640年。①

英国国王和法国国王一样，在16世纪希望把金属矿和其他矿产收归国王己有。但英国国王成功办成的只是把所有的金银矿收归自己所有，而无法把埋藏在他的臣民的土地下的矿产也宣布为己有。同时把被称为康沃尔公爵的威尔士亲王所有的康沃尔郡和德文郡的锡矿收归王室所有，国家可以从那里的庄园主每年掘矿取得的收入中提取岁入。此外，对某些王室拥有地产的地区的煤矿征税。在宗教改革以后百年间，根据习惯法做出的种种规定削弱了英国君主的权力。其中最严重的一次是在1566年，当时国王在苏格兰对煤、铜、铅矿大肆掠夺侵占，王室和诺桑伯兰伯爵对库伯兰的纽卡兹的含银的铅矿提出要求而发生了争执。最后中央财政法庭判决，国王不能对金、银矿以外的任何矿产提出要求。这次判决在理论上认定英国国王不能像法国国王那样宣布所有的矿山都归王室所有。由于英国的中央政府对矿业的所有权很有限，所以英国建立了一个全国性的矿业行政管理机构，而与矿山有关的命令只能通过王室官员、治安法官和郡长这个系统去执行。②

绝对主义时期是一个商业利润超过工业利润的时代。都铎政府积

---

① Perry Williams, *The Tudor Regime*, Oxford: Clarendon Press, 1981, pp. 158-159.
② J. U. Nef, *Industry and Government in France and England, 1540-1640*, Cornell U. P., 1940, pp. 99-100.

极发展海外贸易,给予一系列新建立的海外贸易公司以贸易特权。16世纪初,英国只有两个特许公司,即羊毛商公司和冒险商人公司。在英国政府的鼓励下,到16世纪后半叶,新建了7个贸易公司,开展了与绝大部分欧洲地区间的贸易。1550年以后,英国和尼德兰的贸易逐渐中断,英国商人开始寻找其他途径以弥补这一损失。1553年建立了几内亚公司,旨在通过非洲的奴隶贸易获利,但是这个公司很快由于西班牙的敌对而在1567年结束了。1555年在伦敦创办了合股性质的莫斯科商人公司。以后,英国加强了与摩洛哥的毛织品和砂糖的换货贸易,这种贸易在伊丽莎白统治时期大多数年代是由个人进行的,1585—1597年一个取得王室特许的公司巴尔巴里公司承担了这种贸易。1577年王室授予西班牙公司以特许证。[①] 在英国成立的海外贸易公司中,最重要的是东印度公司,1599年该公司以合股的形式开始创办。1600年12月底获得了伊丽莎白女王的特许证,授权打开直接与东印度贸易的渠道。该公司获得唯一的从事东印度地区贸易的特权。[②] 这些海外贸易公司的总部都设在伦敦,伦敦商业区遂成为英国海外贸易的中心。英国政府对海外贸易采取特许政策引起了广大英国中小商人的不满。1604年英国议会下院议员发动了一次抨击政府特许政策和争取自由贸易的运动。这场斗争的领导者、下院反对派议员爱德温·桑迪斯爵士说:"全王国的一切大宗贸易都被不超过200人所控制",商人要求改变这种垄断海外贸易的状况。[③] 这一问题成为17世纪初议会与专制王权斗争的一个焦点问题。在英吉利共和国

---

① Perry Williams, *The Tudor Regime*, Oxford: Clarendon Press, 1981, pp. 169-171.
② E. Lipson, *The Economic History of England*, Vol. 2, London, 1931, pp. 270-271.
③ *Past and Present*, No. 38 (1967). Perry Williams, *The Tudor Regime*, Oxford: Clarendon Press, 1981, pp. 171-172.

时期，贸易委员会倾向于采取自由放任政策，曾反对给予海外贸易公司特许证的做法，但贸易委员会存在时间很短。[1] 光荣革命后，东印度公司每隔数年便要从政府那里换取新的特许证，政府也借此时机从东印度公司取得大宗款项。特许公司继续在政府支持下展开活动，但特许制度开始动摇。

在绝对主义时期，英国政府采取了在国际商业竞争中保护本国商业利益的航海政策。早在封建主义后期，英国在1381年曾颁布过法令，规定除国王属下的船只外，禁止任何其他人在英国的任何港口进行商品进出口贩运。都铎王朝开始后，在1485年、1488年、1532年和1540年先后采取了禁止雇佣外国船只运输货物的措施。[2] 这种政策遭到了外国封建君主对英国的报复性封锁，给英国的商业活动造成了很大困难。鉴于上述情况，伊丽莎白一世即位后第一项措施便是在1559年颁布法规，取消以前的禁令。但她规定了附带条件，即外国船只输入英国的货物必须交纳关税，外国商人雇佣的英国船只运入的货物也被如此对待。1565年规定，英国雇主在沿海贸易、运输法国葡萄酒和靛青时有义务使用本国的船只。1588年枢密院令规定，某些时候输出英国商品也必须用英国船只，要求诸海外贸易公司遵照执行。[3] 斯图亚特王朝开始后，詹姆士一世于1615年和1622年颁布《航海法》，重申被人们忽视的这一政策。这个时期的议会则通常对具有限制性内容的《航海法》持反对态度。例如在1621年当一项航海法案被提交议会时，议员们以它"束缚了大批商人的活动"为理由否决了

---

[1] 革命政权并没有对实行特许制取得一致意见。例如，残阙议会便对自由贸易政策持反对态度。G. Aylmere, *Interregnum*, Macmillan, 1982, p. 123.

[2] E. Lipson, *The Economic History of England*, Vol. 1, London, 1931, pp. 590-591.

[3] E. Lipson, *The Economic History of England*, Vol. 3, London, 1931, pp. 116-117.

这项法案。这表明英国的工商业者希望更加自由地、不受限制地进行商业活动。在开辟了北美新大陆殖民地以后,英国把它的殖民地也纳入了海上保护体系。1621 年英国政府下令,规定殖民地的烟草不得使用外国船只运输,1633 年又规定侨民不得从事与弗吉尼亚的贸易。旧的《航海法》的原则在英国资产阶级革命爆发后为长期议会所继续奉行。例如 1647 年规定,所有在殖民地生产的货物必须用英国舰船运输。[1] 英吉利共和国成立后于 1650 年颁布的《航海法》,禁止外用船只未得到许可便与英国殖民地进行贸易。这是一项针对英国海上竞争者荷兰而制定的法令。而在 1651 年和 1660 年颁布的法令则总结了一个多世纪的贸易政策,奠定了下两个世纪英国海运政策的基础。1651 年制定的《航海条例》规定,欧洲以外各国的商品只有用英国船员管理的船只才准运入英格兰、爱尔兰和英国殖民地;欧洲国家的商品或是用本国船只或是用英国船只才准予运入英国领土。此外,它还做出了三项附带的规定。第一,保护利凡特公司和东印度公司把地中海和东方的货物从非货物产地输往英国;第二,允许从西班牙和葡萄牙的任何港口把殖民地的商品运输到英国;第三,允许从意大利的某些港口或经陆路把丝绸或丝绸制品运到英国,这被视为是海岸贸易。[2] 英国政府希望通过实施《航海条例》来振兴英国被战争破坏的经济。但是《航海条例》并没有得到工商业者广泛的支持。工商业者希望更加自由地进行经济活动,而不愿受到束缚。由于《航海条例》对海运业的限制使得英国的海运业缺少竞争力;特别是在与西班牙进行战争时

---

[1] E. Lipson, *The Economic History of England*, Vol. 3, London, 1931, pp. 120-121.
[2] E. Lipson, *The Economic History of England*, Vol. 2, London, 1931, pp. 21-123. R. Gardiner, ed., *Constitutional Docvument of Puritan Revolution*, Oxford U. P., 1906, pp. 463-471.

期，为了避免西班牙人袭击英国商船，英国的海外贸易在很大程度上是通过荷兰商船进行的，这一切导致了商品价格的急剧上涨。因此，政府和商人似乎都有意识地让《航海条例》暂缓执行。所以1651年的《航海条例》并没有得到坚决的贯彻执行。由于1651年的《航海条例》在实施中出现了一系列问题，所以英国政府在1660年颁布了新的《航海条例》。该条例授命英国船只或者至少船员有3/4是英国船员的船只或者殖民地人民拥有的船只来运输货物进入英国港口或殖民地港口。商品如果由生产国的船只运入将被视为外国货而需纳税。[1]1662年对这项条例的规定做了补充，规定欧洲生长和生产的商品不得直接运到英国的殖民地，必须首先运到英格兰和威尔士。之后对进出口商品的限制进一步放宽。例如1667年的《布列达条约》规定，所有在德意志莱茵地区生产的商品将被视为荷兰出产的商品可以用荷兰船运入英国。1714年颁布的《航海条例》则把限制进一步扩大，使得俄国公司可以从俄国把波斯的商品运到英国。[2]

绝对主义时期欧洲各国的经济政策对于资本主义的发展起了积极的推动作用。

---

[1] A. E. Bland, P. A. Brown and R. H Tawney, eds., *English Economic History: Select Document*, London, 1914, pp. 670-671.

[2] E. Lipson, *The Economic History of England*, Vol. 3, London, 1931, p. 125.

第五章　国家的财政职能

在绝对主义时期，欧洲各国的财政职能有了很大发展，货币制度、赋税制度和国债制度初具形态。国家采取的上述措施，起到了促进资本原始积累的重要作用。这反映了前工业化国家在资本主义经济发展中一方面的地位。这个时期欧洲国家财政管理职能的大发展，一方面是几个世纪以来各王国财政职能发展的历史性结果，另一方面又是这个时期国家外部联系加强和工商业发展等因素刺激和冲击导致的。而欧洲国家财政职能的发展在不同程度上有利于各国经济的进一步发展。

应该说直到16世纪欧洲的金融业和工商业相比还是比较不发达，欧洲各国的金融发展彼此间也很不平衡。在这方面，意大利的金融业远远走在欧洲其他各国包括汉撒同盟诸城市的前面，只有德意志南部的大城市的金融业逐渐赶了上去。在意大利银行家十分活跃之时，西欧大多数国家的商人仍然采用自己的一套管理方法。到16世纪初，在大西洋沿岸法国港口，人们对于海上保险和复式簿记的知识极为贫乏，很少使用汇票。行商在14—16世纪仍旧随船携带他们的货物进行贸易，他们掌握的资金很少，贸易方法也很简陋，缺乏发财致富的宏图大略。欧洲金融业的落后一度阻碍了新航路开辟后世界贸易的发展。[①]

在货币领域，从13世纪起欧洲国家开始铸造金币。在此以前，自查理曼以来，西方国家一般只使用银币，因为那个时期商品交换的数量有限，黄金产量也不足。13世纪，热那亚铸造了金币"热那维诺"，佛罗伦萨则铸造了金币"弗罗林"。在此之后，佩鲁贾、卢卡、威尼斯和欧洲其他国家也开始铸造金币。不过在两个世纪中，尽管流通的铸币增加了不少，但由于贸易的发展，货币不足的现象非常明显，铸币制度也存在着弊病。在13—18世纪金、银、铜都是用作铸币的贵金属，但通常选择其中一种为标准货币。14世纪和15世纪大抵以黄金为主要货币，16世纪和17世纪又多以白银为标准货币。但这两种贵金属的比价一半由立法者一半由交通状况来决定，这种不稳定的复本位制使当时货币制度的弊端更加突出。[②] 当时铸币技术不完备的另一方面表现在铸币费极其昂贵，金币的铸币费达到所铸金币价值的6%，大银币的铸币费达所铸银币值的1.5%—3%，小银币则达到8%—25%。此外，铸币不精确，同类铸币重量差异甚大。例如17世纪英国的铸币克朗最轻的一枚值4先令9便士，最重的一枚则值5先令1便士；半克朗铸币最轻的值2先令4便士，最重的值2先令7便士。更突出的问题是，各种铸币经过几个世纪不断的贬损，铸币的重量和其内在价值都发生了蜕变，劣质货币存在于流通中难免使一国的货币贬值。

---

① 〔意〕卡洛·M.奇波拉主编：《欧洲经济史》第1卷，徐璇译，商务印书馆1988年版，第251—252页。
② 〔意〕卡洛·M.奇波拉主编：《欧洲经济史》第1卷，徐璇译，商务印书馆1988年版，第230页。〔德〕伟·桑巴特：《现代资本主义》第1卷，李季译，商务印书馆1958年版，第271页。

针对货币制度存在的问题，英国政府采取了一系列措施加以解决。1666年查理二世颁布第18号法令，取消铸币费，以推进改铸货币的工作，在同一法令中宣布可以自由铸造金银铸币，以克服分量不足的劣质铸币流通。[①]到17世纪末叶，因劣质铸币加速流通，银币加速贬值，国家坚决反对减少铸币银成分的企图，并且加速改铸货币，实施最低法定重量规定，以保护新货币，同时努力提高铸币技术。18世纪初以后，由于巴西和非洲金矿开采使得黄金的储备有所增加，于是先是在事实上，而后通过立法实行货币金本位制。1727年宣布每个人有接受金本位制的义务，并随后宣布白银不再为基本货币单位。1774年宣布白银为辅币，1798年最终取消了用白银自由铸造货币。[②]这是一个国家治理货币制度的典型例子。

从中世纪后期到近代初期，经济的急剧动荡和跨越国界的商业发展，要求建立完善的金融机构。这个时期各国的金融组织经历了从私人金融、官办当铺、私人信贷银行、公司金融的发展过程，金融业的规模和能力都扩大了。但这些类型的金融组织终究不能满足经济生活发展的需要，这就导致了国家对金融业的干涉，即由国家来创办具有货币发行权的银行。这是金融业发展的一次飞跃。前工业化欧洲很早就有了取得贷款来克服工商业活动中遇到的困难的做法。商人、贵族、店主以及王公经常需要取得贷款以扩大生产规模或增加消费。贷款的任务最初是由一批私人和法人团体来承担的。在威尼斯的犹太人区和伦敦的针线街，很早就出现了早期的银行。但是在这种信贷活动

[①] A. E. Bland, P. A. Brown and R. H. Tawney, eds., *English Economic History: Select Document*, London, 1914, pp. 674-675.

[②] 〔德〕伟·桑巴特：《现代资本主义》第1卷，李季译，商务印书馆1958年版，第278—279页。

中，放债人中出现了一些投机分子，使得一些贵族和穷人都遭到了损失。于是，政府出面干涉贷款工作，出现了旨在克服这种弊端的官办当铺。1462年意大利的佩鲁贾建立了第一个官办当铺，1509年时意大利各地共有89个官办当铺，其基本职能是向穷人提供低息贷款。还有一些地区的官办当铺则以较高的利息吸引公众存款，然后贷款给富有者和君主。例如，17世纪20年代维罗纳的官办当铺曾一次借给曼图亚的穷公爵200000达克，另外，它兼有储蓄银行的职能。[1]到了16世纪，低地国家的一些城市中纷纷建立了意大利式的贷款银行。1600年以后，在西班牙南部省份出现了很多类似的银行。1614年在阿姆斯特丹开设的"借贷银行"是荷兰最著名的一个贷款银行，它采取发行定期付息的债券的方法筹集资本。17世纪60年代，瑞典王国银行的一个分行成为这种类型的贷款银行，它向试图创办企业的人士提供财产抵押尤其是地产抵押贷款。在巴塞尔和日内瓦建立了公立的交易所，向那些想要改善处境的手艺人和小农发放贷款。欧洲各地都有向年轻艺人发放低息贷款，帮助他们成家立业的做法。1600年前后英国每年可以有150名年轻人得到这种贷款，他们大都是伦敦人。意大利的官办当铺和荷兰的信贷银行都属于公立银行，它们受到意大利政府部门的严格监督、检查和约束。[2]上述例证说明，在17世纪最初具有唯一货币发行权的国家银行建立以前很久，欧洲各国便已以各种方式介入和干预财政金融，把它作为促进民族经济发展的一种措施。

1575年以后许多私人银行家由于经营不善，或陷入困境，或销

---

[1] 〔意〕卡洛·M.奇波拉主编：《欧洲经济史》第2卷，贝昱、张菁译，商务印书馆1988年版，第457页。
[2] 〔意〕卡洛·M.奇波拉主编：《欧洲经济史》第2卷，贝昱、张菁译，商务印书馆1988年版，第458—459页。

声匿迹。这表明旧式私人银行再也无法适应商业和工业发展的需要。许多国家的政府采取了改建或创建公共银行的办法。新的银行由政府部门担保并受到严格的监督，它接受存款和办理信用转让。这种新型的公共银行有1587年4月开始营业的威尼斯的里亚尔托集市银行、1593年米兰创办的圣安布罗焦银行、1605年罗马创办的圣灵银行。其中1609年开始营业的阿姆斯特丹汇兑银行规模很大，它接受有息存款，在各账户之间进行转账，接受客户的应付汇票。当时几乎每一个商人都在银行开立账户。1683年以后，这家银行还向每个客户发行一种储蓄券。它为社会流动资本提供了一个可靠的存放处，并提供了一个信用票据的交换所。17世纪上半叶阿姆斯特丹类型的汇兑银行很快就在米德尔堡、汉堡、纽伦堡、鹿特丹和斯德哥尔摩建立起来。到1697年，欧洲已有25家不同类型的公共银行。[①]

欧洲国家和金融业的关系经历了从国家利用银行来为自己服务到国家直接把银行作为国家机器一个组成部分的发展过程。英格兰银行便是一个缩影。英格兰银行是由于国家卷入尼德兰战争需要款项而设立的。1694年英国议会通过一项法令，规定发行120万英镑的公债，由私人资本认购，认购者有权担任英格兰银行的总裁，从事12年银行生意，经营货币和票据、发行货币和进行预付。英格兰银行遂于1694年7月正式成立。它最初是一个股份公司，向政府发行贷款并发行银行券。不久它便承担了其他各种业务，如接受存款、进行金银贸易、为政府转移海外财富、接受政府债券并为其兑现、为政府处理税收、接受客户汇票和入账等。它帮助政府发行了大量的长期公债。

---

① 〔意〕卡洛·M.奇波拉主编：《欧洲经济史》第2卷，贝昱、张菁译，商务印书馆1988年版，第471—473页。

尼德兰战争期间，英格兰银行于1694—1696年的18个月中共为政府转送了1600000镑资金。[①]南海公司失败以后，从1695年起担任财政大臣的威廉·朗兹努力使英格兰银行成为国家机构的一部分。1724年以后，它逐渐向这种方向发展。1750年英国政府把发行国债券的业务完全交给英格兰银行。到1770年，伦敦许多私人银行已经停止发行自己的纸币，而使用英格兰银行的纸币。1884英国颁布的《银行宪章法》最终确立英格兰银行在英国发行纸币的独占地位。[②]在苏格兰，到1750年在国家支持下建立了3个特许银行，其中有1695年成立的苏格兰银行，1727年建立的王家银行等。国家支持下的银行业对于流通的发展起了很大的作用。据估计，18世纪初英国流通的信用券总计有15000000英镑左右，而这个时期金银与铸币的总库存量为12000000镑，金融改革使英国货币总存量增加25%。它为国家对外殖民战争提供了资金，并筹措了政府所需要的长期贷款。

从1540年至18世纪，欧洲各国政府的开支大幅度增加。造成公共开支剧增的主要原因是战争频繁发生和期限变长使得战争军费开支迅速增加，此外，宫廷的铺张浪费也耗去了相当的公共基金。同时，战争期间国家不仅需要大宗款项，而且需要在很短时间里把资金筹集起来，这绝非赋税形式可以解决的。这导致在银行业机构发展的同时，国债制度迅速发展起来。欧洲政府举债的方式可分为短期借贷

[①] 〔意〕卡洛·M.奇波拉主编：《欧洲经济史》第2卷，贝昱、张菁译，商务印书馆1988年版，第487页。

[②] 〔英〕约翰·克拉潘：《简明不列颠经济史》，范定九、王祖廉译，上海译文出版社1980年版，第378—380页。〔意〕卡洛·M.奇波拉主编：《欧洲经济史》，徐璇等译，商务印书馆1988年版，第473—474页。J. P. Kenyon, ed., *A Dictionary of British History*, London: Secker & Warburg, 1981.

和长期借贷两种。包税制和派税制是短期借贷的重要形式。它们在欧洲各国普遍实行过。包税制系某种将税征权授予某一包税人,他有权向所有应交纳该种税的人收税。如果税额超出了他应交王室的承包额,超出部分便落入包税人的钱袋;反之,如果征得的税金达不到承包额,他就得自己掏钱补足。派税制则是债务人向王国政府提供一笔贷款,然后取得某种指定的税的征税工作,直到欠他的债务还清为止。这两种方法都是用贷款的方式提前向王室提供税收。英、法、西班牙等国政府都采取过这两种措施。[①] 此外,当政府在国外需要资金时,也向金融家和商人借款,用信贷转让的方式把贷款转到国家银行,由国家财政部以后负责归还。例如,1561—1610 年间西班牙向尼德兰共送去 2.8 亿弗罗林,平均每年送去 5500000 弗罗林。1444 年阿拉贡的阿方索五世在那不勒斯得到贷款,为意大利战争提供了资金。1585—1603 年间英国通过这样的方式为驻在尼德兰的军队提供军需资金共达 1486026 镑。[②]

欧洲早期较成功地推行长期借贷的国家是意大利。1408 年在热那亚共和国的倡议下,债权人正式组成了股份银行——圣乔治银行。到 16 世纪 30 年代该行经办的债款总数超过了 40000000 里拉,这笔借贷系通过发行面值为 100 里拉的信贷券募集而来。1593 年在米兰成立的圣安布罗焦银行和 1619 年 5 月创办的威尼斯的吉罗银行都兼办储蓄和筹措贷款业务。吉罗银行到 1630 年给予政府的贷款总额已

---

① 〔意〕卡洛·M. 奇波拉主编:《欧洲经济史》第 2 卷,贝昱、张菁译,商务印书馆 1988 年版,第 483—484 页。
② 〔意〕卡洛·M. 奇波拉主编:《欧洲经济史》第 2 卷,贝昱、张菁译,商务印书馆 1988 年版,第 484—488 页。

达 2622171 达克，政府每月付利息 80000 达克。[①] 在尼德兰，政府则通过别的途径来筹措长期贷款。1572 年以后，各省反抗西班牙的地方三级会议承担了为战争筹措资金的责任，由所有省的代表大会来确定各省的债务总数，共和国则通过城市的代表用传统方法为政府筹集资金。三级会议还征收一些新的间接税，并出售终身年金与可兑年金以换取现金。到 17 世纪，荷兰共和国国会凭借债务人的爱国热情把贷款利息由 17 世纪初的 10% 减低为 1655 年的 4%。[②]

在法国绝对主义时期，柯尔伯在 1674 年建立了国家储蓄银行借贷银行。私人可以为保险起见把钱存入该银行。存款人得到一张书面存款单，可用它提款，后被当作一种信贷工具直接投入流通。该银行的存款利息为 5%。柯尔伯改革吸引了国内外的关注，到 17 世纪 70 年代，尽管爆发了战争，但外国资本仍源源不断流入法国，为路易十四政府提供了大量的储备金。在 1674—1683 年，借贷银行共接受了价值 2.63 亿锂的存款，对外支付了 2.27 亿锂，减轻了政府税吏和金融家征税的负担，他们无须为王室再去调动资金。[③] 18 世纪初年，法国在 1706—1714 年的西班牙王位继承战争中遭到惨重损失，国库和私人均囊空如洗，经济停滞。这时法国政府采纳了约翰·劳的计策，即在缺少铸币和金银的情况下通过发行纸币增加流通手段的方法。政府批准于 1716 年创办一家股份银行。接着约翰·劳又创

---

① 〔意〕卡洛·M. 奇波拉主编：《欧洲经济史》第 2 卷，贝昱、张菁译，商务印书馆 1988 年版，第 492 页。
② 〔意〕卡洛·M. 奇波拉主编：《欧洲经济史》第 2 卷，贝昱、张菁译，商务印书馆 1988 年版，第 493—494 页。
③ 〔意〕卡洛·M. 奇波拉主编：《欧洲经济史》第 2 卷，贝昱、张菁译，商务印书馆 1988 年版，第 496 页。

办西印度公司，它发行了 200000 张股票，每张票面为 500 锂。1718 年摄政王又将约翰·劳的银行升格为王家银行，1720 年将王家银行与西印度公司实行了联合，以承担高达 22.5 亿锂的全部国债。众所周知，约翰·劳的金融举动具有投机性质，最终破产，但在其间国家干涉金融活动、支持创办银行以积累资金的政策倾向是十分明显的。[①] 在德国，1619 年创办了汉堡银行，它发行银行马克。该银行一直存在到 19 世纪初拿破仑军队进占时为止。其存款业务为汉堡的商人和其他从事接发经营提供了保障。[②] 1765 年创办了柏林皇家结算和信贷银行。在奥地利，1706 年创办了维也纳市立银行，信贷业务得到健康发展。之后又成立了一家万国银行作为国家机构。[③] 由于普鲁士和奥地利的交易所遭到太多的竞争，国家对交易所的经营实行了人为的扶植。1737 年在柏林的皇宫附近建立了一家交易所。1771 年维也纳也有了第一家证券交易所。这两家交易所可发布行情表，股票和政府的有价证券进入交易所交易，并被用于进行投机。[④] 英国的国债制度实行得较迟。1689—1702 年政府开支总额为 77000000 镑，其中只有 1/10 即 7000000 镑来自长期贷款。1704—1708 年间，戈尔多芬以 6.5% 的低利率筹集了 8000000 镑的长期贷款。在 1702—1713 年战争期间政府开支共达 93600000 镑，其中 64200000 镑来自

---

① 〔德〕汉斯·豪斯赫尔：《近代经济史：从十四世纪末至十九世纪下半叶》，王庆余等译，商务印书馆 1987 年版，第 191—192 页。
② 〔德〕汉斯·豪斯赫尔：《近代经济史：从十四世纪末至十九世纪下半叶》，王庆余等译，商务印书馆 1987 年版，第 182—183 页。
③ 〔德〕汉斯·豪斯赫尔：《近代经济史：从十四世纪末至十九世纪下半叶》，王庆余等译，商务印书馆 1987 年版，第 187 页。
④ 〔德〕汉斯·豪斯赫尔：《近代经济史：从十四世纪末至十九世纪下半叶》，王庆余等译，商务印书馆 1987 年版，第 190—191 页。

税收，29400000 镑来自借贷，占总支出的 31%。1713 年时英国的长期债务达到 35000000 镑。[①] 1740 年英国的国债为 47400000 镑，其中 34.1% 用于偿还债务，52.1% 用于陆海军和军械生产，13.7% 用于宫廷和政府开支。1786 年国债为 2562000000 镑，55.8% 用于偿还债务，32.3% 用于军事开支，8.9% 用于宫廷和政府开支。[②]

绝对主义时期国债制度的发展对于欧洲国家向海外的殖民扩张，对于国内行政机构的建设和相应产生的官员队伍的膨胀，对于经济的发展，都起了重要的作用。

绝对主义时期欧洲国家财政职能发展的第二个方面突出表现是赋税制度有了很大发展。从 12 世纪开始欧洲各封建国家的统治者已开始收取货币赋税，因为赋税制度是取代封建庄园制的唯一有效的方法。促使赋税制度发展的一个重要原因是军事制度的发展。在中世纪后期各国统治者间的频繁的争夺中征募了大批常备军和雇佣军，国家需要大宗军费开支。没有固定的财政收入，国家就难以维持这样庞大的军队。路易十二的谋臣特里武斯在准备进攻米兰时曾对国王说："有三件事最为重要，这就是金钱、较多的金钱、更多的金钱。"[③] 统治集团较早便已认识到赋税制度对于国家具有极大的重要性。但由于前工业化时期欧洲各国主要的经济生产部门是农业，其收益较低，这个时期国内市场和商业发展尚不充分，赋税的形式和数量仍受到制约，

---

① 〔意〕卡洛·M.奇波拉主编：《欧洲经济史》第 2 卷，贝昱、张菁译，商务印书馆 1988 年版，第 500—502 页。
② 〔英〕B. R. 米切尔：《英国历史统计资料摘编》，剑桥大学出版社 1962 年版，第 401 页。
③ Charles Tilly, ed., *The Formation of National States in Western Europe*, Princeton U. P., 1975, p. 164.

这个时期发展起来的赋税主要还不是对生产领域征税。前工业化时期赋税制度的发展有两个基本倾向。第一，中世纪后期各国征收的主要是直接税，它显然不足，于是需要通过征收间接税来补充，这个时期一个倾向是间接税有了一定的发展。第二，由于中世纪欧洲政府与议会的特定的历史性关系，国王征税需要得到议会（三级会议）的同意，封建贵族对中央国家政权有着极大的制约作用。进入专制主义时期，王权迅速强化，征税逐渐摆脱了需要等级会议（议会）批准的陋习，往往通过国王颁布法令来征税。这样，国家的赋税制度随着王权的增强有了很大发展。[1] 当时代法国政治思想家让·博丹说："财政措施是国家的中枢神经。"20世纪初德国著名经济学家施穆勒则把绝对主义国家称为"赋税国家"，他指出："财政要素是近代国家的第一个征兆。"

英国近代赋税制度是在都铎王朝时期发展起来的。在都铎王朝以前，英国征收直接税已有很长的历史。王室通过议会得到专门的收入，但这种形式存在着很多弊病。早期都铎王朝经过一系列尝试后，终于放弃了一切改进这种特别岁入制度的计划，朝着建立一种征收固定的税收以满足政府日常开支的制度而努力。亨利八世从1514年起征收一种新的附加直接税——补助金，并把它标准化。但是在实施中由于个人的动产很容易逃避直接税，所以直接税渐渐变成了土地税。在16世纪商业扩张过程中，个人收益日渐增加，而又无法通过直接税来扩大王室政府的收入。[2] 都铎王朝在加强中央的权威和财政管理以及争取议会和地方同意增加税收方面取得了一定的成绩，但到

---

[1] 〔意〕卡洛·M.奇波拉主编：《欧洲经济史》第1卷，徐璇译，商务印书馆1988年版，第272—273页。

[2] Kennedy, *English Taxation, 1640-1799*, New York, 1964, p. 18.

了 17 世纪初，斯图亚特王朝政府再也无法在临时性收入上取得议会的支持，议会坚持在和平时期"国王应当靠他自己维生"的原则，议会把批准赋税作为与政府谈判促使政府在政治上做出让步的手段。17世纪 20 年代议会开始在战争威胁时期撤销临时性补助金。更有甚者，议会和普通法法庭还对国王临时性收入来源提出质询，地方治安法官也开始拒绝王室命令。[1] 由于国王在征税问题上得不到议会的支持，1629 年查理一世解散了议会，试图通过自己用强力取得税收，巩固统治。在无议会统治时期，查理一世重新征收船税，并开征磅税和吨税。船税是金雀花王朝为对付海盗骚扰而在英格兰沿海征收的税，用这种税款以建造舰船进行防卫。而斯图亚特王朝不仅在沿海征收船税，而且在内地也征收，这成为一种凭借特权强制征收的税。磅税系羊毛的出口税，吨税为葡萄酒的进口税。英国资产阶级革命爆发后，革命政权机构长期议会结束了通过专卖制取得岁入的做法，开始建立征收商品税和消费税以解决国家岁入的制度。从 1643 年开始对大批商品包括肉类、牛油、盐、肥皂、皮革、羊毛和奢侈品征税。这给英国政府带来了可观的收入。如 1685 年和 1688 年平均每年为国家提供707000 镑，略低于同期关税额 980000 镑。[2] 此外，在内战期间新设了以"月税"为形式的土地税（1643—1660 年实施），它根据个人收入来征收，规定由土地所有者纳税而不是由佃户来支付。大地主也不能免除。月税开征初期全国每月能收到 120000 镑，相当于查理一世初年岁入的 2 倍。从 17 世纪 60 年代开始征收灶税，1688 年以后取

---

[1] Charles Tilly, ed., *The Formation of National States in Western Europe*, Princeton U. P., 1975, pp. 263-274.
[2] C. G. A. Clay, *Economic Expansion and Social Change: England 1500-1700*, Vol.2, Cambridge U. P., 1984, p. 264.

消。17世纪后期还征收了人头税。[①] 从16—17世纪，英国的税收增长很快。1537—1546年间，国家岁入通常为200000镑；[②] 到内战前夕的1636—1642年，平均岁入为660000镑；到光荣革命时期，格里高里·金估计英国的岁入为41700000镑。[③] 18世纪英国的赋税制度有了进一步发展。据估算，1736—1738年间平均每年土地税为1000000镑，窗税等为135000镑。而在此期间间接税额要高得多，关税为1500000镑，消费税为3000000镑，印花税为150000镑。英国政府通常在战争时期增加直接税，例如1739年土地税翻了一番，1747年窗税增加，1756年土地税又翻了一番。但战争时期政府仍主要靠大幅度增加间接税来补充国家收入，例如奥地利王位继承战争时期提高了盐税、葡萄酒税、纺织品输入税和醋税。在七年战争期间制定了一般关税法，加强对来自殖民地的商品和啤酒征税。[④]

在绝对主义时期，法国的赋税制度发展起来，成为国家财政收入的重要手段。法国征收的直接税只有一种，这就是人头税。从1439年开始设立和征收国王的人头税。人头税的税额不加固定，每年应征人头税总额当年由国王的委员会决定，然后分配到各财政区。人头税又分两种。一种称为"个人人头税"，只对那些非特权等级人士征收，贵族和教士免征，第三等级大部分成员也免交这种税。另一种叫"真正的人头税"，只是在法国南部和西部地区征收，征收方式是

[①] C. G. A. Clay, *Economic Expansion and Social Change: England 1500-1700*, Vol.2, Cambridge U. P., 1984, pp. 263, 268.

[②] K. Pickthorn, *Early Turdor Government, Henry VIII*, Cambridge U. P., 1934, pp. 372-373.

[③] J. U. Nef, *Industry and Government of France and England, 1540-1640*, Cornell U. P., 1940, p. 129.

[④] Charles Tilly, ed., *The Formation of National States in Western Europe*, Princeton U. P., 1975, p. 164.

向土地征收而不是向个人征收。[1] 1696 年法国在征收人头税时把纳税人分为 22 等,从国王的推定继承人到贫穷的劳工都得纳税,但税额不等。第一等每人交纳人头税 2000 锂,第二等每人交纳 1500 锂,第三等每人交纳 1000 锂,第四等每人交纳 500 锂,最后一等每人交纳 1 锂。[2] 法国的间接税主要有三种,对货物征收的税金、盐税和关税。从 14 世纪起,法国对所有在王国北部和中部出售的货物按货值每锂 12 德尼耶(denier)的比率征税,大约为货值的 5%。路易十一时期开始对出售的肉、鱼、木材和葡萄酒征税。以后在 1561 年、1632 年和 1640 年分别设立了弥撒税、保护税等新的货物税。但这些税并不是普遍统一征税,特权阶层如牧师和贵族、国王的书记官、巴黎和里昂审理间接税案件的最高法庭的法官都被免税。这样,这种间接税几乎完全落到第三等级身上。[3] gabelle 现通译为"盐税",在法国中世纪后期它包括了所有的间接税,以后才专指盐税。它的征收极为复杂,各地并不统一。在法国的中部和北部地区,从 14 世纪开始征收一种"国家大盐税"。这些地区生产的所有盐都给王室的盐仓,到盐晒干可供销售时,确定盐价以及国王和商人获得的比例。为了防止盐的私贩和流出,从路易十二时起法国国王开始买进食盐并附带收税。此外,在东南部朗格多克、普罗旺斯和多菲内等省征收"国家小盐税"。法国的西南地区中央政府管辖较弱,弗朗索瓦试图征收统一的盐税时遭到强烈的反对,亨利二世只得宣布这些地区免交盐税,改为

---

[1] J. H. Shennan, *Government and Society in France 1461-1661*, London, 1969, pp.50-51.
[2] F. L. Ford and Robe and Sword, *The Regrouping of French Aristocracy After Louis XIV*, Harvard U. P., 1953, pp. 32-33.
[3] J. U. Nef, *Industry and Government of France and England, 1540-1640*, Cornell U. P., 1940, p. 52.

交纳一些其他税款。此外，法国还对进出口货物征收关税，对某些货物在省际流动也征税。一些新成立的省自己有权规定关税率，这个时期国内的关税始终未能统一。[①] 盐税和其他间接税给法国政府带来了巨大的财政收入。1523 年盐税大约为 460000 锂；到 1576 年翻了一番；大约 30 年后，即 1600 年，盐税超过了 6000000 锂；1641 年黎塞留去世前，盐税收入上升为 20000000 锂。[②] 弗朗索瓦在位最后 10 年法国的岁入约为 8000000 锂，到亨利四世去世时岁入为 35000000 锂，而到 1636—1642 年岁入为 80000000 锂以上。如果把物价上涨因素考虑在内，法国百年间赋税收入至少增加了一倍。[③]

法国专制主义盛期建立的税制具有一个很大的弊端，即特权等级贵族和僧侣免税。由于土地所有者几乎是免税的，动产财富所有者也逃避了税收，所以只有农民在纳税，他们有时卖掉了全部产品还无法交清税收，常常因此而破产。到了 18 世纪，法国一些大臣看出税制存在的弊端，努力进行了一些改革。大臣德·阿尔尚松侯爵出版了《论法国的行政》一书，建议改变法国的赋税制度，使第一等级、第二等级和第三等级一样成为纳税等级。另一位大臣马绍提出了具体的改革专制制度的赋税制度的建议。1750 年路易十五采纳了马绍的建议，颁布命令，规定政府在今后 12 年中要征收新的工农业税"二十分之一税"，任何享有特权者不得例外。随着这项税收的实施，法国

[①] J. H. Shennan, *Government and Society in France 1461-1661*, London, 1969, pp. 52-53.
[②] J. U. Nef, *Industry and Government of France and England, 1540-1640*, Cornell U. P., 1940, p. 52.
[③] J. U. Nef, *Industry and Government of France and England, 1540-1640*, Cornell U. P., 1940, p. 126.

税制才表现出近代税制那种较为公正的特点。①

在德意志，当 1411 年霍亨索伦家族继承卢森堡王室成为勃兰登堡国的侯爵时，大约 9/10 的世袭财产被典当或出售了，也没有一个有效的机构来征收监护税和什一税、地租和其他收入。霍亨索伦王室的第一代国王在等级会议的支持下强制性地推行了被称作 Bede 的直接税，并通过武力推行一种新的间接税——啤酒税。三十年战争期间，新的赋税制度在勃兰登堡国建立起来，它包括新的直接税——贡金，以及新的间接税——消费税。由于当时需要一支常备军以应付国内外的需要，在长达一个世纪的战争期间，等级会议习惯性地征收固定的货币形式的军事贡金，并征募军队服役人员。大选侯还在勃兰登堡-普鲁士的城镇实行新的间接税——消费税，以提供战争需要的经费。由于在王国普遍征收消费税的主张于 1667 年遭到容克的坚决反对，所以消费税未在农村实施，只是在城市和城镇中征收消费税，农村仍旧交纳贡金，一直持续到拿破仑战争时期。消费税 1667 年在勃兰登堡实施，1680 年在马格德堡实施，1700 年在波美拉尼亚实施。1713 年弗里德里希·威廉一世即位后在所有的地区都征收消费税。此外，征收非常有限的房屋税、贸易税、人头税等来弥补消费税的不足。②

---

① 〔法〕亨利·列菲弗尔：《论国家——从黑格尔到斯大林和毛泽东》，李青宜等译，重庆出版社 1988 年版，第 17 页。〔苏联〕罗琴斯卡娅：《法国史纲》，刘立勋译，生活·读书·新知三联书店 1962 年版，第 58—59 页。

② Charles Tilly, ed., *The Formation of National States in Western Europe*, Princeton U. P., 1975, p. 270.

第六章 国家的社会和宗教职能

尽管在前工业化时期欧洲各国的国内职能的发展要落后于国家外部职能的发展,但是随着生产关系从封建主义向资本主义过渡带来的巨大社会动荡和剥削的加剧,以及在这种动荡中劳动群众反抗斗争的加剧和频繁,国家对内的镇压职能和社会控制职能、国家负责镇压和社会控制的机构与组织也迅速具备并发展起来。在考察这个时期国家的内政活动时,很难把国家广泛的社会干涉政策和严格意义上的镇压活动截然分开。虽然这个时期离近代社会成熟时期甚远,但福柯所论述的现象已经出现,即国家对劳动群众反抗采取的镇压措施和更加广泛的惩罚制度、强制劳动制度、监视控制制度往往交替使用,在某些时候甚至与具有现代福利政策色彩的贫民救济政策、社会就业等安抚政策相融汇,它们作为统治阶级相互补充的手段无法截然分开。[①]这表现出国家在国内活动中表现出的深思熟虑的两面手法。

这个时期起着维持社会秩序和镇压劳动群众作用的警察制度开始在各国逐渐建立。在法国,警察制度的建立开始于17世纪中叶。17世纪60年代,法国在巴黎设置了警察指挥官。1667年路易十四任命了一位警察中将替代被撤销的巴黎宪兵司令作为最高警官。这一警察

---

① Paul Labinow, ed., *The Foucault Reader*, Penguin Boks, 1986, pp. 234-237.

中将为王室官员，他对国王负责而不对巴黎法院负责。到 1699 年，几乎在所有法国城市都设立了警察中将，这一时期还设立警察分局局长协助警察中将工作。在乡村，警察指挥权属于省的监督官。在福隆德运动中省监督官一职消失了，以后科尔伯又恢复了这一官职。1700 年以后法国的警察归省的监督官和城市的警察中将指挥，中央控制的警察力量有多种。在法国乡村建立了骑警队，它在法国资产阶级革命发生后被取消。1791 年建立了国民宪兵队。法国城市警察组织较为复杂。在巴黎，每 1/4 的城区都设有一支警察队伍，其职责是维持社会秩序。此外，步兵中还有一支专门的部队作为步哨分散在城区中，负责在必要时支援警察。还有一支 100 人左右的低级警察，他们有时在夜间有时也在下午在城内巡逻。此外由步兵和骑兵组成的巡逻队晚间和白天在城市中巡逻。这种警察组织不统一的状况直到 19 世纪初才克服。1829 年建立了统一的都市警察，以后称为治安警察，最初只有 100 人，1848 年增加到 600 人。1645 年马扎然还建立了专门的民事侦探。第二任警察中将阿尔让松侯爵在任期间（1679—1718 年）固定的警察所建立，它成为近代警察局的前身，法国各地都推行了这种制度。17 世纪以后法国的警察组织的形式尽管变化繁多，但一个基本的趋势是警察作为一种镇压和社会控制的组织其职能得到实施。18 世纪末法国资产阶级革命后，中央领导警察事务的是警察大臣或国内警察大臣。①

在德意志帝国的普鲁士，警察制度的建立开始于 18 世纪。当时中央以下的警察指挥官员有两类：一类是控制管理广大乡村的县长；

---

① Charles Tilly, ed., *The Formation of National State in Western Europe*, Princeton U. P., pp. 343-345.

另一类是城镇征税官。他们实际上控制着宪兵队、治安法官，常以警令的形式发布禁令。① 普鲁士中央政府的警察指挥权在 19 世纪 70 年代以前一直遭到地方贵族的异议，地方贵族宣称他们拥有传统的自治权力。② 在 15 世纪和 16 世纪城市衰落后，普鲁士城市从未起来争取警察指挥权。到了 18 世纪中期弗里德里希二世实行改革，建立普鲁士警察制度时，把法国的警察制度作为普鲁士学习的楷模。他曾派出官员去法国巴黎向著名的警察总监萨蒂纳学习警术。1742 年弗里德里希二世任命了王室警察长官，1809 年这一职务被确认为全国的警察长官。19 世纪初《提尔西特和约》签订后，斯泰因进行的改革使资产阶级和城市恢复了活力，但王室警察长官表示拒绝管理警察的权力。于是，王室任命了各大城市的警察长官。③ 总之，在 18 世纪和 19 世纪的普鲁士，专职的王室官员在管理大城市的警察事务中起了很大的作用，全国的警察组织出现了，但还不完善。拿破仑战争后，普鲁士仿照法国的模式在乡村建立了宪兵队。④ 意大利的警察组织是于 1815—1870 年间成立的，意大利仿照法国的宪兵在 1816 年创建了军警，由战争大臣指挥。1852 年又建立了公共安全卫队。以后在大城市又创立了国民安全卫队以取代原先军警的职能，而原先的军警的权限只限于管理城市治安。⑤

在欧洲前工业化时期，乡村和地方的警察组织同城市的警察组

---

① Charles Tilly, ed., *The Formation of National State in Western Europe*, Princeton U. P., p. 346.
② H. Holborn, *A History of Modern Germany 1648-1945*, New York, 1969, p. 40.
③ H. Holborn, *A History of Modern Germany 1648-1945*, New York, 1969, p. 401.
④ Charles Tilly, ed., *The Formation of National State in Western Europe*, Princeton U. P., pp. 343-345.
⑤ Charles Tilly, ed., *The Formation of National State in Western Europe*, Princeton U. P., p. 346.

织相比，显得较不发达。乡村和地方的治安制度带有某种地方自治性质，这和当时地方政府的政治特征是一致的。这种具有自治性质的地方治安制度以英国最为典型。英国在 1361 年建立了教区治安法官制度，授予选出的地方贵族或乡绅以治安法官职，管理地方治安。治安法官负责指导久有历史的临时警察和实施普通法，郡长和郡军队指挥官和治安法官共同承担这一责任。中央政府不给治安法官发薪金，这种通过地方自治团体来维持治安的制度长期未有变动，直到工业革命几近结束的 1829 年，英国中央政府才决定结束这种过时的警察制度。内务部颁布法令，改变临时警察制度。伦敦的治安不再交给教区临时警察，决定建立伦敦都市警察，他们身着统一的制服，从公共税收中支付其官员的薪金。1839 年英国除伦敦商业区以外，所有旧式警察均取消，并入伦敦都市警察。1835 年制定的市镇法允许获准的城市建立选举产生的市议会，由市议会建立由监督委员会指导的警察力量。1839 年的郡警察法把类似做法推广到英国乡村。1856 年颁布了郡和选区的警察法，在所有的城镇和郡建立职业警察组织。1888 年的地方政府法进一步在各郡建立了常设联席委员会监督管理警察工作。换言之，英国的警察制度在前工业化时期发展较缓慢，直到工业革命后才最后形成。[①] 和英国相似，在法国几百年间由城乡贵族和教士参加组成的地方法院承担着维持地方秩序、防止刑事犯罪、对刑事犯罪分子实施制裁的职责。这种地方自治倾向在 17 世纪的市民民防制度中也表现出来，这和英国的约曼自愿组织起来维持秩序的情况相似。在普鲁士，封建割据的影响比英、法更长久。从 14 世纪后期直

---

① Charles Tilly, ed., *The Formation of National State in Western Europe*, Princeton U.P., pp. 342-343. H. Hanham, ed., *Nineteenth Century Constitution: Documents and Commentary*, Cambridge U. P., 1969, pp. 87-388.

到 16 世纪中期各城镇自己负责其治安，在农村较普遍地由土地贵族实施治安警察的职责，17 世纪时这种地方自治的治安制度为大选侯确认。[①]

  前工业化时期欧洲警察制度已有所发展但尚不完善的特征，表现了国家镇压和社会干涉职能初具雏形但尚不成熟的过渡性特征。

  16 世纪前后在欧洲封建主义秩序发生动摇的国家，严重的社会问题接踵出现，政府在农民的土地持有权、劳工问题和贫民救济问题方面开始表现出干涉和管理职能。在英国，16 世纪是资本主义关系迅速发展和资本原始积累加速进行的时期。在这个时期，来自美洲的贵金属流入欧洲市场，造成货币贬值、物价上涨；宗教改革造成的土地关系的变动和圈地运动的开展把大批农民从土地上赶走。亨利七世时期威尼斯大使的一份报告说，世界上没有一个国家像英国这样有这样多的乞丐和小偷。[②] 托马斯·摩尔在《乌托邦》一书中写道："男人、女人、丈夫、妻子、孤儿、寡妇乃至可怜的抱着乳儿的母亲，一律无赦免地被迫离开家园。他们缺乏生活资料，但多的是人口，……无处安身……他们在仓促间被迫离开，不得不贱价变卖财物，当他们一文不名而彷徨流离不知所措的时候，他们不得不铤而走险。"从教会地产上和封建领主侍从的队伍中被赶走的、被剥夺了土地的农民成为英国流浪者和乞丐队伍的主要来源。

  都铎王朝颁布了一系列惩治流浪者的法令。这类立法始于亨利七世在位的 1495 年。当时政府把流浪者和乞丐套上脚枷，不给面包

[①] Charles Tilly, ed., *The Formation of National State in Western Europe*, Princeton U. P., 1975, p. 346.

[②] 〔德〕汉斯·豪斯赫尔：《近代经济史：从十四世纪末至十九世纪下半叶》，王庆余等译，商务印书馆 1987 年版，第 110 页。

和饮水，惩处三天三夜。惩罚乞丐的权力属于地方当局，即郡长、市长、警官等。根据规定，没有劳动力的乞丐得居住在他最近居住的地区，不许离开领地去行乞。后来规定带枷不得超过一昼夜。亨利八世统治时期于1530年颁布的一道法令规定，凡年老和没有劳动能力的乞丐可以持乞食特许证行乞，对有劳动力的乞丐则要鞭打和监禁，然后要他们发誓回家乡劳动。1536年的法律规定，没有证件的乞丐要处以鞭笞或套上三昼夜的长枷，有劳动力的流浪者要游街示众，还要打得血肉模糊，并要发誓一定回乡参加劳动。同年的法律规定，凡第二次被捕的流浪者要重新受到惩罚，并割掉半只耳朵；如果流浪者第三次被捉到，就要处以死刑。此外，1536年的法律第一次规定对有能力做工的乞丐付给工资，以防止流浪和乞讨的现象扩大。1536年的法律规定，神甫必须募款救济乞丐。条文还指出，市长、管事、警官、其他城市官员和教会联员应当为乞丐寻找工作。爱德华统治时期，流浪者人数达到惊人的程度。英国国王不得不成立一个由24人组成的专门委员会来研究解决乞丐问题的办法，决定把乞丐分成几类并分别设立各种机构，如贱民救济院、儿童学校以及强迫劳动的改造所，并规定为破产的房主提供必需的救济款项。鉴于16世纪30年代处罚流浪者的法律过于无力，爱德华六世于1547年颁布了新法令，宣布取消1536年的条款，规定今后应该在"懒惰的"流浪者的胸口打上一个"V"字烙印，送给邻近的富人当两年奴隶。如果无人收容他做奴隶，则应当把这个流浪者送到城里或教区做工。如果他拒绝做工，那就要在他脸上或额角上打上一个表示奴隶身份的"S"字烙印，并罚为终身奴隶。如果到这时他仍不愿工作，就应当绞死。上述法令反映了惩治流浪者法令的残酷性和阶级压迫的特征，但这些法令还具有另一方面的内容。法令规定，如果被监禁的乞丐做工赚了钱，或是承继了一份财产，就可以得到自由。1547年的法令还规定，要把5—13岁的少年乞丐征集来，不管其父母的意愿而把他们送去种田或学手艺，使其将来能够就业，这一条文集中反映了这类立法具有促进资本主义发展和鼓励发财致富的性质。它通过打击和劝诱相结合，使贫民的活动符合资本主义发展的需要，为资本主义发展提供必需的劳动力，同时稳定社会秩序。在1549年诺福克爆发凯特起义后的几年中，政府对乞丐加强了惩罚，到1550年以后残酷程度才有所减轻，取消了1547年法令规定的把乞丐判为奴隶的做法。[①]

欧洲社会在惩治流浪者的同时，为了避免更多的贫民铤而走险危及国家统治，不得不承担起救济贫民的工作。当时在英国这项工作交由地方自治行政机构和教区组织来承担。1547年伦敦第一次为贫民募捐，1552年要求征税官温和地商请人们付款，但这一措施成果不大，收集来的款项有限，无法满足日益增长的贫民的救济要求。基于贫困现象无法根本克服，玛丽女王的法令规定，准许持许可证的人行乞。伊丽莎白一世即位后，从1563年起国家强行征收济贫税，将拒交济贫税的居民召至法院审讯，通过强制捐款为济贫工作的实施打下了基础。伊丽莎白时代还颁布法令，规定应当为年老的和残废的乞丐安排一个安身之处。在城市和教区用收得的济贫税款购买土地，建立强迫劳动的工场。1576年的法律规定治安法官在每个郡都要开办两三个工场，称作感化院。治安法官有权使用公款购买成批的原料安排贫民就业。当时在这类工场中实行了苦役制度。在早期斯图亚特王朝，国家不得不承担起社会失业救济责任。例如1622年枢密院决定，

[①] 〔苏联〕施脱克马尔：《十六世纪英国简史》，上海外国语学院编译室译，上海人民出版社1958年版，第9—11页。

对一些郡因纺织业萧条而失业的劳动者每人每天 3 便士的救济。[①] 18 世纪初从布里斯托尔开始，英格兰的城镇开始建立收容贫民的"劳动院"，1722 年议会鼓励了这种做法。1780 年英格兰的城镇都实行了户内救济制度。[②]

　　法国对济贫事务也采取了干涉的措施。1536 年弗朗索瓦一世向各教区颁发了两道敕令，令其承担一定的救济任务；增设工作岗位和救济潜在的贫穷居民，把受教会救济的人也列入受照顾之列。1554 年在巴黎成立了具有征捐权的济贫总局。[③] 1562 年法国制定了一项法律，授权在法国各地建立济贫院，到 1789 年法国共有济贫院 2185 座。[④] 1566 年，法国国王发布莫林斯训令，把济贫税的征收扩大到全国。但是由于当时法国处在国内战争时期，国王的命令下达后并不能被有效地实施。在以后几个世纪中，法国仍然由教会组织贫民捐助工作，国家并不能实行有效的管理。丹麦的贫民问题在绝对主义时期解决得较好。1683 年丹麦制定一项法律，安排所有的贫民在国家用间接税收入组织的公共工场中就业，以此解决贫民救济问题。但是，在大多数新教国家，济贫工作不是由中央政府集权管理，而是交给教区官员来负责处理。1530 年德意志帝国敕令赋予城镇和乡村一项职责，为居住在当地的穷人提供食物，领地王公也颁发了类似内容的命令。[⑤] 勃兰登堡国在 1696 年颁布一项法令，授权教区为应当救济的贫

---

① J. U. Nef, *Industry and Government in France and England, 1540-1640*, Cornell U. P., 1940, p. 112.
② William Doyle, *The Old European Order 1660-1800*, Oxford U. P., 1984, pp. 132-133.
③ 〔德〕汉斯·豪斯赫尔：《近代经济史：从十四世纪末至十九世纪下半叶》，王庆余等译，商务印书馆 1987 年版，第 110 页。
④ William Doyle, *The Old European Order 1660-1800*, Oxford U. P., 1984, pp. 132-133.
⑤ E. Segarra, *A History of Germany, 1648-1914*, London, 1977, p. 165.

民提供就业机会，同时有权惩罚那些不该救济者，但所有的救济费都通过自愿捐助的方式募集。只有柏林例外，政府在那里建立的贫民救济委员会掌握政府的救济金，任何贫民都可以申请。到 1740 年，普鲁士所有的主要城镇都建立了贫民院，以后地方当局被授权征收强制性的贫民捐。[①] 一般说来，欧洲的天主教国家中救济贫民的职责由教会承担，许多修道院和女修道院承担施舍救济贫民的工作，同时还建立了专门收容年迈的和有病的贫民的济贫院。而欧洲新教国家由于处理了旧教的产业，新教教会崇尚廉俭，缺乏大规模的捐助，无力承担全面的救济贫民的工作，所以往往由政府通过立法采取行政措施用世俗的方式来解决济贫问题。

都铎王朝时期英国政府和议会对于 16 世纪大规模开展的圈地运动的政策的一般出发点主要是保持社会安定，1498 年亨利七世颁布第 19 号法令，禁止拆毁附有 20 英亩以上土地的农民房屋。亨利八世 25 年颁布的法令重申了这条法律，其中谈到"很多租地和大畜群，特别是大羊群，集中在少数人手中，因此地租飞涨，耕地荒芜，教堂和房屋被毁，无法养家糊口的人多得惊人"，规定要重建那些荒芜的农场，制定耕地与牧场的比例，等等。1533 年的一项法令抱怨不少所有者拥有 24000 只羊，于是限定不得超过 2000 只。从亨利七世以来 150 年间相继颁布了禁止剥夺小租地农民和小农的法律。查理一世时期制定的法令力图使农业雇佣工人的小屋拥有 4 英亩土地。1638 年任命一个王家委员会来监督法律的实施，特别是关于 4 英亩土地的法令的实施。这种政策精神在英国革命时期继续下去。克伦威尔禁止在伦敦周围 4 英里内修建未附有 4 英亩土地的房屋。到 18 世纪末叶，

---

① William Doyle, *The Old European Order 1660-1800*, Oxford U. P., 1984, pp. 132-133.

如果农业工人的小屋未附有1—2英亩的土地,他还可以到法院去控告。[1] 都铎王朝对于圈地运动最初持不干涉和支持的立场,因为这项运动有利于土地所有者和商人。但是到了1549年夏末,在英国的许多郡如萨默塞特郡和威尔特郡由于圈占公地和已耕种的农场而引起了农民大规模的起义。参加暴动的人主要是茅舍农,他们不仅由于地主的压迫,更重要的是由于大农场主和地主达成协议,交换和圈占公地,使他们缺乏生计。从1594年到1598年,由于水灾和严寒,粮食连续5年歉收,加之投机商猖狂抬高物价,到1596年夏季,食品价格猛涨,小麦和裸麦的价格比1593年上涨了两倍,有些地区上涨得更多。在这种背景下,怀特郡爆发了起义,1597年4月起义人民袭击了运粮的大车,夺取整船粮食,在肯特郡也爆发了饥饿骚动。1596年夏季科尔切斯特的士兵有起义的打算,牛津郡也酝酿暴动。这些主要由圈地运动激发的反抗起义危及统治阶级的利益,迫使统治集团修改对圈地运动的政策。在1597年议会开会时,培根发表演说,指出正是圈地运动驱赶农民最终酿成动乱。他提出了"禁止圈地法"和"防止农村荒无人迹、拆毁农舍以及农业衰颓法"两项法案。议会成立了有培根参加的专门委员会,并最终在议会通过上述两项法案。[2]

对劳动力市场的管理是前工业化时期国家较早进行的工作。在英国,当封建主义危机刚刚出现的时候,国家便积极进行活动。1348—1349年,英国遭到一场大规模的黑死病的袭击,1350年爱尔兰和苏格兰也流行这种疾病。黑死病使英国人口惊人地减少了。据经济学家的估算,居民有20%—25%死于黑死病,教区牧师有40%死

---

[1] 马克思:《资本论》第一卷下册,人民出版社1975年版,第787—789页。
[2] 〔苏联〕施脱克马尔:《十六世纪英国简史》,上海外国语学院编译室译,上海人民出版社1958年版,第17页。

于黑死病。这场灾难使封建主和雇主感到劳动力不足，而幸免于难的工人则要求挣到更高的工资。雇主在凭自己的力量不足以压低工资剥削农民和雇工的情况下转而乞求国家的支持。1349年6月爱德华三世发布了劳工法规，规定所有60岁以下健康的男女，如果没有自己的土地或其他生产资料，都必须强制性地受雇于那些需要劳动力的人，并且只能得到黑死病以前的工资率。拥有剩余劳动力的封建主则应当把劳动力转让给其他雇主。如果劳动者拒绝工作，如果他们没有别的原因，或未经主人许可，在期满以前就离开工作岗位的话，将被罚款，或逮捕关进监狱。雇主不得支付超过规定的工资，工人也不得提出超过规定的工资要求，否则将被囚禁；胆敢施舍、纵容游手好闲者的人也要被送进监狱。[1]议会在1351年的法规中规定了劳动力的价格，致力把劳动力束缚在工作岗位上，宣布对拒绝工作任意离开的劳动者进行残酷的处罚，违反规定的工人要被囚禁并带上足枷，并用烧红的铁来打上烙印；指派各郡的治安法官审判所有破坏法令的人，处以罚金或加以逮捕。在实际处理中，由于罚款利于保留劳动力而且有利于财政，所以处罚多采用罚款手段，甚至在某些地方，罚款数超过了当地税收总额。[2]在1349—1377年间治安法官共审理了近900件此类案件，并做出了有利于雇主的判决。理查德二世在位时期于1388年颁布了一项重要的劳工法规，规定了全国最高工资率，并授权治安法官估定当地的工资率。[3]在英国，国家在进行社会控制时不考虑劳

---

[1] A. E. Bland, P. A. Brown, and R. H. Tawney, eds., *English Economic History: Select Document*, London, 1914, pp. 164-167.

[2] R. Green, *A Short History of British People*, Macmillan, 1920, p. 249.

[3] A. E. Bland, P. A. Brown, and R. H. Tawney, eds., *English Economic History: Select Document*, London, 1914, pp. 171-176.

动者的道德状况。英国当时的伦理观认为个人道德是私人的事情。而法国的国王认为自己对臣民的道德状况承担有责任。法国 1640 年颁布的一项法令为矿工和矿主制定了规则，要求矿主考虑到矿工的道德状况，而矿工如果采取违法的行为也将受处罚。①

16 世纪欧洲开展的宗教改革运动在一些国家很大程度上是国家参与的运动。宗教改革运动在整个欧洲的直接后果是对神权封建势力的一次攻击，它导致了国家的政治权力向世俗王权方面的转移。宗教改革运动也有经济方面的成果，它没收天主教会的大宗财产和地产，充实了国库、新兴资产阶级和地主，这在英国最为典型。

英国的宗教改革是都铎王朝国王亨利八世从 16 世纪 30 年代开始自上而下发动进行的。英国宗教改革发生的动因是王权对于罗马教廷的政治经济特权已无法容忍。宗教改革前，罗马教皇在英国建立了各级教会组织，到 16 世纪初，英国设有坎特伯雷和约克两个大主教区，以下设立 17 个主教区和数以千计的教区和教堂。教皇可以召开教士大会，制定教会法。全国还设有 800 多所修道院，它们直接听命于罗马教皇，不受教区管辖节制。各教区和修道院都占有数量不等的土地，教职人员用封建方式剥削农民。此外，教会还征收什一税、遗嘱检验费、丧葬费、诉讼费等，在经济上剥削教徒和劳动者。上层教士聚敛了大量财富，还在国家机构中担任要职。如温彻斯特主教福克斯在亨利八世初年担任掌玺大臣；坎特伯雷大主教威廉·沃雷姆担任了大法官；约克大主教托马斯·沃尔西在 1519—1529 年间实际上掌握了国家内政外交大权，为教皇搜刮钱财，同时把相当一部分钱财攫为

---

① J. U. Nef, *Industry and Government in France and England, 1540-1640*, Cornell U. P., 1940, p. 75.

己有。英国的高级教职人员由罗马教皇直接任命，罗马教廷的决定支配着英国的政策，外来的教权控制着英国的世俗王权。

英国宗教改革运动在政治方面剥夺了天主教会的立法、司法、征税权和授职权。1532年英国的宗教会议接受下院的提议，未经国王许可，宗教会议不得制定任何新的教规律令，教规律令必须由一个国王指定的委员会审定，并经国王批准方可实施。教规律令凡与国家法律相抵触者一律无效。从此剥夺了英国教会独立的立法权，教会屈从于国家法律。宗教改革前，世俗人士的遗嘱、婚姻等案件均由教士法庭审理，下级教士法庭无法裁决的案件可层层上诉，直到提交罗马教廷。1633年初，英国议会通过了《禁止上诉令》，[①] 规定英国教士和俗人不得把案件上诉到罗马教廷，罗马教廷也无权受理英国的任何案件。一切案件都应当在本国审理，英国臣民应无例外地服从至尊的国王。它申明英国教会有能力在没有任何外来干涉的情况下管理和处理英国的宗教事务。宗教改革前，按照天主教会的规定，新任主教的首年薪俸、教区征收的什一税和以其他名义征收的税收都需按一定的比例上交罗马教廷。1532年和1534年，英国议会通过了《教士首年薪俸法》和《禁止上交罗马教区税收法》，[②] 谴责罗马教廷在英国的掠夺行径，宣布上述税收改为上交英国国王，这样，增加了英国政府的财政收入。宗教改革前，英国教会高级神职人员如大主教、主教的任命由国王推荐后由教皇核准，教皇常以此作为钳制国王的手段。1532年颁布法令规定，如果教皇对国王推荐的人员迟迟不予批准，那么由

[①] G. Elton, ed., *Tudor Constitution: Documents and Commentary*, Cambridge U. P., 1968, pp. 344-349.

[②] G. Elton, ed., *Tudor Constitution: Documents and Commentary*, Cambridge U. P., 1968, pp. 341-344, 349-351.

国王指定的两名主教组成的委员会有权任命大主教，大主教也有权任命主教，对上述任命国王有权认可。随后在 1549 年又颁布了《国王任命主教法》，进一步规定国王有权任命主教等高级神职人员。1534 年议会通过《至尊法》，[①]宣布英国国王为英国教会的首脑，有处理教会事务的一切权力。这一法令确立了国王在英国教会中的最高地位，它宣告了英国民族教会的成立。英国教会从此成为国家机构的一部分。英国的宗教改革是世俗权力对教权的有力打击和重大胜利，它起到了促使国家向新型近代国家转化的作用。

英国宗教改革造成了经济方面土地所有权的大变动。1536 年都铎王朝从揭露修道院的罪行劣迹入手，解散了年收入 200 镑以上的大修道院 376 所。[②]到 1539 年和 1540 年，除留少数作他用外，其余修道院全部摧毁或出售给俗人，修道人员还俗，发给生活津贴。1539 年议会再次通过法令，封闭 200 所小修道院，规定把没收的土地财产收归国王所有。[③]以后，被没收的修道院土地除小部分用于赏赐外，其余大量被抛售到市场上，大批新兴的富有者获得了土地，其中不少是新兴城乡资产者。例如，呢绒商理查·格拉善一次就用 1173 镑购得伯克郡 3 座修道院的土地。获得教会地产的人士往往用资本主义方式经营地产，在其上办起资本主义农场。这些获得教会地产的人士在英国构成了一个反对天主教复辟、坚决拥护国王和国教会的阶层，成

---

① G. Elton ed., *Tudor Constitution: Documents and Commentary*, Cambridge U. P., 1968, pp. 355-356.

② G. Elton ed., *Tudor Constitution: Documents and Commentary*, Cambridge U. P., 1968, pp. 374-378.

③ G. Elton ed., *Tudor Constitution: Documents and Commentary*, Cambridge U. P., 1968, pp. 380-382.

为都铎王朝改革的社会基础。解散修道院和没收修道院的地产，使得王室取得占全国地产 1/10、年收入达 136000 镑的地产，超出了先前王室地产收入的 3 倍；同时取得了教士首年薪俸和什一税约 40000 镑，以及价值超过 1000000 镑的教会镀金器皿和金银块，增加了国家财政收入。[1]

在欧洲其他君主国，从 15 世纪末宗教改革前夜起，普遍出现了教会财产落入世俗政权之手的现象。在卡斯蒂尔，伊莎贝拉女王强行把她丈夫斐迪南选为骑士团的首领，这样西班牙王国政府就可以持续地支配各骑士团的收入，并向各骑士团征收公债。在法国，一次就把 100 个修道院的土地划为国王支配。在西班牙和法国，王国政府从教皇处取得推荐大主教的权力。在法国，直接根据对教士征税权与君主特权，在西班牙，间接根据罗马教皇的许可，把教会收入的一半收归国家使用。[2] 在德国的宗教改革运动中，教会的土地财产发生了转手。在萨克森选帝侯公国内，所有教会的田产凡尚未转为别人财产的一律予以没收，除去用于地方上牧师、学校和济贫需要外，一部分用于偿还国王向议会中各界代表借的贷款，一部分归作王室财产。黑森的教会财产有 38% 归宫廷和国家行政管理所用，另有 59% 的教会财产用于技术科学和福利目的。符腾堡对教会实行全面没收教产，一切由王室支配。[3] 总之，欧洲宗教改革中对教会产业的处理在一定程度上加

---

[1] Christopher Hill, *Puritanism and Revolution London*, Secker and Warburg, 1958, pp. 32-33.

[2] 〔德〕汉斯·豪斯赫尔:《近代经济史:从十四世纪末至十九世纪下半叶》，王庆余等译，商务印书馆 1987 年版，第 100—101 页。

[3] 〔德〕汉斯·豪斯赫尔:《近代经济史:从十四世纪末至十九世纪下半叶》，王庆余等译，商务印书馆 1987 年版，第 103 页。

速了资本的原始积累。

这个时期欧洲国家与教会关系的另一个重要倾向是采取了宗教宽容政策。这种政策具有明确的资产阶级自由主义倾向，它把基督教各教派的对立和斗争在国家政治生活中的地位淡化了，把各教派由政治型的势力转化为文化思潮，有利于消除和减轻各国内部危及政治统一的教派矛盾。宗教宽容政策继承了文艺复兴时代的人文主义精神，并为后来彻底反对宗教唯心主义的启蒙运动的兴起做了准备。16世纪的宗教改革运动在历史上加强了欧洲各国世俗政权的力量，排斥和削弱了跨越国界的神权帝国的统治。但是宗教改革还没有把教会完全从国家政治生活中排斥出去，改革后的宗教成为君主加强统治权的工具。[1]教会变成为国教会，与国家权力结合在一起，它使民族国家的文化观念继续受宗教观念的强制性支配。此外，宗教改革运动激烈的斗争加剧了基督教各教派的偏狭观点，天主教与新教以及异教相互间冲突没有淡化，却得到进一步发展。宗教斗争在某些地区和某些条件下仍以残酷的形式表现出来。即使是富于积极意义的新教文化，在某些时候也表现出强制性的特点。路德曾要求当局用强制力量去铲除一切扰乱基督教公共秩序的异端；加尔文派也带有明显的偏狭观念，加尔文本人把塞尔维塔处以火刑；英国的诺克斯同样认为异端应受死刑惩罚。英国宗教改革结束后掀起了一场大规模的迫害清教徒的运动。法国也开展了迫害和驱逐胡格诺教徒的浪潮。在德国也出现了严厉对待异教派别的情况。从15世纪末开始，西班牙、葡萄牙、意大利和德意志各地都展开了驱逐犹太人的运动。这种宗教迫害政策应该说是

---

[1] 〔德〕伟·桑巴特：《现代资本主义》第1卷，李季译，商务印书馆1958年版，第290—291页。

宗教改革后反宗教改革浪潮的一个组成部分，它没有长期存在下去。欧洲各国统治者出于民族统一和工商业利益发展的考虑，很快抛弃了这种宗教迫害政策，开始转而采取宗教宽容政策。其间，人道主义思想的传播和影响也排斥着宗教迫害政策。在法国，1598年4月在新旧教贵族妥协的基础上亨利四世颁发了《南特敕令》。这一文件宣布以天主教作为法国国教，在全国恢复天主教的弥撒，将没收的土地财产归还天主教会。胡格诺教徒获得信仰和宗教活动的自由，有权召集自己的宗教会议，他们在担任政府官职以及受教育方面与天主教徒有同等权利，新教神职人员与天主教神职人员一样有免服兵役等特权。胡格诺派还在它占领的法国南部保留对200个城镇武装控制的权力，作为国家履行敕令的担保。《南特敕令》是欧洲第一个宗教宽容的敕令。在较早完成资产阶级革命的荷兰，威廉·冯·阿兰尼是欧洲首先推行宗教宽容原则的统治者，联省共和国成为一切被迫害的外国人的自由土地。在阿姆斯特丹和鹿特丹，基督教各教派和犹太人都有自己的教堂。英国1689年制定了宗教宽容条例，停止了对非国教派的公开斗争，允许各派在一定条件下保持自己的宗教信仰。在勃兰登堡-普鲁士，大选帝侯于1685年11月发布了《波茨坦敕令》，对法国逃亡的宗教改革派打开了国门，以后又于1742年2月颁发了相关的特许状。奥地利的约瑟夫二世也在1781年采取了宗教宽容政策。甚至俄国的叶卡捷琳娜二世也在1767年指示法律改革委员会对东正教以外的其他教派采取谨慎的宗教宽容政策。[①] 应该说，欧洲的新教国家纷纷采取宗教宽容政策不仅有政治考虑，同时也有经济考虑。因为在法国这样的天主教国家中，被迫害的胡格诺派教徒的主要社会基础是

---

① William Doyle, *The Old European Order, 1660-1800*, Oxford U. P., 1984, p. 202.

勤勉熟练的手工业者。在《南特敕令》废除后，法国有 200000 名胡格诺教徒逃离法国，他们也把熟练的技术带到了其他国家。例如他们在英国建立了最早的丝织业。欧洲各新教国家的统治者看到了宗教宽容有利于经济发展。然而，我们不应当过高估计这个时期各国宗教宽容政策的历史地位。因为在这个时期还远未提出政教分离的资产阶级的政策口号，作为旧宗教基础的神学唯心主义还没有遭到致命打击。成熟的资产阶级宗教政策，即政教分离政策是在启蒙运动时期唯物主义者清算了神学唯心主义以后，即自由资本主义时代到来时才最后提出的。

第七章 过渡型国家形态及其谱系

欧洲从封建主义向资本主义过渡时期的绝对主义国家既非典型化的封建主义国家，也尚未过渡到成熟的近代资本主义国家，而是属于一种非典型化的或过渡型的国家形态。在马克思主义经典作家的著述中用不同的语言论及这种特征。马克思在《道德化的批评和批评化的道德》中写道："现代历史编纂学表明，君主专制发生在过渡时期，那时的封建等级趋于衰落，中世纪市民等级正在形成现代资产阶级，斗争的任何一方尚未压倒另一方。""君主专制产生于封建等级垮台以后，它积极参加过破坏封建等级的活动"①。恩格斯在《家庭、私有制和国家的起源》中写道："古代的国家首先是奴隶主用来镇压奴隶的国家，封建国家是贵族用来镇压农奴和依附农的机关，现代的代议制国家是资本剥削雇佣劳动的工具。但也例外地有这样的时期，那时相互斗争的各阶级达到了这样势均力敌的地步；以致国家权力作为表面上的调停人而暂时得到了对于两个阶级的某种独立性。17世纪和18世纪末的专制君主制就是这样，它使贵族和市民彼此保持平衡；法兰西第一帝国特别是第二帝国的波拿巴主义也是这样，它唆使无产阶级

---

① 《马克思恩格斯选集》第1卷，人民出版社1972年版，第179、181页。

去反对资产阶级,又唆使资产阶级来反对无产阶级。"① 马克思和恩格斯是从政治力量的对比来描述作为过渡型国家的绝对主义国家的特征的,他们把绝对主义国家看作一种特殊类型的国家。

绝对主义国家的基本特征需要通过对这个时期国家的维度的研究来概括。佩里·安德逊说得很好:"包含在绝对主义的历史转变中的诸维无论如何不能忽视。"② 绝对主义国家诸维表现为异质成分的复杂共存。国家的统治权、国家代表的生产关系、国家行政机构和军事组织的结构、国家的经济职能、社会职能等,都属于构成国家的维度或简单地称之为组成国家的要素。绝对主义国家的有些维度已具有明显的近代特征。和君主相分离的国家主体性概念、和市民社会相联系的国家官僚行政机构的开始生长,尤其是国家主动推动工商业资本主义经济发展的积极措施表明国家已成为资本主义关系的产婆和推波助澜者,而不再是阻碍新生产力发展的旧生产关系的代表那种形象。此外,国家在不同程度上废除部分贵族特权,并吸收新兴阶级人士加入执政集团。如此种种都表明专制主义国家所带有的资本主义因素。本书集中论述了从封建主义向资本主义过渡时期国家这些新因素的出现。但是,这种类型的国家还保留了相当的属于封建成分的维度。国家权力从根本上说仍然为封建贵族(以君主为代表)掌握,国家的法律体系仍然是封建法制,国家在土地关系方面仍然通过法律基本保留着封建土地所有权。正是后一类国家的维度在国家结构中占据决定性地位,它们决定了国家的基本性质。所以,绝对主义国家中有一些在经过初期改革阶段后,又经历了一个保守反动的时期。这就表明,具

---

① 《马克思恩格斯选集》第 4 卷,人民出版社 1972 年版,第 169 页。
② Perry Anderson, *Lineage of Absolutist State*, London, 1986, p. 19.

有异质成分的绝对主义国家纵然有很多资本主义因素，但它们却无法轻易直接过渡到近代资本主义国家。在属于前过渡国家的英国和法国，都最终爆发了资产阶级革命；在属于后过渡国家的普鲁士、奥地利和俄国，也经受了革命的冲击，不得不用更大规模的改革或后滞的革命来完成历史的过渡任务。前工业化国家诸维的矛盾和冲突，是这类国家的基本特征。

笔者认为，东、西欧前工业化时期国家构成了一个谱系，但构成这个谱系的国家并没有构成一个递进的谱系。过去几十年间苏联学者倾向于把西欧英、法等绝对主义国家视为已具有显著的资本主义特征，[①] 而东欧的绝对主义国家则刚刚是铲除了传统村社的封建阶级的代表机构，[②] 认为两者之间存在绝对的界限。笔者不同意这种观点。尽管易北河以东的地区在这个时期出现了再版农奴制的现象，封建的人身依附和土地关系较迟才解体，但是在西欧国家的政治法律领域中也没有根本废除封建关系。更主要的是并非东欧国家在一切方面都落后于西欧国家。例如鲁普士和奥地利重商主义政策和国家主动推动工矿业、商业发展的政策绝不比其他国家逊色；而在英国这样一个封建农奴制较早瓦解，资本主义经济关系较早发展的国家，它的近代型国家行政机构的发展在绝对主义时期却不那么充分。因此，欧洲绝对主义国家不能够以易北河为界分为两部分，也不能够认为西欧的绝对主义国家在一切方面都比东欧"开明专制"国家要先进。相反，各绝对主义国家及每个绝对主义国家内部诸维存在着许多不均衡和层出不穷的错位。每个绝对主义国家的诸维表现出巨大的内在矛盾性。欧洲绝

---

① Perry Anderson, *Lineage of Absolutist State*, London, 1986, p. 171.
② Perry Anderson, *Lineage of Absolutist State*, London, 1986, p. 195.

对主义国家的谱系的两端分别与中古封建国家和近代国家相连接。从绝对主义国家谱系与近代国家谱系的连接来看，倒是易北河以东的后过渡国家如普鲁士、奥地利、俄罗斯较为平稳地通过政治和农奴制改革的途径直接完成了向近代国家的过渡，而未经历严格意义的资产阶级革命。在这些国家中，绝对主义国家与近代国家的界限显得模糊，这个界限不像 1640 年在英国或 1789 年在法国那样是一道绝对的历史边界线，而是一个过渡带。

第四编 文化

对于欧洲从封建社会向资本主义社会过渡中文化形态的演变及对这种演变的理论阐释，是迄今为止国内学者涉猎不多的问题。在马克思主义历史学理论中，对文化学的演变论述得也并不太多。应当说，与政治制度、经济形态相比，文化的历史发展带有更多的连续性的特征。而马克思主义一般来说强调文化、思想属于意识形态范畴，一种文化总是与一定的经济形态及一定的阶级相联系。这样，对于文化发展连续性的特征就需要做更具体、深入的科学研究。恩格斯晚年在一些书信中说到了他和马克思一生对思想史研究得不够是一种遗憾，并提出了文化领域的发展的特殊规律问题。例如，恩格斯在《致弗·梅林》中写道："我们最初是把重点放在从作为基础的经济事实中探索出政治观念、法权观念和其他思想观念以及由这些观念所制约的行动，而当时是应当这样做的。但是我们这样做的时候，为了内容而忽视了形式方面，即这些观念是由什么样的方式和方法产生的。"[①]

恩格斯当时还从正面对解决这些问题做了理论探讨。他指出："历史思想家（历史在这里只是政治的、法律的、哲学的、神学的——总之，一切属于社会而不仅仅属于自然界的领域的集合名词）在每一科学部门中都有一定的材料，这些材料是从以前的各代人的思维中独立形成的，并且在这些世代相继的人们的头脑中经过了自己的

---

① 《马克思恩格斯选集》第4卷，人民出版社1972年版，第500页。

独立的发展道路。"①

在《致康·施米特》中,恩格斯又说,"至于那些更高地悬浮于空中的思想领域,即宗教、哲学等等,那末它们都有它们的被历史时期所发现和接受的史前内容,即目前我们不免要称之为谬论的内容"。"每一个时代的哲学作为分工的一个特定的领域,都具有由它的先驱者传给它而它便由以出发的特定的思想资料作为前提。"② 在恩格斯逝世后,俄国马克思主义理论家普列汉诺夫曾经说过,需要把辩证唯物主义方法运用于马克思和恩格斯"很少研究过或根本没有研究过的历史发展的那些方面——例如研究思想史"③。因此,对文化形态演变的研究成为不可回避的前沿问题。

欧洲的近代文化起源于从封建主义向资本主义过渡时期。而过渡时期的文化与各国本国中世纪和古代的文化,以及通过文艺复兴与古代希腊、罗马文化密切联系着。同时,伴随着新的生产关系和交往关系的出现,又产生了许多新的思想的因子和表达形式。所以这个过渡时期的欧洲文化具有承继和改造以及创新的产生两方面的内涵。因此,欧洲从封建主义向资本主义过渡时期的文化演变和新文化形成,是一个很重要的历史研究侧面。西方学者对这一领域的研究也是在晚近才取得较为显著的成绩。美国霍普金斯大学的波考克教授的《古代宪政和封建法》(剑桥大学出版社1917年版)、《政治、语言和时代》(论文集、芝加哥大学出版社1960年版)、《马基雅维里时代:佛罗伦萨政治思想和大西洋共和主义传统》(普林斯顿大学出版社1975年版);英

---

① 《马克思恩格斯选集》第4卷,人民出版社1972年版,第501页。
② 《马克思恩格斯选集》第4卷,人民出版社1972年版,第484、485页。
③ 《普列汉诺夫哲学著作选集》第3卷,曹葆华译,生活·读书·新知三联书店1984年版,第219页。

国剑桥大学昆廷·斯金纳教授的《现代政治思想的基础》（剑桥大学出版社1978年版）；奥斯特赖奇的《新斯多葛主义和早期近代国家》（剑桥大学出版社1982年版）；等等。这些著作分别研究了过渡时期的思想与古代、中世纪西方思想的联系的一些侧面。笔者拟吸取他们的一些成果对这一过渡时期的文化形成的一些方面加以叙述，并试图对这个时期文化发展的内在规律做些理论探讨。

昆廷·斯金纳教授在研究近代思想的奠基这一课题时提出了有创新性的研究方法。他指出，如果政治思想的研究者仍然把主要注意力只是集中在那些名家的著作本身，那么我们的研究还不能很好地达到认识历史的目的。他主张把理论史作为学说思想的发展史来写，这样可能对政治理论与政治实践之间的联系有一种更清晰的理解。[1]"如果我们只研究这些著作本身，则无法达到这种认识程度。为了将经典作品当作某些特定问题的答案来理解，我们需要了解它们诞生的社会。"斯金纳还指出："为了辨明其论点的锋芒所向和力量所在，我们要对那个时代通行的政治术语有相当的判别能力。若想令人信服地注释那些经典著作，我们显然需要走这样一条道路。因为了解一位作者提出了哪些问题，他借助可为其用的概念表达了些什么，就等于弄懂了他写作的基本意图，因而就能引申出他所说出的和未说出的该意味着什么。当我们试图用这种方法把一部著作放在其前后发展的联系中时，我们不仅为解释它提供了背景，而且已经是在作解释了。"[2] 斯金纳的研究侧重于说明一种新的思想和它所产生的社会及历史的联系，这具

---

[1] 〔英〕昆廷·斯金纳：《现代政治思想的基础》，段胜武等译，求实出版社1989年版，第4页。
[2] 〔英〕昆廷·斯金纳：《现代政治思想的基础》，段胜武等译，求实出版社1989年版，第5页。

有很重大的意义，无疑是思想文化研究的一个基本方面。但是，研究从封建主义向资本主义过渡时期的思想文化发展需要在斯金纳教授上述研究方法基础上再向前进一步，从多方面阐明新的思想观念产生的历史轨迹。

第一章　封建法、罗马法和近代法治观念的形成

　　欧洲封建社会的经济关系具有多元性，而欧洲封建社会的法律体系和法律观念也相应地具有混杂性。中世纪欧洲在政治领域并非毫无法纪、漆黑一团，它具有矛盾的观念内构，在其中不失初步的法治原则。这个状况一方面是由中世纪欧洲政治生活的特征所决定，另一方面是吸收了古代希腊、罗马法治观念和法律的影响。而欧洲中世纪法律体系和法律观念的上述特征为近代西方资本主义法治的建立提供了有益的营养，甚至若干中世纪和古代的法律和法律观念直接融进了近代资产阶级的法律体系。

　　从文化渊源而论，古代希腊、罗马思想文化中包含了丰富的法治观念。柏拉图研究过法治问题，专门写下了《法律篇》。柏拉图在《法律篇》中指出，在国家中智慧具体化地表现为法律，法律规定的条例总的说来可能是最合理的，他认为人的美德是节制，这是指人的守法的意向。[①] 柏拉图对法治的论述是亚里士多德在这一领域进一步做研究和提出法治理论的出发点。亚里士多德扬弃了柏拉图在强调法治的同时还强调法律的统治需要由明智的统治者轮流执政的观点，他

[①] 〔美〕乔治·霍兰·萨拜因：《政治学说史》上册，托马斯·兰敦·索尔森修订，盛葵阳、崔妙因译，商务印书馆1986年版，第105页。

主张把法律至上作为好国家的标志,他认为法律是"不受主观愿望影响的理性"[①]。亚里士多德认为"法治"一词具有三项规定性:第一,这是为了公众的利益或普遍的利益而实行的统治;第二,这是守法的统治;第三,法治意味着对自愿的臣民的统治。因此他认为不能把法律看作一种权宜之计。古代的法治观念并没有直接循序地影响到欧洲封建主义形成时期的政治文化,因为那段文化史在一段时间内被淹没了,只是较迟通过古代文献的再发现和翻译才使古代希腊的法治观念重新为人所知。

然而,法律和法治的思想通过另一条线索在中世纪早期日耳曼民族的兴起时期出现了。在从部落演进到各个国家的过程中,在民族民主制残余的影响下,日耳曼各个民族形成了这样的观念,即认为法律是属于民众、人民或部落的,也是属于各部落中具有成员资格的每一个人的。它好像是一个社会集团的属性和财富,借法律的力量才把社会集团维系在一起,法律作为必要的规章制度起了维持人民之间的和平状态并防止和平被破坏的作用。这种法律属于人民、人民又服从法律统治的观念尽管有着特定的阶级的含义,它在中世纪却是深入人心的。[②] 例如9世纪欣克里玛大主曾说过:"国王和大臣有他们自己的法律,他们应当用这些法律治理居住在每一个省份里的人;他们有信奉基督教的国王和他们祖先的条例,他们在忠诚的臣民普遍同意的条件下合法地公布这些条例。"[③]

[①] 〔古希腊〕亚里士多德:《政治学》,吴寿彭译,商务印书馆1965年版,第7、8节。
[②] 〔美〕乔治·霍兰·萨拜因:《政治学说史》上册,托马斯·兰敦·索尔森修订,盛葵阳、崔妙因译,商务印书馆1986年版,第244页。
[③] R. W. and A. J. Carlyle, *A History of Medieval Political Theory in the West*, New York, 1936, Vol. I, p. 243.

中世纪欧洲的法律观念在索尔斯伯里的约翰1159年写作的《论政府原理》中被非常清晰地陈述了出来。约翰认为，法律在全部人类关系（包括统治者和被统治者之间的关系）中乃是一个无所不在的纽带。因此，国王和臣民相互间都要受法律的约束。他认为真正的国王和暴君之间存在着的本质差别在他们对待法律的态度上。

"在暴君和国王之间有这样一个唯一的而主要的区别，即后者服从法律并按照法律的命令来统治人民并把自己看成只是人民的仆人。正是由于法律，他才把履行自己的主张放在管理共和国事务中的首要地位。"

"现在有一些法律的箴言具有一种永恒的必然性，它们在所有的民族中间都具有法律的效力，违反它们绝对不能不受惩罚……让那些给统治者涂脂抹粉的人……才到处宣扬说国王是不受法律约束的，并且说不仅在按照公正的模式而且在绝对不受任何限制的情况下制定法律的时候，无论他愿意和喜欢的是什么，都具有法律的效力……但我还是坚持……国王是受这个法律的约束的。"[1]

约翰在表述自己观点时所用的词句大部分出自西塞罗，他把法律的普遍性作为一个基本的准则。

托马斯·阿奎那（1225？—1274年）是中世纪有代表性的神学家，他对世界体系的描述表现了神学唯心主义的观念，他对于政治权力的起源也没有一套完整的理论，但是他熟悉罗马法，他深受中世纪法律至上观念的影响。他极其崇奉法律，以致认为法律的权力是固有的，并不是来源于人为的因素。他联系神的法律来叙述人的法律。他

---

[1] 〔美〕乔治·霍兰·萨拜因：《政治学说史》上册，托马斯·兰敦·索尔森修订，盛葵阳、崔妙因译，商务印书馆1986年版，第295页。

认为，人的法律是整个神圣统治体系的一个重要组成部分，而这个体系出自上帝的理性。尽管托马斯·阿奎那的思想体系是唯心的，但他对法律的划分很有意义。他把专门用于人的法律称作人的法律，而人的法律又分为万民法和市民法。任何法律都提供一个准则。由于人区别于其他生物之处是人有理性，因此人的法律的标准是由理性来规定的。提出法律的标准是为了公众的利益，而不是为了个人剥夺某一特殊阶级的利益。因此，法律的背后还具有普遍的权威，而不是个人的意志：它是整个民族通过立法或创立惯例这样一种不大明确的办法而取得的成果，它得到受托治理社会而担任公职人物的批准。托马斯·阿奎那把法律定义为"以公众利益为目的的合乎理性的法令，它是由负责管理社会的人作出和公布的"[①]。

托马斯·阿奎那认为人的法律是从自然的法律中派生出来的，为人的法律辩护是人类本性所固有的特征，权力不过是赋予那本身合理而又正确的东西以力量而已。总的说来，人的法律可以被视为自然的法律的必然结果，人们只需使这种法律变得明确和有效，以便应付人的生活或生活中的特殊情况和紧急需要。[②]

与托马斯·阿奎那强调人的法律从神的法律中派生出来的观念不同，马西利在《小辩护者》一文中提出了人的法律并不是出自神的法律而是和它处于并列的地位；教士的说教其实并不是一种权力，它对现世并没有约束力。他写道："人的法律是全体公民或其主要部分的命令，这种命令是受权制定法律的人们直接研究出来的，说的是人类

---

① 〔美〕乔治·霍兰·萨拜因：《政治学说史》上册，托马斯·兰敦·索尔森修订，盛葵阳、崔妙因译，商务印书馆 1986 年版，第 302—303 页。
② 〔美〕乔治·霍兰·萨拜因：《政治学说史》上册，托马斯·兰敦·索尔森修订，盛葵阳、崔妙因译，商务印书馆 1986 年版，第 303 页。

在现世应当做和不应当做的是什么，以便取得最好的结果，它也谈到了在现世人们应当具备的某种条件。我指的是，在现世里，谁要违犯这一命令，就要对违犯者处以罚款或惩罚。"[1] 马西利认为包括世间惩罚在内的任何规定只是属于人的法律，是由于人的批准才生效的。马西利把法律视为来自一个合法权力并可在违犯时予以惩罚的规定。

马西利还论述了法律存在的依据和谁是立法者的问题。他说："立法者或法律的第一个正当有效的原因是人民或全体公民，或其中的主要部分，这些人在一次大会上用固定的词句，通过本身的选择或意志发布命令和作出决定：人作为公民哪些是应该做的，哪些是不应该做的，违背者要处以罚款或给以世俗的惩罚。"[2] 人的法律出自人民的共同行动，他们定出规则以管理其成员的行动，或者反过来说，国家乃是要服从已经制定的一套法律的一群人。马西利认为，法律的权力永远是人民或人民的主要部分，法律具有至上性，国家必须服从法律，而不是法律服从国家的意志。[3] 马西利清晰地阐述了法律在国家生活中高于国家意志的至上地位，他论述了法律这种至上地位的民众来源。作为人文主义者的马西利已经完全排除了上帝的观念，他对法的见解远远超出了托马斯·阿奎那的看法。

奥肯的威廉与马西利生活在同一个时代，他在政治上展开了反对教皇的斗争。威廉对法律的功能估计得很高，他相信法律万能，厌恶

---

[1] 〔美〕乔治·霍兰·萨拜因：《政治学说史》上册，托马斯·兰敦·索尔森修订，盛葵阳、崔妙因译，商务印书馆1986年版，第347页。
[2] 〔意〕马西利乌斯：《和平的保卫者》，转引自萨拜因：《政治学说史》上册，盛葵阳、崔妙因译，商务印书馆1986年版，第348页。
[3] 〔美〕乔治·霍兰·萨拜因：《政治学说史》上册，托马斯·兰敦·索尔森修订，盛葵阳、崔妙因译，商务印书馆1986年版，第348—349页。

在法律之外行使暴力。但威廉所持的原则与托马斯·阿奎那相仿。他认为，全部法律包括上帝展示给人们的意旨和自然理性的原则，包括自然公道的命令和文明民族的一般的实践，以及一些特殊民族的特殊风格和成文法，这一切加起来便构成了一个单一的法律体系。它的细节是灵活的，可以随时间和情况而改变，但对其基本的原则不能有明显的破坏。一个单一民族的法律处于这个大体系范围之内，它绝不能违反自然的规定，却能以理性和公正的精神在新的条件产生时为之做准备。而所有对权力的行使必须因符合公众利益以及本身同自然正义与健全的道德相和谐一致，而证明本身是正当的。不经过这种核准，权力就是专断的而政府行动也就成了大规模的拦路抢劫。威廉坚持了法律神圣性的观点。[1]

布莱克顿（？—1268年）是英国中世纪著名的法学家，他著有《英国法评注》。他在自己的著作中论述了法律的重要地位，通过契约论论证了国王是由法律所创造的，国王受到法律的制约。他写道："国王本人不应当受制于任何人，但他却应受上帝和法律的约束，因为造成国王的是法律。让国王把法律给予国王的东西——领土和权力——给予法律，因为意志代替法律统治的地方是没有国王的。"国王应当执行正义并在自己的事情上接受法律的统治；如果他不愿这样做，那他就成了魔鬼的仆役。但是，布莱克顿对于一旦发生这一种情况如何对待国王感到没有办法。在布莱克顿书中有下述一段话，后人认为这不是布莱克顿的原话，而是同时代人加进去的。这段话是这样的："但是国王有个在他地位之上的人物，那就是上帝。法律也是这

---

[1] 〔美〕乔治·霍兰·萨拜因：《政治学说史》上册，托马斯·兰敦·索尔森修订，盛葵阳、崔妙因译，商务印书馆1986年版，第357—361页。

样，因为国王是因法律才是国王的。法庭也是这样，这指的是那些伯爵和男爵，因为伯爵们似乎被称为国王的同伴，而有同伴的人就有一位老师。因此，如果国王没有约束，就是说没有法律的话，他们就应当给他加上某种约束。"[1] 但即使从第一段话来看，尽管布莱克顿同时也承认国王在国家中的重要地位，他还是明确地肯定了法律的至上地位和对国王的约束作用。在布莱克顿那里，法治的观念仍是十分明朗的。

通过举出上述几个例子我们可以看出，在绝对主义王朝时期以前的欧洲中世纪盛期的思想史中，即使在教会神学家那里，都形成了较为清晰的法治思想。中世纪欧洲法律文化的糟粕主要是"神的法律"和"人的法律"暂时还同时存在，即法学倾向和神学倾向是并存的。文艺复兴运动打击了神学唯心主义，宗教改革继续了这种倾向，逐渐树立了人权和人的尊严的观念，神学的因素就逐渐被削弱了。而中世纪政治文化中这种尊重法律和法律至上的初步思想在补充了伦理的基础之后，就融进了近代法律观念中，成为资产阶级法律思想的一个历史渊源。

欧洲近代法律观念和法律体系形成的第二个渊源是罗马法。这里说的罗马法主要指从罗马共和国初期的《十二表法》到东罗马帝国查士丁尼大帝（527—565 年）的《国法大全》这个时期的罗马国家的法律。在《十二表法》以前，罗马法主要是习惯法，有无成文法则因未见流传不得其详。从罗马法的内容来说，罗马法学家将它分为"公法"和"私法"两大部分。公法"是与国家组织有关的法律"，具

---

[1] R. W. and A. J. Carlyle, *A History of Medieval Political Theory in the West*, Vol. 3, Edinburgh, 1936, p. 72.

体来说就是有关罗马帝国政府的法律。"私法是与个人利益有关的法律",它包括调整所有权、债、婚姻家庭、继承等方面的法规,主要与保护私人利益有关。在罗马法中,尤其以罗马私法的地位特别重要,所以后来讲罗马法即就罗马私法而论,它涉及了现代法中民法涉及的范畴,甚至范围还要广些。集罗马法大成的是《国法大全》,它包括《查士丁尼法典》《查士丁尼法学阶梯》《学说汇纂》和《新律》四大部分,共 60 多卷,是一部庞大的律书。

罗马法就其内容来说和稍迟的封建法有很大的差别,不能简单地把封建法解释为罗马法发展的结果,因为封建法所包括的封君封臣制度,以及随之而来的军事义务的内容都无法在它以前的罗马法中找到。日耳曼人的军事制度对封建法的形成有很大影响。但罗马法产生于一个完全不同于中古欧洲那样的社会,因此它不可能用于解决欧洲中世纪封建社会那种围绕着司法权和政治统治权发生的冲突,这使得罗马法和封建法在欧洲中世纪并驾齐驱地存在着。[1] 德穆兰在《评巴黎习惯法》(1539 年)中抨击了那些试图在"罗马法中找到封地起源"的人的猜测,他指出在整个罗马法典中全然没有提到被保护人等于封臣的概念。因此德穆兰得出结论,封地作为社会制度基础的观念完全不是从罗马法演变而来,而是 6 世纪后"旧法兰克王国的发明"[2]。

在所有权的法的规定方面,应当说罗马法具有一定的超前性。罗马社会仍然是奴隶所有制社会,在这个社会中存在着奴隶主和奴隶的对立,存在着超经济的人身奴虐制度。同时,经济关系尚未发展到纯粹的私有制关系,但是,罗马私法不顾环境的限制,它以罗马帝国私

---

[1] R. J. Holton, *The Framsition from Feudalism to Capitalism*, MacMillan, 1985, p. 19.
[2] 〔英〕昆廷·斯金纳:《现代政治思想的基础》,段胜武等译,求实出版社 1989 年版,第 536 页。

有制高度发展的经验事实为依据和研究对象,对纯粹的私有制关系做出了概括,它排除了国家对于私人财产的任何强占权。在所有权方面,它认为个人享有占有权、使用权、收益权、处分权这些基本权能,认为所有权具有绝对性、排他性和永久性的特征。尽管在民法中对所有权有所限制,但这些规定主要是出于社会利益的目的,如国家对矿产的部分控制权,沿河川的土地有供航务公共使用的义务等,再就是关于保护邻里利益的限制,这些规定是国家利益对于个人利益必不可少的限制,而不是特权性的限制或特权性质的剥夺。[①]罗马法中把人与人之间的关系规定为纯粹的契约关系,它对这种契约关系做了详细的规定,这表明罗马法把经济关系作为社会关系中至上的普遍联系,排除了非经济的纽带。罗马法中的私有制是一种纯粹的私有制。马克思主义经典作家指出,罗马法是"以私有制为基础的法律的最完备形式"[②],是"纯粹私有制占统治的社会的生活条件和冲突的十分经典性的法律表现。以致一切后来的法律都不能对它做任何实质性的修改"[③]。恩格斯曾评述说,市民阶级后来去争取的东西,在罗马法中已有了现成的结论,罗马法是充分预料到现代私有制的法律。[④]他很好地概括了罗马法的特征。正是这一点决定了罗马法日后能在近代资产阶级的法律体系形成时被直接吸收。

欧洲对于罗马法的承继和讨论是伴随着文艺复兴运动的开展而展开的。12世纪末的法学家阿佐支持宪政主义者对神圣罗马帝国机构的看法,认为在罗马帝国的政治结构中也存在着分封制和独立主义。

---

① 曲可伸:《罗马法原理》,南开大学出版社1988年版,第169—171页。
② 《马克思恩格斯全集》第21卷,人民出版社1965年版,第113页。
③ 《马克思恩格斯全集》第21卷,人民出版社1965年版,第454页。
④ 《马克思恩格斯全集》第21卷,人民出版社1965年版,第454页。

他得出了这样的结论：选帝侯及其他诸侯同皇帝一样拥有军权，如果发现皇帝没有信守他最初的诺言，用武力去反对皇帝就是合法的。[①]

罗马法中有些段落谈到进行反抗、实施人身伤害以致致人死亡的行为也可以被视为合法。《学说汇纂》指出这包括两类案件：一类是对与亲属通奸的人，杀死他们是合法的；另一类是实施自卫的行动。《学说汇纂》认为，用暴力反抗非正义的暴力永远是合理的，在人身突然遭到"暴力侵害"的场合，抵抗永远是合法的，为了自己"无论采取什么行为都可以被认为是合法的"，它规定，"自然法则允许人保卫自己免遭危险"。于是奥康姆在14世纪40年代写的《教皇权力八问》中，把关于反抗的私法理论用于政治领域。他提出："就处理普遍事件的过程而言，国王是全国的上级，但是在特定条件下，他又可能是国王的下级。"在某些紧急而必需的情况下，人民废黜国王并将其监护起来是合法的。他说："正如《学说汇纂》第一卷所指出的那样，根据自然法，以暴抗暴是合法行为。"让·热尔松也表达了类似激进主张。他在《论教会的统一》这部著作中把这种私法理论用于政治领域，他指出，"声称国王对臣民不承担任何义务是错误的"，"如果国王们没有尽到这些职责，如果他们对臣民采取非法的行为，如果他们怙恶不悛，那么就到了根据自然法的命令用暴力反抗暴力的时候了"。[②]

许多职业法学家在运用罗马法时指出，当一个自由的民族将最高权力授给统治者时，他们在授权时所宣布的法律文字中肯定包含了这样的条款，即他们只是委托而不是放弃他们自身的原始权力。巴特鲁

[①] 〔英〕昆廷·斯金纳：《现代政治思想的基础》，段胜武等译，求实出版社1989年版，第402页。

[②] 〔英〕昆廷·斯金纳：《现代政治思想的基础》，段胜武等译，求实出版社1989年版，第401页。

斯在对《学说汇纂》的评论中说，人民通常把权力的实施权交给选出的统治者或地方行政官员，但这些官员所持有的司法权只是"最高民众机构委托给他们的"。政府既不能"制定任何同得到人民肯定的法律相抵触的法令"，也不能在没有得到"最高民众会议授权"之前就擅自制定法律，因为最高民众会议永远是最高的权力机构。许多人文主义法学家通过对罗马法形成过程的研究，用民众主义来解释统治法中的最高权力。[1]

在德国，逐渐接受罗马法的工作开始于15世纪。反映这种动向的著作之一便是1460年出版的彼特·冯·奥德劳写的 *Libellus de Cesarea Monarchia*，以及在此前后出版的埃纳斯·聚尔乌斯写作的 *De Ortu et Authoritate Imperii Romani*。[2] 到了16世纪，欧洲人文主义者对意大利和文艺复兴文化的兴趣日益增长，他们把注意力转移到罗马法的文本上。首先是意大利的洛伦佐·瓦拉对经济学派解释罗马法的方法提出挑战，认为一些罗马法法律文件是伪造的。瓦拉以后，波利齐亚诺、克里尼托和蓬波尼奥继续了瓦拉的工作，通过历史学和历史语言学对罗马法进行了研究。此外，阿尔恰托（1492—1550年）对《查士丁尼法典》进行了研究，发表了一系列《简要注释》（1515年）。随后，对罗马法的研究传播到北欧。纪尧姆·比代继承了瓦拉等人研究罗马法的方法。阿尔恰托当时在布尔日大学讲授罗马法，使那里成为国际知名的法学研究中心。勃杜阿仁、多利欧、博杜安和居雅这四位法国杰出的法学家是阿尔恰托的追随者和学生。在德国，蔡斯乌斯（1461—1536年）在弗赖堡大学任罗马法讲座教授30多年。

---

[1] 〔英〕昆廷·斯金纳：《现代政治思想的基础》，段胜武等译，求实出版社1989年版，第405页。

[2] C. H. Wcilwain, *The Growth of Political Thought in the West*, New York, 1932, p. 353.

罗马法在整个欧洲出现了复兴。[①] 罗马法的传统反映了一种高度集中的行政机构的特征。在这种传统中，立法活动是自觉的，法律本身也被提高到科学体系化的水平。[②] 正如德国法学家鲁道夫·施塔姆勒指出，罗马法是一种"公正的法律"，罗马古典法学家"有着把目光从日常的普遍问题移向整体的勇气，并且在思考特点事件的局部情况时，他们的思想却注意到全部法律的总原则，即使生活中的正义得以实现"[③]。罗马法包含了这样一个精神："我们是法律的仆人，以便我们可以获得自由。"[④] 罗马法的复兴加强了法律至上的原则，对于欧洲近代法制的建立起了体系上和方法上的重要借鉴作用。

罗马法作为一种政治理论的来源，在从封建主义向资本主义过渡时期，不同流派的政治家和思想家可以从它那里得出不同的结论。一些国家的专制统治者常常援引《学说汇纂》中的条文，尤其是援引国王"不受法律约束"以及国王的意愿"具有法律力量"两段话为专制主义辩护，使君主对臣民的统治权力合法化，把罗马法用于剥夺人民的政治权力。

包含着尊重私有财产权内容的罗马法的实施，对于保护小私有制的作用在中世纪后期的法国可以找到很好的例子。马克·布洛赫告诉我们，罗马法于中世纪在普罗旺斯受到尊重，除了个别的习惯法条文

---

① 〔英〕昆廷·斯金纳：《现代政治思想的基础》，段胜武等译，求实出版社1989年版，第209—215页。
② 〔美〕乔治·霍兰·萨拜因：《政治学说史》上册，托马斯·兰敦·索尔森修订，盛葵阳、崔妙因译，商务印书馆1986年版，第253页。
③ 〔美〕乔治·霍兰·萨拜因：《政治学说史》上册，托马斯·兰敦·索尔森修订，盛葵阳、崔妙因译，商务印书馆1986年版，第212页。
④ 〔美〕乔治·霍兰·萨拜因：《政治学说史》上册，托马斯·兰敦·索尔森修订，盛葵阳、崔妙因译，商务印书馆1986年版，第214页。

外，都被正式认为是那里法律固定不变的准则。罗马法保护私有财产的原则支持了改革精神，为农业改革提供了依据和帮助，加之当地特殊的自然因素，普罗旺斯农民有权圈占广瀚的土地中的一部分，并可保护自己的土地使用权，使小农户摆脱了公共放牧制。地方法庭和村镇则支持小农户的这种做法。这样，在普罗旺斯较早地消除了原始共产主义的土地公有状况，悄悄地过渡到农业个体经营方式。[①]

罗马法的主要影响是以种种方式作用于欧洲绝对主义时期和更迟一些近代资产阶级国家法律的形成。德国中世纪后期的封建统治者为了使罗马法适应中世纪后期资本主义已经有所发展但封建关系仍占统治地位的状况，硬是在审判实践中贬低罗马法，使它与旧的封建习惯法结合起来。1495年德意志帝国皇帝马克西米利安一世设立了帝国法院，在审判实践中把罗马法贬低为普通法，把罗马法与日耳曼习惯法、教会法及国王敕令相混合。18世纪后期普鲁士国王弗里德里希二世推行"开明专制"，开始制定《普鲁士邦法》，这个法典在弗里德里希·威廉二世在位时期的1794年开始实施。这个法典共19000条，分为两大部分。法典的第一部分和第二部分的前6篇的内容为私法。第二部分的第7—11篇是关于农民、中产阶级、贵族、官吏和教会的法律规定，其中在第8篇中关于中产阶级的法律中包括了各种商法；第12—19篇为公法和行政法；第20篇为刑法。从这部法典的内容来看，除了主要确认封建的民事关系，维护专制统治之外，也包括了某些确认财产权的规定，从一个方面反映了资本主义关系的某些要求。[②]

---

① 〔法〕马克·布洛赫：《法国农村史》，余中先、张朋浩、车耳译，商务印书馆1991年版，第224—226页。
② 曲可伸：《罗马法原理》，南开大学出版社1988年版，第82—83页。

如果说普鲁士专制主义时期的法律是不那么成功地运用罗马法的范例，拿破仑执政后，于1800年12月成立由他本人主持的法典编纂委员会，完成了《法国民法典》。它又称《拿破仑法典》，从1804年3月开始实施，体现了罗马法的精神。《法国民法典》共2281条，分为总则和三编，在体制上和罗马民法有相似之处。罗马法中把私法分为人法、物法和诉讼法三大类，物法又分为物权法、继承法和债法。1804年的《法国民法典》基本采用了罗马民法的体系，但不同之处是《法国民法典》将诉讼法独立出来，单独成一法典，而将物法分成物权法和财产取得法（包括债和继承两篇），与人法合并在一起，共同构成法典的人法、物权法和财产取得法的三分法体系。1804年的《法国民法典》成为第一个世界性法典，是"典型的资产阶级社会的法典"[1]。

英国革命后期，哈林顿于1656年出版了《大洋国》，他极为强调法律的统治作用和法治的原则，他认为共和国的主要特征是"法律的统治而不是人的统治"。霍布斯曾说，既然一切形式的政府都要使人们受某种控制，那么在任何一种法律体系下生活的臣民都享有同等的自由权利。而哈林顿批评霍布斯的说法混淆了政府和法律的区别。哈林顿的意见和亚里士多德所做的区分实际上是一回事，即政府统治有两种——暴政和宪政，暴政是靠个人专断，宪政是靠法律行事。为了公众利益，一切政府都要求国民参加并经他们同意，要求权力与权威相结合。[2] 从17世纪英国革命到法国革命前夜，法治的观念已经在欧洲深入传播，至少在较为先进的知识分子中是这样。法治的观念在法国启蒙思想家和法学家孟德斯鸠的著作中得到充分的论述。

---

[1] 《马克思恩格斯全集》第4卷，人民出版社1958年版，第248页。
[2] 〔美〕乔治·霍兰·萨拜因：《政治学说史》下册，托马斯·兰敦·索尔森修订，刘山等译，商务印书馆1986年版，第563页。

孟德斯鸠说:"法就最广的意义来说,就是由万物的本性派生出来的必然关系。"[1]"一般的法,就其统治地上一切民族而言,就是人类理性;每一个国家的政治法和公民法,应当只是运用这种人类理性的特例。"[2]"必须承认公道关系先于制定这些关系的制定法。"[3]他批评专制主义国家"既无法律又无规范,一切都由一个人凭自己的意志任所欲为地处置"[4]。他还强调了法治对于维护政府统治的作用,指出"一个适中的政府","它是靠它的法律和它本身的力量来维持的"[5]。在国家和法律的关系上,他说:"一种国家体制,是可以做到使任何人都不致被迫去做法律并不要求的事,而不做法律许可的事。"[6]孟德斯鸠的法治观念已是成熟的近代资产阶级观念。

---

[1] 北京大学哲学系、外国哲学史教研室编译:《十八世纪法国哲学》,商务印书馆1979年版,第18页。
[2] 北京大学哲学系、外国哲学史教研室编译:《十八世纪法国哲学》,商务印书馆1979年版,第23页。
[3] 北京大学哲学系、外国哲学史教研室编译:《十八世纪法国哲学》,商务印书馆1979年版,第19页。
[4] 北京大学哲学系、外国哲学史教研室编译:《十八世纪法国哲学》,商务印书馆1979年版,第25页。
[5] 北京大学哲学系、外国哲学史教研室编译:《十八世纪法国哲学》,商务印书馆1979年版,第34页。
[6] 北京大学哲学系、外国哲学史教研室编译:《十八世纪法国哲学》,商务印书馆1979年版,第39页。

第二章　斯多葛主义的复兴：
自然法和社会契约论

　　欧洲从封建主义向资本主义过渡时期的社会理论和古代以及中世纪早期的思想理论有直接联系。斯多葛派提出的自然法学说持续地影响到中世纪的社会理论。

　　斯多葛主义最初是犬儒主义的一个流派。这个学派的代表人物芝诺在有关国家的著作中描述了一个空想的国家，在这个理想的国家中，人们作为一个个单独的"部落"生活在一起，他们没有家庭，大概也没有财产，没有种族和等级的区别，也无须金钱和法庭。犬儒学派的这种倾向原始生活状态的自然主义影响着斯多葛学派，使得斯多葛主义始终带有一种根深蒂固的空谈理论和伦理特征，斯多葛主义者认为，他们的目的是造成自足和个人幸福。斯多葛主义主张通过对意志的严格训练来使人自足，它提倡的美德包括有决心、坚忍、忠于职守以及不受享乐的引诱。此外，斯多葛主义所持的一种宗教观念也加强了这种义务感，它深信神的旨意具有无上的统治力量，认为人的一生乃是上帝对他的一种感召，上帝指定给他一种职守，每个人的职责就是演好他的角色。在斯多葛派看来，坚持本性的生活就是顺从上帝的旨意。在人的本性和整个自然界之间存在着一种道德上的吻合，人是有理性的，而上帝也是有理性的。这样，斯多葛主义在当时古代社会中具有一种道德和社会的感召力量。

　　从斯多葛主义产生了自然法理论，而自然法这个概念即这个术语本身就是在把希腊文的斯多葛派的著作译成拉丁语时生造出来的。[①]当时的人们把自然法定义为"关于什么是正确的判断"[②]。格老秀斯则评述说，自然法是"正确的思想所下的命令，它按其是否符合于理性，指出一种行为本身具有道德根据或道义上的必然性"[③]。这个时期的自然法的理论包括两方面的内容：第一，自然力是任何人力所不能改变的，甚至上帝本身也不能改变它；第二，所有的成文法都来自自然法，自然法是居于实在法之上并且指导实在法的原则，任何与自然法相左的法令都是无效的。[④]根据自然法，人们天生便处于自由、平等、和谐、仁爱的状态，并且人俱有生命、自由的自然权利，统治者的政治权力正是人们为了共同的利益按照自然法的原则设立的，因此君主的立法活动必须符合自然法的规定，体现正义自然的原则。自然法理论反映了远古以来人们对社会的一种构想，它认为，在国家形成之前，自然法是作为强制性的法令而存在，因此，"自然法乃上帝根置于自然理论之中"，所以，"它是真正具有约束力的法律"，教会和世俗统治者都遵从自然法的原则，他们的法令如果违背了自然法就"完全无效，对任何人都没有约束力"。[⑤]君主即位不受道德法的约束，

---

① 〔美〕乔治·霍兰·萨拜因：《政治学说史》上册，托马斯·兰敦·索尔森修订，盛葵阳、崔妙因译，商务印书馆1986年版，第196页。

② O. P. Gierke, *Political Theory of the Middle Age*, Cambridge U. P., 1924, pp. 172-173, note 256.

③ 〔美〕乔治·霍兰·萨拜因：《政治学说史》下册，托马斯·兰敦·索尔森修订，刘山等译，商务印书馆1986年版，第481页。

④ O. P. Gierke, *Natural Law and Theory of Society, 1500-1800*, Vol. 2, Boston, 1934, p. 235.

⑤ O. P. Gierke, *Natural Law and Theory of Society, 1500-1800*, Vol. 2, Boston, 1934, pp. 75-76.

也要受自然法的约束,其统治必须永远同自然法中的"自然正义"原则相符合。①

从古代罗马以后的思想史来看,斯多葛派的思想影响一直没有中断过,从罗马法到经院哲学其间都可以看到斯多葛主义的踪迹。但是这种连续只是一种思想渊流的继承,由于斯多葛主义在当时的政治和社会史中没有实践的目标,所以也没有在现实社会生活中产生大的影响。②直到西方从封建主义向资本主义过渡时期,自然法和斯多葛主义的复兴与民族国家的形成及反封建斗争结合起来,才具有新的社会思想内涵。自然权利理论同人类理性的理论一道成为一种反封建的思想武器。最初提出斯多葛主义的智者具有脱离实际的特征,他们根本不关心日常社会事务。以后,珀尼西厄斯对斯多葛主义加以改造,以至关于人类的统一、人与人之间的平等、国家的正义、男女具有同等价值、对妇女和儿童权利的尊重、仁慈、爱、家庭的纯洁、容忍和对同伴的宽容等等人道主义精神,构成了后期斯多葛主义的基本内容。此外,在法律领域也进行了改造工作,把习惯法和自然法加进原有的法律体系,与成文法相结合,提出了法律应当是合理的和公正的。它强调了人的主观因素的作用,努力消除法律的宗教性质,认为罗马的法学家应使其职业成为一种公正的职业。这样,斯多葛主义在改造自身过程中对罗马法和罗马法法学家都产生了很大的影响。③

---

① O. P. Gierke, *Natural Law and Theory of Society, 1500-1800*, Vol. 2, Boston, 1934, pp. 86-87.
② 〔德〕恩斯特·卡西尔:《国家的神话》,范进等译,华夏出版社1990年版,第199页。
③ 〔美〕乔治·霍兰·萨拜因:《政治学说史》上册,托马斯·兰敦·索尔森修订,盛葵阳、崔妙因译,商务印书馆1986年版,第189—190、192、195—196页。

从具体的思想传播过程而论，希腊化时代的斯多葛主义自然法学说主要是通过西塞罗介绍给后人的。西塞罗在《论共和国》一书中用自己的拉丁文词语译述了斯多葛派的思想，西塞罗写道："事实上有一种真正的法律——正确的理性——与自然相适应，它适用于所有的人并且是不变而永恒的。通过它的命令，这一法律号召人民履行自己的义务；通过它的禁令，它使人们不去做不正当的事情。它的命令和禁令永远在影响着善良的人们，但是对坏人却不起作用。用人类的立法来抵消这一法律的做法在道义上决不是正当的，限制这一法律的作用在任何时候都是不能容许的，而要想完全消灭它则是不可能的。""它不会在罗马立一项规则，而在雅典立另一项规则，也不会今天是一种规则，而明天又是另一种规则。有的将是一种法律，永恒不变的法律，任何时期任何民族都必须遵守的法律。"[①] 西塞罗明确指出，根据这一永恒的规律，所有的人都是平等的，尽管他们的学识不一致，他们的财产也不均等，而且也无法做到这一点，但是在具有理性这一点以及人潜在的心理素质上，所有的人都是相同的。他还指出，由于所有的人都服从同一种法律，所以他们同是平等的公民，但是这种平等是从道德上说的，而不是就存在的实际情况而说的。在政治上，西塞罗认为，一个国家除非它依赖、承认并且把它的公民赖以结合的相互义务和对权利相互尊重的意识付诸实现，否则这个国家是无法长久存在的。如果国家推行了暴政，它就失去了国家的真正特征。总之，认为自然概念包含着善和合理性的观点既表现在西塞罗的著作中，同时稍后一些也见之于塞涅卡的思想中，塞涅卡把政府视为

[①] 〔古罗马〕西塞罗：《论共和国》，转引自萨拜因：《政治学说史》上册，盛葵阳、崔妙因译，商务印书馆1986年版，第204—205页。

纠正人类邪恶的较为可行的手段。这表明人道主义在斯多葛主义的发展中日益占据重要地位。[1]

古希腊的思想家们如苏格拉底、德谟克利特、柏拉图、亚里士多德、斯多葛派和伊壁鸠鲁学派所发展的伦理体系有一个共同的特征，即都表现了理性主义，理性思维是他们道德行为的标准。但如果把斯多葛派的思想与柏拉图及亚里士多德的思想相比，它又在后者公正的理想之外加进了关于"人的基本平等"的新概念。斯多葛派的基本伦理主张是"与自然一致地生活"，但他们所说的自然规律是从道德和社会意义上说的，斯多葛派认为人的本性中最重要的是道德价值。[2]

古代斯多葛主义的精神能够为近代前夜的人们所接受，有着深刻的历史原因。一是中世纪的经院哲学家没有形成一种独立的关于"基本平等"的原则以及国家应当维护正义的观点，所以他们不得不完全依赖于古希腊传统。经院哲学家的思想可以说是柏拉图、亚里士多德和斯多葛派思想的混合物。古希腊传统渗透到中世纪文明的一切形态中，例如奥古斯丁便在《上帝之城》中摘引了西塞罗所说的"公正就是法律"的话。[3] 斯多葛主义的精神能够为近代前夜的人们所接受，还有着具体的社会历史原因。因为文艺复兴到启蒙运动的时代是一个人的解放的时代，而斯多葛派的道德说教强调了人的尊严不再依赖于教义，而依赖于人自己的价值，这样，自然权力理论完全符合那个时

---

[1] 〔美〕乔治·霍兰·萨拜因：《政治学说史》上册，盛葵阳、崔妙因译，托马斯·兰敦·索尔森修订，商务印书馆1986年版，第217—219页。
[2] 〔德〕恩斯特·卡西尔：《国家的神话》，范进等译，华夏出版社1990年版，第95、119—120页。
[3] 〔德〕恩斯特·卡西尔：《国家的神话》，范进等译，华夏出版社1990年版，第97、115、123页。

代的伦理要求。因此，斯多葛主义在近代初期的精神世界中显得很有价值，它不再只是一种道德教条，而且是对新兴阶级政治活动的一种支持。[1]

用自然法来为人民应有的权利辩护是16世纪后期法国胡格诺派的一个理论思路。胡格诺派理论家莫耐提出了合法国家形成的双重契约理论。他认为存在着两种契约，一种契约是国王和人民之间的契约，另一种契约是国王、下级长官同上帝订立的契约。他提出了两个关于反抗合理性的结论。第一个结论认为，如果人民根据确定的条件设立了统治者，那么，如果这些条件没有得到履行，人民理所当然地拥有反抗的权利。第二个结论认为，如果国王失职甚至反过来禁止圣洁的活动，唆使人们从事邪恶行动，那么下级官员不仅有责任对他进行限制和反抗，而且还有义务采取强制行动罢免国王。[2] 莫耐在《论反抗暴君的自由》中说，由于没有人生下来便是国王，也没有人自然而然当上国王，认为人的初始状态便存在依附关系的说法是荒谬的。人类全都是"生而自由的，天生地憎恨奴役状态，希望主动地服从而不是被迫屈从"。人类这种自由是一种自然权利，是一种不能被非法取消的特权。他认为任何合法政府都不能采取任何损害人民自由权利的行动，因为任何政府的首要任务是保卫人民自由与安全。[3] 莫耐的思想的特点是把人民建立政治社会作为捍卫个人权利的要求提出来

---

[1] 〔德〕恩斯特·卡西尔：《国家的神话》，范进等译，华夏出版社1990年版，第199—201页。
[2] 〔英〕昆廷·斯金纳：《现代政治思想的基础》，段胜武等译，求实出版社1989年版，第600—601页。
[3] 〔英〕昆廷·斯金纳：《现代政治思想的基础》，段胜武等译，求实出版社1989年版，第603、605页。

的。胡格诺派普遍认为，如果说国家建立的最终目的是为了人民的幸福，特别是为了保护人民的权利，那么建立国家唯一有效的途径便是人民的普遍赞同，即所有公民自由表达赞成意见。人民主权理论构成了胡格诺派理论最有光彩的部分。但是，胡格诺派的人民主权论也有其弱点，这派在论述人民主权理论时，提出了民众代表享有主权而不是民众直接享有主权的理论，认为人民将其选择和控制统治者的权威让给了官员代表。[1]

16世纪宗教改革以后，宗教论战的吸引力减退了，政治问题逐渐世俗化。在这种背景下，复古的倾向遍及了欧洲，对斯多葛主义、柏拉图主义以及亚里士多德理论的研究促使自然法和理性主义的广泛兴起。这首先见诸法国学者阿尔色修斯的著作。阿尔色修斯著的《政治方法论》在1603年出版。阿尔色修斯的政治理论以契约论为基础，而抛开了对宗教的讨论。他的契约观与斯多葛主义理论很相似。阿尔色修斯指出，人们结成集团是很自然的事情，是人性内在的组成部分。阿尔色修斯既用契约关系来解释统治者和臣民的关系，又用契约论来解释任何社会集团的存在，前者相当于政府契约，后者相当于广义的社会契约。阿尔色修斯使用了"社团"一词，它同亚里士多德所使用的"公社"一词的含意相当。他认为人们借助默契成为一个社团的居民，并分享由该社团所创造和认可的种种财物、服务和法律。他把社团分作五类，由简单到复杂它们依次是：家庭、自愿结合的团体、地方村镇、省市以及国家。在较低级的社团中缔结契约的是个人，而在一些更高级的团体中缔约的双方是基层社团而不是个人，这

---

[1] 〔英〕昆廷·斯金纳：《现代政治思想的基础》，段胜武等译，求实出版社1989年版，第618页。

样便产生了一系列社会契约。通过这些社会契约的缔结，政治性的和非政治性的各种社会团体就诞生了。阿尔色修斯认为，国家根据法律把权力授给行政长官，这包含一种契约关系，如若掌权者由于某种理由失去了这种权力，它得交还人民。这样，从阿尔色修斯的契约论产生了人民主权思想。阿尔色修斯还以此出发为反抗暴政的权力辩护，但他认为这种权力不属于个人，而必须通过一批专门的行政长官加以运用。他用古希腊斯巴达国家五长官团长官名称"埃发"来称呼这批行政长官。阿尔色修斯描述的国家中若干城市和州府通过一项共同的法律把自己在其中连成一体，这种设想具有限制主要行政长官权力的含义。总而言之，阿尔色修斯的政治理论中把缔结契约和同意的原则作为整个政治和社会关系的基础，并用契约论来说明国家权力。他把契约的有效性视为自然法原则。[1]

　　荷兰思想家格老秀斯（1583—1645 年）的主要贡献是在国际法领域，但是他在社会理论领域也做出了重要贡献。把自然法理论进一步发展并使之完全与宗教观念相脱离的工作就是由格老秀斯完成的。格老秀斯重新论证了自然法观念的依据。他认为人是社会性的动物，人生来就有合群的要求："可以肯定，人是一种动物，但他是高级动物，他远离所有别的动物，比许多不同种类动物之间彼此的距离要大得多……但是人所独具的特性中有一种要求社交的强烈愿望，亦即要求过社会生活的愿望——这并不是指任何一种生活，而是指按照他的才智标准跟那些与他自己同一类的人过和平而有组织的生活；这

---

[1] 〔美〕乔治·霍兰·萨拜因：《政治学说史》下册，托马斯·兰敦·索尔森修订，刘山等译，商务印书馆 1986 年版，第 473—477 页。

种社会倾向，斯多葛称之为'爱社交性'。"[①] 因此，"格老秀斯认为，保持和平的社会秩序是人类的需要，它本身就是内在的善，而保持和平秩序的那些条件对人们也有约束力。这种对社会秩序的维持正是所以称之为法律的根据。属于这一法律范围的是：不占有另一人的东西，把任何属于另一人而可能为我们占有的东西归还给他，连同我们可能已从中取得的利益；履行诺言的义务，补偿因我们的过错而造成的损失，并按人们罪行的大小而给以应得的惩罚"[②]。而这些条件需要贯彻自然法的原则来实现。格老秀斯对自然法下了如下的定义："自然法是正确的思想所下的命令，它按其是否符合理性，指出一种行为本身具有道德根据或道义上的必然性；因此，这样一种行为不是为自然的造物主即上帝所禁止，就是由他吩咐去做的。"[③] 格老秀斯认为，自然法原则包括功利主义，也可以用于处理国际交往中的各种利益；但是，自然法的基本原则是靠种种协议所认可。

普芬道夫出生在格老秀斯以后近50年，他继承了阿尔色修斯的自然法理论。普芬道夫强调契约观念是涉及一切形式的义务和一切形式的社会团体的普遍有效的理论。他说，要使一群人或许多人结成一体，使之可以采取大体上一致的行动并拥有某种权利，这批人就必须首先通过契约把他们的意志和权力统一起来。他认为一切具有约束力的义务是需自愿承担的。总的说来，阿尔色修斯、格老秀斯和普芬道夫认

---

① 〔美〕乔治·霍兰·萨拜因：《政治学说史》下册，托马斯·兰敦·索尔森修订，刘山等译，商务印书馆1986年版，第480页。
② 〔美〕乔治·霍兰·萨拜因：《政治学说史》下册，托马斯·兰敦·索尔森修订，刘山等译，商务印书馆1986年版，第480页。
③ 〔美〕乔治·霍兰·萨拜因：《政治学说史》下册，托马斯·兰敦·索尔森修订，刘山等译，商务印书馆1986年版，第481页。

为，政府权力必须受到限制，即强调道义上对统治者的权力进行限制，但他们都还没有用契约论来为反抗专制暴政进行辩护。因此，这时的契约论还不像日后在卢梭的著作中那样表现出激进色彩，在政治色彩上还较为温和倾向于自由主义，他们认为自然法契约论属于道德范畴。[1]

自然法学说作为一种久有历史的同时又是相对独立于社会政治背景的社会理论，具有很强的可塑性。到了17世纪英国资产阶级革命前夜和革命高潮时期，自然法学说为反封建政治派别所利用，作为一种与封建斯图亚特王朝做斗争的武器。1608年在卡尔文案的审判中，爱德华·考克依据自然法阐述了政府起源的理论以此反对暴政。他说："自然法是上帝创世纪时注入人们心田的，为使其能自持和辨明方向；而这就是法律，即道德法，亦称自然法。"他强调自然法是政府在人世间赖以存在的根据。

他说："亚里士多德……规定统治者须得合乎自然，因为根据自然法社会总得有益于人并保护人，而政府和统治者必须有益于保护社会的人。"[2] 自然法学说在英国资产阶级革命开始后具有更激进的特征。1643年议会下令印刷的一份小册子抨击了封建专制暴政和特权，它的根据便是自然法学说。小册子上写道："根据自然法，任何人为保卫他们自己免于被人攻击、剥夺生命或置于危险境地进行自卫都是合法的，任何一国的法律都不能否认这一权利；因为所有正当的法律都是尊重民众安全的。""同样，根据自然法，保卫自己免受任何人以暴力剥夺其贞洁为合法"；"任何人保护他的财产免于被他人用暴力

---

[1] 〔美〕乔治·霍兰·萨拜因：《政治学说史》下册，托马斯·兰敦·索尔森修订，刘山等译，商务印书馆1986年版，第488—489页。

[2] J. P. Sommerville, *Politics and Ideology in England, 1603-1640*, Longman, 1986.

掠夺亦为合法"。"任何最高统治者在没有法律先例的情况下剥夺个人的财产、生命或他们的贞操"则为非法。[1] 在英国革命时期，根据自然法原则提出的"英国人与生俱有权利"是这个时期反封建斗争的一个响亮的口号。例如 1650 年 11 月议员西蒙斯·迪尤斯爵士说："最贫穷的人也应有投票权，这是英国人民生而俱有的权利。"他的观点在议会中得到很多议员的支持。[2]

在自然法和社会契约论向近代成熟的政治理论转变的过程中，霍布斯的理论活动具有一定的地位，但是霍布斯的思想中以及思想与政治实践活动之间都存在着极大的内在矛盾性。在英国资产阶级革命中，霍布斯持支持斯图亚特王朝的立场，他在政治上依附于保王派。他在政治思想上认为君主制是最稳定和最有秩序的政府。但是霍布斯对自己的政治哲学观点的阐述却与他的意图存在矛盾。霍布斯第一次试图把政治哲学作为科学知识实体的一个部分加以处理。霍布斯努力阐明人的行为的法则，并研究了一个稳定社会赖以建立的种种条件。他看到社会的不安定使人性受到蹂躏，人的权利受到践踏。他写道："我认为全人类有着一种普遍的倾向，即一种至死方休，永不停息地追求权力的欲望。而造成这种情况的原因并不总是因为人希望获得比他业已获得的还要多得多的欢乐，或者是因为他不满足于拥有比较适度的权力，而是因为他不能确保在不获得更多的权力的情况下能更好地保住他目前已拥有的权力的手段。"[3] 那么怎么解决这些引人注目

---

[1] Andrew Sharp, ed., *Political Ideas of the English Civil War, 1641-1649*, Longman, 1983.
[2] John Cannon, *Parliamentary Reform 1640-1832*, Cambridge U. P., 1972.
[3] 〔英〕托马斯·霍布斯：《利维坦》第 11 章，转引自萨拜因：《政治学说史》下册，刘山等译，商务印书馆 1986 年版，第 522 页。

的社会问题呢？他诉诸理性和自然法。他说："自然法是受正确的理性支配的，它关系到那些可做和不可做的事情，以便尽我们的全力去经常保护生命的各个部分。"①"一则自然法就是一种戒律或普遍规则，为理性所发现。理性不许一个人去做有害于他的生命或剥夺保护其生命的手段的东西，也不许他忘记他认为可能最好加以保护的东西。"②他认为社会的存在取决于相互信任，和平要求相互信任。但是霍布斯看到了社会冲突的存在，看到了近代初期随着资本主义生产关系发展而产生的那种自私自利的情绪，这样，他对自发地、简单地履行契约的可能性表示了极大的怀疑，甚至直截排除了这种可能性。他写道："不带剑的契约不过是一纸空文，它毫无力量去保障一个人的安全。""在没有对某种强制的力量有所顾虑的情况下，一纸契约就太软弱无力了，不足以制约人们的野心、贪婪、愤怒和其他种种激情。"③面对着社会矛盾和冲突的加剧，霍布斯看到，只有存在一个能够惩罚不履行契约的政府的情况下，才可以指望契约的履行，他寄希望于"主权者"即拥有威慑和协调权力的政府和国家。他把难以解决的社会矛盾交给了国家。

洛克是 17 世纪最重要的政治理论家，在他活动的时代，以私有观念和个人利益来看待和要求社会的趋向已经确立。所以，尽管洛克在其著作中也较多地谈到自然法和社会契约观念，却多是用这些理论观念来为个人主义做论证。洛克指出，国家是社会契约的产物，是自

---

① 〔英〕托马斯·霍布斯：《论市民》第 1 章，转引自萨拜因：《政治学说史》下册，刘山等译，商务印书馆 1986 年版，第 524 页。
② 〔英〕托马斯·霍布斯：《利维坦》第 14 章，转引自萨拜因：《政治学说史》下册，刘山等译，商务印书馆 1986 年版，第 525 页。
③ 〔英〕托马斯·霍布斯：《利维坦》第 17 章，转引自萨拜因：《政治学说史》下册，刘山等译，商务印书馆 1986 年版，第 527 页。

然而然地产生的。"人类原来所处的自然状态，那是一种完备无缺的自由状态，他们在自然法的范围内，按照他们认为合适的办法，决定他们的行动和处理他们的财产和人身，而毋需得到任何人的许可或听命于任何人的意志。"[①]洛克指出，国王也是社会契约的参加者。他应受到社会契约的约束，如果国王违反了社会契约，或者侵犯了人们没有转让的自然权利，人们就有理由限制国王甚至可以用武力来推翻国王的统治。洛克强调了契约保护私有制的原则，他说："最高权力，未经本人同意，不能取得任何人的财产的任何部分。"[②]他认为政府和社会的存在都是为了维护个人的财产权利。但需要指出的是，自然法和契约观念只是洛克庞大的理论体系的一个组成部分，洛克对于构成其理论思想的各个部分的关系并没有在逻辑上做出清晰地说明。[③]看来，他不像是把自然法作为他的全部政治理论的基础，他对权力关系的研究在他的思想体系中占有比自然法更重要的地位。政治社会的复杂性使得这位思想家对伦理的注意让位于对现实政治权力关系的注意和研究。这表明政治社会理论的演变已进入了成熟时期。

在霍布斯的著作中见到的那种对于理想化的社会观念的失望在卢梭《论社会契约》（1762年发表）一书中更加明显。卢梭在该书中开章明义便承认"人生来自由，却到处被枷锁。有些自以为是别人的主子，却不免比别人更奴隶"。他对这种差异表示了极大的困惑："这一转变是怎样造成的？我不知道。"[④]这表明卢梭对诉诸自然来解决社

---

① 〔英〕洛克：《政府论》下篇，叶启芳、瞿菊农译，商务印书馆1964年版，第5页。
② 〔英〕洛克：《政府论》下篇，叶启芳、瞿菊农译，商务印书馆1964年版，第86页。
③ 乔治·霍兰·萨拜因的评述见萨拜因：《政治学说史》下册，刘山等译，商务印书馆1986年版，第603页等处。
④ 北京大学哲学系、外国哲学史教研室编译：《十八世纪法国哲学》，商务印书馆1979年版，第167页。

矛盾已经丧失了部分信心。另一个佐证是他在出版《论社会契约》的8年前，已发表了《论人类不平等的起源和基础》（1754年）一书。从后一部书中我们可以看到，卢梭已冷静地察觉，私有制和不平等的出现是人类社会的进步现象。"由于人类能力的发展和人类智慧的进步，不平等才获得了它的力量并成长起来，由于私有制和法律的建立，不平等终于变得根深蒂固因而成为合法的了。"[①] 在《论社会契约》一书中，卢梭对格老秀斯的理论表示了怀疑和嘲笑，对更早的亚里士多德的说教也提出了批评。[②] 他目睹自然状态被大量破坏，他大声疾呼："人类如果不改变生活方式就会消灭了"，而"原始状态""再也不能继续存在下去了"。[③] 正如卢梭所指出的，人类社会已经经历并完成了"由自然状态到公民状态的过渡"[④]，所以盼顾过去的历史推崇自然法和社会契约论只是一曲消沉的挽歌。不仅在卢梭的思想中表现出对自然法理论的失望，他以后的资本主义国家的正统理论家均放弃了自然法伦理理论，转而倡导个人主义的经济价值观，而自然法作为一种思潮则主要在批评资本主义的小资产阶级民主派和早期工人活动分子中找到市场，在历史上一度成为他们社会批判的武器。[⑤]

---

① 〔法〕卢梭：《论人类不平等的起源和基础》，勒赛尔克评注，李常山译，法律出版社1958年版，第149页。
② 北京大学哲学系、外国哲学史教研室编译：《十八世纪法国哲学》，商务印书馆1979年版，第164、166页。
③ 北京大学哲学系、外国哲学史教研室编译：《十八世纪法国哲学》，商务印书馆1979年版，第171页。
④ 北京大学哲学系、外国哲学史教研室编译：《十八世纪法国哲学》，商务印书馆1979年版，第174页。
⑤ 沈汉：《英国早期工人运动活动家的阶级斗争理论》，载《南京大学学报》（哲学社会科学版）1985年第3期。

第三章 民族观念的形成

到了中世纪后期,居民的政治和社会组织比过去稳定多了,国家的存在不再是简单的征服的结果,它从居住在这个地区的人们的聚合和团结中获得力量,国家开始以民族作为基础。[1] 在中世纪中期以后,用以指谓一个地区居民和国家的名称逐渐在各种语言中出现了,这是独立的政治和地域共同体出现的最初的重要文化标志。在1114年时,意大利人第一次使用"卡塔拉尼"(catalani)一词,以后用"卡塔罗尼亚"一词来指谓由巴塞罗那公爵统治的毗邻地中海的比利牛斯半岛的居民。1202年6月,国王菲利普·奥古斯都在官方场合第一次称自己是"法兰西王",1205年6月则最初使用了"法兰西王国"一词。从此以后,法国有了自己的名称并一直沿袭下来。稍后一点,法兰西王国的居民有了自己民族的名称"法兰西",该词的含义是"自由人"。为此,路易十世在1315年的条令中说:"考虑到这个王国被称为法兰西王国,所以要求一切事务都要名副其实。"文艺复兴运动使一些古老的名称重新被使用。1274年圣丹尼修道院在把王国大编年史从拉丁文译成法文时,称法兰西是一个民族。更早些时候,在12世纪中叶索

---

[1] 盖内:《中世纪后期欧洲的国家和统治者》,牛津,巴塞尔·布莱克韦尔出版社1985年版,第50页。

尔斯伯里的约翰曾谈到使节塔德温是出于条顿民族，他的举止和语言与法兰西人不同。1295年英王爱德华一世号召他的臣民捍卫英语，用以反对法兰西国王。稍迟些葡萄牙国王丹尼斯强调葡萄牙人应当使用王国的官方语言。[1] 在1438年鲁连堡的国会中，人们使用了"日耳曼尼亚民族"的概念用语。从15世纪后期起，三个形容词germanicus、Germani和Germania开始使用。不久，汉萨同盟成员称自己是"来自德意志民族"[2]。诚然，从历史术语学角度来追溯一下"民族"一语的起源，可以发现早期爱尔兰人部落（"克兰"）的族长便被称为"他们民族的首领"[3]，但较为接近近代用法的"民族"概念却是在中世纪中期前后才出现的。因为在11世纪以后，西欧经济的恢复改善了社会的一般环境，道路和桥梁的修建使国王和大贵族能够把自己的统治有效地扩展到更广大的区域，城市和市场的发展把更大范围的居民卷入共同的经济生活之中，而印刷技术的发明和使用，使更多的人可以读书识字，并使信息的广泛传播成为可能。这些交往手段的发展和交往范围的扩大，使人们的思维、文化和群体集合观念都得到发展，正是这种经济和社会交往的发展促使最初的关于民族的概念产生了。

西方的民族概念也经过了一个历史发展过程。最初人们把民族与一种对应的专门语言相联系，还用人们共同的出生、血统纽带来定义居民的共同体。以后人们关于民族的概念逐渐发展，15—16世纪，

---

[1] 盖内：《中世纪后期欧洲的国家和统治者》，牛津，巴塞尔·布莱克韦尔出版社1985年版，第54页。

[2] 盖内：《中世纪后期欧洲的国家和统治者》，牛津，巴塞尔·布莱克韦尔出版社1985年版，第51—52页。

[3] 赫兹：《历史和政治中的民族性：民族情绪和特征的心理学和社会学研究》，伦敦1954年版，第6页注1。

雅各布·维斯特菲林注意到德意志人和法兰西人在头发的颜色、相貌、语言、性格和习惯上都不同。他的同时代人塞瑟尔在谈到应当由本民族的人来统治这个民族的原则时解释说，是因为"他懂得他们的生活方式、法律、习惯，以及同样的语言和生活方式"①。我们从塞瑟尔的话中可以看出，他已经用共同的习惯、语言、心理特征和生活方式来定义"民族"这一概念了。塞瑟尔的对于民族的定义已相当接近今天我们对于民族的定义方式。而"民族国家"这个概念的清晰的政治含义是在 16 世纪开始出现的，到 17 世纪使用得已非常普遍。至于"民族主义"一词直到 19 世纪才出现。②

尽管我们认为民族和民族国家的概念包括民族语言、民族文化、民族传统、领域和宗教等因素，但我们在考察欧洲各国民族主义兴起时，会发现上述诸要素并非同时整齐地在各个地区出现。各国广义的民族文化的形成有自己不同的道路和特征，在时间表上也有一定的差异。到 16—17 世纪，欧洲主要国家中，英国、法国、俄国已形成统一的国家，而意大利和德意志却尚未形成统一的民族国家，但民族意识和统一的民族语言在这两个地区已形成，民族统一的趋势已不可逆转，民族主义此时在欧洲已成为一种普遍的文化趋向。为此，需要对欧洲各国各地区民族意识形成的道路分别做一浏览和分析。

意大利自西罗马帝国崩溃以后，统一的社会生活便遭到破坏。教皇国、拜占庭帝国、诺曼人的王国和神圣罗马帝国这些政治势力先后在政治上插足于意大利。到了 13 世纪 30 年代末，在短暂的统一的王室国家存在以后，各种政治势力的角逐终于形成了教皇国和德意志神

---

① 赫兹：《历史和政治中的民族性：民族情绪和特征的心理学和社会学研究》，伦敦 1954 年版，第 54 页。
② 威廉斯：《关键词汇》，封塔那出版社 1988 年版，第 213—214 页。

圣罗马帝国南北对峙的局面。在教皇国和神圣罗马帝国这两大势力之下，还有数以百计的独立王国、地方君主和自由城市。[①] 这种政治上的四分五裂又由地理上的差别而得到加强，亚平宁半岛内部的山峦、丘陵将意大利分割成一个个彼此差别很大的独立地区。在但丁所处的时代，这里有着上千种语言。[②] 幸运的是，意大利的城市发展较早，并且享有很大的自由。城市与城市之间、城市与海外的商业贸易活动进行得十分频繁，它在冲破政治分野的限制给意大利带来财富和繁荣的同时，也把政治上四分五裂的意大利卷入一种共同的经济生活。而且，在法律领域，罗马法在意大利各地都占据统治地位。培养罗马法律师的教育，为世俗政府和管理部门服务的世俗精神，对意大利社会文化生活产生了重要的影响。这种共同的经济生活和法律传统正是意大利民族语言和民族意识产生的前提条件。

从13、14世纪起，社会上便出现了把意大利作为一个整体来看待的思想。诗人但丁在佛罗伦萨的竞争中败北遭到流放后，到了意大利许多地方，接触到意大利各地的语言习惯。在但丁的时代，尽管方言俗语一直为广大人民所应用，并被用于商业簿记、账目往来之中，但学术界仍十分鄙视俗语。但丁于1304年写了《飨宴篇》，专门为俗语辩护，对拉丁语和俗语进行了全面的比较。他指出，尽管拉丁语有结构稳定、和谐优美的特点，但它只是贵族化的语言，而俗语则植根于广大人民之中，有广泛的群众基础，能为多数人服务。他说，"自我诞生以来，我就与俗语友好相爱，我用它来思维、来解释、来发问，我对它怀有最深的情感"。但丁用托斯坎那方言写成的《新生》《神曲》

[①] 参见〔英〕佩里·安德逊：《绝对主义国家系统》，伦敦1986年版，第145页。
[②] 〔英〕丹尼斯·哈伊：《意大利文艺复兴的历史背景》，生活·读书·新知三联书店1988年版，第59页。

和《飨宴篇》等作品破除了人们对拉丁语的迷信，为统一的意大利语的形成提供了一个基干。但丁被人们誉为"意大利民族语言文学的奠基者"。但丁认为意大利语言是意大利民族的标志，他要求所有的意大利诗人运用意大利语。[1] 他认为这种集合众长、独领风骚的民族语应该是一种"光辉的、基本的、宫廷和法庭的"语言，一点不损伤宫廷和上流社会的庄严和风雅。意大利民族语言的形成反映了一种民族心态的形成。当时意大利的人文主义者深受民族划分观念的影响，同时受到希腊、罗马人的爱国主义情绪的影响，古代关于民族特征的看法有助于民族意识的形成。当时的意大利人把自己等同于罗马人，而把法国人等同于高卢人，把条顿人同德意志人等同起来，人们到处在标榜这些古代民族的优点，在意大利宫廷、法庭、城市大厦和大学都树立着古代政治家、教皇、皇帝、历史学家和诗人的肖像。意大利人文主义者认为，他们的民族是罗马人的后代，因此优越于其他所有民族和人民。[2] 稍后，马基雅维里也对民族这个概念表述了自己的看法，他在《罗马史论》中认为自由是一个民族自己管理自己的权利。[3]

马克·布洛赫曾说过：英国"成为一个真正统一的国家比任何大国家要早得多"[4]，这无疑是英国民族国家形成过程中一个特点。当然，这里指的是英格兰，不包括苏格兰、威尔士和爱尔兰。1066年诺曼征服以后，在英国建立了中央集权的国家机构。在中世纪封建化

---

[1] J. 安德逊：《近代国家的兴起》，苏塞克斯1986年版，第124—125页。参见但丁《论俗语》，载于伍蠡甫（主编）《西方文论选》上卷，第106页。
[2] 赫兹：《历史和政治中的民族性：民族情绪和特征的心理学和社会学研究》，伦敦1954年版，第293页。
[3] 斯金纳：《现代政治思想的基础》，第164页。
[4] 布洛赫：《封建社会》，伦敦1976年版，第430页。

时期，尽管英国封建诸侯贵族仍在积极地与国王争夺权力，发生过不止一次反叛，并通过了制约王权的《大宪章》，但在英国始终未酿成分裂割据的政治局面。也就是说，民族的诸维在英国形成的过程中，首先具备了领域上获得统一的条件，以后才逐渐具备了其他的因素。统一的英吉利民族语言——英语——是通过漫长的历史演变过程才形成的。公元5世纪中叶征服不列颠的盎格鲁-撒克逊人和朱特人这三个日耳曼部落各有自己的方言，但这些方言均属低地西日耳曼语。之后他们各自使用的方言逐渐融合，形成了古英语即盎格鲁-撒克逊语。诺曼底人征服英国后，英国实际存在和使用三种主要语言：法语、英语、拉丁语。由于中古时期英国国王多是诺曼底公爵，他们与法国有着千丝万缕的联系，所以法语是当时的官方语言，教士用法语或拉丁语传教布道。随着13世纪英法间冲突与战争发生，以及法国国王没收那些在英国拥有房产的贵族和骑士的土地，到13世纪中叶，多数英国贵族认识到再也不能作为法国的附庸，"英国应当是英国人的"这一口号开始在英国流传开来。这个时期英国随着贸易的发展，中等阶层的人数增加，民族语言随着这个阶层的发展而得到了发展，民族意识也得到增强。1263年威斯敏斯特的马休曾说："无论是谁，只要他不会讲英语，他就会被普通民众看作是卑劣和下贱的人。"[1]到14世纪初，越来越多受过教育的人已经通晓英语。以后爆发的英法百年战争加速了英国人民族意识的形成，那期间英国人普遍感到法语是"敌人的语言"，法语在英国人心目中的地位下降了。14世纪30年代末，英国国王爱德华三世召集议会讨论对法战争时，

---

[1] 赫兹：《历史和政治中的民族性：民族情绪和特征的心理学和社会学研究》，伦敦1954年版，第83页。

国王的发言人已使用英语发言。1362 年英国议会召开时，开幕词是用英语宣读的。同年，英国颁布法令，规定用英语取代法语作为法庭用语。① 1381 年英语取代法语成为语法学校中的授课用语。② 1399 年亨利四世即位时，用英语做了他的即位演说。1404 年英国外交官在与法国谈判时已拒绝把法语作工作语言。英国宗教改革的先驱约翰·威克利夫在表达英国民族意识上起了很重要的作用，威克利夫把《圣经》译成英文，《圣经》的这个英译本体现了英国民族语言的特点，对于英语的规范化有很大的影响。威克利夫的活动不限于宗教神学，他对政治也极为关注。他认为，国王的职责应当被正式地加以规定，对国王来说，他主要的职责是"精心关心他的王国政府"，这包括"不繁杂但却是公正的法律制度；明智和精确地从事行政治理，并且全面地保护他的每一个臣民的身份和权利"。而法律对于这个共同体比对国王更加重要，因为它们提供一个更为一般的对于每个人的错误永恒的和不变的救治办法。他反对把世俗君主隶属于教会统治者的观点。威克利夫这种改革教会和加强世俗共同体的观念在当时是未曾有过先例的，它反映了西欧民族主义精神的兴起。③ 不仅在英国，在当时大多数西方国家中，民族主义情感的增长是伴随着封建主义的削弱和君主力量的增强而发生的，它加强了不依赖于教会权力或教会法来加强国家权力的做法。④ 此外，这个时期的英国作家乔叟写有长诗《特罗伊勒斯和克丽达》和《坎特伯雷故事集》，他的作品文学生动活泼，具有人民性，使用了伦敦方言，对于标准英语的形成起了一定

---

① 休：《民族和国家》，伦敦 1977 年版，第 29 页。
② 德·蒙特莫兰西：《国家对英国教育的干涉》，剑桥 1902 年版，第 33 页。
③ 麦基尔韦恩：《西方政治思想的成长》，纽约 1932 年版，第 316—318 页。
④ 麦基尔韦恩：《西方政治思想的成长》，纽约 1932 年版，第 350—351 页。

作用。这个时期牛津大学和剑桥大学，尤其是剑桥大学对于英语标准音的形成，以及威廉·卡克斯顿建立的印刷所对于标准的英语形成都起了重要作用。到15世纪末，标准英语在英国渐渐普及。[1] 此外，早在13世纪时，一度在德意志和法国担任教授的英国学者米诺里·巴托罗缪在笔下描述了诸种欧洲民族的特点，例如他认为德意志民族特别残忍和好战，但莱茵人、洛兰人和萨克森人等例外，他们较为文明化。罗哲·培根注意到皮卡迪人、法兰西人、诺曼人、佛来米人和英吉利人不同的民族特征，他用星座的归属不同来解释这种差别，表现出神秘主义色彩。但这些情况至少可以表明，到中世纪结束时，人们对民族特征的注意加强了，并展开了讨论。[2]

宗教是民族文化一个重要组成部分。排除凌驾于国家之上的跨国界的封建性质的罗马天主教对民族社会生活的干涉，建立与国家相协调一致的民族教会，是形成民族文化的一个重要任务。早在1100年前后，约克大主教拉尔德周围的一个匿名作者便提出了建立民族教会的目标。[3] 之后，1380年威克利夫在英国提出了建立民族教会的主张并广为人知，反映了成长中的民族意识。1351年英国议会通过了《圣职候补者法令》，1353年和1393年又两次通过了《侵害主权罪法令》，表达了英国人反对教皇和法国干涉与搜刮、维护英吉利民族对教会的权力的决心。16世纪30年代，时值都铎王朝亨利八世在位时

---

[1] 宾道夫：《都铎英国》，企鹅丛书1985年版，第26—27页。秦秀白：《英语简史》，湖南教育出版社1984年版，第62—64、70页。

[2] 赫兹：《历史和政治中的民族性：民族情绪和特征的心理学和社会学研究》，伦敦1954年版，第290页。

[3] 赫兹：《历史和政治中的民族性：民族情绪和特征的心理学和社会学研究》，伦敦1954年版，第117页注1。

期，英国进行了宗教改革。英国宗教改革的导火线虽然是亨利八世的离婚案未能得到罗马天主教廷批准，但英国宗教改革的根本原因却是英国世俗王权随着自己权力的增长，不再甘愿受封建的罗马天主教廷和教皇在政治和宗教事务上的控制和横加干预。1532—1534年，英国议会通过一系列法令，逐步剥夺了英国天主教会的立法、司法、税收和授职权。法令规定未经国王许可不得制定新的教规律令，交国王及委员会审定已制定的教规律令，凡与国法相抵触的均予以废除，新制定的教规律令必须经国王认可，使英国教会成为屈从于国家法律的教会。1534年议会通过了《至尊法》，宣布英国国王天经地义地应当是英国教会的最高首领，国王有处理一切教会事务的权力。[①] 这个法令确立了国王在英国教会的最高地位，使英国教会成为国家机构的一个组织部分，宣告了以英王为首的民族教会——国教会——的成立。在尚未彻底清除教会和神学观念影响的历史背景下，在英国把教会国教化无疑是民族意识的一个强烈的表现。一位美国历史学家把英国1534年颁布的《至尊法》称作"亨利八世的独立宣言"[②]。宗教改革以后，在英国民众和国家活动中民族意识进一步强化。从亨利八世、托马斯·克伦威尔、萨默塞特、伊丽莎白一世到威廉·塞西尔都非常注意意识形态中的民族问题，把它提到维护国家利益、巩固国王的统治的高度来认识，他们努力培养人们的爱国主义情感。亨利八世自己有威尔士血统，但他把英语推广到威尔士宫廷，说要把"民族的母语用于这个王国"。亨利八世在位时还颁布了一道法令，在爱尔兰推行"英格兰的秩序、习惯和语言"，这一规定到威廉三世时再次得到

---

① 埃尔顿（主编）：《都铎宪政文件和评注》，剑桥大学出版社1968年版，第355—356页。

② 希尔：《从宗教改革到工业革命》，伦敦1967年版，第21页。

确认。① 都铎王朝还颁发了克兰麦翻译的英文版《圣经》。伊丽莎白女王登基伊始，就颁布了39条教规，明确规定语法学校的教师必须宣誓服从至尊法案，必须使用亨利八世钦定的语法书。16世纪70年代英国政府加强了对剑桥大学、牛津大学的控制，将两所大学中的大多数学院改造成为新教学院，凡进入这两所大学的人必须进行效忠宣誓。政府还禁止英国居民将子女送到海外接受天主教教育。1563年枢密院将约翰·福克斯所写的《英烈传》指定为必读书，下令将《英烈传》和《圣经》并列在教堂和其他公共场所，宣传民族主义和爱国主义。这种把新教同民族感情直接相联系的做法收到很大效果。1585年英国与天主教国家西班牙的战争爆发，战争期间英国在国内实行迫害天主教徒的政策，1591年英国建立了审判天主教牧师的专门委员会。② 对西班牙的战争加强了新教原则与民族独立之间的联系，到这场战争结束，英国的民族内聚力大大提高，效忠国家、报效民族的意识在英国普遍传播。在苏格兰，1557年决定选择新教作为自己的民族宗教，这也是出于反对法国统治的目的。伊丽莎白时期的政治家和作家托马斯·史密斯爵士写下了《英格兰共和国》（1565年）一书，他把共和国和民族的概念视为同义语，定义为自由人通过共同协定而实现的联合。③

16世纪末到17世纪初英国的清教运动兴起以后，许多英国公民

---

① 赫兹：《历史和政治中的民族性：民族情绪和特征的心理学和社会学研究》，伦敦1954年版，第84页。
② 柯林根和塞耶：《巨大的穹窿：作为文化革命的英国国家形成》，牛津1985年版，第57—68页。
③ 赫兹：《历史和政治中的民族性：民族情绪和特征的心理学和社会学研究》，伦敦1954年版，第234页。

之所以成为清教徒，主要是因为清教是独立于罗马天主教会的象征，以及与西班牙、法国天主教势力相对抗的含义（这两个国家是英国的死敌）。而斯图亚特王室是外来的苏格兰的王室，它的宗教和国际关系政策不得人心，所以当时反对斯图亚特王朝也反映了一定的民族情绪。清教教义中包含着一种民族主义的因素，它相信英吉利民族是上帝的新"选民"，它承担着随时要建立一个《圣经》的共和国或一个"新耶路撒冷"。后来这种民族主义情绪对于推动英国人向北美殖民有一定的作用。宗教的使命感使得一些英国人去做其他新教民族的领袖和保护者。[①] 密尔顿也表达了类似的观点，他认为英国人的使命就是要在世界上所有公民、所有民族和所有王国中传播自由和文明，英吉利民族对他来说是西方的又一罗马，但他同时也对德意志、法兰西、西班牙的民族特性持赞美态度。[②]

法兰西民族观念的形成与英国相比在时间表上较迟。从民族形成的道路来说，政治上建立中央集权的专制主义国家对法兰西民族的形成具有特殊的意义。法兰西民族形成的这种道路有着特定的背景和原因。法国历史学家瑟诺博斯指出，法国的居民的构成极为复杂，是欧洲三个种族的混合物，而从来就没有法兰西种族。欧洲的几个种族在法国各地区的居民中都占有一定的比例。在法国南方是地中海人种，在中部和西部是阿尔卑斯人种，而在东北部有相当数量的北方种居民。[③]法国的语言也具有复杂性，从西向东分为三个语带，西部讲凯尔特

---

① 赫兹：《历史和政治中的民族性：民族情绪和特征的心理学和社会学研究》，伦敦1954年版，第305—306页。
② 赫兹：《历史和政治中的民族性：民族情绪和特征的心理学和社会学研究》，伦敦1954年版，第308页。
③ 〔法〕瑟诺博斯：《法国史》，商务印书馆1972年版，第35—37页。

语,中部讲日耳曼语,南部讲斯拉夫语,而且语言的分布带与种族分布没有任何联系。所以种族和语言这两个要素在法国都不统一。至于说各地区在地域上的联系则由于法国是一个典型的封建化国家,政治上分崩离析非常严重,加之各地区隔离和闭塞现象很突出,地方分立情况严重。这些因素都导致法兰西民族形成较迟。在中世纪,法兰西王国的官方法学家曾经宣称,法兰西是古代高卢的全权继承者,因此可以把直到莱茵河、阿尔卑斯山和比利牛斯半岛的高卢土地都看作法兰西王国的。后来近代法国传统的外交扩张政策也坚持这一点,但在当时这毕竟只是政治上的宣传,并没有真正构成法兰西民族的疆界和地域因素。从文化上说,在法兰西的地域范围之内,巴斯克人、德意志人、佛来米人还有普罗旺斯地方文化的因素都同样强烈地表现出来,他们各自使用自己的语言,都发展起了自己高度的文明。法兰西在文化上并没有统一,以至于到1457年,法王查理七世在写给苏格兰王的信中还说道:"吉耶内人在其内心完全倾向英格兰那边。"在中世纪战争中,勃艮第公爵在北方的支持者与英国站在一起,反对法国国王的民族统一事业。这种独立倾向在法兰西其他地区如洛林和弗朗什-孔泰也表现出来。一直到法国专制主义王权建立以后,先前那种民族独立的意识在一些地区还没有完全消失。[①]

到了16世纪,法国民族意识开始形成。1539年法国宣布法语为宫廷用语,但当时普罗旺斯人对把他们的语言排除在外提出抗议。[②]路易十四强调,唯有他有资格运用"民族"概念,他在给他儿子的信

[①] 赫兹:《历史和政治中的民族性:民族情绪和特征的心理学和社会学研究》,伦敦1954年版,第165—167页。
[②] 赫兹:《历史和政治中的民族性:民族情绪和特征的心理学和社会学研究》,伦敦1954年版,第83页。

中说，只有一个团体的首领能够考虑和做出决定，而所有其他成员只有实施他的命令的职能。在路易十四的回忆录中，他有时把外国人称为"民族"，但路易十四较少使用"民族"这一概念，他通常称法国人民是"我的人民"，把法兰西称为"我的国家"。他生怕使用民族这一概念会危及他个人对权力的控制。到1754年，德·阿尔让松侯爵说过这样的话："在此以前，民族和国家这两个词从来没有像现在这样被频繁地使用。路易十四从来没有提到这两个词，甚至没有一个人对它们下定义。"①

博丹是法国16世纪重要的思想家，他的国家主权理论前面已提及，他在法国民族概念形成中也占有一席地位。在博丹的理论体系中，统治权并不是一种专横的权力，他认为一国的君主为宗教、道德义务、自然法和一些基本的传统所限制。②他认为国家不是唯一的社会组织形式，最高权力的出现是把国家同包括家庭在内的其他一切群体区别开来的标志。博丹认为，除了对一个共同的主权者服从，公民之间还可能存在许多其他关系。他们可以有共同的语言和宗教，他们之中的各个集团可以有主权者赞许的特有法律和地方习俗。法律、语言、宗教和习俗相同的这种集体，博丹称之为"城市"，但这个名词大体上相当于"民族"的概念，它是一种社会联合而不是正式的政治上的结合，他所说的"城市"并不是国家。③博丹描述的正是民族

---

① 赫兹：《历史和政治中的民族性：民族情绪和特征的心理学和社会学研究》，伦敦1954年版，第315页。
② 赫兹：《历史和政治中的民族性：民族情绪和特征的心理学和社会学研究》，伦敦1954年版，第300页。
③ 〔美〕乔治·霍兰·萨拜因：《政治学说史》下册，托马斯·兰敦·索尔森修订，刘山等译，商务印书馆1986年版，第462页。

的特征，他辨析了民族和国家两种概念的差别。博丹还探讨了自然环境对民族特性影响的问题。他借鉴了亚里士多德的一些看法并做了进一步的论述。他认为北方民族形高体大，身体强壮，但行动和思想迟缓；南方民族体格瘦小，举止活泼，在敏锐和智慧上胜过一筹；而中部地区民族兼有二者之特点、较为优越。[1] 博丹注意到民族的人文特点，这是他那个时代人文主义者对民族研究中一个共同注意之处。波斯泰尔是法国数学家、东方语言学家和政治著作作家，他表示希望世界所有的民族实现和平和协调一致，他希望通过宣传世界宗教、法律和世界语来达到这个目的。他认为法兰西种族具有领导世界的使命，他称自己是"高卢世界主义者"，主张扩张法国的霸权。[2] 波斯泰尔的民族主义情绪具有强烈的种族主义和沙文主义色彩，但是从整体上说，在法国，"民族"和"祖国"概念的提出和大量使用具有反对专制主义王权的色彩，民族的概念在法国意味着自由的、有统治权的人民，因此，这个概念为绝对主义王权的捍卫者们所憎恨。

在《南特敕令》颁布后，40万胡格诺教徒逃往英国、荷兰、瑞士和普鲁士。这个时期是启蒙思想家伏尔泰、狄德罗、卢梭、孟德斯鸠活动的时期。法国启蒙思想家们努力把爱国主义和世界主义的观念结合在一起。他们设想，一个民族应当是自由、文明、和谐和统一的，没有一个人愿意把专制制度统治下的国家看作自己的祖国。他们为法国取得的光辉成就骄傲，并希望保持法国文化的领导权，但是却厌恶战争、征服和民族歧视。他们中大多数人是贵族，认为一个受过

---

[1] 〔美〕乔治·霍兰·萨拜因：《政治学说史》下册，托马斯·兰敦·索尔森修订，刘山等译，商务印书馆1986年版，第468—469页。
[2] 赫兹：《历史和政治中的民族性：民族情绪和特征的心理学和社会学研究》，伦敦1954年版，第300页。

教育的阶级的使命是去领导一个民族。孟德斯鸠论及了民族问题，他更多地强调了他的前辈很少谈到的在社会制度和历史传统运动中的民族精神。他认为国家和社会不是按契约塑造的，它们很大程度上是由超出了个人控制的环境条件决定的，它们通过有机的一致性来保持，每一种政治制度都有它特别的心态。孟德斯鸠在从民族精神和民族文化角度来理解政治这一研究课题上是一个开拓者。[1] 卢梭对于近代民族、民主观念的发展都有很大影响，他的思想理论活动具有强烈的浪漫主义倾向和民族主义观念。卢梭的理论确实具有个人主义情绪，但是他转而提出了要把所有单个的个人组织融合在民族的组织中以拯救他们。他用浪漫主义观点来看普卢塔克宣传的英雄和爱国主义，要求公民放弃他们个人的利益服从共同幸福的目的。政府应当根据普遍的愿望来做出决定，即根据集体的利益来决定。他认为影响甚大的基督教也无法与强烈的爱国主义相比。基督教祈祷正义、和平和普遍的兄弟关系，这对于人类是有益的，但是这种概念削弱了国家并使社会分裂。[2] 卢梭强调民族传统可以加强市民的团结，但卢梭反对当时甚为流行的世界主义，认为这种观点会使一个民族逃避它的社会责任。他认为民族制度、传统、习惯和习俗构成了一个民族的特点。他说："是一个国家的国民构成了一个民族。"卢梭在称赞民族尊严的同时，反对崇尚权力、战争和压迫的近代民族主义原则。他希望把大国划小，通过建立联邦来保持和平。[3]

---

[1] 赫兹:《历史和政治中的民族性：民族情绪和特征的心理学和社会学研究》，伦敦1954年版，第316—317页。
[2] 赫兹:《历史和政治中的民族性：民族情绪和特征的心理学和社会学研究》，伦敦1954年版，第320页。
[3] 赫兹:《历史和政治中的民族性：民族情绪和特征的心理学和社会学研究》，伦敦1954年版，第322页。

在德意志 14 世纪中叶活动的鲁波德·冯·贝本堡是最早表达出民族情绪的作家。鲁波德反对教皇的权威,他认为选民的选举不是代表个人意志,而是代表作为一个联合整体的人民代表团体,由大多选民选出的选侯王公应当拥有权力。他认为是一种对"德意志土地"的热情促使他提出这种看法的,"如果今天王公不在或是帝国王位空缺,罗马帝国的人民可以颁布法律,因为人民比帝国皇帝的地位更高"。他认为德意志民族有权控制王国和"罗马人的"帝国。[1] 到了 14 世纪末叶和 15 世纪初年马克西米利安一世在位时期(1493—1519 年),当时幸存的塔西陀的《日耳曼尼亚志》的残本所描述的早期日耳曼人的生活史激起了德国人文主义者极大的爱国热情。他们很快便写作了许多著作来描述古老的条顿族的优点,并宣称德意志民族比其他民族要优越。1531 年贝阿图斯·莱纳努斯在一封信中说到奥格斯堡一个人文主义团体时,称之为"泛日耳曼"。[2] 15 世纪在德意志帝国的文献中出现了"德意志民族"的概念。路德在给基督教贵族发出的呼吁书中曾提到"德意志民族,即主教和王公",很显然"民族"这个概念在当时政治上分崩离析的德国是把民众排除在外的。[3] 可以说在德国,民族观念的成熟形成到较迟些时候才实现。这是由于德意志政治分裂的历史现实所决定的。

到了 18 世纪启蒙运动和早期浪漫主义时期,德国的专制主义发展到一个新阶段,经济改革和工商业发展的步伐较快,但是这个时期

---

[1] 麦基尔韦恩:《西方政治思想的成长》,纽约 1932 年版,第 290—291 页。
[2] 赫兹:《历史和政治中的民族性:民族情绪和特征的心理学和社会学研究》,伦敦 1954 年版,第 294 页。
[3] 赫兹:《历史和政治中的民族性:民族情绪和特征的心理学和社会学研究》,伦敦 1954 年版,第 234 页。

德国的文化受到英国和法国的影响。德国受过教育的阶层大多接受了世界主义的观念，他们对民族主义表示出厌恶。但这时一些国家已经认识到德国面临的困难是缺少一个中央权威。然而这个时期文化上的民族主义尚未出现，上层阶级全部倾倒于法国风尚。弗里德里希二世创办柏林科学院时规定它使用法语，并任命了法国人为它的秘书。当伏尔泰作为弗里德里希二世的客人旅居柏林，出入宫廷之际，他在写给自己在巴黎的一个朋友的信中说，他感到他好像是在法国，当时法语完全统治着德国的上流社会。普鲁士国王的兄弟曾劝告一个普鲁士的贵族学习法语。甚至以后相当一个时期，普鲁士和奥地利的大臣都选择法语作为官方通信用语。[①] 当时德国古典主义作家很少注意宣传民族意识问题，例如莱辛在 1758 年的一封信里写道，他从未听到过热爱祖国的说法。德国进步的思想家都支持法国大革命，同时通常接受了世界主义的观念。

德意志表达民族意识的先驱当数费希特（1762—1814 年）。1800 年费希特出版了一部关于完美的国家的著作。他在书中提出要建立一种严格的社会平等、自给自足和国家控制经济生活的制度，他认为民族应当是孤立的，应当与其他民族相互隔绝，以此消除作为战争根源的商业竞争。他的计划是推进统一和灵性，创建一个高度道德化的有特征的民族。[②] 1807 年费希特发表的一篇文章接受了马基雅维里的观点。他说："每一个民族都希望尽其所能传播好的特征给它。" 到了 1807—1808 年期间，费希特的民族观念较为成熟了，他发表了著

---

① 赫兹：《历史和政治中的民族性：民族情绪和特征的心理学和社会学研究》，伦敦 1954 年版，第 84 页。
② 赫兹：《历史和政治中的民族性：民族情绪和特征的心理学和社会学研究》，伦敦 1954 年版，第 557 页。

名的关于德意志民族的讲演,他把德国面临的可怕的灾难称作德意志特征的退化,他把这归因于德国上等阶级的极其自私自利,他和卢梭一样寄希望于未被腐蚀的下等阶级中的年轻人。他认为德意志民族有一种伟大的精神和有利于人类的道德和使命。[1] 费希特还论述了民族概念的爱国主义内容,他说只有当一个民族具有自己的民族特色的时候,即具有为上帝启示的特殊的目标和使命而努力时,才构成一个民族,德意志精神是热爱其人民和爱国主义精神。他断然否认德国的君主制和中央集权制度,认为只有德意志人民共和国这种联邦制的结构才有益于一切民族倾向的自由发展。他希望由普鲁士统一德意志,在普鲁士国王死后建立一个没有王公贵族的共和国。费希特用民主的政治理想来构造德意志民族精神,表现出理想主义和浪漫主义的特征。[2]

---

[1] 赫兹:《历史和政治中的民族性:民族情绪和特征的心理学和社会学研究》,伦敦1954年版,第240—241页。
[2] 赫兹:《历史和政治中的民族性:民族情绪和特征的心理学和社会学研究》,伦敦1954年版,第242—343页。

第四章　国家理论

从文艺复兴到绝对主义王权时期是西方政治理论发展的重要时期，这个时期的思想家对于国家、国家权力、政体和统治者的治术等方面的问题进行了广泛的讨论。

12世纪，保存在阿拉伯语译本中的大批亚里士多德的著作经西班牙地区传入欧洲。13世纪，亚里士多德的政治学和伦理学原著的译本在欧洲出现了。它们大概是通过意大利波洛尼亚的法学家和巴黎大学教授的经院哲学课程传入意大利的。[①] 亚里士多德的政治学理论对于这个时期新兴的政治学理论的发展起了很大的启发和影响作用。13世纪末意大利借助于修辞学的发展和从法国传入意大利的经院哲学的研究这两种思想传统，总结了当时政治生活中意大利城市共和国的现实经验，写出了一批拥护和支持共和自治政府的理论著作，同时广泛地探讨了国家政体问题。

拉蒂尼在《宝卷》一书中论述说："政权分作三种类型。第一种是国王的政权；第二种是贵族的政权；第三种是人民的政权。其中第三种远远优于其他两种。"他在论及城市共和国的政体时说，在那里

---

① 〔英〕昆廷·斯金纳：《现代政治思想的基础》，段胜武等译，求实出版社1989年版，第54页。

"公民、城市居民及民众团体选举自己的最高长官或首领,其结果是城市人民以及他们所有的附庸可望得到最大的好处"。在《宝卷》的第2卷中谈到亚里士多德关于城市治理的见解时,他强调"如果每个人都按自己的意愿行事,那末管理人类生活的政权就会遭到损害而彻底解体"。他称赞柏拉图和斯多葛派学者对人们的提醒:"我们不是单为自己而生,在考虑问题时应当把公共利益放在万事之首。"①

经院哲学家对罗马共和国后期的活动家如伽图和西塞罗采取了新的态度。以前这些人被单纯看作超脱纷乱的政治生活的楷模,现在被看作伟大的爱国者和具有全民的美德的完善人物。他们看到共和国处在危险之中便挺身而出保护它免遭暴政的侵害。②

巴特鲁斯批评了阿奎那关于君主政体是最好的政体的看法。他指出,国王被驱逐后,罗马城所建立的第一个政权是"以民众为基础的"共和国,他认为这种政体适合于意大利城市。巴特鲁斯在他的政治著作《论城市政权》中提出,除最大的城市外,"民众政权"肯定永远是所有其他城市最适当的统治形式,在这种政权中,"城市的全部权力都掌握在全体民众手中"。③

托勒密在其著作中区分了"独裁"和"宪政"两种统治形式。他把"宪政"制度定义为"依照法律"和"代表人民主体"施政的形式,他强调应当永远采取选举形式和"宪政"制度。他指出,这种政

---

① 〔英〕昆廷·斯金纳:《现代政治思想的基础》,段胜武等译,求实出版社1989年版,第45—46页。
② 〔英〕昆廷·斯金纳:《现代政治思想的基础》,段胜武等译,求实出版社1989年版,第57页。
③ 〔英〕昆廷·斯金纳:《现代政治思想的基础》,段胜武等译,求实出版社1989年版,第64—65页。

体是最自然的统治形式,这就是为什么"这种政体首先在意大利兴盛的原因"。他认为在意大利民众高度重视他们的自由,因而任何人都不能终身执政或以暴君的方式进行统治。①

意大利的布鲁尼对罗马共和国的强盛和帝国的衰微做了分析和解释。他认为,罗马历史清楚地证实了一点:只要存在参与政府事务的自由,一个民族就必然强大;只要自由被剥夺,就必定腐败。他在《颂辞》中评论说:"在共和国落入一人手中以后,著名的天才人物再也不见了。"这个观点还表现在他写的《佛罗伦萨人民史》中,该书大部分写作于1414—1420年间。他在书中重申了罗马霸权的兴衰基本上可以根据政治自由的得失来解释。当通往鼎盛之路开通时,人们就会极容易奋起;当此路对他们封闭时,他们就会耽于怠惰。罗马的衰落起于"罗马人民失去自由,受到皇帝统治之时"。随着帝制的建立,人民拱手交出了自由;随着自由的消失,他们的力量衰弱了。②

15世纪中期到16世纪中期,君主制在意大利大部分地区都取得了胜利,但是唯有威尼斯继续保存了共和政体。韦尔杰里奥在《威尼斯共和国断想》一书中系统地总结了这方面的经验,他在理论上以柏拉图的《法律论》中的观点为根据。柏拉图认为,最健全、最稳固的政体必须由三个"纯粹"的形式合成,其结果就产生了君主制、贵族寡头制和民主制三者的混合物。韦尔杰里奥认为,威尼斯政权的优越性就在于它成功地将这三种不同的制度融为一体,形成一种稳固的混合统治体,其中执政长官代表君主制,元老院代表寡头成分、大议会

---

① 〔英〕昆廷·斯金纳:《现代政治思想的基础》,段胜武等译,求实出版社1989年版,第56—57页。
② 〔英〕昆廷·斯金纳:《现代政治思想的基础》,段胜武等译,求实出版社1989年版,第83—84页。

代表民主制成分。他说,由于威尼斯人明了柏拉图的最佳城市治理方式的思想,才能在管理城市各项事务中取得极大成功。威尼斯知识分子的代表人物弗朗切斯科·巴尔巴罗曾在一封信中说,在柏拉图《法律篇》一书译本里应加上一段前言,以便能够较详细地阐述柏拉图的理论与威尼斯的政治实践的相通之处。追随他的乔治随即写出这样一篇文章。[1]

在当时代人写的一批赞扬威尼斯城市共和国的著作中,进一步把共和制的理论系统化和美化。例如保罗·帕鲁塔的《政治交谈》一书分为两篇,上篇探讨了古代的罗马共和国,下篇则研究了当时的威尼斯共和国,他认为威尼斯取得空前成就的关键在于威尼斯的"形式与体制",这个政权的所有各个组成部分各得其所,政府的各个方面都对其他方面严格地加以"限制和矫正",从而避免了"内乱",使"公共利益"得到永恒的保证。[2]正如斯金纳所指出的,经院哲学对于文艺复兴后期共和主义思想的繁盛做出了贡献。

多明我会的修道院长萨沃纳罗拉也讨论了国家政体和共和主义制度。他写了《佛罗伦萨政体论》一书和论文《论君主式的政治统治》。他认为对于意大利特别是佛罗伦萨,君主制不是最佳的统治方式,在这些地方必须保持共和制政权,因为只有共和制才能保证公民得以享受"真正的自由"。他探讨了是什么因素破坏了政治生活的稳定,他认为政治自由最严重的危险在于将一个城市托付给雇佣军,此外还认为竞争和城市内部的冲突也起了破坏作用。他集中讨论了用何

---

[1] 〔英〕昆廷·斯金纳:《现代政治思想的基础》,段胜武等译,求实出版社1989年版,第145页。

[2] 〔英〕昆廷·斯金纳:《现代政治思想的基础》,段胜武等译,求实出版社1989年版,第147页。

种措施来确保自由的永世长存,他将希望寄托在国家制度的效力上,他认为唯一的万全之举就是全体人民成为一切政治事务中的最高权威,维护自由要靠公民与政权保持同一性。[①]

在文艺复兴后期,政治思想家们不仅广泛地讨论了政体问题,还讨论了制约君主、防止暴君出现的制约理论。巴特鲁斯和马西利(1278—1343年)提出了三项制约统治者和行政官员的措施,以防止他们漠视民众的意志从而堕落为暴君。马西利提出的第一项规则的内容是,为了"保障公民的美满生活",一个国家通过选举确立新君主肯定比世袭继承的方式要好。巴特鲁斯补充说,任何"在恐惧中"进行的选举都无效,统治者是受命"为了公众的利益"而执行法律的。他们二人对统治者提出的第二项约束是,任何统治者在执行法律时,其自由裁决权要尽可能小,决不允许超过这一限度。巴特鲁斯指出,仅仅靠选举仍不足以保证统治者不随心所欲地行使权力。马西利的第三项约束是建立一套对所有行政官员和执行机构进行检查的复杂制度,以保证他们关心选举他们的公民的意志。全体会议可以选举和罢免最高行政官员。这样,马西利和巴特鲁斯从亚里士多德的理论和意大利城市共和国的经验中发展引申出了人民主权理论。[②]

从封建主义向资本主义过渡时期的政治理论是近代政治理论的酝酿和形成阶段,它并没有形成统一的内容,其内容包含了很大的内在矛盾性,这突出地表现在伦理道德的原则和现实主义原则的冲突中。对统治者谋略即治术的研究是这个时期政治理论家普遍关心的问题。

---

① 〔英〕昆廷·斯金纳:《现代政治思想的基础》,段胜武等译,求实出版社1989年版,第153—154页。
② 〔英〕昆廷·斯金纳:《现代政治思想的基础》,段胜武等译,求实出版社1989年版,第68页。

帕特里齐认为,"君主必须用其行动来为自己赢得荣誉",应当坚定地相信取得荣誉是"发扬优秀品质的最大报酬"。卡斯蒂利昂在《廷臣读本》中讨论君臣的关系时认为,廷臣的主要抱负和"他所向往的目标",只能是向自己的统治者提供合理的政治建议。这样做的目的是保证君主获得"名誉和利益",取得"最高的荣耀"。马基雅维里在《君主论》中也肯定了这种价值标准。他认为君主的行为必须既公正又有益,因此他要求君主把"某个受到赞扬的历史人物"作为自己的楷模,时刻"参照他们的行为事迹",例如他提出了完成西班牙统一事业的阿拉贡的斐迪南(1452—1516年)。他向美第奇家族陈述了这样的看法:如果他们能成功地给意大利带来"新法律和新制度",那就是他们最大的功劳,没有什么比建立一个新君主国能"给每个人带来更大的荣誉"。[1]

高度重视政治道德是文艺复兴后期政治思想的重要现象之一。马基雅维里的《君主论》中有几章专门讨论了君主应当如何控制自己对臣民的言行举止问题,它讨论的正是这方面的内容。马基雅维里在书中提出了几个问题,比如,君主应当实实在在拥有"公认的优秀品质",还是徒有其表即可?君主应当残暴还是仁慈?他们是否应当做到言而有信?这些问题都是围绕着政治道德这个核心提出的。马基雅维里认为最重要的是统治者怎样才能很好地"维护他的国家",以及在政治生活中讲求道德在多大程度上有助于这一目标的实现。马基雅维里认为君主的目的是"维护他们的国家"、"完成大业"和追求最高的名誉和声望。他在论述君主的责任和统治方式时,考虑到人文主

---

[1] 〔英〕昆廷·斯金纳:《现代政治思想的基础》,段胜武等译,求实出版社1989年版,第124页。

义的传统道德和现实主义的政治原则两个方面。但他侧重于后者,他主要根据现实政治的需要来讨论统治者应采取的方法。马基雅维里的见解与他以前的"王公之鉴"派的见解不同。"王公之鉴"派总是规劝君主避免恶行,而马基雅维里则持相反的态度。他指出,"处处依道德行事",君主将会"在竞争的无德者之中走向失败"。他认为,"在我们的时代,伟大的事业还要靠那些吝啬的人来完成"。如果君主想保证其臣民"团结和忠顺",残酷行为是不可避免的。他强调了欺诈的价值,他说,"当代经验表明,成大事的君主恰恰因为随便许诺,精于狡诈欺骗,而终于制服了以诚实为原则的君主"。他在书中以汉尼拔为例,说明君主采取残酷的做法非常必要。由于汉尼拔残酷无情,他率领一支多民族的军队在国外征战取得胜利,同时内部也保持了高度一致。他批评一些历史学家一方面赞扬汉尼拔取得的成果,另一方面却非难他取得这种成果采取的一些措施。[①]

马基雅维里在讨论君主采取的手段时所持的现实主义的政治态度引人注目。他写道:"一位君主如果能够征服并保持那个国家的话,他所采取的手段总是被人们认为是光荣的,并且将受到每一个人的赞扬。"他还写道:"世界上有两种斗争方法:一种方法是运用法律,另一种方法是运用武力。第一种方法是属于人类特有的,而第二种方法是属于野兽的。但是,因为前者常常有所不足,所以必须诉诸后者。因此,君主必须懂得怎样善于使用野兽和人类所特有的斗争方法。关于这一点,古代的作家们早已谲秘地教给君主了。他们描写阿基里斯和古代许多其他君主怎样被交给半人半马的怪物基罗尼喂养,并且在

---

① 〔意〕尼科洛·马基雅维里:《君主论》,潘汉典译,商务印书馆1985年版,第81—82页。

它的训练下管教成人。这不外乎说，君主既然以半人半兽的怪物为师，他就必须知道怎样运用人性和兽性，并且必须知道如果只具有一种性质而缺乏另一种性质，不论哪一种性质都是不经用的。""君主既然必需懂得善于运用野兽的方法，他就应当同时效法狐狸和狮子。由于狮子不能够防止自己落入陷阱，而狐狸则不能够抵御豺狼。因此，君主必须是一头狐狸以便认识陷阱，同时又必须是一头狮子，以便使豺狼惊骇。"[①] 马基雅维里这段话曾引起不少人的非议，但是他并没有放弃传统的人文主义道德规范。他并不主张让君主为所欲为。他直率地表明，要给新君主"制定一套全新的准则"。

在16世纪初年，"国家利益"的概念作为国家概念的一部分在欧洲政治文化中出现了。马基雅维里在《罗马史论》中最先对"国家利益"概念做了集中的论述。他认为，保护共和国的安全与自由这个目标在政治生活中具有最高的价值和压倒一切的重要性，他明确地断言，必须放弃任何运用基督教的价值标准来评价政治事务的企图。他甚至说，如果祖国的自由要求我们走上作恶之路，我们也应当毫不畏缩地迈步向前。"在作出有关国家安危的决策之时，不应当去管它是正义还是邪恶、仁慈还是残忍，或者说可敬还是可憎"，相反，所有的考虑都应挑到一边，唯一的选择就是合力保存国家的生存和维护国家的自由。马基雅维里还认为，"在组成一个君主国或共和国的过程中，人们可能采取一切可能有用的手段，而不管这些手段是如何越轨，任何人因此而受到责备都是没有道理的"。因此，根据马基雅维里的理论，优秀品质和善两个概念不再有任何必然的联系，优秀品质

---

① 〔意〕尼科洛·马基雅维里：《君主论》，潘汉典译，商务印书馆1985年版，第83—84页。

仅是指实际生活中为"拯救国家和维护其自由"所必需的那些品质。由于马基雅维里的"国家利益"观念直接来自于达到政治目的可以不择手段的结论，所以引起了很大的争议。支持马基雅维里观点的有圭恰迪尼和博泰罗。

博泰罗于 1589 年写了《国家利益》一书，他在该书开头时宣布，他的基本意图是研究那些可以说一个统治者有充分理由去采取的行动，他讨论了君主对臣属的方式、防止暴乱的方法、防御的重要性等问题，他基本支持马基雅维里的观念，但他力主君主要谨慎行动。支持"国家利益"论的人认为，既然政治家的主要目的是"保卫国家"，那么在政治实践中出现与道德教诲不符时，就不应当受到唾弃而应当得到承认和赞美。[①]

14 世纪初期，欧洲的政治思想家对王权和教会权力的至上地位发动了进攻，提出了每个独立王国内的最高权力在它的领土范围内有至高无上的立法权，是臣民效忠的对象。意大利帕多瓦地方的马西利在 1326 年出版了《和平的拥护者》一书。该书提出了两个中心思想。一是把教权排斥于国家权力之外。他认为国家包含着世俗和宗教的内容，但即使是精神领域也应以世俗为基调，精神生活也必须由国家来管辖，教会没有插足的余地，如果教会充当了精神生活的管辖者，那就会破坏国家机体的统一，从而也就破坏了和平。马西利实质上否定了教会的特权和教皇超越世俗权力的地位。该书提出的第二个思想是国家主权的思想。作者认为国家是实现人类生活各种机能的"活生生的存在"，这些机能相互制衡的作用使国家处于健康和平的状态，以

---

① 〔英〕昆廷·斯金纳：《现代政治思想的基础》，段胜武等译，求实出版社 1989 年版，第 264 页。

保障美好的生活。他认为国家的成员应当包括农民、手工业者、士兵、商人、僧侣和官吏六种成分，他们分工合作，并一概受国家统治者管理。国家主权属于人民，任何统治者最终都要受人民的制约，对自己的行为负责。另外，马西利提出了初步的法治思想。他把法律分成两类，认为人类法是法律的主要部分，它是全体人民的命令，起调整现实世界的作用，谁违背了这种法律，就要受到强制性的惩罚，强制性的法律实施权在政府。[1] 在马西利的政治理论中，国家权力开始摆脱永恒的最高权力的形象，也不再归属统治者个人，成为人民参与和认可的权力。

从 15 世纪后期起，欧洲的政治生活中出现了一种新的政治集合体即国家，它们的出现，导致了各种民族语言都在寻找一个合适的词汇来描述和指谓这种新兴的政治实体。这样，"国家"一词在各种民族语言中都出现了。Lo stato，l'Etat，der staat，el estado 和 state 这些新词都开始使用。这些新的关于国家的描述性词汇在各自的语言中都一一对应的旧有的描写古代国家的词汇有不同的含义。

在拉丁语言中，这个新产生的词汇 stato 和对应的旧词 status 有很大差别。status 一词在拉丁语中起用得较早，在公元前 360 年罗马人就使用了"罗马国家"一语，其完整准确的含义是指罗马共和国。在中世纪，status 主要是一种非政治概念，它从未作为一个单独的词汇来指谓一种政治集合体，它意指一种客观秩序状态。后来，status 便被用来描述一种团体和一种每个等级都拥有其特定权力和职责的等级制度。到 15 世纪，特别是 16 世纪荷兰独立以后，status 一词开始具

---

[1] 谷世德、吕世伦：《西方政治法律思想史》上册，辽宁人民出版社 1986 年版，第 160—163 页。

有明晰的政治内涵。而从 14 世纪起，乔万尼·维拉尼开始使用 stato 一词，用以指谓一种具有共和国式样的政治集合体。而这时 status 一词则用以指谓一种与荷兰联省共和国不同的王国。以后，stato 在使用中开始与中世纪接受的 status 一词相分离，前者在词义上具有法律上的职责和特权的内涵。[①] 到了 16 世纪，意大利人文主义者马基雅维里写下了《君主论》(1532 年) 等重要著作。《君主论》一书具有经验主义的特征，它详尽地讨论了政治家保持国家长期存在、维持其统治的诸种手段。该书在政治学理论上有一定的地位。stato（国家）一词是马基雅维里著作中一个关键词汇，马基雅维里赋予 stato 一词不同于中世纪的使用含义。马基雅维里的国家（stato）概念是指一个有主权的王国，一个取得人民认可的王国。诚然，他在《君主论》和《演说集》中使用这个词时，其含义还有不系统不明确之处，他有时用这个词指"国家"，有时指"地位"。[②]

在德语中 staat 一词最初是在 15 世纪从荷兰语 staat 一词派生出来而后在上德意志出现的。以后在法语和荷兰语的影响下，该词开始具有政治内涵。但是，由于德意志地区政治发展缓慢，所以在德语中直到 18 世纪末这个词仍被视为是一个完全抽象的概念。

在法语中"国家"（最初是 estat，以后是 e'tat）一词是 13 世纪从拉丁语派生移入的。到 14 世纪它已具有政治内涵。1595 年皮埃尔·夏隆给"国家"这个词（l'ètat）下了一种近代的定义，称之为"一种统治，一种包含了指挥和顺从在内的命令，以及人类事务的基础、内部联系和指导精神；它是社会内部的结合，没有它，社会便无

---

① Kenneth Dyson, *The State Tradition in Western Europe: A Study of An Ideas and Institution*, Oxford U. P., 1983, pp. 25-26.

② F. Chabod, *Machiavelli and the Renaissance*, Harvard U. P., 1958, p. 117.

法存在；它又是给人类的自然结合带来生机的不可少的要素"①。17 世纪，黎塞留、波舒哀主教和路易十四频繁地使用"国家"一词，并冠之以大写字母，以表示其区别于其他法语词汇的特殊地位。② 总之，到 17 世纪初期，"国家"一词在法国已成为一个基本的法律概念，它包含着下列几个含义：由一个统治者统治的领土单位，它包括脱离于国王而具有连续性的王室政府及其官员；在一个共同的统治者之下生活而具有统一的情感的共同体。

在英语中，"国家"（state）一词是由"等级"（estate）一词缩短和演变成的。尽管伴随着绝对主义国家的出现，人们承认"国家"具有一种非个人的政治团体的含义，但此时有关统治权的概念仍然明确地具有个体化的特征。③ 在英国最早使用"国家"（state）一词的是受到意大利思想界很大影响的托马斯·斯塔基。到 16 世纪，"国家"一词在英国宫廷官方用语中出现。例如 1558 年的《至尊法》用了这个词，同时还设立有国务大臣官职，官职名也用了这个词。1618 年历史学家雷利在《国家原理》中把"国家"称为"共和国的结构或规定的组织，或统治共和国的长官"。雷利提到了"王国""政治整体"和"共和国"，可见"国家"是和中世纪不同的新的概念。④ 这个时期对于英国人的国家概念起很大影响的是中世纪基督教共和国（commonwealth）的概念，它包含了人民是一个联合起来争取共同幸

---

① W. F. Church, *Constitutional Thought in Sixteenth-Century France*, New York, 1969, p.30.
② Dyson, Kenneth H. F., *The State Formation in Western Europe: A Study of An Idea and Institution*, Martin Robertson, 1983, p.27.
③ Dyson, Kenneth H. F., *The State Formation in Western Europe: A Study of An Idea and Institution*, Martin Robertson, 1983, p.28.
④ Dyson, Kenneth H. F., *The State Formation in Western Europe: A Study of An Idea and Institution*, Martin Robertson, 1983, p.36.

福的团体成员的含义。而争取"共同幸福"的观念正是托马斯·克伦威尔和当时一些知识分子共同追求的目的。[1] 但是，从比较语义学而论，正像一位西方学者所指出的，英语国家通常较为忽视国家概念。[2] 专制主义时期英国学者的著作中对"国家"这一概念一般来说缺少充分的论述。

在法国中央政权在反对封建割据斗争中地位加强的背景下，思想界出现了一批杰出的政治学者。在普德的著作中，国家的概念已明显地抽象化，他不时有意识地把国家作为区别于国王权力的政治权力来看待。荷波杜在1562年《论国家》讲演中论述了议会有在法律方面维护国家的职责。最重要的政治理论家当数让·博丹（1530—1596年）。博丹毕业于图鲁士大学，曾任法学讲师，后为开业律师，担任过省议会议员和三级会议中第三等级的代表，代表作为《共和政体》（1576年，共6卷）。博丹继承和发展了意大利学者马西利和罗马法专家巴特鲁斯关于世俗国家的理论，把关于国家是一个"物"的思想和国家是一个"拥有主权的个体"的思想紧密地结合在一起。他认为国家是公共之事，是民族利益集合的整体。"共和国被授命管理一系列家庭和他们共同关心的事务。"他所说的"家庭"，是一个广泛的社会概念，它除了包括人们常说的一般的家庭外，还包括学校、技工行会、大学、自治团体、官员整体、贵族整体等。他所说的家庭实质泛指一切社会的个体，这一系列家庭即指整个社会。[3] 博丹认为，

---

[1] G. Elton, *Reform and Renew: Thomas Cromwell and Commonwealth*, Cambridge U. P., 1973.

[2] Dyson, Kenneth H. F., *The State Formation in Western Europe: A Study of An Idea and Institution*, Martin Robertson, 1983, p. 4.

[3] Roland Mousnier, *The Institutions of France under the Absolute Monarchy, 1598-1789*, Vol.1, Chicago, 1979, pp. 645-646.

主权是国家最本质的特征，"主权是一个国家绝对的和客观的权力"，主权不可分割，它凌驾于其他一切权力之上，具有不可转让性和永久性。它是一种不受任何限制和法律约束的权力。这种主权包括不须经任何人同意颁布法律的权力，即立法权，宣战、媾和和缔约权，官吏任命权，最高审判权，赦免效忠和服从关系的权力以及其他权力。在博丹的国家主权理论中，国家权力是作为脱离社会并凌驾于社会之上的统治力量而出现的。这种国家权力与统治者的权力有区别，也与臣民的权力有区别，这种国家概念具有抽象化的特点。这种主权为君主国和共和国拥有，政权可以通过不同形式来建立，它可以属于国王和一院，也可以属于两院和国王。但是，政权作为一个统一的整体，它始终高于其他一切权力。博丹把法治的原则纳入国家的定义中，认为国家应按法律治理。他认为主权只有在国家政权活动的范围内才是无限制的，它不适用于那些由神祇法和自然法以及私有财产决定的先于国家存在的关系。在国家之中，"臣民享有个人自由和财产、服从君主的法律，而君主则服从神祇法和自然法"。博丹的政治思想具有反对封建主义的内容，他在强调君主"拥有一切权力"的同时，又说明君主的权力实际上是受限制的。[1] 比博丹稍迟些的卢瓦塞也论述了国家和主权的关系，认为"具体化的国家和主权具有同义"[2]，表述了与博丹类似的思想。

一位西班牙历史学家说："近代国家不仅是一个理论问题，同时也是一个实际问题。"新的国家概念在语言学中的出现，既是新的国

---

[1] 〔苏联〕K. A. 莫基切夫主编：《政治学说史》上册，中国社会科学院法学研究所编译室译，中国社会科学出版社1979年版，第152—154页。

[2] Roland Mousnier, *The Institutions of France under the Absolute Monarchy, 1598-1789*, Vol. 1, Chicago, 1979, p. 646.

家政治活动即政治经验的反映，从严格意义上说又是国家活动的一个部分，即国家的文化表征。

前工业化时期欧洲关于国家概念的另一方面的新内涵是"理性国家"概念的产生。这种理性国家的概念最初以社会契约论为基础，以后则发展成为纯粹的法治国家的概念。

当封建军事国家形成之初，这种国家便具有二重性，即具有法制和暴力两个方面的内容，这两重因素汇合于一个国家的构成中，形成了一种复杂的此消彼长的关系，一个因素的增长则导致另一方面特征的削弱。随着封建主义政治和经济关系的衰落，到17世纪和18世纪古典主义思潮在欧洲出现时，不仅出现了在哲学、科学和伦理学方面的理性观念，同时出现了国家理性概念。最早提到国家理性的是17世纪初西班牙文学家塞万提斯，他在《狗的对话》中谈到了国家理性。他说道，"这种国家理性当它被人承认时，就废黜了很多别的理性"，"尽管它叫做国家理性，但它总是无理性，并且总是把野心勃勃的计划淹没在泪水里"。[1] 在17世纪的英国，洛克表达了朦胧的理性主义的国家观念。他认为政府应向它所管辖的人民或社会负责，它的权力既为道德法则所限制，又受国家固有的政治传统和习俗所制约。政府是必不可少的，它的权力是不可取消的，但这种权力存在的基础在于它为了国家的幸福。洛克论述了国家活动必须满足人的理性的要求，他把自然法解释为每个人生来就有对天赋的、不可取消的权利提出要求的权利，其中最重要的是人的财产私有权。政府和社会的存在是为了维护个人的权利，而个人权利的不可取消性则构成

---

[1] 〔法〕亨利·列菲弗尔：《论国家——从黑格尔到斯大林和毛泽东》，李青宜等译，重庆出版社1988年版，第11、14页。

对政府和社会权威的限制。[1] 洛克认为道义的效力同暴力是两件完全不同的东西，暴力不可能产生道义的效力。一切政府要证明自己正当合法，只能以承认和支持个人和社会共有的道义权利为基础。换言之，道德秩序是永久存在的，政府必须符合它的原则。[2] 霍布斯和洛克认为，政府应当根据普通的理性原则，仅仅为了增进自由、人身安全、对财产的享有和个人其他利益而活动。[3] 洛克的上述理性的观念影响到法国，法国出现了批评国家独裁制的观念。最初是费内隆提出了恢复被王室摧毁的古代政体的要求。到了 18 世纪，洛克的《政府论》提出的自然法或理性法为法国政治思想家提供了简单明了的准则。

从霍布斯、卢梭、康德到孟德斯鸠，理性协议的概念被广泛地引入国家观念之中。康德认为国家是处于合法的法律之下的人们的总和。卢梭在《社会契约论》中写道："如果国家是一个道德人格"，"那么，它便必须有一种普遍和强制的力量，以便按照最有利于整体的方式来推动和安排各个组成部分"。孟德斯鸠强调国家必须合乎人类理性，而法和法的统治便是人类理性的表现。他写道，"人作为生活在一个社会中的分子，而社会必须维持，于是有一些处理统治者和被统治者关系的法律"以及"处理一切公民之间的关系的法律"，"一般的法，就其统治地上一切民族而言，就是人类理性；每一个国

---

[1] 〔美〕乔治·霍兰·萨拜因：《政治学说史》下册，托马斯·兰敦·索尔森修订，刘山等译，商务印书馆 1986 年版，第 588—590 页。
[2] 〔美〕乔治·霍兰·萨拜因：《政治学说史》下册，托马斯·兰敦·索尔森修订，刘山等译，商务印书馆 1986 年版，第 600—601 页。
[3] 〔美〕乔治·霍兰·萨拜因：《政治学说史》下册，托马斯·兰敦·索尔森修订，刘山等译，商务印书馆 1986 年版，第 613 页。

家的政治法和公民法，应当只是应用这种人类理性的特例"。[1]"有一种原始的理性，法就是这种理性与各种不同实体之间，以及这些不同的实体彼此间的关系。"[2]"有理智的特殊实体可以有他们自己制定的法"，"必须承认公道关系先于确实这些关系的制定法"[3]，符合理性的那种"国家体制，是可以做到使任何人都不致去做法律并不要求的事，而不做法律许可的事的"[4]。

黑格尔提出了一种比卢梭、康德和休谟的理性观念更进一步的理性概念。黑格尔给国家所下的定义是集体保护其财产的团体，它唯一的根本权力是建立足以达到此目的的民政和军事机构。他在《德意志宪法》一文中写道："从这些地理上的国家成长为政治上的国家那个时候起，才开始了这些国家拥有权力、财富和该国公民根据法律享有自由条件的时期。"他把国家看作民族意志和命运的精神体现，看作"自由的真正王国，理性的观念正是在这个王国之内实现其本身"。在黑格尔笔下，民族君主制国家被描绘成为自由和权威的完美结合，它不再是封建的自行其是的制度，而是升华为执行民族生活的职能。他认为观念和制度的演进反映了必然性，这种必然性既是因果的必然，又是伦理的必然。[5] 国家代表了不断发展的理性的理想和文

---

[1] 北京大学哲学系、外国哲学史教研室编译：《十八世纪法国哲学》，商务印书馆1979年版，第22—23页。
[2] 北京大学哲学系、外国哲学史教研室编译：《十八世纪法国哲学》，商务印书馆1979年版，第18页。
[3] 北京大学哲学系、外国哲学史教研室编译：《十八世纪法国哲学》，商务印书馆1979年版，第19页。
[4] 北京大学哲学系、外国哲学史教研室编译：《十八世纪法国哲学》，商务印书馆1979年版，第39页。
[5] 〔美〕乔治·霍兰·萨拜因：《政治学说史》下册，托马斯·兰敦·索尔森修订，刘山等译，商务印书馆1986年版，第704—705页。

明的真正精神要素，并从这种地位来运用市民社会，以实现自己的目的。[①] 照黑格尔的看法，国家的权力是绝对的，但并不是专横的。国家的绝对地位反映了国家高于一切的道义地位，国家垄断社会的一切伦理方面；然而，国家必须永远在法律的形式下行使其管理权力。国家是理性的体现，法律则合乎理性。这意味着国家不是掌权人的个人意志和判断，法律对运用它的一切人应当平等地对待。"在国家之内一切事物都是确定的和有保障的，国家反对变幻无常和独断主张"的干预。黑格尔的国家概念被以后德国的法学家称之为法治国家。[②] 黑格尔等人提出的这种法治国家的概念表面上遵循的是一种罗马法的合理性要求，它的实际内容却是资产阶级的国家。[③]

"理性国家"概念在国家史中出现的意义不仅仅在于历史文化意义本身，它是政治文明化发展的一种反映。国家活动逐渐理性化是国家活动"合法化"的开始。"合法化"的统治在某种情况下起着削弱不同社会阶层和集团之间尖锐冲突的作用，它使得统治阶级的国家不至于长期处于被统治群众尖锐激烈的反对之声中。"理性国家"的出现标志着国家统治的"治术"发生了变化，它不再像中世纪封建国家那样在实施统治时常常简单地采取军事征服和暴虐掠夺蹂躏的形式；相反，统治集团表现得具有一种深谋远虑的自我抑制和较为尊崇法律。[④] 在这种思潮影响下，欧洲各专制君主国的统治者纷纷从事基本

[①] 〔美〕乔治·霍兰·萨拜因：《政治学说史》下册，托马斯·兰敦·索尔森修订，刘山等译，商务印书馆1986年版，第729页。
[②] 〔美〕乔治·霍兰·萨拜因：《政治学说史》下册，托马斯·兰敦·索尔森修订，刘山等译，商务印书馆1986年版，第731—732页。
[③] 〔法〕亨利·列菲弗尔：《论国家——从黑格尔到斯大林和毛泽东》，李青宜等译，重庆出版社1988年版，第23页。
[④] 诺伯特·埃利亚斯在《国家形成和文明化》一书中的论述。

法、法典和各具体领域法令的制定，法制建设成为前工业化时期国家活动的一个重要方面。

由于欧洲绝对主义王权时期是一个克服封建化促使王权强化的时期，因此在这个时期也出现了赞美和鼓吹君权的理论。博休特在1679年献给路易十四的继承人的著作中考察了君权的性质，他认为君主的权限需扩展到审理一切案件，不仅包括世俗案件，而且也应包括涉及教会的案件。因为君主无须向任何人负责，所以君权本身是无限的。他在书中讨论"臣民对君主所负的义务的性质"时，赞成宗教改革派所引证的圣保罗关于绝对服从的论点。他引述了圣保罗的训诫："在上有权柄，人人当服从他，因而没有权柄不是出于神的"，以此断定任何违抗君命的臣民即使反抗得当，也定会受到责罚，"因为任何反对权威的行为都违背了上帝的旨意"。但是在这个时期也出现了相反的观点，如英国的菲尔默在《父权制》一书中讲到，所有统治者"必须受其臣民的监督，并为一切臣民所罢免"[1]。关于王权地位的两种观点在这个时期同时存在。

博丹的国家主权理论是从封建主义向资本主义过渡时期出现的较为明晰的政治理论，但是它的内容较为单薄，且未加详细论证。例如关于国家维持良好秩序的目的、臣民与国家的关系等都是需要进一步论述的问题。这种新的政治权力理论的伦理支柱是自然法和斯多葛主义的复兴而产生的理性国家观念。

---

[1] 〔英〕昆廷·斯金纳：《现代政治思想的基础》，段胜武等译，求实出版社1989年版，第386—387页。

第五章　自由民主观念的形成

从封建主义向资本主义过渡时期是欧洲近代自由民主观念形成时期，它有着不止一个思想来源，其中一个重要思想来源是古代罗马和意大利城市共和国政治制度中留下的共和主义传统。

亚里士多德在《政治学》中把城邦生活描绘得十分美好，说它是一种自由之邦，人们的理想在那里得到自我满足。这对后来影响很大。早期文艺复兴时期的人文主义者继承了亚里士多德的观点，他们认为共和国是他们自由理想之所在，为了捍卫共和国及其自由，他们随时准备为之尽其所能，甚至在必要时献出自己的生命。例如1360年代萨卢塔蒂在佛罗伦萨《颂辞》的结尾提出，每一个公民"随时准备为保卫自由而拿起武器"[①]。他在1390年的一封公开信中宣告："我们现在就要武装起来，捍卫我们和其他人的自由"，"我们希望上帝永恒的正义保护我们的自由，关注伦巴底的苦难，不要牺牲如此多的民族的自由，来纵容一个人的野心"。[②]这些人文主义者认为自由的一个含义就是要推行一种自由的政体，使每个公民都享有积极参与政

---

① 〔英〕昆廷·斯金纳：《现代政治思想的基础》，段胜武等译，求实出版社1989年版，第76页。
② 〔英〕昆廷·斯金纳：《现代政治思想的基础》，段胜武等译，求实出版社1989年版，第78页。

府事务的同等的机会,布鲁尼称之为真正的自由。

15世纪和16世纪,共和主义和政治自由的观念在佛罗伦萨和罗马这些保持了共和制度残余的地区绵绵不断地延续下来,这种思想有着现实的基础。皮耶·保罗·韦里杰里奥在14世纪末提出了要保障政治自由的观点,他写了《威尼斯共和国断想》一书。他说,威尼斯人民理解柏拉图所说的城市最佳治理方式,所以在维护自由和管理城市事务方面取得了很大的成功,以至全世界没有一个城市能与之相比。[①] 萨沃纳罗拉在1498年出版了《佛罗伦萨政体论》,指出只有共和国才能保证人民得以享受"真正的自由",这种自由"比金银更有价值"。[②] 帕特里齐在《共和国制度》一书中要求"人人必须关心自由",因为"在公民社会中没有任何事物能比自由更重要,城市的全部精力应当用在自由的事业上"。[③] 里努恰尼在对话体著作《论自由》中认为"热爱自由"是政治生活的基础。他坚持说,如果佛罗伦萨人打算使自己的城市有幸福和美满的前景,他们就必须首先恢复过去一度表现出来过的那种维护自由的热忱。马基雅维里在《罗马史论》中考察了罗马共和国在其初期建立的维护自由所必需的制度,叙述了古代罗马自由的发展历程,他指出,在缔造共和国的过程中明智的人们已经将捍卫自由看作责无旁贷的首要任务之一。他认为罗马共和国的强盛在很大程度上可以归因于共和国的领袖们不断地"引入有助于增

---

① 〔英〕昆廷·斯金纳:《现代政治思想的基础》,段胜武等译,求实出版社1989年版,第145页。
② 〔英〕昆廷·斯金纳:《现代政治思想的基础》,段胜武等译,求实出版社1989年版,第152—153页。
③ 〔英〕昆廷·斯金纳:《现代政治思想的基础》,段胜武等译,求实出版社1989年版,第162页。

进城市自由的新制度"。马基雅维里认为,自由首先意味着不受外来侵略势力和暴政的干涉而独立,同时也指一个民族自己管理自己,而不是由王公来统治的权力。[1] 马基雅维里主张,不仅要使每个公民都可以在平等的条件下参加政治活动,而且必须使这一活动对出类拔萃的人们有尽可能大的吸引力。这样做,便是以保证使所有的人都心甘情愿地通过为社会服务而"获得荣誉和满足";反过来,这也保证了公民个人的伟大永远"有益于而不是有害于城市及其自由"[2]。詹诺蒂在《佛罗伦萨共和国》一文中认为,"一个和谐的共和国"必须建立在一个广泛地包括所有不同的公民阶层的大议会的基础之上,把城市的治理托付给全体公民,这对于维护自由有更为重要的价值。[3] 圭恰迪尼在他的《关于佛罗伦萨政权的谈话》中也强调了人民参与城市政治生活的必要性,任何珍视自由的城市都必须使城市的重要公民们能够通过为社会服务"来实现自己的抱负"。城市必须为他们提供"自由表达和发挥他们优秀品质"的场合,以使整个"城市完善"。[4]

从西方国家与东方国家比较文化的角度来看,两大地区近代政治文化的最大差别是它是否存在着资产阶级自由民主观念以及这种观念的强弱。这种差别的形成原因恐怕要从政治和历史两个方面去探寻。就政治方面而论,近代时期的东方国家在资本主义世界市场形成中沦

---

[1] 〔英〕昆廷·斯金纳:《现代政治思想的基础》,段胜武等译,求实出版社 1989 年版,第 164 页。

[2] 〔英〕昆廷·斯金纳:《现代政治思想的基础》,段胜武等译,求实出版社 1989 年版,第 188—189 页。

[3] 〔英〕昆廷·斯金纳:《现代政治思想的基础》,段胜武等译,求实出版社 1989 年版,第 166—167 页。

[4] 〔英〕昆廷·斯金纳:《现代政治思想的基础》,段胜武等译,求实出版社 1989 年版,第 189 页。

为殖民地或半殖民地，通常没有经历一次疾风骤雨的资产阶级革命，对封建旧文化的清除不像西方国家那样较为彻底。从历史而论，它与东西方封建主义时期政治结构的特征直接相联系。封建主义的政治结构在东西方差异甚大，东方多属中央集权的封建国家，它的社会内部除了偶尔的农民起义，几乎不存在有组织的与中央权力相抗衡的力量。但是在西方的封建化时期，王权不那么强大，西欧各地都存在着封建诸侯势力，它们在一些国家酿成了割据，而较为普遍地构成了各国等级会议和议会的基础，贵族分权势力制约着以王权为代表的集权化力量，形成了贵族民主制。这作为一种制度因素或政治文化传统，对以后欧洲资产阶级民主制的形成影响极大。亨廷顿曾对欧洲历史发展中的这一问题做了一个总结，他写道："在封建议会经历专制时代而幸存下来的国家里，它们通常变成了倡导主权在民而抵御王权至上的工具，皇室的权力和特权逐渐受到限制乃至终止，议会成为占统治地位的政治制度。随着选举权的扩大，议会最终代表了全国。""中世纪的等级会议和多元议会继续保持生命力与后来的民主趋势密切相关。卡斯坦指出，在等级议会经历专制政府统治而幸存下来的日耳曼地区，19 世纪的自由主义运动较为强大，这当然不是偶然的。"[1] 但是，尽管资产阶级自由、民主观念的形成有着其特定的制度史的历史背景，这种观念的形成却是经历了独立的思想理论的发展道路。

在法国，博丹的国家主权理论是为绝对主义时期国家权力的强化服务的，在理论上具有潜在的主张王权至上和反民主的性质。但是，博丹为代表的国家主权理论只是法国文化发展的一股潮流而不是全部

---

[1] 〔美〕塞缪尔·P. 亨廷顿：《变化社会中的政治秩序》，王冠华等译，生活·读书·新知三联书店 1989 年版，第 115 页。

内容。在 16 世纪前后的法国还出现了诉诸自由民主的宪政理论。

16 世纪初在法国首先是塞瑟尔提出了宪政主义的学说。1515 年塞瑟尔写下了《法兰西君主制》一书，4 年后出版。这是很著名的评述法国政体的著作。塞瑟尔曾在法国高等法院供职，被提升为路易十二的大委员会的成员。塞瑟尔在这本著作中没有忘记强调法国国王的伟大和重要，他认为国王是上帝直接命定的。但他强调国王的真正职责是"受上帝委托执行这个伟大而崇高的职责"，而为了确保王法令能如实地体现正义的原则，国王本人应当完全受上帝的法律支配。在国王司法权的正当范围内国王享有绝对权威，但是在法国任何专制主义的趋势要永远受到一系列"约束物"的牵制，这些约束物包括统治方式、宗教信仰和正义原则，其中最重要的在制度上最有意义的是统治方式。国王的统治方式要受基本法所牵制，要保证"王国各阶层民众之间正常有序，融洽和谐"的关系，国王不得改变已建立的社会结构的任何方面，而要保证每一个人在这个等级结构中占得适当位置和他应得到的权益。国王有责任特别是在关系到国家的行动中听取劝告，受到约束。君主绝对不允许突如其来地、理智混乱地做任何事情。①

到了 16 世纪 60 年代，伴随着胡格诺运动的兴起，为了回击塞瑟尔之后法学家在亨利二世末年发展和强化的王权至上的理论，一批信奉天主教的政论作家重新回到具有传统色彩的宪政主义理论上来。以后又把这种宪政主义理论与加尔文教革命思想的遗产相结合，引申发展出了一种反抗理论以争取更多的宗教界人士和反政府的社会阶层的

---

① 〔英〕昆廷·斯金纳：《现代政治思想的基础》，段胜武等译，求实出版社 1989 年版，第 533—534 页。

赞同。以后他们在1572年最终被迫起来举行反对专制主义的反抗斗争时，他们依靠的便是这种宪政主义的观念。16世纪60年代活动的这批法国宪政主义作家的思想论证方法是否认罗马法，转而研究法国古代惯例和政体的历史，通过对民族历史形式的研究提出自己的理论结论。

采用这种思想的首先是艾斯蒂安·帕基埃，他写有《国家研究》等著作。帕基埃指出，如果对王权的某种约束起源于国家的基本制度，它又经历了一个相当长的发展时期，那么这就意味着应当存在一个对当今政府实行同样限制的权力。帕基埃和他以后的迪安南努力发掘和研究法国古代到9世纪的历史，他们发现，在这个时期中王权确实受到不断发展的习惯法和习惯权力所结成的网络的牵制。他们强调国王在任何时候都应当受制于这些习惯法的思想。迪安南写有《国家与司法事务的成功》（1570年），他通过叙述法国政体的历史发展指出，法国政体历史发展的主要教益是说明"我们的国王的权威如何受到他自己制定的法律的约束"。他说，法国政体发展形成的君主制统治方式有助于保证国王始终受到有关的法律和法令的支配、限制和约束，以致"除了正义的、合理的、由法律本身规定的事外，国王不做其他任何事情"[1]。迪安南说，自法王丕平以来，"法国国王的杰出性"主要表现在他们谨慎地"将法律建立在宗教信仰和正义原则的基础上"，他一再强调，所有真正的国王都有责任以正义的原则来约束自己的权力，"保证他们不占有太多的权力"，"并使他们的权力能够正

---

[1] 〔英〕昆廷·斯金纳：《现代政治思想的基础》，段胜武等译，求实出版社1989年版，第545页。

当地行使"。①

这个时期正义原则的牵制作用被看作法律对王权的牵制作用,这见诸博丹研究法国国王加冕誓言得出的结论。博丹论述说,加冕誓言迫使国王在做出决断和仲裁时要出于公心,顾及宗教,并把正确的法律和正义原则施予所有阶级。这种加冕誓言构成对国王权力的一个重要限制。因为国王既然已经宣过誓,他就不能轻易破坏自己的誓言;即使他能够破坏誓言他也不会这样做,因为相同的正义原则既为他存在,也为任何公民存在,他要受这样的法律约束。博丹和当时的法国政治理论家对三级会议的起源和权威表示了日益增强的关注。博丹曾明确宣称:未经三个等级的同意,法国国王就不能打破整个国家特有的法律或改变任何习惯法和其他古老的习惯。迪安南则把三级会议对国王的惯常牵制看作古代政体的本质特征。他强调,等级会议在任何时候都可以作为国王与人民的一剂特效良药。他论证了三级会议在法国政治制度中的地位。"在召集等级会议变成固定的程序以后,我们的国王采纳了经常召开会议的惯例,从来没有不召集会议就从事重大活动。"② 帕基埃认为高等法院这个经过挑选的机构应当被看作使王意志变成正义原则指令的净化点,必须被看作"我国君主制的神经"和"维护国家的基石"。博丹也持同样的见解,认为高等法院的存在对保证国家健康运转作用巨大,"那些试图推翻这些法院尊严的人就是试图毁灭国家,因为正是在这些法院中存在着国内秩序的平安、法律的平安、惯例的平安以及整个国家的平安",因此,高等法院代表

---

① 〔英〕昆廷·斯金纳:《现代政治思想的基础》,段胜武等译,求实出版社 1989 年版,第 546 页。
② 〔英〕昆廷·斯金纳:《现代政治思想的基础》,段胜武等译,求实出版社 1989 年版,第 546 页。

了法国政体的本质特征。这些思想家指出，如果国王试图强制推行违背自然正义法则的指令，高等法院就有权反对甚至否决国王的意志。帕基埃说："高等法院一经建立，正确的做法是没有法院的同意和批准，国王的意志就不应成为敕令。"博丹则一字不差地重复了帕基埃的这句话。塞瑟尔得出的一个结论是，为了确保高等法院牵制国王敕令的独立地位，必不可少的是法官应当免于被罢黜。德穆兰指出："除非法官犯下罪行，否则其权力不能被剥夺。"[①]

16世纪60年代以后，随着胡格诺派在法国被屠杀，发展起了主张反抗的民主理论，使得旧有的宪政主义理论带有革命色彩。奥德芒写了《法兰克—高卢》一书，他在书中为巴黎高等法院的权力辩护，他竭力强调议会的权力，他认为"法院"这个名词也是一种滥用，因为它原来是指三级会议。他把三级会议描述为"一个庄严的公开会议"，按古制最少每年召开一次，它具有讨论"普遍福利问题"的广泛的权利，我们的祖先长久以来"将其视为神圣不可侵犯的"。奥德芒提出了法国君主制具有民选特征的历史"证据"，他说，在古代法兰克王国，"被指定的国王放在一张盾上由在场的人们抬在肩上"。这种习俗说明法国国王的权力最初完全是由人民代表所授予的。奥德芒从对历史的分析中提出了一种人民主权的理论，他认为王国的最高权力应永远归三级会议行使。显然，奥德芒不仅提出了一种限制国王极端行为的理论，而且直接提出了关于民众统治绝对必要的理论。他说，由于等级会议始终拥有设立并废黜国王的权利，那么法国国王不过是一位"全体人民的官吏"，是一位授命主持等级会议的官吏。他

[①] 〔英〕昆廷·斯金纳：《现代政治思想的基础》，段胜武等译，求实出版社1989年版，第548—549页。

认为在古代政治中，国王与等级会议的关系实质上是后者的权威大于前者，国王仍未被授予罗马人民给予帝王的那种"全权"，他始终受契约和规定的约束。他还认为，绝不可把选举国王的权利当作行使主权的一次性行为，相反，必须承认人民代表拥有的一种长期监督的权利，人民大会和国家的公共议事会有权决定转让或是收回国王的统治权，按照古代的政治制度，这一点始终被认为是天经地义的。[1]

贝札继承了奥特兰使用的关于封建制的观念并对这种观点加以补充和发展，他强调相互保证和承诺的重要性，认为法国国王加冕时的誓言表明王权本质上是民选的。他提出，在墨洛温王朝早期法国国王在其誓言中首先承认"你们选举了我来治理国家"，这就是承认了他能否拥有国王的尊严取决于他能否使每个公民"在教俗事务中得到恩惠、权利和正义"。莫耐在《论反抗暴君的自由》中同样提到了人们所熟悉的国王誓言中表现的那种封建契约关系，他在论述国王的"设立"时指出，虽然"在某些地区自由选举权看来已不复存在"，但在所有以正确方式建立的王国中选举的习惯始终没有被破坏。即使那些在今天看来是通过世袭登上王位的人，也必须首先由人民主持登基仪式。例如，在法国举行国王登基仪式时，主教要问所有在场的人，他们是否自愿和乐意被指定的人担任国王。这种加冕过程事实上表明是人民选举了国王。[2] 莫耐在这本书中还全面阐述了法国宪政主义的一个传统观念，即强调采取议会制制约国王行动的法律权利。他认为巴黎高等法院是"国王和人民之间的仲裁者"，假如国王以违法手段对

---

[1] 〔英〕昆廷·斯金纳：《现代政治思想的基础》，段胜武等译，求实出版社1989年版，第587—588页。

[2] 〔英〕昆廷·斯金纳：《现代政治思想的基础》，段胜武等译，求实出版社1989年版，第591—592页。

付公民的话,法院有权利也有责任做到秉公执法。他认为在法国的政体中法院具有一种核心地位,不论在何种情况下,国王在枢密院通过的对外宣战媾和的法令或决议都必须取得法院的批准。"与国家有关的一切事务都必须列入法院的议程,未经法院正式同意,任何事情都不能认为是已获批准的。"[①]

在宗教改革运动前后宣传反抗理论的不仅有法国的胡格诺派理论家,德国的路德派和加尔文派也都宣传过激进的力主反抗的宪政理论。过去在对宗教改革研究中,人们通常认为加尔文派比路德派更为接近激进的政治反抗理论,认为加尔文本人的政治思想中具有"潜在的革命性",以及"激进的理想与组织的坚实基础"。但是晚近斯金纳认为,首先把积极反抗的思想引进宗教改革运动的是路德而不是加尔文,加尔文派在16世纪50年代提出的革命理论是对路德派早在30年代就已提出的观点的继承。[②] 路德派中最早起来宣传宪政危机理论的是神学家安德里斯·奥西安德尔,他在德意志一些地方组成了反对国王的防御同盟的背景下论证说,圣保罗所说的"神所命的"掌权者应当被理解为不仅包括"上级"统治者,而且也包括下级长官、地方诸侯及其他一切地方上的权威。如果上级统治者不履行他所承担的责任,那么他的下级便可以合法地对他进行反抗,这些下级长官"同样为上帝所命定",以保证坚定不移地维护良好而神圣的政府这一最高需要。17世纪60年代布策尔在《四福音书释义》中提出,"为了使人类事务得到有效的管理",上帝绝没有在一个现存的王国或帝国

---

① 〔英〕昆廷·斯金纳:《现代政治思想的基础》,段胜武等译,求实出版社1989年版,第593页。
② 〔英〕昆廷·斯金纳:《现代政治思想的基础》,段胜武等译,求实出版社1989年版,第476页。

中"把所有的权力都交与一人之手"。他在《士师记注释》中以大卫国王为例指出，上帝"总是把权力分给许多人"，不仅交给一名最高统治者，而且还特地交给一批下级长官，他们都是统治权的真正拥护者，因而都可以用自己的名义行使司法权力，所有这些权威总起来才是神所命的真正的掌权者。他进一步论证说，如果上级掌权者放弃其职责，进行邪恶的或暴虐的统治，那么在这种情况下下级长官便不再有继续服从其上级的义务，他们具有一种"不应被忽视的"明确责任，那就是要保证做到，"如果一名上级掌权者进行巧取豪夺，或从事任何其他形式的外在的不义行为"，他们"应努力以武力铲除他"。[①]1550年马格德堡的路德派牧师写了一份《告白书》，它开篇便简明有力地阐述了一种下级长官合法进行武力反抗的理论："如果一名下级长官迫害他的臣民，那么根据自然法、神之律法及真正的宗教和对上帝的礼拜，下级长官应依上帝的意旨来反抗他。"[②]

苏格兰宗教改革派约翰·诺克斯在他的著作中也非常清楚地陈述了力主反抗的宪政理论。他在1558年写给苏格兰贵族各等级的小册子《呼吁书》中阐述了激进的积极反抗的主张。他首先要苏格兰贵族相信，他们的目的是为了保护人民，"反对凶犯的暴君而被上帝所命的掌权者"。诺克斯提出了两个宪政理论观点。其一是贵族和君主一样，应被看作"为上帝所命的掌权者"，他们"与其国王一起"构成政府权威。其二，当上帝"亲自确认"这些贵族"为统治者"时，他特意"指定了这些掌权者的职责"，这意味着君主和下级长官绝没有

---

① 〔英〕昆廷·斯金纳：《现代政治思想的基础》，段胜武等译，求实出版社1989年版，第475—476页。
② 〔英〕昆廷·斯金纳：《现代政治思想的基础》，段胜武等译，求实出版社1989年版，第477页。

被置于人民之上"作为暴君进行统治,而对他们的利益和日常生活漠不关心"。他们全体之所以被命定,"是为了他人的利益和功利",其主要责任是"向恶人复仇,维护好人,并在其职权范围内进行管理和统治"。正是在强调"所有的掌权者都是上帝的差役","没有所负责任便不存在荣耀"的基础上,诺克斯号召作为下级长官的贵族们在苏格兰发动一场加尔文教的革命。他提出,"由于上帝给予贵族的职责是维护他交与你们看管和照顾的你们的同胞和臣民",那么,当掌权者对他们的统治表明他是"一个对上帝无知的人"或是"一个基督徒的迫害者","毫无道理地对其同胞施暴"时,"人们就不再有义务去服从,要准备去纠正与阻止。"[1] 斯金纳认为,加尔文直到16世纪50年代末才修正其消极服从的学说,转而接受反抗的宪政理论,在此以后,加尔文派便用这种反抗的宪政理论来证明其抵抗运动的合法性。此外,在尼德兰抵抗运动出版的战斗性小册子中也凭借宪政反抗理论,其宣布,在暴君的行为僭越其职权时,应当"对他们进行合法的和必要的反抗"[2]。

如果研读一下17世纪英国资产阶级革命酝酿时期的议会文件和出版物,我们会发现一个引人注目的现象,即影响和鼓舞与斯图亚特王朝斗争的议会反对派的不仅有清教思想,还有更为直接的政治理论,这就是从英国封建主义时代的历史和政治文献中推衍出来的政治民主观念。

爱德华·考克是英国17世纪初期议会活动家和著名的法学家,

---

[1] 〔英〕昆廷·斯金纳:《现代政治思想的基础》,段胜武等译,求实出版社1989年版,第484页。
[2] 〔英〕昆廷·斯金纳:《现代政治思想的基础》,段胜武等译,求实出版社1989年版,第486页。

他在著作和言论中大量地阐述了英国古代存在的政治自由。他认为英国 1215 年的大宪章与斯蒂芬·朗吞及亨利二世时代的法律文件有着联系，议会自由的原则不仅来自 1215 年的大宪章，同时也是 1215 年以后英国宪政文件的一贯精神。他认为在 13 世纪的封建文件中已包含有论证议会权力和财产权的内容。[1] 考克的思想在 17 世纪 20 年代和 60 年代在英国影响很大，议会内外无人不知晓。在早期斯图亚特王朝的议会斗争中，议会革命党人承继了考克的思路，以《自由大宪章》（以下简称《大宪章》）和其他封建时代的法律文件为依据，与查理一世的专制王权抗争。

1628 年 6 月下院议员在同查理一世的斗争中起草了一份重要的文件《权利请愿书》，这份文件是对国王查理一世专制罪行的抗议，它要求保障包括新兴资产者和地主在内的英国人民的各种自由权利。《权利请愿书》在提出了英国人民各种权利要求时，强调提出这种要求的依据是中古时期英王爱德华一世的法律和著名的《大宪章》。《权利请愿书》中这样写道，"在国王爱德华一世统治时代所制定的一项法令曾经宣示规定，除了依照同级贵族之依法裁判，或经国法判决，任何自由人皆不得被逮捕、监禁、剥夺自由不动产和各种自由或自由的习惯、剥夺法律保护权、流放，或用任何方法加以损伤"。"今后如不经议会的同意，不得强迫任何人提供任何购物、恩税、德政税或类似的税收；并且不得以任何如上所说的方法去监禁或扣留自由人。"[2] 议会革命党人把封建法律中规定的自由权利作为自己争取资

---

[1] J. G. A. Pocock, *The Ancient Constitution and the Feudal Law: A Study of English Historical Thought in the Seventeenth Century*, Cambridge U. P., 1957, pp. 44-45.

[2] S. R. Gardiner, ed., *Constitutional Documents of the Puritan Revolution, 1625-1660*, Oxford: Clarendon Press, pp. 65-70.

产阶级自由民主斗争的理论根据，这样的例子比比皆是。1641年取消王室法庭的法令强调，"根据无数次在议会中确认的大宪章所规定，任何人不得被监禁、被强夺他的自由不动产或人身自由"①。中世纪的《大宪章》在英国革命高潮时期甚至被更激进的小资产阶级民主派别所借用。在第一次内战中议会军击败查理一世的王军以后，平等派在争取政治民主化的斗争中反复强调了包含在《大宪章》中的基本原则，把它作为抗御议会暴政的盾牌。平等派领袖李尔本说："正是以法律的名义……最重要的是根据《大宪章》和《权利请愿书》，议会拿起了武器。"②当李尔本被议会下令逮捕并送审时，他在自我辩护中以《大宪章》第29章的内容为根据强调说，是《大宪章》保证了他和其他人"生而具有的权利"，"毫无疑问，我像英国最伟大的人物那样也完全具有自由人的一切特权"。③

17世纪英国反封建的政治活动家在理论上持这样的看法，即与《大宪章》和封建法相比，普通法具有更高的权威性。因此他们在斗争中更多地诉诸普通法。1610年议员托马斯·赫德利在议会辩论中强调："议会根据普通法拥有权力和权威，而不是普通法来源于议会，因此，普通法比议会拥有更大的权力和更高的威望。"④1628年议员克里斯托弗·谢尔兰德说，"我从未承认除了普通法以外的任何国王的特权"⑤。虽然当时也有议员认为议会"对所有的事件都拥有绝对的权力"，但当时更多的律师认为，如果没有臣民的同意议会不能立法，

---

① J. P. Sommerville, *Politics and Idoelogy in England, 1603-1640*, Longman, 1986, p. 95.
② J. P. Sommerville, *Politics and Idoelogy in England, 1603-1640*, Longman, 1986, p. 166.
③ J. P. Sommerville, *Politics and Idoelogy in England, 1603-1640*, Longman, 1986, p. 154.
④ Andrew Sharpe, *Political Ideas of the Englisg Civil War, 1641-1649*, Longman, 1983, p. 34.
⑤ J. P. Sommerville, *Politics and Idoelogy in England, 1603-1640*, Longman, 1986, p. 154.

他们认为反映臣民自由权利的《大宪章》是一项议会立法。当时人们经常谈到下院是一个代表人民利益的概念。议会是臣民对立法或征税表示态度的场所。议会由国王、上院和下院组成,但只有下院才代表整个英国人民群众。①

由于到17世纪法律观念已经在英国深入人心,所以反封建的革命派一般都强调法律的权威性,并用法治的观念来抵制王权的专横霸道。他们指出:"法律对国王和臣民都是至高无上的。"②1610年尼古拉斯·福勒在下院说:"英国臣民根据法律的原则对其财产享有绝对的权利。"③考克指出:"除了国家法律同意的以外,国王没有任何特权。"马丁则指出:"英国国王在他的议会中是享有绝对权力的统治者,但就其本人来说,他的权力为法律所限制。"议会反对派领袖皮姆1641年在议会中说:"法律保护一切人的利益,你们的称号,你们的生命,你们的自由和地产,这一切都为法律所保护。没有它,每个人享有的权利就不过是乌有。"④英国古代的宪政传统和自然法原则相结合形成了17世纪关于统治阶级的政府需得到公众认可的观念。爱德华·桑兹爵士认为,"国王有权征收消费税"的说法危及了"我们的基本利益","每个人都有其财产权,如果不得到他自己的同意,那么就绝不允许转让给其他人"。⑤

几十年之后约翰·洛克写作了《政府论》。洛克在第二篇关于政府的论文中探讨"谁来仲裁"以及政府是否履行了职责的问题时,认

---

① S. R. Gardiner, ed., *Constitutional Documents of the Puritan Revolution, 1625-1660*, Oxford: Clarendon Press, pp. 179-180.
② H. N. Brailsford, *The Levellers and the English Revolution*, Stanford, 1971, p. 97.
③ Maurice Ashley, *Magna Carter in the Seventeenth Century*, Virginia U. P., 1965, p. 39.
④ J. P. Sommerville, *Politics and Ideology in England, 1603-1640*, Longman, 1986, p. 95.
⑤ J. P. Sommerville, *Politics and Ideology in England, 1603-1640*, Longman, 1986, p. 154.

为做出这种判断的权威不仅在下级官员和人民的代表手中,而且在人民自己手中,"在这样的场合,适当的仲裁者应当是人民",人民甚至有抵抗任何超过合法权限的统治者的权威。洛克在论暴政和政府的解体问题时,援引私法反抗理论,提出任何当权者如果"超过了法律给予他的权力",他就主动"丧失作为官员的权威",面对这样的人,可以合法地加以反对。显而易见,洛克把加尔文派激进主义发展起来的民众革命理论汇入了近代宪政主义的思想主流中去,洛克使得近代政治思想趋于成熟。但是在洛克著作的字里行间不难看出,他的证据和思路与16世纪欧洲宗教改革运动中激进主义者的思路是相似的。[1]

传说有时也会成为一种新思想产生的素材。从政治历史和政治传统中推导出自由民主这样一种思维方式在英国革命时期广为流传的"诺曼奴虐说"中以一种典型的形式得到表现。所谓"诺曼奴虐说"认为,在1066年以前,英国这个国家的盎格鲁-撒克逊居民以一种自由平等的公民身份生活着,由他们自己选出的代议制机构管理他们。1066年诺曼人的入侵征服剥夺了他们古老的自由,在英国建立了外来的国王和地主的暴虐统治。但人民并没有忘记他们失去的权利,他们继续为之斗争。这些斗争时而成功,时而失败,但他们时时迫使统治者做出让步,盎格鲁-撒克逊时代的自由传统不断激励他们坚决地与诺曼人以后的僭权者做斗争。"诺曼奴虐说"在英国革命中对反封建阵营的各个派别如长老派、平等派和掘土派均有影响,在这些派别留下的文件中可以看到"诺曼奴虐说"影响的痕迹。[2] 借助

---

[1] 〔英〕昆廷·斯金纳:《现代政治思想的基础》,段胜武等译,求实出版社1989年版,第511页。

[2] Christopher Hill, "Norman Yoke", in John Saville, ed., *Democracy and Labour Movement*, London, 1954, p. 11.

"诺曼奴虐说"为政治自由呼吁最突出的人物是皮姆,他于 1628 年在议会辩论《权利请愿书》时说道:"这些法律在撒克逊时代的政府中有清晰的痕迹","诚然,它们时常被破坏,它们又不断为国王颁布的宪章和议会法令重申"。[1] 再如平等派在赫尔福德发表的一份宣言说:"我们看到的所有政府无例外地都实行了诺曼政府那种暴虐统治","在威廉的政府和法律统治下,国家所有的公民仍受奴虐"。[2]

上述大量历史资料充分表明,17 世纪英国资产阶级革命前夜和革命中反封建的政治活动家从历史的政治斗争、政治文化传统和法律文件中吸取了思想因素和养料,提出了资产阶级的自由民主观念。中古时期英国的历史和法律文件成为他们提炼摧毁封建斯图亚特王朝理论武器的原始材料库藏。

为了清晰地阐明资产阶级自由民主政治观念的起源,需要回溯一下作为其原料和思想来源的英国封建社会的政治文化发展的历史。英国封建社会政治文化的多元构成及其中具有抑制专制王权性质的封建政治民主性文化的特征是理解英国近代政治文化的基础。英国封建社会形成的具有抑制专制王权作用的民主性政治文化是由几种因素合成的,它包括古代氏族民主制的残余、与欧洲大陆罗马法体系相区别的以经验主义为特征的英国法律体系,以及中世纪中期开始由于地方封建贵族诸侯和王权不断斗争而造成的议会制约王权的政治格局和政治传统。而这三种因素又相互联系,无法截然分开。从时间表上来看,这种古代民主政治文化的发展在英国历史上不是连续发展的,它在 16 世纪前后受到一些外来文化因素的排斥冲击,因而这种旧有的

---

[1] Christopher Hill, *Puritannism and Revolution*, London, 1958, p. 66.
[2] Christopher Hill, *Puritannism and Revolution*, London, 1958, pp. 81-82.

文化传统被中断，到 17 世纪开始后才重新被发掘出来，与近代初期对斯图亚特王权的斗争相结合，最终融汇进英国新兴资产阶级的思想体系。

公元 5 世纪中叶德意志北部沿海盎格鲁-撒克逊部落侵入不列颠岛，当时不列颠处于部落社会阶段，社会较为落后，当地居民凯尔特人被盎格鲁-撒克逊人征服。日耳曼人随后将本民族的一些社会机构转化为国家机关。他们的氏族的议会逐渐演变为不列颠各王国的贤人会议，并在 9 世纪逐渐演变成为正式的机构，它由国王召集，有主教、大乡绅和郡官员参加，有时还有较小的贵族参加，贤人会议有权向国王提出施政建议、为王室册封土地作证和为王室的行政法令签字作证等。贤人会议的活动表现了古代氏族民主制的残余。氏族社会的影响还表现在各级地方行政组织中。早在日耳曼部落居住在欧洲大陆时，便把一个部落单位称为百户村，盎格鲁-撒克逊时代的百户村及民众大会、郡会议均系自下而上选举代表参加。这些古代民主制度的残迹作为一种制度文化，影响了英国封建社会代议制的形成。至于英国的法律思想，则受到属于日耳曼法系的盎格鲁-撒克逊法极大影响。盎格鲁-撒克逊法论其特征是习惯法，12 世纪初曾把卡纽特、阿尔弗雷德、爱德华时期的法令加以整理，以后亨利二世建立了巡回审判制，在这些巡回法官调查和运用盎格鲁-撒克逊习惯法的过程中形成了英国的普通法，在其中保留下来某些"日耳曼自由"即氏族民主制的残余。[①] 到 13 世纪，英国封建贵族民主制有两方面突出的表现，在机构方面表现为议会的政治实践，在法律方面表现为《大宪章》等

---

① William Stubbs, ed., *Selected Charters and Other Illustrations of English Constitutional History*, Oxford: Clarendon Press, 1921, pp. 5-11.

一系列法律文件。

　　1215 年的《大宪章》是中世纪英国地方贵族诸侯势力膨胀同王权不断斗争造成一种削弱王权的国内政治形势的结果。《大宪章》规定："如征收贡金和免役税，应用加盖印信之诏书送至各大主教、主教、住持、伯爵与显贵男爵，指明时间与地点召集会议，以期获得全国公意。""伯爵与男爵，非经同级贵族陪审并按罪行程度外，不得科以罚金。""不得再行颁布强行转移土地争执案件至国王法庭审讯之敕令，以免自由人丧失其司法权。""任何自由人如未经同级贵族之依法裁判或经国法判决，皆不得被逮捕、监禁、没收财产、剥夺法律保护权、流放或加以任何其他损害。""任何人未经同级贵族之合法判决被夺去其土地城堡、特许权或合法权利者，应予立即归还。"《大宪章》确认了诸侯贵族有对国王征税发表意见的权利，有司法权、人身权利、财产等若干自由和权利。《大宪章》还确立了封建社会英国上层政治必须经过咨议和监督的环节，它规定推选 25 个男爵监督法官、行政官和国王的活动，并允许 25 个男爵在必要时"可联合全国人民共同行使权力，用一切方法向他们施加压力"，使弊政能及时纠正。① 《大宪章》表现的贵族民主制原则在这个时期其他文献中也有记载。在 1264 年刘易斯战役以后，西蒙·德·孟福尔的一位追随者用一首诗来庆祝反叛诸侯的胜利，诗中表达了对政治和法律的看法。诗中说："因此让王国的公众提出意见，让人们知道大多数人在想些什么吧，因为他们对他们自己的法律是最清楚的。国内所有的那些人也不会如此无知，乃至他们还不如外人那样了解由他们的祖宗传给他

---

① G. B. Adams and H. M. Stephens, eds., *Select Document English Constitutional History*, New York, 1927.

们的,他们自己王国的风俗习惯。"①

这首诗提出了国王的统治和法律都属于"人民",并要在"人民"赞同下加以实施或修改的原则,这样一种民主原则是有其政治内容的,它显然是封建贵族的民主制。这里表明了在当时封建社会中存在着贵族民主制的政治惯例和传统。

以《大宪章》为典型代表的贵族民主观念的影响在以后的英国史中不可低估,但也经历了浮沉。从1215年起至1461年将近250年的时间,封建政治处于不稳定时期,王权没有取得至上地位,每个新登基的国王总是郑重其事地肯定《大宪章》,把尊奉《大宪章》写进即位后发布的重要法令或敕令中。但是到15世纪后期情况发生了变化,1455—1485年爆发的玫瑰战争结束了英国典型封建社会时期,玫瑰战争结束后建立的都铎王朝开始了君主专制时期。随着王权的强大,《大宪章》的影响几乎销声匿迹。1461年以后直到1603年英国朝野很少有人再提及《大宪章》,英国古代宪政民主传统中断了。这是因为此时伴随着以罗马法为代表的大陆法系政治观念侵入英国,在文艺复兴和宗教改革中人们对希腊和罗马文件的兴趣增加了。同时随着王权的强化,致使英国思想政治领域出现了保守化的趋向。② 正如古奇所说,16世纪对宗教神学的讨论取代了对政治自由的讨论。③ 16世纪中叶英国较著名的政治思想家如托马斯·史密斯、约翰·埃尔默以及托马斯·卡特莱特对王权均较为尊崇,认为"君主是万物之源泉、首

---

① 〔美〕乔治·霍兰·萨拜因:《政治学说史》上册,托马斯·兰敦·索尔森修订,盛葵阳、崔妙因译,商务印书馆1986年版,第250页。
② C. C. Weston, *English Constitutional Theory and the House of Lords, 1556-1832*, New York-London, pp. 14-15.
③ Gooch, *The English Ideas from Bacon to Halifax*, London, 1914-1915, p. 7.

领和权威",国王无须征询议会便可以自行其是。[1] 这一封建政治民主传统的中断一直持续到都铎王朝末期,在英国斯图亚特王朝统治危机出现时,古代政治民主思想才又开始游荡起来。一些新兴的政治思想家和历史学家当时汇集在一起,在1614年组织了考古学会,他们用释义学的方法对英国中古的封建文件进行了研究,这批学者包括卡姆登、芬顿、阿希尔、塞尔登、斯佩尔曼等人。[2] 1603年托马斯·克雷格爵士出版了《封建法》一书,他把英国的封建法与法国以及其他欧洲国家的法律做了比较研究。1607年考埃尔出版了《对若干重要词汇的解释》一书,对一些和当时有关的历史、政治术语进行了释义学的研究。他在对这些封建主义时代的术语下定义时加进了具有资产阶级自由主义色彩的内容。斯佩曼在他写的一部专门研究词汇的著作《考古学》中试图解释"那些古代的实践如何满足当代法则"[3]。他指出,一些"起源于外国的词汇""作用不详","定义不明确"[4]。他写道:"这是确定无疑的过去曾一再提到的在自己的法庭上主持审判并充当领导者但却不得接近国王的大男爵在最近同国王坐在一起并在他的议会中表决,[他们] 便是从拉丁文的'议会男爵'或英语的'议会贵族'演变过来的。"[5] 他在解释《大宪章》时认为,第14条中"……应同加盖印信之诏书致送各大主教、主教、住持、伯爵与显贵男爵,指明时间与地点召集会议,以期获得全国公意"一段话中提到

---

[1] G. Elton, *England in the Tudor*, London, 1965, pp. 399-401. C. C. Weston, *English Constitutional Theory and the House of Lords, 1556-1832*, pp. 14-15.

[2] J. G. A. Pocock, *Ancient Constitution and Feudal Law*, Cambridge U. P., 1957, p.92.

[3] J. G. A. Pocock, *Ancient Constitution and Feudal Law*, Cambridge U. P., 1957, p. 103.

[4] J. G. A. Pocock, *Ancient Constitution and Feudal Law*, Cambridge U. P., 1957, p. 95, note 1.

[5] J. G. A. Pocock, *Ancient Constitution and Feudal Law*, Cambridge U. P., 1957, p. 109.

的"会议"(assembly)便是指的议会。他认为早在 1215 年国王便使用其特权发布敕令召集议会了。[①] 这批英国 17 世纪初的反封建思想家凭借语言历史学的方法在 400 余年前的封建政治文献与 17 世纪初反封建的政治需要之间搭起了一座桥梁，而中古时期政治文献中一些关键术语含义的模糊性则为过渡时期的学者引出近代所需要的含义提供了可能性。

结构主义语言学派的研究成果在理论方法上解决了这种不同历史时期概念借用和曲解的可能性。维特根斯坦在其晚期否定了他早年提出的一个命题的含义具有唯一的确定性，实际世界中没有任何含糊的和不确定的东西的观点。他在研究语言的精确性时指出，精确的概念是同包含着位置、长度、时间等在内的环境和社会关系具体密切相连的，脱离了这些条件概念不可能有意义，他指出，表达或内涵的含糊性和歧义性是常见的。"含糊的可能性"不只是出现在对未来还不为人知的事物的思考中，而且也出现在讲述很久以前就确定下来的过去的历史概念的场合。[②] 中古时代人们使用某个词语时表达的内涵和几百年后人们对它的理解往往有很大的差异，正如另一位语言学家赖尔所说，会"经常发生曲解和不合揣度"[③] 的情况。而主动的"曲解"却正是 17 世纪英国资产阶级政治民主观念提出时走过的途径，同样也是法国等国的一些新兴思想家提炼反封建的自由民主观念时的思想逻辑。

---

① J. G. A. Pocock, *Ancient Constitution and Feudal Law*, Cambridge U. P., 1957, p. 110.
② 〔德〕施太格缪勒：《当代哲学主流》上卷，王炳文等译，商务印书馆 1986 年版，第 557 页。
③ 〔美〕詹姆斯·A. 古尔德、文森特·V. 瑟斯比编：《现代政治思想》，杨淮生等译，商务印书馆 1985 年版，第 119 页。

奥斯特赖奇在研究 15—18 世纪德国思想史时曾说，在近代早期的德国，两种相反的宪法原则，在同一块土壤上得到了发展和表现，一个是协作的原则或自由的原则，另一个是君主政体的原则。[1] 奥斯特赖奇所概述的现象可以在绝对主义时期整个欧洲政治文化的发展中看出。这个时期关于国家主权的理论属于统治者的文化，而对于自由民主观念的讨论则主要在在野的世俗派别和宗教改革激进派的文化活动中展开。这两种思潮运行的轨迹有一定的距离。

---

[1] G. Oestreich, *Neostocism and the Early Modern State*, Cambridge U. P., 1982.

第六章　文化演变的结构透视

　　欧洲中世纪封建社会的经济形态具有混杂性,其文化内构也具有多元性,其中反映神权和君权以及相应的人的依附和对人的奴虐的文化成分无疑是属于封建性质的文化,如教权理论、君权神授说和反映封建关系的法规等等便属于这类封建主义性质明确的文化因子。这些文化因子无法在历史发展和演变过程中为新兴资产阶级和劳动群众所吸收和利用,而只能被扬弃。然而,在中世纪文化中还有另外一些因子,如自然法观念、社会契约观念、理性观念、封建法治观念和封建民主观念,以及罗马法的原则等,它们有些是从更远的古代希腊、罗马文化中承继下来的,有的是从中世纪封建的经济和政治关系中产生的,这些文化因子却具有可供近代新兴阶级利用的形式和某些内容。因此它们和前一类文化因子有着不同的历史命运。

　　在从封建主义向资本主义社会过渡的欧洲,新的资本主义经济和社会关系在逐渐成长,新兴阶级即资产阶级的早期雏形开始形成。新的经济关系必然在上层建筑尤其在意识形态领域中有所反映,直接反映资本主义经济发展的观念如市场观念、商品观念和个人主义价值观最终产生了。但是,这些文化因子形成在历史时间表上比起一些政治观念的形成要迟一些,大致在17世纪中期以后尤其到18世纪古典政治经济学派出现后才成熟地出现。而在15—16世纪,经济观念在欧洲文化中还很薄弱。这个时期的人们刚刚在思想领域驱逐上帝的幻影和神学的观念。那个时代的人们对于政治学似乎比对经济学更熟悉，他们思维的历史学非常非常突出。他们尚未理解人的思维方式和观念受社会经济决定这一历史唯物主义观念。所以，在新的思想形成的过程中，对历史的政治经验和历史的文化因子的研究对他们作用甚大。

我们看到，近代政治文化的结构形成或者说从封建主义向资本主义过渡时期文化的结构演变存在着至少三种途径。第一种途径是随着资本主义关系的发展直接派生出了某些新的资产阶级的意识形态；第二种途径是通过曲解、再释义等手段吸收封建文化的某些形式和关系的方面，而在其间回避和抛弃它原有的阶级和政治属性，如把封建的民主和封建的权力制约观念解释为可供近代新兴阶级利用的理论；第三种途径是利用和吸收了中世纪文化中一些阶级和政治属性不十分明晰的观念和概念，如理性、自然法、社会契约观念等，直接用来提出资产阶级的政治和社会理论。正是通过上述多重道路，吸取和批判地继承了中世纪的封建文化的某些成分，同时扬弃了无法改造利用的封建文化因子，完成了这种历史性的文化过渡的第一阶段。以后随着资产阶级政权的巩固建立，新兴资产阶级便开始用自己成熟的伦理和理论取代那些从中世纪承继下来的文化形式。17 世纪，个人主义观念已经在挖掘自然法传统的土壤，它最终取代了自然法和社会契约论。[1] 如马克思所说，当真正的目的已经达到时，"洛克就排挤了哈巴谷"[2]。

---

[1] C. B. Macpherson, *Political Theory of Individual Possession*, Oxford U. P., 1982, Introduction, p. 2.
[2] 《马克思恩格斯选集》第 1 卷，人民出版社 1972 年版，第 605 页。

主要参考书目

一、中文

《马克思恩格斯选集》，人民出版社，1972年。
《列宁选集》，人民出版社，1972年。
郝镇华编：《外国学者论亚细亚生产方式》，中国社会科学出版社，1984年。
〔德〕马克斯·维贝尔：《世界经济通史》，姚曾廙译，上海译文出版社，1981年。
〔比〕亨利·皮朗：《中世纪欧洲经济社会史》，乐文译，上海人民出版社，1964年。
〔美〕詹姆斯·W.汤普逊：《中世纪晚期欧洲经济社会史》，徐家玲等译，商务印书馆，1992年。
〔美〕詹姆斯·W.汤普逊：《中世纪经济社会史》，耿淡如译，商务印书馆，1961、1963年。
〔法〕P.布瓦松纳：《中世纪欧洲生活和劳动（五至十五世纪）》，潘源来译，商务印书馆，1985年。
马克垚：《西欧封建经济形态研究》，人民出版社，1985年。
〔苏联〕波尔什涅夫：《封建主义政治经济学概要》，建安译，生活·读书·新知三联书店，1958年。

吴于廑：《十五十六世纪东西方历史初学集》，武汉大学出版社，1985年。
〔德〕马克斯·韦伯：《新教伦理与资本主义精神》，黄晓京、彭强译，四川人民出版社，1986年。
〔德〕斯莫拉：《重商制度及其历史意义》，郑学稼译，商务印书馆，1936年。
〔德〕汉斯·豪斯赫尔：《近代经济史：从十四世纪末至十九世纪下半叶》，王庆余等译，商务印书馆，1987年。
〔意〕卡洛·M.奇波拉主编：《欧洲经济史》第1—6卷，徐璇等译，商务印书馆，1988—1991年。
"历史研究"编辑部编译：《资本主义起源的研究译文集》，科学出版社，1961年。
〔法〕米歇尔·博德：《资本主义史（1500—1980）》，吴艾美等译，东方出版社，1986年。
〔德〕伟·桑巴特：《现代资本主义》，李季译，商务印书馆，第1卷，1958年；第2卷，1937年。
〔美〕丹尼尔·贝尔：《资本主义文化矛盾》，赵一凡等译，生活·读书·新知三联书店，1989年。

〔美〕道格拉斯·诺思、罗伯特·托马斯：《西方世界的兴起》，厉以平等译，华夏出版社，1989年。

〔德〕恩斯特·卡西尔：《国家的神话》，范进等译，华夏出版社，1990年。

〔美〕塞缪尔·P.亨廷顿：《变化社会中的政治秩序》，王冠华等译，生活·读书·新知三联书店，1989年。

〔美〕巴林顿·摩尔：《民主和专制的社会起源》，拓夫等译，华夏出版社，1987年。

〔法〕亨利·列菲弗尔：《论国家——从黑格尔到斯大林和毛泽东》，李青宜等译，重庆出版社，1988年。

〔意〕尼科洛·马基雅维里：《君主论》，潘汉典译，商务印书馆，1985年。

〔意〕尼科洛·马基雅维里：《佛罗伦萨史》，李活译，商务印书馆，1982年。

〔瑞士〕雅各布·布克哈特：《意大利文艺复兴时期的文化》，何新译，商务印书馆，1988年。

〔美〕格尔哈特·伦斯基：《权力与特权：社会分层的理论》，关信平等译，浙江人民出版社，1988年。

〔意〕萨尔沃·马斯泰罗内：《欧洲民主史——从孟德斯鸠到凯尔森》，黄华光译，社会科学文献出版社，1990年。

〔匈〕格奥尔格·卢卡奇：《历史和阶级意识》，王伟光等译，华夏出版社，1989年。

〔希腊〕尼科斯·波朗查斯：《政治权力和社会阶级》，叶林等译，中国社会科学出版社，1982年。

〔意〕安东尼奥·葛兰西：《狱中札记》，葆煦译，人民出版社，1983年。

庞卓恒：《人的发展与历史发展》，吉林文史出版社，1988年。

南开大学历史系等编：《中外封建社会劳动者状况比较研究论文集》，南开大学出版社，1989年。

侯建新：《现代化第一基石》，天津社会科学院出版社，1991年。

沈汉、刘新成：《英国议会政治史》，南京大学出版社，1991年。

沈汉：《西方国家形态史》，甘肃人民出版社，1993年。

〔英〕克拉潘：《现代英国经济史》上、中、下卷，姚曾廙译，商务印书馆，1964、1975、1977年。

科菲尔德：《十八世纪英国阶级的称谓和数目》，沈汉译，载《外国史研究集刊》（南京大学学报专辑），1987年。

张芝联：《法国通史》，北京大学出版社，1988年。

沈炼之：《法国通史简编》，人民出版社，1990年。

〔法〕瑟诺博斯：《法国史》上、下册，沈炼之译，商务印书馆，1972年。

北京大学哲学系、外国哲学史教研室编译：《十六—十八世纪西欧各国哲学》，生活·读书·新知三联书店，1958年。

北京大学哲学系、外国哲学史教研室编译：《十八世纪法国哲学》，商务印书馆，1979年。

〔法〕布阿吉尔贝尔：《法国详情及补篇》，伍纯武译，商务印书馆，1981年。

〔法〕布阿吉尔贝尔：《法国的辩护书》，梁守锵译，商务印书馆，1983年。

〔法〕雷吉娜·佩尔努：《法国资产阶级史》上、下册，康新文等译，上海译文出版社，1991年。

〔法〕马克·布洛赫：《法国农村史》，余中先、张朋浩、车耳译，商务印书馆，1991年。

〔法〕伏尔泰：《路易十四时代》，吴模信等译，商务印书馆，1982年。

〔法〕托克维尔：《旧制度与大革命》，冯棠译，商务印书馆，1992年。

〔法〕马迪厄：《法国革命史》，杨人楩译，商务印书馆，1973年。

〔英〕克拉潘：《1815—1914年法国和德国的经济发展》，傅梦弼译，商务印书馆，1965年。

丁建弘、陆世澄：《德国通史简编》，人民出版社，1991年。

〔苏联〕B. B. 马夫罗金：《俄罗斯统一国家的形成》，余大钧译，商务印书馆，1991年。

〔苏联〕雅可夫柴夫斯基：《封建农奴制时期俄国的商人资本》，敖文初译，科学出版社，1956年。

〔苏联〕札依翁契可夫斯基：《俄国农奴制度的废除》，叔明译，生活·读书·新知三联书店，1957年。

吴春秋：《俄国军事史略》，知识出版社，1983年。

〔俄〕恩·弗列罗夫斯基（瓦·瓦·别尔维）：《俄国工人阶级状况》，陈瑞铭译，商务印书馆，1984年。

〔俄〕戈·瓦·普列汉诺夫：《俄国社会思想史》第1卷，孙静工译，商务印书馆，1988年。

〔俄〕谢·尤·维特：《俄国末代沙皇尼古拉二世：维特伯爵的回忆》并续集，张开译，新华出版社，1983、1985年。

〔苏联〕涅奇金娜主编：《苏联史》第2卷第1、2分册，沈宝群等译，生活·读书·新知三联书店，1957、1959年。

〔苏联〕梁士琴科：《苏联国民经济史》第1、2卷，李延栋等译，人民出版社，1954年。

〔苏联〕安·米·潘克拉托娃主编：《苏联通史》1—3卷，山东大学翻译组译，生活·读书·新知三联书店，1978年。

曲可伸：《罗马法原理》，南开大学出版社，1988年。

〔美〕乔治·霍兰·萨拜因：《政治学说史》上、下册，托马斯·兰敦·索尔森修订，盛葵阳等译，商务印书馆，1986年。

〔英〕昆廷·斯金纳：《现代政治思想的基础》，段胜武等译，求实出版社，1989年。

二、西文

Allen, J. W., *A History of Political Thought in the Sixteenth Century*, London, 1928.

Anderson, E. N. and P. R., *Political Institutions and Social Change in Continental Europe in the Nineteenth Century*, California U. P., 1967.

Anderson, James, ed., *The Rise of the Modern State*, Sussex, 1986.

Anderson, Perry, *Passages From Antiquity to Feudalism*, London, 1985.

Anderson, Perry, *Lineages of the Absolutist State*, London, 1986.

Andreski, S., *Military Organization and Society*, California U. P., 1971.

Appleby, J. O., *Economic Thought and Ideology in Seventeenth Century England*, Princeton, 1978.

Arblaster, A., *The Rise and Decline of the Western Liberalism*, Oxford, 1984.

Ashley, Maurice, *Magna Carta in the Seventeenth Century*, Virginia U. P., 1965.

Ashley, Maurice, *Financial and Commercial Policy under the Cromwellian Protectorate*, London, 1972.

Aston, T. H., and Philpin, C. H. E., eds., *The Brenner Debate, Agrarian Class Structure and Economic Development in Pre-Industrial Europe*, Cambridge U. P., 1987.

Aylmer, G. E., ed., *The Interregnum: The Quest for Settlement 1640-1660*, Macmillan, 1983.

Aylmer, G. E., *The King's Servants: The Civil Service of Charles I, 1625-1642*, London, Routledge & Kegan Paul, 1961.

Aylmer, G. E., *The State's Servants: The Civil Service of the English Republic 1649-1660*, London: Routledge & kegan Paul, 1973.

Baechler, T., John A. Hall and Michael Mann, eds., *Europe and the Rise of Capitalism*, Oxford, 1988.

Baldwin, J. F., *The King's Council in England during the Middle Ages*, Oxford, 1913.

Barker, Ernest, *The Development of Public Services in Western Europe, 1360-1930*, Hamden: Gonn., 1966.

Barraclough, G., *The Origins of Modern Germany*, Oxford, 1972.

Beetham, David, *Bureaucracy*, London, Open U. P., 1987.

Beetham, David, *Max Weber and the Theory of Modern Politics*, 1985.

Bendix, Reinhard, *Kings or People*, Berkley, California U. P., 1978.

Bindoff, S. T., "The Making of the Statute of Artificers", in Fisher, F. J., ed., *Essays in Economic and Social History of Tudor and Stuart England*, 1961.

Bitterli, Urs., *Cultures in Conflict, Encounters between European and Non-European Cultures, 1492-1800*, Stanford U. P., 1989.

Blackbourn, David and Eley, Geoff, *Peculiarities of German History, Bourgeois Society and Politics in Nineteenth-Century*, Oxford U. P., 1984.

Bland, A. E., Brown, P. A., and Tawney, R. H., eds., *English Economic History, Select Document*, London, 1914.

Bloch, Marc, *Feudal Society*, 2 Vols, London, 1965.

Blum, Jerome, *Lord and Peasant in Russia: From the Nineth to the Nineteenth Century*, Princeton, 1961.

Blum, Jerome, *The End of the Old Order in Rural Europe*, Princeton U. P., 1978.

Bois, G., *The Crisis of Feudalism, Economy and Society in Eastern Normandy, c. 1300-1550*, Cambridge, 1984.

Bolton, J. L., *The Medieval English Economy 1150-1500*, London, 1980.

Bonney, Richard, *Political Change in France under Richelieu and Mazarin, 1624-1661*, Oxford U. P., 1976.

Bottomore, T. B., *Elites and Society*, Penguin Books, 1979.

Bowker, R. R., *Great Treasury of Western Thought*, New York, 1977.

Braudel, Fernad, *Afterthoughts on Material Civilization and Capitalism*, 1977.

Braudel, Fernad, *Civilization and Capitalism from Fifteenth to Eighteenth Century*, 2 Vols, New York, 1981-1982.

Braudel, Fernand, *Capitalism and Material Life 1400-1800*, 1973.

Braudel, Fernand, *The Mediterranean and the Mediterranean World in the Age of Philip II*, 2 Vols, New York, 1972-1973.

Breuilly, John, *Nationalism and the State*, Manchester U. P., 1982.

Brunner. Otto, "Feudalism the History of a Concept", in Fredric L. Cheyette, ed., *Lordship and Community in Medieval Europe*, New York, 1975. Bush, M. L., *The European Nobility*, Vol. I , Noble Privilege, 1983; Vol. II : Rich Noble, Poor Noble, Manchester U.P., 1988.

Cabourdin, Guy, and Viard, Geovges, *Lexique historique de La France d' Ancien Régime*, Paris, 1981.

Cam, Helen Maud, "The Theory and Practice of Re-presentation in Medieval England", in Fredric L. Cheyette, ed., *Lordship and Community in Medieval Europe*, New York, 1975.

The Cambridge Economic History of Europe, 8 Vols, Cambridge U. P., 1966.

Campbell, Mildred, *The English Yeoman under Elizabeth and the Early Stuarts*, New York, 1968.

Cannon, J., *Aristocratic Century: The Peerage of Eighteenth Century England*, Cambridge, 1984.

Cannon, J., *Parliamentary Reform 1640-1832*, Cambridge, 1972.

Carlyle, R. W., and A. J., *A History of Medieval Political Theory in the West*, 6 Vols, Edinburgh, 1936.

Carlyle, Thomas, *History of Friedrich of Prussia, Call Frederick the Great*, 8 Vols, London, 1858-1865.

Carlus-Wilson, E. M., ed., *Essays in Economic History*, 3 Vols, London, 1966.

Chambers, J. D., and Mingay, G. E., *The Agrarian Revolution 1750-1880*, London, 1982.

Cheyette, Fredric, L., *Lordship and Community in Medieval Europe*, New York, 1975.

Church, W. F., *Constitutional Thought in Sixteenth Century France*, Cambridge, 1941.

Cipolla, Carlo M., *Money, Prices, and Civilization in the Mediterranean World: Fifth to Seventeenth Century*, Princeton U. P., 1956.

Cipolla, Carlo M., *Before the Industrial Revolution: European Society and Economy 1000-1700*, London, 1978.

Cipolla, Carlo M., *The Economic History of World Population*, Penguin Books, 1978.

Clark, Sir George, *The Wealth of England 1496-1760*, Oxford U. P., 1961.

Clay, C. G. A., *Economic Expansion and Social Change: England 1500-1700*, 2 Vols, Cambridge, 1984.

Clough, S. B., *The Economic Development of Western Civilization*, New York, 1959.

Clough, S. B., and C. W. Cole, *Economic History of Europe*, Boston, 1946.

Cole, C. W., *Colbert and a Century of French Mercantilism*, 2 Vols, London, 1939.

Cole, C. W., *French Mercantilism Doctrine Before Colbert*, New York, 1331.

Coleman, G. C., *Econmy of England 1450-1750*, Oxford, 1977.

Coleman, G. C., and John, ed., *Government and Economy in Pre-Industrial England*, London, 1976.

Corrigan, P., ed., *Capitalism, State Formation and the Marxist Theory*, London, 1980.

Corrigan, P. and Sayer, D., *The Great Arch: England State Formation as Cultural Revolution*, Oxford: Basil Blackwell, 1985.

Coulborn, R., *Feudalism in History*, Princeton U. P., 1956.

Crone, P., *Pre-Industial Societies*, Oxford, 1989.

Crouzet, F., ed., *Capital Formation in the Industrial Revolution*, London, 1972.

Dahmus. J., *Dictionary of Medieval Civilization*, New York, 1984.

Daly, J., *Cosmic Harmony and Political Thinking in Early Stuart England*, Philadelphia, 1979.

Davis, Ralph, "English Foreign Trade, 1660-1700", in Carus-Wilson, E.M., ed., *Essays in Economic History*, Vol. II, London, 1966.

Davis, Ralph, *The Rise of the Atlantic Economies*, London, 1982.

De Roover, Raymond, *Money, Banking and Credit in Medieval Bruges, Italian Merchant-Banks, Lombards and Money-Changes: A Study in the Origins of Banking*, Cambridge, 1948.

Deane, P. and Cole, W. A., *British Economic Growth, 1688-1959*, Cambridge, 1962.

Dickson, P. G. M., *The Financial Revolution in England: A Study in the Development of Public Credit, 1688-1756*, London, 1967.

Dobb, Maurice, *Studies in the Development of Capitalism*, London, 1954.

Dorwart, R. A., *The Administrative Reform of Frederick William I of Prussia*, Harvard U. P., 1953.

Doyle, William, *The Old European Order 1660-1800*, Oxford U. P., 1984.

Duraut, W. and A., *The Age of Louis XIV*,

New York, 1963.

Dyson, Kenneth H. F., *The State Tradition in Western Europe: A Study of an Idea and Institution*, Oxford: Martin Robertson, 1983.

Elias, Norbert, *The Civilizing Process: Sociogenetic and Psychogenetic Investigations*, Vol. Ⅰ, *The History of Manners*. Vol. Ⅱ, State Formation and Civilization, Oxford: Basil Blackwell, 1982.

Elton, G. R., *The Tudor Revolution in Government*, Cambridge U. P., 1979.

Elton, G. R., *Policy and Police: The Enforcement of the Reformation in the Age of Thomas Cromwell*, Cambridge U. P., 1972.

Evans, R. J., ed., *The German Peasantry, Confict and Continuity in Rural Society From Eighteenth Century to Twentieth Century*, London, 1986.

Field, Daniel, *The End of Serfdom: Nobility and Bureaucrcy in Russia, 1855-1861*, London, 1976.

Finley, M. I., ed., *Studies in Ancient Society*, London, 1974.

Firth, C. H. and Rait, eds., *Acts and Ordinance of the Interregnum 1642-1660*, 3 Vols, London, 1911.

Fisher, F. J., "Commercial Trends and Policy in Sixteenth-Century England", in *Essays in Economic History*, Vol. Ⅰ, ed., by Carus-Wilson, E. M., London, 1966.

Floud, R. and McClosky, D. N., *The Economic History of British Since 1700*, 2 Vols, Cambridge, 1981.

Ford F. L., *Robe and Sword: The Regrouping of the French Aristocracy After Louis XIV*, Harvard U. P., 1953.

Frank, A. G., *Development Accumulation and Under-development*, London, 1978.

Furnivall. F. J., ed., *Harrison's Description of England: New Shakespere Society*, 6th Series, No. 1, London, 1877.

Gardiner, S. R., ed., *Constitutional Documents of the Puritan Revolution, 1625-1660*, Oxford: Clarendon Press, 1906.

Gerth, H. H., and Mills, C. Wright, eds., *From Max Weber: Essays in Sociology*, London, 1947.

Giddens, Anthony and David Held, eds., *Classes, Power and Conflict: Classical and Contemporary Debates*, California U. P., 1982.

Giddens, Anthony and Turner, J. H., *Social Theory Today*, Cambridge Polity Press, 1987.

Giddens, Anthony, *Politics and Sociology in the Thought of Max Weber*, Basingstoke, 1972.

Giddens, Anthony, *Social Theory and Modern Sociology*, London, 1990.

Gierke, O. P., *Political Theories of the Middle Age*, Cambridge U. P., 1927.

Gierke, O. P., *Natural Law and Theory of Society, 1500-1800*, 2 Vols, Boston, 1934.

Gilbert, Creighton. E., *Italian Art, 1400-1500*, Englewood Cliffs, 1980.

Goodwin, A., *The European Nobility in the Eighteenth Century, Studies of the*

Nobilities of the Major European State in the Pre-Reform Era, London, 1953.

Goody, Jack, *The Development of the Family and Marriage in Europe*, Cambridge U. P., 1983.

Gottlieb, Mannel, *A Theory of Economic Systems*, Florida: Academic Press, 1984.

Gray, H. L., *English Field System*, Cambridge, 1915.

Gueneé, B., *States and Rulers in Later Medieval Europe*, Oxford, 1985.

Guttsman, W. L., *The British Political Elite*, London, 1963.

Hall, J. A., *Liberalism*, London, 1988.

Hall, J. A., *Powers and Liberties: The Causes and Consequences of the Rise of the West*, Oxford, 1985.

Hall, J. A., ed., *State in History*, Oxford, 1986.

Hallam, Henry, *View of the State of Europe during the Middle Ages*, New York, 1896.

Hamburg, G. M., *Politics of the Russian Nobility, 1881-1905*, New Jersey, 1984.

Harrison, J. F. C., *The Common People: A History From the Norman Conquest to the Present*, London, 1984.

Hatton, Richard, *Louis XIV and Absolutism*, Ohio State U. P., 1976.

Hay, Douglas, Peter Linebaugh and E. P. Thompson, *Albion's Fatal Tree, Crime and Society in Eighteenth-Century England*, London, 1975.

Heckscher, E. F., *Mercantilism*, 2 Vols, London, 1935.

Henderson, W. O., *The State and the Industrial Revolution in Prussia 1740-1870*, Liverpool U. P., 1978.

Herod, C. C., *The Nation in the History of Marxism Thought*, Hague, 1976.

Hertz, F. O., *The Development of German Public Mind*, London, 1957.

Hertz, F. O., *Nationality in History and Politics*, London, 1945.

Hicks, John, *Capital and Growth*, Now York, 1965. Hicks, John, *The Economics of John Hicks*, Dieter Helm, ed., Oxford, 1984.

Hicks, J. R., *Value and Capital: An Inquiry into Some Fundamental Principles of Economic Theory*, Oxford, 1946.

Hill, C., *Economic Problems of the Church*, Oxford U. P., 1956.

Hill, C., *The Intellectual Origins of the English Revolution*, Oxford, 1965.

Hill, C., *Puritanism and Revolution: Great Britain*, Secker and Warburg, 1958.

Hill, C., *Reformation to Industrial Revolution: A Social and Economic History of Britain 1530-1780*, London, 1967.

Hill, C., *The World Turned Upside Down: Radical Ideas during the English Revolution*, Penguin Books, 1984.

Hilton, Rodney, ed., *The Transition From Feudalism to Capitalism*, London, 1982.

Hilton, R. H., *The Decline of Serfdom in Medieval England*, Macmillan, 1983.

Hilton, R. H., *English Towns in Feudal Society: A Comparative Study*,

Cambridge U. P., 1992.

Hilton, R. H., *The English Peasantry in the Later Middle Ages*, Oxford, 1975.

Hindess, Barry, and Paul Q., *Pre-Capitalist Modes of Production*, London, 1977.

Hinze, Otto, "The Nature of Feudlism", in Fredric L. Cheyette, ed., *Lordship and Community in Medieval Europe*, New York, 1975.

Hobsbawn, E. J., ed., *Peasants in History*, Oxford U. P., 1980.

Hobson, J. A., *The Evolution of Modern Capitalism*, London, 1928.

Holborn, H., *A History of Modern Germany 1648-1840*, New York, 1964.

Holloway, J., and Sol Picciotto, eds., *State and Capital: A Marxist Debate*, London, 1978.

Holton, R. J., *Cities, Capitalism and Civilization*, 1986.

Holton, R. J., *The Transition From Feudalism to Capitalism*, Macmillan, 1985.

Hosking, Geoffrey A., *The Russian Constitutional Experiment, Government and Duma 1907-1914*, Cambridge, 1973.

Hubatsch, W., *Frederick the Great: Absolutism and Administration*, London, 1975.

Hubatsch, W., *Studies in Medieval Modern German History*, Macmillan, 1985.

Hughes, E., *Studies in Administration and Finance 1558-1825*, Manchester U. P., 1934.

Jack, S. M., *Trade and Industry in Tudor and Stuart England*, Allen Unwin, 1977.

James, Mervyn, *Society, Politics and Culture: Studies in Early Modern England*, Cambridge, 1986.

Jeasen, De Lamer, *Reformation Europe: Age of Reform and Revolution*, Lexington, 1981.

Jesie, P. C., *Popular Culture in the Middle Ages*, Ohio, 1986.

Jolliffe, J. E. A., *The Constitutional History of Medieval England: From the English Settlement to 1485*, London, 1937.

Jones, E. J., ed., *Agriculture and Economic Growth in England 1650-1815*, London, 1967.

Judd, G. P., *Members of Parliament, 1734-1832*, Hamden, 1972.

Kacuper, R. W., *Justice and Public Order: England and France in the Later Middle Ages*, Oxford, 1988.

Kalecki, M., *Theory of Economic Dynamics on Cyclical and Long-run Changes in Capitalist Economy*, New York, 1969.

Kamen, Henry, *European Society 1500-1700*, London, 1984.

Kamenka, E., and Neale, R. S., eds., *Feudalism, Capitalism and Beyond*, Edward Arnold, 1975.

Katz, Claudio J., *From Feudalism to Capitalism: Marxism Theory of Class Struggle and Social Change*, New York, 1989.

Keeler, M. F., *The Long Parliament 1640-1641*, Philadelphia, 1954.

Kelley, D. R., *The Beginning of Ideology: Consciousness and Society in the French Reformation*, Cambridge U. P., 1985.

Kenyon, J. P., ed., *The Stuart Constution, Documents and Commentary*, Cambridge U. P., 1980.

Kerridge, Eric, *Agrarian Problems in the Sixteenth Century and After*, London, 1969.

Kerridge, Eric, "The Movement of Rent, 1540-1640", in *Essays in Economic History*, ed., by Carus-Wilson, E. M., London, 1966.

Kluchevsky, V. B., *A History of Russia*, 5 Vols, Translated by Hogarth, C. J., London-New York, 1911.

Kriedte, Peter, Hans Medick and Jürgen Schlumbohm, *Industrialization Before Industrialization*, Cambridge U. P., 1981.

Kriedte, Peter, *Peasants, Landlords and Merchant Capitalists*, Berg Publishers Ltd., 1980.

Laslett, Peter, *The World We Have Lost*, London, 1965.

Lemerignier, Jean-Francois, *La France Medievale Institutions et Societe*, Paris, 1970.

Lipson, E., *The Economic History of England*, 3 Vols, London, 1931.

Little, Lester, K., *Religious Poverty and the Profit Economy in Medieval Europe*, London, 1978.

Lot, Ferdinand, et Robert Fawtier, *Histoire des Institutions françaises au Moyen Age*, Paris, 1958.

C. B. Macpheron, *The Polidrcal Theory of Porresoive Individualism: Hobber to Lovlce*, Oxford: Clarendon Press, 1962, p. 310.

Lubenow, William C., *The Politics of Government Growth: Early Victorian Attitudes Toward State Intervention, 1833-1848*, David & Charles, 1971.

MacFarlane, Alan, *The Origins of English Individualism*, Oxford, 1978.

MacFarlane, Alan, *The Culture of Capitalism*, Oxford, 1987.

Mack, Phyllis, ed., *Politics and Culture in Early Modern Europe: Essays in Honour of H. G. Koenigsberger*, Cambridge U. P., 1987.

Macpherson, C. B., *Political Theory of Individual Possession*, Oxford, 1962.

Malowist M., "The Economic and Social Development of the Baltic Countries from the Fifteenth to the Seventeenth Centuries", in *Economic History Review*, 2nd Ser., XII, No. 2.

Mann, Michael, *The Sources of Social Power*, Vol. I, A History of Power from the Beginning to A. D. 1760, Cambridge U. P., 1986.

Marougiu, Antonio, "The Theory of Democracy and Consent in the Fourteenth Century", in Fredric L. Cheyette, ed., *Lordship and Community in Medieval Europe*, New York, 1975.

Marshall, Gordon, *In Search of the Spirit of Capiatlism: An Essay on Max Weber's Protestant Ethic Thesis*, Hutchinson, 1982.

Martin, John. E., *Feudalism to Capitalism: Peasant and Landlord in English Agrarian Development*, Macmillan, 1986.

Mathias, Peter, *The First Industrial Nation:*

An Economic History of Britain 1700-1914, London, 1980.

Mayer, Thomas F., *Thomas Starkey and the Commonwealth*, Cambridge, 1990.

Mcfarlane, K. B., *The Nobility of Later Medieval England*, Oxford, 1973.

McIlwain, C. H., *Constitutionalism Ancient and Modern*, New York, 1949.

McIlwain, C. H., *The Growth of Political Thought in the West*, New York, 1932.

McNeill, William H., *The Rise of the West: A History of the Human Community*, Chicago U. P., 1970. Mehring, F., *Absolutism and Revolution in Germany, 1525-1848*, London, 1675.

Meinecke, Friedrich, *Machiavellism: The Doctrine of Raison D'Etat and Its Place in Modern History*, London, 1957.

Merton, R. K., *Social Theory and Social Structure*, New York, 1957.

Miliukov, Pavel M., *Outlines of Russian Culture*, 3 Vols, Philadelphia, 1942.

Miller, Helen, *Henry VIII and the English Nobility*, Oxford, 1986.

Milward, A. S. and Saul, S. B., *The Development of Economics of Continental Enrope: 1850-1910*, London, 1977.

Mingay, G. E., *Enclosure and the Small Farmer in the Age of Industrial Revolution*, Macmillan, 1990.

Mingay, G. E., *English Landed Society in the Eighteenth Century*, London, 1964.

Mingay, G. E., *The Gentry: The Rise and Fall of a Ruling Class*, London, 1976.

Mingay, G. E., *Victorian Countryside*, 2 Vols, London, 1981.

Mingay, G. E., *A Social History of the English Countryside*, London, 1990.

Miskimin, Harry A., *The Economy of Early Renaissance Europe 1300-1460*, Princeton Hall, 1969.

Miskimin, Harry A., *The Economy of Later Renaissance Europe 1460-1600*, Cambridge, 1977.

Mousnier, Roland, *The Institutions of France unde the Absolute Monarchy, 1598-1789*, Vol. I, Society and State, London. 1979; Vol. II, The Origins of State and Society, London, 1984.

Mousnier, Roland, *Social Hierarchies: 1450 to the Present*, London, 1973.

Muncy, L. W., *The Junker in the Prussian Administration under William II, 1888-1914*, New York, 1970.

Nef, J. U., *Industry and Government in France and England: 1540-1640*, Cornell U. P., 1940.

North, Douglas C., *Structure and Change in Economic History*, Norton, 1987.

O'Brein, Patrich and Keyder Caglar, *Economic Growth in Britain and France 1780-1914*, London, 1978.

Oestreich, G., *Neostoicism and the Early Modern State*, Cambridge U. P., 1982.

Offe, Claus, *Disorganized Capitalism*, Cambridge: Political Press, 1985.

Okey, Robin, *Eastern Europe 1740-1980: Feudalism to Capitalism*, Minnesota U. P., 1982.

Pagdon, Anthony, ed., *The Language of Political Theory in Early Modern Europe*, Cambridge, 1987.

Parker, G., *Europe in Crisis 1598-1648*, London, 1979.

Perkin, Harold, *The Origin of Modern English Society 1780-1880*, London, 1969.

Perroy, Edouard, "Social Mobility Among the French Noblesse in the Later Middle Ages", in *Past and Present*, No. 21, 1962.

Pinson, Koppel S., *Modern Germany: Its History and Civilization*, New York, 1955.

Pirenne, H., "The Stages in the Social History of Caitalism", in *American Historical Review*, Vol. 19, No. 3(1914).

Plumb, J. H., *The Growth of Political Stability in England 1675-1725*, London, Macmillan, 1967.

Pocock, J. G. A., *The Ancient Constitution and the Feudal Law: A Study of English Historical Thought in the Seventeenth Century*, Cambridge U. P., 1957.

Pocock, J. G. A., *The Machiavellian Moment: Florentine Political Thought and the Atlantic Republican Tradition*, Priceton U. P., 1975.

Pocock, J. G. A., *Politics, Language and Time: Essays on Political Thought and History*, Chicago U. P., 1981.

Pocock, J. G. A., ed., *Three British Revolutions, 1641, 1688, 1776*, Princeton U. P., New York, 1980.

Poggi, G., *The Development of the Modern State*, London, 1978.

Poggi, G., *The State: Its Nature, Development and Prospects*, California, 1990.

Porter, Roy, *English Society in the Eighteenth Century*, Penguin Books, 1982.

Postan, M. M., *The Medieval Economy and Society*, Penguin Books, 1975.

Postan, M. M., *The Medieval Trade and Finance*, Cambridge, 1973.

Prothero, G. W., ed., *Select Statutes and Other Constitutional Documents: Illustrative of the Reign of Elizabeth and James I*, Oxford: Clarendon Press, 1944.

Rabb, T. K., *The Struggle for Stability in Early Modern Europe*, New York, 1975.

Rabinow, Paul, *The Foucault Reader*, Penguin Books, 1986.

Raeff, Marc, *Russian Intellectual History*, Succex: Harvester Press, 1964.

Raeff, Marc, *Understanding Imperial Russia: State and Society in the Old Regime*, Columbia, U. P., 1984.

Raeff, Marc, *The Well-Ordered Police State: Social and Institutional Change Though How in the Germanies and Russia, 1600-1800*, Yale U. P., 1983.

Ranum, Orest, *National Conciousness, History and Political Culture in Early-Modern Europe*, John Hopkins U. P., 1975.

Reddaway, W. F.,ed., *Cambridge History of*

Poland, Vol. I, Cambridge U. P., 1950.

Reter, Timothy, *The Medieval Nobility*, North-Holland Publish Company, 1979.

Richard, E., *History of German Civilisation: A General Survey*, New York, 1913.

Roberts, Clayton, *The Growth of Responsible Government in Stuart England*, Cambridge U. P., 1966.

Robertson, J. G., *A History of German Literature*, New York, 1970.

Robinson, G. T., *Rural Russia under the Old Regime*, London, 1932.

Roeder, Ralph, *The Man of Renainssance*, New York, 1966.

Rosenberg, H., *Bureaucracy, Aristocracy and Autocracy: The Prussian Experience, 1630-1815*, Boston, 1966.

Rosenberg, H., "The Rise of the Junkers in Brandenburg-Prussia, 1410-1653", in *American Historical Review*, No. 49, 1943.

Russell Conrad, *Parliaments and English Politics, 1621-1629*, Oxford: Clarendon Press, 1979.

Schmidt, A. J., *The Yeoman in Tudor and Stuart England*, U. S. A., 1979.

Scbmitt, C. B., *Reappraisals in Renaissance Thought*, London, 1977.

Seharra, E., *A Social History of Germany, 1648-1914*, London, 1977.

Selley, G. C., and Kreg. A. C., *Medieval Foundation of Western Civilization*, New York, 1968.

Seton-Watson, H., *The Russian Empire 1801-1917*, Oxford: Clarendon Prerr, 1967.

Shennan, J. H., *Government and Society in France 1461-1661*, London, 1969.

Shennan, J. H., *Liberty and Order in Early Modern Europe: The Subject and the State, 1650-1800*, Longman, 1986.

Shennan, J. H., *The Origins of the Modern Europeau State, 1450-1725*, London: Hutchinson, 1974.

Simmel, Georg, *The Philosophy of Money*, Boston, 1978.

Simpson, Alan, *The Wealth of Gentry*, Cambridge U.P., 1961.

Sismondi, J. C. L. De, *A History of Italian Republics*, London, New York, 1907.

Slicher, Van Bath, B. H., *The Agrarian History of Westen Europe, A. D. 500-1850*, London, 1963.

Smith, A. G. R., *The Government of Elizabethan England*, London, 1967.

Sombart, Werner, *Luxury and Capitalism*, Michigan U. P., 1967.

Sorokin, P., *Social and Cultural Dynamics: A Study of Change in Major System of Art, Truth Ethics, Law and Social Relationships*, Boston, 1957.

Stone, L., *The Crisis of the Aristocracy, 1558-1641*, Oxford, 1965.

Stone, L., ed., *Social Change and Revolution in England 1540-1640*, Longman, 1966.

Stone, L., and J. C. F., *An Open Elite? England 1540-1880*, Oxford U. P., 1986.

Straka, Gerald M., *The Medieval World*

and Its Transformations 800-1650, New York, 1967.

Strayer, Joseph R., "Feudalism in Western Europe", in Fredric L. Cheyette, ed., *Lordship and Community in Medieval Europe*, New York, 1975.

Stubbs, W., *Constitutional History of England*, 3 Vols, Oxford, 1903.

Tawney, P. H., *The Agrarian Problem in the Sixteenth Century*, Longman, 1912.

Tawney, R. H., *Religion and the Rise of Capitalism*, Penguin Books, 1980.

Tawney, R. H., "The Rise of the Gentry, 1558-1640", in *Economic History Review*, XI (1941).

Tawney, R. H., and Power E., ed., *Tudor Economic Documents*, 3 Vols, London, 1924.

Thirsk, J., ed., *Agrarian History of England and Wales*, Vol. IV, V (1, 2), Cambridge U. P., 1967, 1974.

Thirsk, J., *Economic Policy and Projects: The Developments of a Consumer Society in Early Modern England*, Oxford, 1978.

Thirsk, J., *The Rural Economy of England: Collected Essays*, London, 1984.

Thirsk, J., and Cooper, J. P.,ed., *Seventeenth Century Economic Documents*, Oxford: Clarendon Press, 1972.

Thomas, J. A., *The House of Commons: 1832-1901*, Cardiff, 1939.

Thompson, E., *The Poverty of Theory and Other Essays*, London, 1981.

Thompson, E. P., *The Custom in Common*, London, 1992.

Thompson, E. P., "Eighteenth-Century English Society, Class Struggle Without Class?", in *Social History*, 3 (May 1978).

Thompson, E. P., *The Making of the English Working Class*, Penguin Books, 1968.

Thompson, E. P., "The Moral Economy of the English Crown in the Eighteenth Century", in *Past and Present*, 50 (Feb. 1971).

Thompson, E. P., "Patrician Society, Plebeian Culture", in *Journal of Social History*, 7 (summer 1974).

Thompson, E. P., "Time, Work-Discipline, and Industrial-Capitalism", in *Past and Present*, 38 (Feb. 1967).

Thompson, F. M. L., *English Landed Society in the Nineteenth Century*, London, 1968.

Thompson, F. M. L., "The Social Distribution of Landed Property in England Since the Sixteenth Century", in *Economic Historical Review*, 2nd, Series, XIX, 3 (1966).

Thomson, M. A., *A Constitutional History of England, 1642 to 1801*, London, Muthuen, 1938.

Tilly, Charles, ed., *The Formation of National States in Western Europe*, Princeton, 1975.

Tocqueville, A., *On the State of Society in France Before the Revolution of 1789*, London, 1873.

Topolski, Terzy, "Continuity and Discontinuity in the Development of the Feudal System in Eastern Europe(Xth to XVIII th Centuries)", in *The Journal of Europen Economic History*, Vol. 10, No. 2.(Fall 1981).

Topolski, Terzy, "The Origins of the Early Modern Manorial Economy in Europe", in Jaroslaw Pelenski, ed., *State and Society in Europe From the Fifteenth to the Eighteenth Century*, Warsaw U. P., 1985.

Vernadsky, G. et. al. eds., *A Source Book for Russian History From Early Times to 1917*, 3 Vols, Yale, 1972.

Waley, Daniel, *The Italian City-Republics*, London, Longman, 1988.

Wallerstein, Immanuel, *The Capitalist World-Economy*, Cambridge U. P., 1979.

Wallerstein, Immanuel, *Historical Capitalism*, London, Verso Editions, 1983.

Wallerstein Immanuel, "Historical Systems as Complex Systems", in *European Journal of Operational Research*, 30 (1987).

Wallerstein, Immanuel, *The Modern World System*, I, II, New York, 1974.

Watts, S. J., *A Social History of Western Europe, 1450-1720*, Hutchinson, 1984.

Weston, C. C., *Subjects and Sovereign: The Grand Controversy Over Legal Sovereignty in Stuart England*, Cambridge U. P., 1981.

Williams, Eric, *Capitalism and Slavery*, Noth Carolina U. P., 1944.

Williams, Penry, *The Tudor Regime*, Oxford: Clarendon, 1981.

William, Raymond, *Keywords*, Fontana Press, 1983.

Wrightson, Keith, *English Society 1580-1680*, Hutchinson, 1983.

Yaney, George L.,*The Systematization of Russian Government: Social Evolution in the Domestic Administration of Imperial Russia, 1711-1905*, Illinois U. P., 1973.

Yates, F. A., Astraea, *The Imperial Theme in the Sixteeth Century*, London, 1975.

Youings, Joyce, *Sixteenth-Century England*, Penguin Books, 1984.

作者著译作目录

著作：

1.《英国议会政治史》（合著，南京大学出版社 1991 年版）

2.《欧洲从封建社会向资本主义社会过渡研究——形态学的考察》（合著，南京大学出版社 1993 年版）

3.《西方国家形态史》（甘肃人民出版社 1993 年版）

4.《英国宪章运动》（甘肃人民出版社 1997 年版）

5.《西方社会结构的演变——从中古到 20 世纪》（珠海出版社 1998 年版）

6.《反叛的一代——20 世纪 60 年代西方学生运动》（合著，甘肃人民出版社 2002 年版）

7.《英国土地制度史》（学林出版社 2005 年版）

8.《资本主义史——从世界体系形成到经济全球化》（主编，学林出版社 2008 年版）

9.《资本主义史》（第 1 卷，人民出版社 2009 年版）

10.《世界史的结构和形式》（自选论文集，生活·读书·新知三联书店 2013 年版）

11.《资本主义史》（第 2 卷，人民出版社 2015 年版）

12.《资本主义史》（第 3 卷，人民出版社 2015 年版）

13.《中西近代思想形成的比较研究——结构发生学的考察》（人民出版社 2016 年版）

14.《英国近代知识分子的形成——从府邸宫廷到都市街巷》（商务印书馆待出）

15.《资本主义时代农业经济组织研究》（主编，上、下册，人民出版社 2022 年版）

16.《非资本主义、半资本主义和资本主义农业：资本主义时代农业经济组织的系谱》（商务印书馆 2022 年版）

17.《资本主义国家制度的兴起》（商务印书馆待出）

译作：

1.《资本主义社会的国家》（拉尔夫·密里本德著，合译，商务印书馆 1997 年版）

2.《近代国家的发展——社会学导论》（贾恩弗兰科·波齐著，商务印书馆 1997 年版）

3.《共有的习惯》（爱德华·汤普森著，合译，上海人民出版社 2002 年版）

4.《合法性的限度》（艾伦·沃尔夫著，合译，商务印书馆 2005 年版）

5.《宗教与资本主义兴起》（理查德·托尼著，合译，商务印书馆 2017 年版）